权威·前沿·原创

皮书系列为
"十二五""十三五""十四五"时期国家重点出版物出版专项规划项目

BLUE BOOK

数字经济蓝皮书

BLUE BOOK OF DIGITAL ECONOMY

中国数字经济前沿（2021）

ANALYSIS AND FORECAST OF CHINA'S DIGITAL ECONOMIC SITUATION (2021)

数字经济测度及"十四五"发展

顾　问 / 蔡　昉

主　编 / 李海舰　蔡跃洲

副主编 / 彭　战　万相昱　马晔风

社会科学文献出版社

SOCIAL SCIENCES ACADEMIC PRESS (CHINA)

图书在版编目（CIP）数据

中国数字经济前沿：数字经济测度及"十四五"发展. 2021 / 李海舰，蔡跃洲主编. -- 北京：社会科学文献出版社，2021.5（2022.7 重印）
（数字经济蓝皮书）
ISBN 978 - 7 - 5201 - 8268 - 3

Ⅰ. ①中…　Ⅱ. ①李…　②蔡…　Ⅲ. ①信息经济 - 经济发展 - 研究 - 中国 - 2021　Ⅳ. ①F492

中国版本图书馆 CIP 数据核字（2021）第 072030 号

数字经济蓝皮书

中国数字经济前沿（2021）
——数字经济测度及"十四五"发展

顾　　问／蔡　昉
主　　编／李海舰　蔡跃洲
副 主 编／彭　战　万相昱　马晔风

出 版 人／王利民
组稿编辑／邓泳红
责任编辑／吴　敏
责任印制／王京美

出　　版／社会科学文献出版社·皮书出版分社（010）59367127
　　　　　地址：北京市北三环中路甲 29 号院华龙大厦　邮编：100029
　　　　　网址：www.ssap.com.cn
发　　行／社会科学文献出版社（010）59367028
印　　装／天津千鹤文化传播有限公司

规　　格／开　本：787mm×1092mm　1/16
　　　　　印　张：25.5　字　数：384 千字
版　　次／2021 年 5 月第 1 版　2022 年 7 月第 4 次印刷
书　　号／ISBN 978 - 7 - 5201 - 8268 - 3
定　　价／128.00 元

读者服务电话：4008918866

主要编撰者简介

李海舰　经济学博士，二级研究员，享受国务院政府特殊津贴专家。现任中国社会科学院数量经济与技术经济研究所党委书记、副所长，研究员、博士后合作导师；中国社会科学院大学（研究生院）教授、博士生导师，美国伊利诺伊大学高级访问学者。兼任国家社会科学基金项目同行评议专家，中国数量经济学会（常务）副会长，中国企业管理研究会副会长，中国区域经济学会副会长。中国社会科学院哲学社会科学创新工程"长城学者"，全国新闻出版行业领军人才。主要研究方向为公司战略与组织创新、数字经济与转型发展。主持（或共同主持）国家社会科学基金重大项目、中国社会科学院重大项目等课题多项，在《中国社会科学》《管理世界》《中国工业经济》等学术刊物上发表论文400余篇，出版专著（含合作）十余部，研究成果获孙冶方经济科学奖、蒋一苇企业改革与发展学术基金奖、中华人民共和国机械电子工业部科学技术进步奖、中国社会科学院优秀科研成果奖，作品入选全国十佳经济读物等多项奖励。

蔡跃洲　经济学博士，现任中国社会科学院数量经济与技术经济研究所数字经济研究室主任、研究员、博士生导师。毕业于中国社会科学院研究生院数量经济专业；2007～2008年在加拿大西安大略大学经济系从事博士后研究。1996年以来先后在江西铜业公司、中国东方资产管理公司、财政部综合司工作；在《中国社会科学》《经济研究》《管理世界》、*Economic Modelling*等国内外期刊上发表学术论文近70篇；多篇理论文章发表在《人民日报》

《光明日报》《经济日报》上，同时撰写内参要报 60 余篇，获中央领导批示 10 余次；主持国家社科基金重点项目、国家自然基金面上项目等多项国家级课题；研究成果获中国社会科学院信息对策特等奖、优秀科研成果三等奖等省部级奖项 10 余次。主要研究方向为数字经济与经济发展。主要社会兼职有国家发改委"互联网＋"行动专家咨询委员会委员、科技部重大专项"极大规模集成电路制造技术及工艺"评估组专家、工信部信息产业"十四五"发展规划专家顾问组成员、中国数量经济学会常务理事、中国信息经济学会学术委员会委员、中国技术经济学会理事、中国高技术产业发展促进会理事、人工智能与经济社会研究中心学术委员会委员。

摘　要

20 世纪中后期出现的信息互联网引发全球热潮，人类社会由此迎来新的产业革命。21 世纪初美国互联网泡沫破灭，但全球数字经济发展却方兴未艾。2010 年前后，以大数据、云计算、区块链、物联网、人工智能等为代表的新一代信息技术大规模商业化应用，推动新一轮科技革命和产业变革加速演进，全球数字经济发展由信息互联网阶段全面进入消费互联网阶段。

国家高度重视科技创新和数字经济发展，在数字经济领域出台了一系列政策规划，进入新常态的中国经济开始由传统要素驱动模式转为创新性全要素驱动模式。借助超大规模市场优势，中国抓住电子商务和消费互联网蓬勃兴起的机遇，数字经济呈现超高速发展态势，涌现出各种新经济、新业态、新模式。"十四五"规划及 2035 年远景目标进一步提出加快数字化发展的要求，强调数字经济和实体经济深度融合，激活数据要素潜能，建设数字中国。

2016 年习近平总书记在哲学社会科学工作座谈会上提出"加快构建中国特色哲学社会科学学科体系、学术体系、话语体系"，顺应新时代的数字经济相关研究逐渐风生水起。中国社会科学院数字经济前沿团队对数字经济测度理论方法进行了基础构建，并汇集国内相关领域的权威专家，对数字经济发展前沿的诸多领域进行广泛深入的研究探索。通过追踪国内外数字经济领域学术研究和创新实践中的前沿热点问题，多视角展示数字经济发展的基本状况，梳理数字经济相关领域的理论前沿和实践动态。

本书力图为学术界、产业界、决策部门把握数字经济发展脉搏提供综合

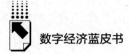
全面的参考，加快中国数字经济产业发展，促进传统产业加快数字化转型升级，为决策部门实施有效规制调控提供决策参考，同时也为数字经济学相关学科、学术、话语进行理论探索提供有益参考。

关键词： 数字经济 消费互联网 产业数字化 数字产业化 数据要素

目 录

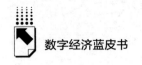
Ⅲ 数字经济发展状况

Ⅳ 数字治理

Ⅴ 数字安全

Ⅵ 数字经济全球化

Ⅶ　疫情影响与数字经济应用

皮书数据库阅读**使用指南**

序　言

　　党的十九届五中全会通过的《中共中央关于制定国民经济和社会发展第十四个五年规划和二〇三五年远景目标的建议》，提出加快数字化发展的要求，阐明了发展数字经济的内涵和外延，即数字产业化和产业数字化，强调了数字经济和实体经济深度融合，从数字经济广泛的应用领域做出了相关部署。党的十九届五中全会还特别强调了数字经济要体现共享发展和统筹安全与发展等理念，提出数字社会和数字政府建设、建设国家数据统一共享开放平台、保障国家数据安全、提升全民数字技能、实现信息服务全覆盖等方面的要求。

　　本着社会科学理论研究以重大现实问题为导向的原则，作为学科建设和调整的一项举措，中国社会科学院数量经济与技术经济研究所将原"数量经济理论方法研究室"改组为"数字经济研究室"，并及时组织协调众多高校和科研院所的权威学者共同撰写"数字经济蓝皮书"，既反映数字经济领域的理论研究前沿动态，也反映数字经济领域的国内外发展现状，无疑将十分有助于推动理论、政策和产业各界深入领会党的十九届五中全会相关精神，提高该领域理论研究水平和促进实务发展水平，这本著作的出版可谓正当其时。

　　迄今为止人类社会出现过的科技革命，都或迟或早地引起了以相关突破性技术应用为特点的产业革命，相应地，科技革命赋予产业发展崭新的驱动力。世界经济论坛主席克劳斯·施瓦布（Klaus Schwab）认为，正在到来的新一轮技术变革必然导致第四次工业革命，其特点是互联网无处不在地得到

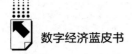

运用，移动性大幅提高；传感器体积越来越小，性能却越来越强大，成本日益低廉；人工智能和机器学习方兴未艾。也就是说，数字经济将是新科技革命导致的产业革命结果和主要体现。无论是从这种革命性变化本身着眼，还是从"十四五"乃至更长时期贯彻落实中央部署出发，经济学和其他相关学科都应该加强对数字经济的研究。

"数字经济蓝皮书"汇集了各领域的权威专家，对有关数字经济在我国发展的诸多方面进行了比较广泛的研究。一方面，这样的合作研究应该持续下去，随着实践的发展而不断深化并提高成果的政策影响力。另一方面，从我关注的一些问题着眼，这里也尝试提出一个值得重视的话题，技术进步的包容性或者说技术进步如何让全体人民共享的问题，在理论研究中虽进行过旷日持久的讨论，但是迄今在主流经济学中未得到完美回答。

在一些科技领先的发达国家，这方面占主导地位的经济学理念是所谓的"涓流经济学"，认为虽然科技进步的成果首先为创新企业家获得，但是终究会以一种滴流的方式惠及普通劳动者和家庭。不仅历史上技术成果分享的问题从未得到良好解决，例如，工业革命初期机器的使用对就业的冲击，导致了"卢德运动"的兴起并且相关思潮流传至今；而且事实上过去几十年的技术发展在很多国家造成了劳动力市场两极化、收入差距扩大和中产阶级萎缩的后果。也正是因此，在美国等占据科技前沿的国家中，技术进步反而助长了民族主义思潮和民粹主义，进而演变为单边主义、贸易保护主义和去全球化趋势。这样的结果最终也会反过头来阻碍创新潜力的发挥和科技的发展。

我国的改革开放坚持以人民为中心的发展思想，最广大的人民群众分享到了科技进步和生产率提高的成果。作为新发展理念之一的共享发展理念也摒弃了涓流经济学的虚幻假设。然而，正如历史上所有的颠覆性技术革命一样，数字经济的发展不能解决广泛分享的问题，不可避免地会产生诸如阻碍创新、排斥分享和扩大差距等一系列问题。面对诸多具有挑战性的问题，我们需要从理论上给予令人信服的解答，在政策上做出必要的安排，在机制上做出顶层设计，同时加强相关制度的建设。从我有限的知识面着眼，至少有以下四个方面的问题，亟待从理论研究和政策制定的角度予以关注。

第一，数字经济必然加快自动化技术对人力的替代。理论上说，在数字产业化和产业数字化的过程中，新的、更高质量的岗位也会被相应创造出来。但是，被技术替代的劳动者与有能力获得新岗位的劳动者并不一定是同一批人群。最新的证据是，在各国遭遇新冠肺炎疫情冲击的情况下，为保持社交距离而流行的网上远距离办公，再次把劳动者分化成不平等的人群，造成新的劳动力市场两极化现象。可见，如何把数字经济创造的就业机会与劳动者的就业能力及技能进行有效匹配，在理论上和实践中都是不能回避的挑战。

第二，数字经济自身一如既往地解决不了垄断问题。新科技革命的特点使科技公司具有更庞大的体量、更坚厚的进入障碍、更严重的信息不对称等性质，从传统定义角度来说这些都是强化垄断性的因素，还会产生"赢者通吃"的新现象，即产生胜出者更容易遏制乃至扼杀竞争对手，更可以肆无忌惮地滥用消费者数字信息等新问题。因此，从促进竞争和创新以及保护消费者权益等方面的必要性出发，防止和打破垄断的任务不容掉以轻心。

第三，从数字经济的性质看，这一领域具有造成各种数字鸿沟的自然倾向。例如，在研发水平、科技人员禀赋以及投资支持等方面的差异，使得大企业与中小微企业之间存在应用数字技术的机会鸿沟；在家庭经济地位和人口特征方面的差异，使得高收入与低收入人群之间、不同年龄段人群之间，在生产和生活中也存在应用数字技术的能力鸿沟。此外，人力资本与技术应用的不匹配，在公共服务机构或企业推进数字化的过程中，导致直接操作人员技能与数字化系统之间不匹配的情形出现。

第四，数字经济发展也造成了劳动者权益保障的难题。数字经济本身是新科技的应用，既创造出对人力资本有更高要求的高质量就业岗位，也创造出大量适宜采用灵活性就业模式的非熟练劳动岗位，造成劳动力市场非正规程度的提高。相应地，灵活就业人员参与基本养老保险、基本医疗保险、失业保险、工伤保险等社会保障的程度趋于降低，通过劳动力市场制度保障自身权益的难度也增大，给数字经济发展成果的分享带来新的挑战。既然数字经济时代出现的新业态和新就业模式都与其技术特点相关联，基于这类技术

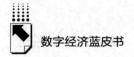

是存在解决这些社会保障和劳动权益问题的方案的，关键在于要确立以人为中心的技术和产业发展导向。

爱之深责之切。正如对待新科技条件下经营模式和业态的创新一样，加强监管也是支持发展的重要部分，或者说，越是希望加快数字经济健康发展，便越是需要解决好数字经济发展中可能遭遇的上述及其他问题。从关注数字经济共享发展这个重要的理念出发，我把诸如此类的课题归为数字经济发展的人文维度。研究数字经济这个大课题，无疑有着诸多维度，也需要跨越众多的学科领域，并且采用跨学科的研究方法，但是始终不能丢掉人文维度。因此，借此祝贺"数字经济蓝皮书"出版之机，我也不揣冒昧发表上述感想，算是提出一些需要在今后的研究中予以关注的课题。

是为序。

蔡　昉

勇敢面对百年变局　努力发展数字经济
（代前言）

数字经济前沿课题组 *

（中国社会科学院数量经济与技术经济研究所）

20 世纪 90 年代，信息高速公路计划的实施引发了美国乃至全球的信息互联网热潮。人类社会由此进入数字经济时代。尽管经历了世纪之交的互联网泡沫破灭，数字经济快速发展的势头并未止步。2010 年前后，以大数据、云计算、人工智能等为代表的新一代信息技术大规模商业化应用，推动新一轮科技革命和产业变革加速演进，全球数字经济发展由信息互联网阶段全面进入消费互联网阶段。与此同时，中国经济发展模式也由要素和投资规模驱动转向创新驱动。党的十八大以后，党中央和习近平总书记高度重视科技创新和数字经济发展，在数字经济领域出台了一系列规划和政策，为数字经济快速健康发展提供指引。中国借助超大规模市场优势，抓住电子商务和消费互联网蓬勃兴起的机遇，大力实施创新驱动发展战略，数字经济呈现超高速发展态势。在此过程中，新一代信息技术对经济社会各领域的渗透不断加深，由此涌现出各种新经济、新业态、新模式，在重构经济社会组织运行模式的同时，也对经济学的微观基础、研究方法及研究范式带来新的问题和冲击。

---

* 数字经济前沿课题组：李海舰、蔡跃洲、彭战、万相昱、马晔风。本书中总报告及相关研究受到国家自然科学基金重大项目课题（71991475）、国家自然科学基金面上项目（71873144）、国家社科基金重点项目（18AZD006）的资助。

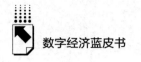

一 现实需要促进学科发展

2016年5月17日，习近平总书记在哲学社会科学工作座谈会上首次提出"加快构建中国特色哲学社会科学学科体系、学术体系、话语体系"。我国数字经济领域丰富的创新实践为中国特色哲学社会科学三大体系建设提供了重要的素材和养分。2019年11月，借助中国社会科学院构建中国特色哲学社会科学"三大体系"建设进行大规模学科调整的重要机遇，数量经济与技术经济研究所将原"数量经济理论方法研究室"改组为"数字经济研究室"，并在所内自发组织了非正式的"数字经济前沿研究课题组"（以下简称"数字经济课题组"），以顺应上述时代变化趋势，为丰富现代经济学理论及实证研究方法提供组织保障。

数字经济课题组成立后不久便着手筹划出版《数字经济蓝皮书：中国数字经济前沿》（以下简称"数字经济蓝皮书"）相关事宜，作为数字经济学科建设的重要抓手。课题组对"数字经济蓝皮书"的定位主要基于以下几点考虑：（1）追踪当前数字经济领域学术研究和创新实践中的前沿热点问题；（2）为学术界、产业界、决策部门把握数字经济发展的前沿脉搏提供全面、综合、有价值的参考；（3）依托蓝皮书形成数字经济产学研交流平台；（4）为促进中国数字经济发展提供决策参考。

基于上述定位，"数字经济蓝皮书"组稿的文章，在选题上都力求能切实反映数字经济领域某个具体前沿问题，并提出较为鲜明的观点或主张。在组稿对象选择上，尽量体现多元化、广覆盖的原则。为此，数字经济课题组先后于2020年6月8日和2020年9月2日两次召开"数字经济前沿论坛"及组稿会，以数字经济课题组为核心邀请中国社会科学院工业经济研究所、财经战略研究院、金融研究所、中国社会科学院大学等单位和其他科研院所、高校及企业研究部门专家，交流数字经济领域前沿问题，并商谈"数字经济蓝皮书"组稿事宜。最终确定的组稿对象大致分为四部分：（1）中国社会科学院院内从事数字经济相关领域研究的学者；（2）清华大学、北京大学、中国人民大学、浙江大学、中山大学、中国科学院科技战略咨询研究院等国内一流高校院所学者；（3）中国科学院科技战略咨询研究院、国家信息中心、中国信息通信研究院、赛迪研究院等国家级研究智库的专家；(4) 互联网平台公司和科技型创业公司等数字经济企业。

数字经济课题组希望通过产学研各领域专家、学者、从业人员的共同参与，以"数字经济蓝皮书"为载体，多视角展示国内外数字经济发展的基本状况，梳理数字经济领域的理论前沿和实践动态，为学术界开展理论探索、产业界加快创新发展、政策部门实施有效调控提供有价值的参考信息。

二　涵盖前沿领域主题

经过各界同仁和数字经济课题组的共同努力，"数字经济蓝皮书"于2020年11月底顺利完成组稿，最终收集稿件共18篇，内容涵盖数字经济测算与整体发展状况、数字化建设与疫情应对、数字消费、数字经济相关理论方法、数字经济下的竞争与反垄断、数字金融与数字货币、数据要素与数据治理、数字贸易与"走出去"、网络信息安全等。

数字经济课题组认为，自20世纪90年代中期以来，我国数字经济呈现出持续快速增长势头。根据数字经济课题组测算，2010年以来中国数字经济年均增速高于同期GDP增速3.2个百分点，已成为经济增长的重要引擎；2020年中国数字经济增加值规模超过19万亿元，占GDP比重约为18.8%；预计"十四五"期间，我国数字经济整体仍将延续快速增长势头，年均名义增速11.3%，到2025年增加值规模将超过32.67万亿元（名义值），其中数字产业化增加值约为15.52万亿元，产业数字化增加值为17.15万亿元。

数字经济课题组在总报告《中国数字经济规模测算及"十四五"预测》中还进一步探讨了以增加值为核心的数字经济测算存在的缺陷，认为测算数字增加值总体上还是延续了国民经济统计核算的惯性思维，而忽略新业态、新模式衍生出的效率效用提升、消费者剩余增加等趋势，未来应超越增加值核算，尝试新的测度衡量方式，以全面刻画数字经济发展状况。

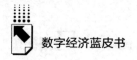

（一）数字经济理论方法

中山大学管理学院谢康教授团队、中国社会科学院工业经济所李晓华研究员和清华大学社会科学学院刘涛雄教授团队的研究更侧重于数字经济丰富实践对经济学理论及相关研究方法的影响。

中国信息经济学会理事长、中山大学管理学院教授谢康等撰写的《数字经济的理论框架、前沿课题》，从数字经济的创新逻辑视角提出数字经济的理论框架，提炼出数字经济领域的若干前沿课题与关键科学问题，并探讨数字经济专业的教育教学模式变革。谢康和肖静华认为，当下数字经济的理论研究可以围绕产品适应性创新、大数据合作资产、数据生产要素、网格制与科层制融合、基于技术契约的适应性治理创新五个方面及其相互关系来展开，由此可以构建数字经济的整合性理论框架。基于该理论框架，谢康和肖静华进一步探讨了上述前沿课题对数字经济专业教育教学模式的影响。

清华大学社会科学学院刘涛雄教授等撰写的《数字经济时代宏观经济指标的实时化高频化与宏观现时预测》则主要是适应数字经济时代数据资源可得性增强的基本现实，探索利用大数据提高宏观经济指标预测的方法。刘涛雄等主张，数字经济时代，我国应该尽快建立基于大数据的实时高频宏观经济指标监测体系，从而更好地实时监测与预判宏观经济走势，以便减少政策时滞、稳定市场预期和增强企业信心。建立实时高频宏观经济指标需要综合利用传统统计数据和各类新兴数据来源，尤其是各种实时大数据。在技术路线上，可以通过现时预测模型来建立实时高频宏观指标，模型搭建过程中需要处理好混频问题、高维问题、结构化模型与非结构化模型的配合利用问题等。刘涛雄等明确主张，当前在我国建立基于大数据的实时高频宏观经济指标监测体系的时机已经成熟，应该从国家层面予以高度重视，加快推进步伐。

中国社会科学院工业经济研究所产业布局研究室主任李晓华研究员等撰写的《数据价值链与价值创造机制研究》从迈克尔·波特的"价值链"理论出发，结合数据要素成为新关键要素的时代背景，将传统"价值链"理论拓展为"数据价值链"理论。李晓华等还全面梳理了数据价值链的内涵与特征，剖析数据价值链的价值创造机制，包括研发、制造、营销、服务等四个主要环节中数据的价值创造机制，并揭示数据价值链价值创造的六大影响因素，即颗粒度、鲜活度、连接度、反馈度、响应度和加工度。

中国社会科学院金融研究所黄国平研究员等撰写的《数字货币对当前货币体系的影响和冲击》着眼于近年来不同类型数字货币特别是央行数字货币加速发展的客观现实，从经济金融风险、银行体系、支付格局、货币政策有效性、普惠金融、金融监管等多个角度全面探讨了数字货币流通已经及可能带来的影响，并对更好地发挥金融科技积极作用、提高经济运行效率、降低系统性金融风险给出了方向性的预判和建议。

（二）数字经济发展

中国信息通信研究院、赛迪研究院、数字经济课题组等着眼于我国数字经济发展的整体状况，从数字经济规模结构、疫情应对、国际竞争等角度进行了较为全面细致的分析。

中国信息通信研究院数字经济研究部主任孙克撰写的《数字经济新优势与"双循环"新发展格局》从宏观视角全面分析了我国当前数字经济发展状况。孙克从数字产业化、产业数字化、数字化治理三个方面对数字经济进行界定，并强调价值化数据要素在数字经济发展中的基础性作用。在此基础上，孙克还从理论上分析了数据价值化、数字产业化、产业数字化、数字化治理"四化"协同发展在内在逻辑上的辩证统一，指出四者紧密联系、相辅相成，相互促进、相互影响，本质上是生产力与生产关系、经济基础与上层建筑之间的关系，进而以较为翔实的数据资料，分析了当前我国数字产业化、产业数字化、数据价值化、数字化治理四方面的发展现状。

赛迪智库电子信息研究所副所长李艺铭等撰写的《中国消费型数字经济发展的现状与特征》针对我国消费性数字经济发展做了较为全面的展示和分析。李艺铭等采用大数据分析和微观问卷调研方法，从场景层级、城市

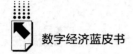

层级、收入层级等不同属性群体切入，分析了消费型数字经济的消费频率和消费规模特征，绘制了消费型数字经济图谱。他们的调查分析表明，在我国衣食住行玩主流场景数字化全面渗透，网购和网络餐饮已渗透到各级城市，网络、网络餐饮已进入平民化时代，以及融入大部分数字消费者的生活。未来消费型数字经济应紧抓核心应用场景、促进应用技术创新、引导市场有序竞合、推动区域消费升级。

数字经济的快速发展，引发了对数字人才的巨大需求，同时也对就业形式、业务形态产生重大影响。中国社会科学院大学经济学院高文书教授等撰写的《数字经济与人力资本需求》全面分析了数字经济发展对就业带来的影响，特别强调对更高人力资本需求所带来的巨大技能人才缺口。在此基础上，就提高劳动者人力资本水平以适应新形势的要求给出了相应的策略和建议。

（三）数字治理

数字经济时代，数据成为经济社会运行的新生产要素，互联网平台头部企业具有天然的数据优势，使得市场竞争呈现出诸多新特点，也给反垄断带来了新的挑战。而数据不同于传统有形要素的特征也给数据治理、数据信息安全和全球治理带来新的问题。

中国社会科学院财经战略研究院李勇坚研究员等撰写的《互联网平台寡头垄断治理：国际经验及对策》从互联网平台快速成长并在各自市场领域中获得主导地位、形成寡头垄断的客观现实出发，剖析了互联网平台垄断的理论根源，包括成本次可加性、网络效应、多边市场效应、特定行为模式等。李勇坚等还进一步指出，数字经济实践中数据垄断、流量垄断和算法垄断等具体的寡头垄断行为，给市场带来排斥竞争、数字扭曲、垄断自我强化等影响。他们结合国际上对互联网平台寡头垄断的治理经验，认为应当从行为动态监管、机构与法律整合、杠杆效应消除、平台中立试点等方面对互联网平台寡头垄断进行规制。

中国人民大学数字经济研究中心主任李三希教授撰写的《数字经济时

代的竞争政策》从平台竞争与网络效应、动态竞争与跨界竞争、数据成为核心竞争力等方面，梳理了数字经济时代市场竞争所呈现出的新特点，并指出：（1）在数字经济时代，各种产品创新层出不穷，市场范围也会剧烈变动，这导致传统的静态反垄断分析框架失效；（2）在数字经济时代，高市场占有率并不一定与长期的市场支配地位相对应，科技创新可以很快地改变市场格局，这使得传统以市场份额为核心的垄断判定标准大打折扣；（3）数字经济的反垄断执法面临困难。李三希还梳理了数字经济领域反垄断与竞争政策的相关国际经验，归纳了美国、欧盟数字经济反垄断的特点趋势，并结合数字经济反垄断与竞争政策提出以下具体实践建议：（1）加强经济学分析，明确推动竞争政策实施的操作路径；（2）优化现行执法方式和工具体系，适应数字经济发展需要；（3）数字经济反垄断应避免过度监管，保持审慎态度。

阿里研究院副院长安筱鹏等撰写的《数据治理热点解析与建议》则关注数据本身的治理问题。安筱鹏等认为，数据要素价值的发挥，数据生产力的进一步发展，呼唤着数据治理的创新变革，而面对数据技术、数据商业的快速变化，数据治理领域面临诸多"两难甚至是多难"的选择。为此，应秉持"未来观、全局观、全球观"，按照"鼓励创新、包容审慎、保护与开发并重"等原则，探索推进一种"多方参与、协同共赢"的治理格局，规范重心从数据收集转向数据使用、从用户权利全面保护转向用户整体福利提升，以技术创新和制度创新解决治理难题。

（四）数字安全

数字经济时代，网络空间成为第五疆域，围绕网络空间的争夺和数据信息安全对于国家安全有着越来越重要的意义。

中国工程院邬江兴院士领衔撰写的《新形势下中美网络空间竞争态势的研究》从中美网络空间领域竞争博弈的历史沿革和最新情况出发，对新形势下全球网络空间竞争博弈的理论界定、基础类型、核心动因、相关规制、重点案例及其主要影响进行了全面的梳理和分析。在此基础上，邬江兴院士等重点

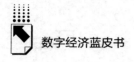

研究了中美网络空间领域竞争博弈可能出现的新情况、新趋势和新问题，分析双边和多边关系对网络空间竞争博弈的影响，预判博弈演进的关键时间节点和重要焦点问题。邬江兴院士等还就中美网络空间领域竞争博弈的主要风险做出研判，为开展前瞻性战略部署和实施应对策略提供借鉴参考依据。

信息安全领域创新企业北京芯盾时代科技有限公司郭晓鹏撰写的《数字经济风险与控制》全面分析了当前网络空间中数据信息安全领域面临的严峻形势，并在此基础上，结合自身业务实践和技术特长，提出了基于零信任的数字业务风险对抗理念，并阐释了相关的技术路线和运行模式。

（五）数字经济全球化

浙江大学中国数字贸易研究院院长马述忠等撰写的《数字经济时代中国在全球经济治理机制变革中的角色定位》从数字技术、数字贸易、数字金融、数字文化、数字政务和数字安全六个方面出发，剖析了数字经济时代中国参与全球经济治理的博弈能力。马述忠等围绕合作共赢、创新引领、包容普惠和多边主义四个基本点，对数字时代中国参与全球经济治理的基本原则进行分析。通过分析数字经济时代全球发展、贸易、投资、金融和能源治理机制五个方面的变革，对中国变革全球经济治理机制的角色定位进行展望，并将其与传统经济时代的角色定位进行对比。

中国科学院科技战略咨询研究院博士隆云滔和刘海波撰写的《全球数字贸易规则发展与趋势展望》围绕数字贸易对全球贸易规则体系的影响进行了全面梳理和分析。隆云滔和刘海波认为，随着全球数字贸易时代的加速到来，以美国、欧盟与日本等为首的发达经济体在数字贸易规则方面纷纷推出代表各自国家立场与经济利益的规则体系，以提升其在国际数字市场上的战略地位。而中国作为数字经济大国，在数字贸易规则制定与国际影响力方面尚处于初步阶段，为了更多地争取国际数字贸易话语权，有必要在纷繁复杂的数字世界中建立符合中国立场的数字贸易规则体系，而数字贸易规则的核心要素是基于互联网条件下的跨境信息流动和跨境数据流动。

国家信息中心信息化与产业发展部张振翼副处长等撰写的《我国数字经济领域企业"走出去"的现状、问题和建议》在分析当前我国数字经济领域企业"走出去"现状的基础上，梳理了数字经济企业"走出去"面临的主要问题和风险，提出推动我国数字经济领域企业"走出去"的基本策略，并对与我国贸易往来体量较大、数字经济发展特色突出的东盟开展了进一步分析，为面向东盟的数字经济企业提供了更有针对性的政策建议。张振翼等认为，当下发挥我国数字经济的独特优势，依托数字丝绸之路的建设推动沿线国家和地区在信息基础设施、贸易、金融、产业、科教文卫等各领域的全方位合作具有很强的时代意义。

（六）疫情影响与数字经济应用

数字技术的全方位应用和渗透对货币、金融、国际经贸等领域带来重大变化，传统的货币体系、信贷方式、金融监管、贸易规则及对外投资均面临全新的影响和冲击。

北京大学数字金融研究中心副主任沈艳等撰写的《数字金融助力经济复苏：现状与机理》，从数字金融如何助力保企业、保家庭与助力政府发放消费券和防止数字鸿沟等角度，全面评估了在新冠肺炎疫情后数字金融在促进我国经济复苏中所发挥的作用，包括支持小微企业、助力个体经济、促进包容性增长、发放消费券激活消费需求、缓解数字鸿沟等。沈艳等还针对数字金融业态发展中的潜在风险，从加快数字基础设施建设、大力发展监管科技、平衡大数据效率与隐私保护三方面提出了相关建议。

数字经济课题组马晔风、蔡跃洲、陈楠撰写的《企业数字化建设对新冠肺炎疫情应对的影响与作用》结合疫情期间的在线问卷调查，就企业数字化转型现状及数字化建设在疫情应对中发挥的作用进行了详细分析。马晔风等的研究表明：（1）企业数字化转型存在明显的结构性差异；（2）数字化建设对应对疫情有积极作用，但其收益存在"门限效应"；（3）数字化建设的积极作用主要体现在对企业软实力的影响，运营管理和销售相关数字化措施的积极作用最为显著。他们还进一步主张，为了更好地发挥数字化

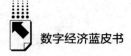
建设在应对突发外部冲击的作用，应当加强对传统产业数字化转型的政策支持力度，通过普惠性手段和新型基础设施建设降低企业数字化转型门槛，提高企业特别是中小企业数字化建设水平，把握疫情带来的数字经济发展机遇。

三　中长期发展展望

十九届五中全会通过的《中共中央关于制定国民经济和社会发展第十四个五年规划和二〇三五年远景目标的建议》，在第五代移动通信、工业互联网、大数据中心等新型基础设施建设等方面进行了系统布局，有望为降低企业数字化转型成本、加快数字化发展提供有力支撑。可以预期，"十四五"时期，我国数字经济将由以消费互联网为主导转向以工业互联网/产业互联网为主导，并衍生出更多新模式、新业态，当然也会引发相应的问题和挑战。数字经济领域的学科体系、学术体系、话语体系建设将有着更多实践层面的支撑。

数字经济前沿课题组希望能够以"数字经济蓝皮书"为起点，持续关注全球和中国数字经济发展的前沿动向，组织国内外专家推进后续的年度组稿编撰工作。以"数字经济蓝皮书"为载体，全面反映每年数字经济领域理论方法和创新实践的前沿话题，为加快数字化发展与数字中国建设、推动数字经济和实体经济深度融合提供有益的决策参考，进而促进数字经济学科发展，为丰富中国特色社会主义政治经济学理论提供有力支撑。

同时欢迎各方专家学者积极参与到数字经济理论探索和实践应用的研究中来，为中国的数字经济取得更大发展助力，同时也为数字经济学科发展做出贡献。

总 报 告

General Report

B.1

中国数字经济规模测算及"十四五"预测

蔡跃洲 牛新星*

摘　要： 本报告在数字经济概念辨析的基础上，围绕信息通信技术
（ICT）在数字经济中的基础性支撑作用，从 ICT 渗透性、替
代性、协同性等技术—经济特征出发，将数字经济界定为
"数字产业化"和"产业数字化"两部分，构建以增长核算
为基础的数字经济增加值测算框架，据以对1993～2020年各
年中国数字经济规模进行测算，并尝试着对中国"十四五"
期间数字经济规模进行估算预测。相关结果表明：1993～
2020年，中国数字经济平均增速为16.3%，已成为经济增长
的重要引擎；2020年中国数字经济增加值规模超过19万亿
元，占 GDP 比重约为18.8%；预计"十四五"时期数字经济
年均名义增速将达到11.3%，到2025年的增加值规模将超过

---

* 蔡跃洲，中国社会科学院数量经济与技术经济研究所；牛新星，国家工业信息安全发展研究
中心。

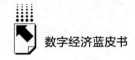

32.67万亿元（名义值），其中数字产业化增加值约为15.52万亿元，产业数字化增加值为17.15万亿元。现有测算方法总体延续了国民经济统计核算的惯性思维，忽略新业态新模式衍生出的效率效用提升、消费者剩余增加等趋势，应超越增加值核算，尝试新的测度衡量方式，以全面刻画数字经济发展状况。

关键词： 数字经济　数字产业化　产业数字化　增长核算

一　数字经济概念内涵与测度实践

（一）数字经济概念辨析

"数字经济"概念的正式提出至少可以追溯到 1996 年。当时，加拿大商业分析师 Don Tapscott 出版了名为《数字经济：网络智能时代的希望和危险》（*The Digital Economy*：*Promise and Peril in the Age of Networked Intelligence*）的著作。Tapscott 将数字经济看作是网络智能时代（Age of Networked Intelligence）的产物，通过归纳数字经济所具备的"知识性""数字化""创新性""去中介化"等十二大特征对这种新型经济范式进行了全面刻画。[①] 1998 年，美国商务部发布了由 Margherio 等完成的研究报告《兴起的数字经济》，从数字革命对经济社会影响的角度就数字经济发展前

---

① Tapscott 归纳的数字经济十二大特征具体为：知识性（knowledge）、数字化（digitization）、虚拟化（virtualization）、分子化（molecularization）、集成化/网络化（integration/internetworking）、去中介化（disintermediation）、汇聚性（convergence）、创新性（innovation）、生产消费一体（prosumption）、即时性（immediacy）、全球化（globalization）及不和谐性（discordance）。Tapscott, D., *The Digital Economy*：*Promise and Peril in the Age of Networked Intelligence*, New York：McGrawHill, 1996。

景及面临的挑战进行展望。Margherio 等指出，随着数字革命的推进，IT 行业以及宏观经济其他产业部门都将加速发展。①

尽管关于"数字经济"至今仍没有一个普遍公认的定义，但无论是"数字经济"还是同期先后出现的新经济（New Economy）、信息经济（Information Economy）、互联网经济（Internet Economy）、网络经济（Web Economy）等相近概念，其本质都是描述以计算机和互联网为代表的新技术对经济社会产生全方位影响而形成的经济范式或经济形态。可以说，数字经济的出现是现代信息通信技术（ICT）大规模商业化应用的结果，其背后的技术支撑正是信息通信技术领域出现的革命性变化。当然，不同时期，对数字经济概念或者说所涵盖范围的理解存在较大差异。

在早期研究中，数字经济的范围主要限定于 IT 行业和电子商务。Margherio 等没有直接给出数字经济的定义，但特别强调数字革命过程中 IT 行业、电子商务等的驱动作用，可以看作是对数字经济范围的间接界定。② 在美国人口统计局（US Bureau of Census）开展的电子商务测算项目中，Mesenbourg 将数字经济分为"支撑的基础设施"、"电子商务流程"和"电子商务交易"三部分。③ 而 Moulton 则在开篇的注释中明确将数字经济界定为"IT 行业与电子商务"。④ 近 20 年来，美国商务部经济分析局（BEA）基本延续了 Mesenbourg 的做法，将数字经济界定为"数字基础设施"、"数字交易系统"和"数字内容"。

---

① Margherio, Lynn, Dave Henry, Sandra Cooke, Sabrina Montes, "The Emerging Digital Economy, Secretariat on Electronic Commerce," U. S. Department of Commerce, 1998。

② Margherio 等认为数字革命带来的增长主要包括四类经济活动：一是互联网相关的计算机、软件、服务及通信设备投资；二是电子商务；三是软件程序、报纸、音乐 CD 等信息类商品或服务可以通过互联网实现数字化配送；四是有形商品的在线零售。后三类都可以算作是广义的电子商务。Margherio, Lynn, Dave Henry, Sandra Cooke, Sabrina Montes, "The Emerging Digital Economy, Secretariat on Electronic Commerce," U. S. Department of Commerce, 1998.

③ Mesenbourg, Thomas L. , "Measuring the Digital Economy," U. S. Bureau of the Census, 2000.

④ Moulton, Brent R. , "GDP and the Digital Economy: Keeping up with the Changes," in Erik Brynjolfsson & Brian Kahin eds. , *Understanding the Digital Economy: Data, Tools, and Research*, MIT Press, Cambridge, 2000.

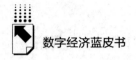
进入 21 世纪后，ICT 技术应用领域不断拓展，数字经济对经济社会运行的影响愈发凸显，其边界范围也有较大变化。Malecki 和 Moriset 将数字经济定义为 ICT 在经济运行中的普遍应用，并指出支撑数字经济的技术不仅仅是互联网和个人电脑。Malecki 和 Moriset 的定义同 Tapscott 类似，本质上都是将数字经济看作是 ICT 渗透和支撑的新型经济形态。与 Tapscott 不同的是，Malecki 和 Moriset 以金字塔的形式描绘了数字经济的基本构成，间接界定了数字经济的范围。根据 Malecki 和 Moriset 的划分，金字塔顶层为"硅晶铸造和半导体产业"，规模不大但至关重要；第二层为计算机和通信产业，是数字经济的"核心"；第三层为那些依赖于 ICT 的制造业和服务业，如汽车制造、航空工业、电子商务、金融等，它们构成了数字经济的"主体"；第四层是那些尚未实现数字化的部门，如农业、家庭及消费服务等，是数字经济待拓展的领域。OECD 也没有给出数字经济的确切定义，基本将数字经济等同于信息社会（Information Society），强调 ICT 近乎无处不在的影响。①

近年来，随着移动互联网、大数据、云计算等新一代信息技术的快速进步和广泛应用，以平台经济、共享经济为代表的新模式在生产消费各环节不断涌现，数字经济的概念、内涵及范围界定也出现新变化。van Ark 提出了"新数字经济"（The New Digital Economy）的概念，以突出新一代信息技术及其衍生的新模式。国际货币基金组织（IMF）最近的一份研究报告指出，当下对于"数字部门"（Digital Sector）的定义都没有达成共识，更遑论"数字经济"的界定；现有的国民经济行业分类没有针对谷歌、脸书、阿里巴巴等在线平台进行调整，从而无法全面识别出"数字部门"。尽管最终仅选择"在线平台"、"平台服务"和"ICT 产品及服务"作为"数字部门"，但 Reinsdorf 和 Quirós 明确指出广义的"数字经济"应该

---

① OECD, "OECD Guide to Measuring the Information Society 2011," OECD Publishing, http：// dx. doi. org/10. 1787/9789264113541 - en, 2011; OECD, "Measuring the Digital Economy: A New Perspective," OECD Publishing, http：//dx. doi. org/10. 1787/9789264221796 - en, 2014.

包括所有利用数字化信息的经济活动，而在现代社会，这意味着涵盖几乎所有经济活动。

（二）ICT 技术—经济特征与数字经济内涵

考虑到信息通信技术（ICT）或者说数字技术对数字经济的核心支撑作用，我们认为应围绕信息通信技术（ICT）来理解数字经济内涵，确定其边界。近几年，世界主要经济体都认识到 ICT 对推动经济增长的重要作用，积极制定国家层面的数字经济发展规划和战略政策，如美国的《数字经济议程》、欧盟的《产业数字化规划》、英国的《英国数字战略》等，这些战略规划都对数字经济的概念和内涵进行了定义。2016 年 9 月 20 日，中国政府在杭州举办的 G20 峰会第一次给出了数字经济的官方定义："数字经济是指以使用数字化的知识和信息作为关键生产要素、以现代信息网络作为重要载体、以信息通信技术的有效使用作为效率提升和经济结构优化的重要推动力的一系列经济活动。"中国政府对数字经济的定义强调了数字化的知识和信息作为关键生产要素的地位，以及数字技术在提高经济效率、优化经济结构方面的推动作用。中国信息化百人会在官方定义的基础上，将数字经济划分为"产业数字化"和"数字产业化"，并进一步细分为五个层次和类型，即基础型数字经济层、融合型数字经济层、效率型数字经济层、新生型数字经济层和福利型数字经济层。

事实上，ICT 相关产业是数字化产品服务得以形成的物质技术基础，本身就构成了数字经济的一部分，对应于上述"数字产业化"。与此同时，ICT 作为通用目的技术（General Purpose Technology，GPT）具有替代性、渗透性、协同性等技术—经济特征。渗透性（Pervasiveness）是指 ICT 能够渗透到生产、消费等各种经济活动中并带来经济运行方式的改变。[1] 可以说，ICT 的渗透性特征是数字经济作为新型经济形态得以出现的技术基础。ICT

---

[1] Bresnahan，Timothy F. and Manuel Trajtenberg，"General Purpose Technologies：'Engines of Growth'，" NBER Working Paper No. 4148，1992.

的第二项重要技术—经济特征是替代性（Substitution）。自 1971 年 Intel 公司推出全球第一款芯片以来 ICT 硬件产品一直遵循着"摩尔定律"，每 18～24 个月同样价格的计算机产品性能会提升 1 倍；这意味着 40 多年来 ICT 硬件价格处于持续快速下降态势，由此带来全社会投资和消费中"ICT 产品"对"非 ICT 产品"的替代。[①] ICT 的第三项重要技术—经济特征是协同性（Cooperativeness/Synergy），即 ICT 或数字信息要素的渗透能够增加经济活动中其他要素之间的协同性，进而提高经济运行的效率。[②] 渗透性、替代性、协同性等技术—经济特征，使得 ICT 能够与经济社会其他产业和部门相融合，融合后新创造的价值便对应于上述"产业数字化"。[③]

（三）数字经济测度实践

产业界、学术界在探讨数字经济概念的同时，也在开展数字经济相关的测算工作，特别是数字经济增加值规模的测算工作。美国商务部电子商务秘书处（Secretariat on Electronic Commerce）、美国人口统计局（US Bureau of Census）等机构针对数字经济的内涵和测算先后发布专题报告。[④] 在 2000 年前后，信息通信技术（或数字技术）对经济社会的渗透主要集中在电子商务领域，因此，无论是政府机构还是学术界对数字经济的界定和测算基本都

---

① Jorgenson, Dale W. and Kevin Stiroh, "Information Technology and Growth," *American Economic Review*, 1999, 89 (2); Jorgenson, Dale W., "Information Technology and the U. S. Economy," *American Economic Review*, 2001, 90 (1).

② David Paul A., and Gavin Wright, "General Purpose Technologies and Surges in Productivity: Historical Reflections on the Future of the ICT Revolution," University of Oxford Discussion Papers in Economic and Social History, 1999; Baller, Silja, Soumitra Dutta, Bruno Lanvin, "The Global Information Technology Report 2016: Innovating in the Digital Economy," World Economic Forum, Geneva, 2016; Ketteni, Elena, "Information Technology and Economic Performance in U. S. Industries," *The Canadian Journal of Economics*, Vol. 42, No. 3, Aug., 2009.

③ 蔡跃洲：《数字经济增加值及贡献度测算：历史沿革、理论基础与方法框架》，《中国社会科学内部文稿》2017 年第 4 期。

④ Margherio, Lynn, Dave Henry, Sandra Cooke, Sabrina Montes, "The Emerging Digital Economy, Secretariat on Electronic Commerce," U. S. Department of Commerce, 1998; Mesenbourg, Thomas L., "Measuring the Digital Economy," U. S. Bureau of the Census, 2000.

围绕电子商务展开。Mesenbourg 明确将数字经济的构成分为三部分，即支撑的基础设施、电子商务流程（交易实现过程）和电子商务交易（在线出售商品或服务）；[1] Margherio 等也是从电子商务出发探讨数字经济的测度，并主张 IT 革命的经济社会影响以及用户群体的构成特征。[2] Haltiwanger 和 Jarmin、Moulton 则结合前述学术论文和政府研究报告，从数据收集、调查统计、资本存量估算、价格指数调整等方面探讨了数字经济对 GDP 贡献测算的一些技术细节。[3]

2010 年前后，欧盟委员会和 OECD 针对日益兴起的数字经济和信息社会开展了一系列系统性的统计和测算工作。OECD 信息社会指标工作小组（Working Party on Indicators for the Information Society，WPIIS）围绕信息社会开展的统计和测算工作，旨在开发出一套规范的统计标准和定义，为 OECD 信息计算机通信政策委员会提供准确的决策参考信息。考虑到信息社会的测度并无公认的综合统计框架，OECD 提出了一个概念模型，将信息社会分为 ICT 供给、ICT 需求、ICT 基础设施、ICT 产品和内容，并逐一探讨相关的统计测算细节。很显然，OECD 关于信息社会（数字经济）的测算不再仅限于增加值或增长贡献度的测算，而是对信息社会（数字经济）发展程度的全方位考量。[4] 后续欧盟委员会和 OECD 有关数字经济的统计测算工作也基本延续了上述思路。2014 年，OECD 的《测算数字经济：一个新视角》（*Measuring the Digital Economy：A New Perspective*）中指出，测算内容包括"智能基础设施投资""增强社会活力""释放创新创造能力""促进增长带

---

① Mesenbourg, Thomas L., "Measuring the Digital Economy," U. S. Bureau of the Census, 2000.

② Margherio, Lynn, Dave Henry, Sandra Cooke, Sabrina Montes, "The Emerging Digital Economy, Secretariat on Electronic Commerce," U. S. Department of Commerce, 1998.

③ Haltiwanger, John and Ron S. Jarmin, "Measuring the Digital Economy," in Erik Brynjolfsson & Brian Kahin eds., *Understanding the Digital Economy：Data，Tools，and Research*, MIT Press, Cambridge, 2000; Moulton, Brent R., "GDP and the Digital Economy: Keeping up with the Changes," in Erik Brynjolfsson & Brian Kahin eds., *Understanding the Digital Economy：Data，Tools，and Research*, MIT Press, Cambridge, 2000.

④ OECD, "OECD Guide to Measuring the Information Society 2011," OECD Publishing, http：//dx. doi. org/10. 1787/9789264113541 – en, 2011.

动就业"等诸多方面。[①] OECD 的数字经济政策委员会（Committee for Digital Economy Policies）也就数字经济国际统计标准方面达成以下共识：（1）ICT 产业和产品、电子商务、ICT 专利等；（2）构建企业和个人层面的 ICT 使用调查模型；（3）采用新的测度工具，如以互联网为基础的统计数据；（4）在上述基础上开展经济分析。[②] 此后，世界经济论坛推出的"网络成熟指数"（Networked Readiness Index，NRI）、欧盟委员会的"数字经济与社会指数"（Digital Economy and Society Index，DESI）都是从更宽的维度测算数字经济的经济社会影响。[③]

2016 年杭州 G20 峰会后，中国自上而下掀起了一股数字经济热，一些智库类研究机构纷纷发布"数字经济/信息经济"相关发展报告，对中国数字经济（增加值）规模及其对 GDP 贡献度进行测算。从公开收集的资料来看，发布测算结果及相应报告的机构主要有"中国信息化百人会"、腾讯研究院、波士顿咨询（BCG）和艾瑞咨询等，具体测算结果如表 1 所示。

表 1 若干机构 2016 年数字经济增加值及贡献度测算对比

单位：万亿元，%

机构及报告	增加值	数字经济占 GDP 比重					
		中国	美国	英国	韩国	欧盟	日本
中国信息化百人会《中国信息经济发展报告 2016》	22.4	30.1	59.2	54.5	—	—	45.9
腾讯研究院《中国互联网 + 数字经济指数(2017)》	22.77	30.61	—	—	—	—	—

---

① OECD, "Measuring the Digital Economy: A New Perspective," OECD Publishing, http://dx. doi. org/10. 1787/9789264221796 - en, 2014.

② Spiezia, Vincenzo, "Measuring the Digital Economy: OECD Experience," 10th International Workshop for Digital Economy, 2015.

③ Baller, Silja, Soumitra Dutta, Bruno Lanvin, "The Global Information Technology Report 2016: Innovating in the Digital Economy," World Economic Forum, Geneva, 2016.

续表

机构及报告	增加值	数字经济占 GDP 比重					
		中国	美国	英国	韩国	欧盟	日本
波士顿咨询"The Internet Economy in the G-20"	—	6.9	5.4	12.4	8.0	5.7	5.6
艾瑞咨询《2016 年中国数字经济专项报告》	1.1 (2015)	1.7	—	—	—	—	—

注：所有数据根据网络资料整理；中国信息化百人会测算结果曾被当年《政府工作报告》所采用，但 2018 年后的《政府工作报告》未涉及该项测算结果；艾瑞咨询测算的是 2015 年中国数字经济增加值及其占 GDP 比重。

上述机构的测算除了结果差别很大外，在方法上也存在较大差异。中国信息化百人会采用的是生产法核算与效率提升测算相结合的方法，基本思路是：（1）将信息经济/数字经济划分为生产部分和应用部分，该划分方式源自乔根森等的早期研究①；（2）生产部分包括电子信息设备制造、电子信息设备销售和租赁、电子信息传输服务、计算机服务和软件业、其他信息相关服务等细分行业，以及云计算、物联网、大数据、互联网金融等新兴行业，可用生产法直接核算各行业增加值；（3）应用部分主要测算 ICT 渗透到各行业领域后，通过提升其生产效率而额外带来的价值（增加值）。中国信息化百人会的测算方法，理论基础较为坚实，但测算细节处理上存在难点和争议，如新兴产业部门的认定、效率提升测算过程中对照基准的选择等。

腾讯研究院的测算是在计量方法基础上的推测。它们利用面板数据分析，估算出"互联网＋数字经济指数"与 GDP 之间的回归系数；利用合成的"互联网＋数字经济指数"推算数字经济增加值（增量）。虽然最终结果与中国信息化百人会非常相近，但腾讯研究院的上述测算方法在逻辑上有很多值得推敲之处。比如，外推的前提是其他条件保持不变，但报告中没有具体说明包括哪些其他自变量，因此很难判断其他条件（变量）能否保持不变。

---

① Jorgenson, Dale W. and Kevin Stiroh, "Information Technology and Growth," *American Economic Review*, 1999, 89 (2); Jorgenson, Dale W.,"Information Technology and the U. S. Economy," *American Economic Review*, 2001, 90 (1).

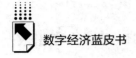
波士顿咨询主要是从支出法的角度测算互联网相关的消费、投资和净出口，没有考虑效率提升带来的价值，加上其界定的互联网经济所涵盖范围可能小于数字经济，最终的测算值大大低于中国信息化百人会。

二 基于增长核算的数字经济规模测算框架

（一）常规核算方法的测度困境

上述既有测算结果之间巨大的差异，除了测算方法外，根源还在于对数字经济概念和边界确定上存在偏差。国内外既有的测度实践，大多数都是在现有的国民经济统计核算框架下展开的，其中又有很大比例是从生产法（部门法）角度选定归属于数字经济的相关产业部门进行核算。这种处理方法，本质上是将"数字经济"看作是与"农业经济""工业经济"相平行的产业部门。而前述关于数字经济内涵的辨析表明，数字经济除了ICT产业对应"数字产业化"外还有一块重要内容"产业数字化"。后者难以仅靠常规的增加值核算方法直接测算，从而形成数字经济增加值（规模）测算的现实困境。

GDP（增加值）的常规核算方法有三种，即生产法（部门法）、支出法和收入法。运用生产法能够较为容易地测算出数字经济中"细分产业部门"这部分的增加值，包括传统的ICT制造业、ICT服务业，以及以ICT为支撑衍生出的新兴产业部门。例如，电子商务可以看作是第三产业中"批发和零售业"下的一个细分行业。毕竟这些部门划分比较明确，确定产业边界后便可以对其增加值进行准确核算。然而，对于数字技术渗透并改造传统产业所带来的增加值，在生产法下都将统一核算为被改造产业的增加值。以汽车制造为例，近年来随着数字技术特别是智能技术在汽车制造领域的广泛应用，汽车产业的生产效率不断提升，汽车制造过程以及成品汽车的数字化程度也越来越高。然而，从生产法角度进行核算，智能技术提升生产率所创造出的额外增加值，都被统一划归汽车制造业，而无法分拆到数字经济中。

运用支出法，可以将ICT资本（投资）从总投资中分离出来，也可以将消费电子（软件服务）等从私人消费、政府消费中分离出来，还可以将 ICT 产品的净出口从总的净出口中分离出来。不过，同生产法类似，对于融合 ICT 技术而形成的传统消费品，从核算角度并不能将它直接归为数字经济。比如猪肉消费，很多现代化养殖场运用 RFID 射频识别、自动进食等 ICT 技术手段，出栏的猪肉质量更有保障、售价更高，这里面肯定有数字技术的贡献，但支出法下这些贡献也都归为"非 ICT 消费，猪肉消费"中。

至于收入法，在国民经济核算实践中本身也并非主要的方法和依据；而且，收入法核算中的劳动者报酬、折旧、生产税净额、营业盈余，每一项基本上都难以直接同 ICT 技术或数字技术联系在一起。可能的途径是从 ICT 相关的微观企业或细分行业层面测算后再加总，但显然不具备太强的可操作性。

（二）以增长核算为基础的测算框架

从价值创造角度来看，ICT 的三大技术—经济特征在传统产业价值创造中发挥了重要作用。一方面，ICT 替代效应形成的"ICT 资本"同其他要素一样都是产业增加值创造的源泉；另一方面，ICT 协同性特征带来的效率提升将表现为产业增加值的提高。这两部分贡献的增加值共同构成了数字经济"产业数字化"部分的增加值，加上 ICT 产业部门即"数字产业化"所对应的增加值，便可以较完整地测算出数字经济的增加值规模。据此，我们可以将数字经济增加值规模的测算分拆为三部分：（1）ICT 产业部门的增加值；（2）传统产业中由替代效应而形成的 ICT 资本作为投入要素所贡献的增加值；（3）ICT 协同效应促进传统产业效率提升所贡献的增加值。为方便起见，不妨将上述三部分增加值分别简称为"数字部门增加值"、"替代效应增加值"和"协同效应增加值"。

"数字部门增加值"的核算相对简单，将结合《国民经济行业分类 2017》和国家统计局《新产业新业态新商业模式统计分类》，选取那些直接提供 ICT 产品及服务的行业作为 ICT 产业部门，在各 ICT 产业部门增加值收集或估算基础上即可得到。"替代效应增加值"和"协同效应增加值"的测算则较为复杂。中国社会科学院数量经济与技术经济研究所数字经济课题组

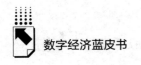

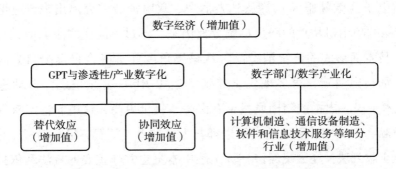

图 1　数字产业化与产业数字化视角的数字经济增加值构成示意

（以下简称"数技经所数字经济课题组"）近 4 年来按照"先增量后总量、先贡献度后规模"的思路，将增长核算与常规 GDP 核算方法相结合，构建起具有较强可操作性、准确性的测算框架，具体来说可以分为两个步骤。

一是基于增长核算测算分解 GDP 增长贡献度。通过增长核算，能够将经济增长（GDP 增长）分解为资本要素增长、劳动要素增长和全要素生产率增长三大部分，计算各部分对 GDP 增长的贡献。其中，资本要素又可以分解为"ICT 资本"和"非 ICT 资本"，从而计算出 ICT 资本要素增长对 GDP 增长的贡献。ICT 资本要素的增长源于 ICT 产品价格持续下降而形成的 ICT 资本品对其他资本品的替代，对应的是"替代效应"。因此，这部分贡献可以看作是数字经济替代效应对 GDP 增长的贡献率。[①] 增长核算同时也能测算出全要素生产率增长对 GDP 增长的贡献度，而全要素生产率增长有一部分是由 ICT 协同性特征而引致的效率提升所贡献的，对应的是"协同效应"。利用计量方法，可以大致测算出 TFP 增长与 ICT（或数字技术）协同效应之间的关系，从而大致估算出数字经济协同效应对 GDP 增长的贡献率；加上前面替代效应对 GDP 增长的贡献，就可以推算出特定时间段（可以是某个年度，或 5 年、10 年）产业数字化对 GDP 增长的贡献率。

二是选定 ICT/数字技术渗透率较低的初始年份，由增长率倒推增加值

---

① 蔡跃洲、张钧南：《信息通信技术对中国经济增长的替代效应与渗透效应》，《经济研究》2015 年第 12 期。

规模。通过增长核算已经可以测算出特定时间段"数字经济替代效应和协同效应对 GDP 增长的贡献率"。如果这个特定时间段的起点是数字技术渗透率几乎可以忽略不计的年份，终点是我们的目标测算年份，那么该时间段的 GDP 增量乘以替代效应和协同效应贡献率，得到的就大致是目标测算年份"替代效应增加值"和"协同效应增加值"。至于起点年份，不妨选择 1990～2000 年的某个年份，因为当时全球的信息互联网时代刚刚兴起，数字技术对经济社会的渗透还非常有限。

三 "十四五"时期数字经济增加值估算预测

按照上述测算思路和基本框架，中国社会科学院数量经济与技术经济研究所数字经济课题组对 1993～2018 年的数字经济增加值规模进行了详细测算①。在此基础上，数技经所数字经济课题组根据测算出的数字经济各组成部分每年的增长率，通过趋势外推对 2019～2025 年的增长率进行预测，并据以估算这些年份相应部分的增加值规模，进而得到加总的数字经济增加值规模估算预测值。相关的测算、估算预测结果如表 2 所示。

表 2　1993～2025 年中国数字经济规模测算

单位：亿元，%

| 年份 | 数字产业化 | | | 产业数字化 | | | 数字经济规模合计 | GDP | GDP占比 |
	ICT制造业	ICT服务业	小计	ICT替代效应	ICT协同效应	小计			
1993	470.3	441.3	911.6	58.9	120.6	179.5	1091.1	35673.2	3.1
1994	617.8	668.9	1286.7	218.5	367.2	585.7	1872.4	48637.5	3.8
1995	767.1	1005.0	1772.1	553.7	647.5	1201.3	2973.4	61339.9	4.8
1996	827.0	1235.1	2062.1	955.5	862.8	1818.3	3880.4	71813.6	5.4
1997	1025.8	1581.5	2607.3	1200.0	1127.9	2327.9	4935.2	79715.0	6.2

---

① 蔡跃洲、牛新星：《数字产业化与产业数字化视角的中国数字经济测算》，《中国社会科学内部文稿》2020 年第 2 期。

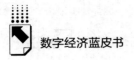

续表

年份	数字产业化			产业数字化			数字经济规模合计	GDP	GDP占比
	ICT制造业	ICT服务业	小计	ICT替代效应	ICT协同效应	小计			
1998	1259.9	1840.1	3100.0	1317.2	1382.1	2699.3	5799.3	85195.5	6.8
1999	1519.2	2136.7	3655.9	1470.8	1576.2	3047.0	6702.9	90564.4	7.4
2000	2145.9	3003.6	5149.5	1824.1	1951.2	3775.3	8924.8	100280.1	8.9
2001	2372.2	3319.1	5691.3	2433.3	2347.9	4781.2	10472.5	110863.1	9.4
2002	2714.9	3924.2	6639.1	3365.0	2677.9	6042.9	12682.0	121717.4	10.4
2003	3545.5	4503.5	8049.0	4465.7	2998.3	7464.1	15513.0	137422.0	11.3
2004	5193.0	5273.1	10466.1	5872.3	3524.1	9396.4	19862.6	161840.2	12.3
2005	6700.5	6114.5	12815.0	7269.9	4122.4	11392.3	24207.3	187318.9	12.9
2006	8155.4	6287.8	14443.2	8582.2	4709.7	13291.9	27735.1	219438.5	12.6
2007	9947.9	7383.7	17331.6	10544.6	5788.0	16332.6	33664.2	270092.3	12.5
2008	11407.9	7814.1	19222.0	12666.8	6973.6	19640.4	38862.4	319244.6	12.2
2009	12013.5	9207.8	21221.3	14540.6	7489.6	22030.2	43251.6	348517.7	12.4
2010	14598.1	11611.0	26209.0	18611.9	9472.3	28084.2	54293.2	412119.3	13.2
2011	16885.6	13994.0	30879.6	23631.6	11164.9	34796.5	65676.0	487940.2	13.5
2012	18011.2	16538.1	34549.3	27733.6	12355.7	40089.3	74638.6	538580.0	13.9
2013	19688.4	19944.7	39633.2	31399.7	13907.9	45307.6	84940.8	592963.2	14.3
2014	21717.0	23497.6	45214.7	35011.8	15104.8	50116.5	95331.2	643563.1	14.8
2015	22599.3	27615.0	50214.3	38054.0	17115.2	55169.2	105383.5	688858.2	15.3
2016	23908.7	30969.6	54878.3	41355.8	19341.4	60697.2	115575.5	746395.1	15.5
2017	26807.2	38441.5	65248.7	46048.5	22020.0	68068.6	133317.2	832035.9	16.0
2018	29507.7	44498.2	74005.9	50969.4	25601.4	76570.8	150576.7	919281.1	16.4
2019	31786.8	52273.4	84060.3	56158.3	30074.8	86233.2	170293.4	990865.0	17.2
2020	34315.6	60884.5	95200.2	61727.0	34520.1	96247.1	191447.3	1015986.0	18.8
2021	37312.8	68953.1	106265.9	67999.3	39724.0	107723.2	213989.2		
2022	40791.1	76968.0	117759.1	75110.8	45876.6	120987.4	238746.5		
2023	44365.2	85292.5	129657.7	82832.5	53132.5	135965.1	265622.8		
2024	48136.0	93910.6	142046.5	91280.9	61488.6	152769.5	294816.0		
2025	52301.9	102883.8	155185.7	100594.3	70944.0	171538.3	326724.0		

注：1993～2018年测算数据来自蔡跃洲、牛新星《数字产业化与产业数字化视角的中国数字经济测算》，《中国社会科学内部文稿》2020年第2期。根据1993～2018年各部分名义增长率趋势外推，得到2019～2025年各年份各部分增长率预测值，据以倒推对应的增加值。

表3 1993~2020年不同阶段中国数字经济及其各组成部分增速

单位：%

年份	数字产业化			产业数字化			数字经济整体	GDP
	ICT制造业	ICT服务业	数字产业化整体	ICT替代效应	ICT协同效应	产业数字化整体		
2010~2015	6.3	15.8	10.9	12.4	9.6	11.4	11.2	7.9
2015~2020	6.3	14.5	11.1	7.6	12.4	9.3	10.1	5.7
2010	13.6	17.9	15.4	19.8	18.3	19.3	17.4	10.6
2011	6.9	11.4	8.9	17.6	9.0	14.7	11.9	9.5
2012	4.2	15.5	9.3	14.8	8.2	12.6	11.1	7.9
2013	7.0	18.0	12.3	10.9	10.2	10.7	11.4	7.8
2014	9.4	16.8	13.1	10.3	7.4	9.4	11.1	7.3
2015	4.0	17.4	11.0	8.5	13.2	9.9	10.4	6.9
2016	4.6	10.9	8.1	7.0	11.3	8.4	8.2	6.7
2017	7.1	18.6	13.6	6.7	9.1	7.5	10.4	6.8
2018	6.3	11.8	9.5	6.8	12.2	8.6	9.0	6.6
2019	6.0	15.6	11.8	8.5	15.6	10.9	11.3	6.1
2020	7.3	15.7	12.5	9.2	14.0	10.9	11.6	2.3
1993~2020	12.6	15.4	14.2	24.1	18.5	21.1	16.3	18.7

注：2018年以前数据来源于蔡跃洲、牛新星《数字产业化与产业数字化视角的中国数字经济测算》，《中国社会科学内部文稿》2020年第2期。表中增速均为按期末期初比值进行几何平均后而得，分阶段GDP增速与表10中取自然对数的计算结果会有细微偏差。2019~2025年期间各年预测数据是在2018年测算数据基础上利用时间序列趋势外推而得。

表4 "十四五"时期各年中国数字经济及其各组成部分名义增速预测

单位：%

年份	数字产业化			产业数字化			数字经济整体
	ICT制造业	ICT服务业	数字产业化整体	ICT替代效应	ICT协同效应	产业数字化整体	
2021	8.7	13.3	11.6	10.2	15.1	11.9	11.8
2022	9.3	11.6	10.8	10.5	15.5	12.3	11.6
2023	8.8	10.8	10.1	10.3	15.8	12.4	11.3
2024	8.5	10.1	9.6	10.2	15.7	12.4	11.0
2025	8.7	9.6	9.2	10.2	15.4	12.3	10.8
"十四五"时期平均	8.8	11.1	10.3	10.3	15.5	12.3	11.3

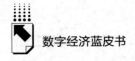

根据测算结果，1993～2020年，中国数字经济平均增速为16.3%，呈持续快速增长势头，已成为中国经济增长重要引擎。2010～2015年，伴随着移动互联网、云计算、大数据等新一代信息技术的爆发，中国数字经济年均增速11.2%；2015～2020年平均增速有所下降，但仍高达10.1%。

产业数字化的增速整体快于数字产业化，2012年之前产业数字化增速一直高于数字产业化，在2012年后则出现相对增速的逆转。在数字产业化方面，"ICT制造业"与"ICT服务业"的增速大体相当，但2010年以后"ICT服务业"的增速明显高于"ICT制造业"，在规模上也于2013年实现反超。在产业数字化方面，"ICT替代效应"无论从平均增速还是对应的增加值规模来看都明显大于"ICT协同效应"。

最后，我们在2018年以前各年份测算基础上，通过趋势外推方式对"十四五"时期各年数字经济规模进行估算预测。预计，"十四五"时期，我国数字经济无论是"数字产业化"还是"产业数字化"都将延续快速增长势头，数字经济整体的年均名义增速为11.3%；到2025年，中国数字经济增加值规模将达到326724.0亿元（名义），其中数字产业化增加值为155185.7亿元，产业数字化增加值为171538.3亿元。未来数字经济快速增长趋势也是符合预期的。"十四五"时期，随着制造业数字化转型和工业互联网建设的加速推进，一方面，数字技术对传统产业的渗透率将不断提升，产业数字化增长有着巨大空间；另一方面，产业数字化发展又将带动工业软件、工业App等ICT服务业（如信息技术和软件服务业）的高速增长，并可能催生新兴数字部门。

四　数字经济测度相关问题再思考

（一）人工智能带来的数字经济测算问题

2017年以来，伴随着人工智能技术商业化应用的加速推进，数字技术对经济增长的影响又有了新的机制。人工智能作为新一代信息技术理所当然具有一般 ICT 的基本技术—经济特征，即渗透性、替代性和协同性。与此同时，人工智能对于劳动要素的替代不仅在于体力，更在于对脑力或者说创造性活动的替代，由此引出人工智能专属的第四项技术—经济特征创造性（Creativeness）。

人工智能的创造性特征将通过知识生产促进技术进步，从生产函数和增长核算视角来看，最终也将体现为全要素生产率增长。当前，人工智能创造性促进技术进步的核心机制主要是提高研发效率。在基因组学、药物发现、材料科学、量子物理等领域，研发过程具有"大海捞针"的特点，即能够确定创新存在于已有知识的某种有用组合，但是有用知识范围广泛且复杂，要找出来极不容易；而人工智能技术的突破性进展，则使得研究人员能够大大提高识别效率，用较短时间找出那些最有价值的组合。[①] 比如在生物医药领域，应用深度学习技术和已有的数据，可以较为准确地预测药物试验的结果；对于早期的药物筛选（Early Stage Drug Screening）来说，便可以减少一些不必要的检验，从而提高筛选效率，识别出那些成功概率更大的候选分子；人工智能技术也因此被称作是一种"发明方法的发明"（Invention of a Method of Invention，IMI）。[②]

另外，人工智能技术作为多项新一代信息技术的集成，是由数据生产，算法、软件开发，芯片、存储器，其他硬件设备等技术和产品共同支撑而形成的复杂系统。系统内各环节对应的产品及服务已经形成了一个较为独立的产业生态体系。人工智能技术对经济社会各领域的不断渗透，将带来各关联环节产品服务需求的上升，进而引致对应细分行业规模的扩大；而人工智能产业体系的不断壮大，将对宏观经济增长形成直接支撑[③]。当然，这部分仍属于数字部门的范畴。

---

① Agrawal, A., McHale J., Oettl A., "Finding Needles in Haystacks: Artificial Intelligence and Recombinant Growth," NBER Working Paper No. 14024, 2018.

② Cockburn I. M., Henderson R., Stern S., "The Impact of Artificial Intelligence on Innovation," NBER Working Paper No. 14006, 2017.

③ 从增加值的支出法核算角度来看，人工智能技术对经济社会的渗透表现为人工智能资本的不断积累；而积累过程必然带来人工智能产品需求的增加，从而引致相应产业规模的不断壮大。

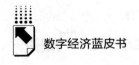

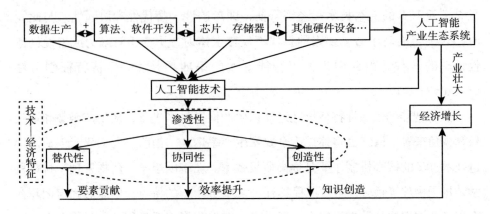

图2　人工智能技术—经济特征与影响增长作用机制示意

人工智能创造性所对应的全要素生产率提升，最终也会体现为增加值规模的扩大。因此，在人工智能技术加速商业化应用背景下，数字经济内涵边界有了新的拓展，这也给数字经济测算带来新的挑战。在测算实践中，我们可以有一个简单的处理方式，就是将创造性与前述协同性所对应的增加值创造效应合并在一起，毕竟二者都是通过提升全要素生产率而最终体现为额外增加值。但是，如果要将创造性特征对应部分再单独剥离，则会是一项具有较大挑战的工作。

（二）增加值测算局限及其他衡量测度方法

在当下的测度实践中，总体都还没有跳出国民经济行业分类的惯性思维。很多测算仍然习惯于将细分产业（4位码、6位码）划归数字经济，而忽略了数字经济作为新型经济形态有别于现行行业分类的特征。

数字经济测度困境的根源在于，现行统计核算体系和国民经济行业分类与新经济、新模式、新业态的错配。现行以增加值为核心的国民经济核算体系，是两次工业革命的产物，反映了工业化成熟阶段的经济结构和经济形态。而数字经济本质上是新一轮科技革命和产业变革的产物，数字经济各种新业态、新模式带来的效率提升、效用提升、消费者剩余增加等，无法在传统的增加值核算中体现，如平台经济带来的长尾效应。

事实上，无论是行业分类还是基于增长核算的产业数字化测算，本质上都没有脱离传统国民经济统计核算的惯性思维，难以对数字经济作为一种新型经济形态的运行状况给予全面的展示。要全面刻画数字经济发展状况，可能需要超越增加值核算，尝试新的测度衡量方式，特别应注意将基于网络复杂度而衍生出的效用、使用价值等提升以适当方式进行刻画。当下，欧盟、腾讯、阿里巴巴等推出的各种数字经济指数，包括腾讯提出的"用云量"，虽然较为简单，但从投入角度给出了一种更直接的衡量方式。另外，其他以互联网为基础的统计数据，如信息通信基础设施、2020 年备受关注的新基建概念，都可以作为从不同侧面衡量数字经济发展状况的指标。

五 结论及建议

本报告前序各部分就数字经济内涵和测度理论方法进行了探讨，构建了以增长核算为基础的数字经济增加值规模测度方法框架，据以对 1993～2016 年各年中国数字经济规模进行测算，并尝试着对"十四五"期间的中国数字经济规模进行估算预测。基于前述研究，主要有以下结论和建议。

第一，数字经济测算实践中，对数字经济内涵界定和测算方法的不同，造成不同测算结果间出现巨大差异。数字经济不同于传统的农业经济、工业经济，是以信息通信技术（ICT）为支撑形成的新型经济形态，既包括 ICT 相关产业部门，也包括 ICT 渗透融合其他部门衍生出的新业态新模式，分别对应于"数字产业化"和"产业数字化"。

第二，在以增长核算为基础的测算框架下开展的测算及估算预测结果表明：1993～2019 年，中国数字经济平均增速为 16.6%，已成为经济增长的重要引擎；2020 年中国数字经济增加值规模超过 19 万亿元，占 GDP 比重约为 18.8%；预计"十四五"时期我国数字经济年均名义增速将达到 11.3%，到 2025 年数字经济增加值规模将超过 32.67 万亿元（名义值），其中数字产业化增加值约为 15.52 万亿元，产业数字化增加值为 17.15 万亿元。

第三，随着人工智能技术等新一代信息技术的快速发展，数字经济测算

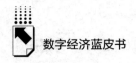
将面临新的挑战。现有的测算方法总体延续了国民经济统计核算的惯性思维，强调增加值估算而忽略新业态新模式衍生出的效率提升、效用提升、消费者剩余增加等。有必要超越增加值核算，尝试新的测度衡量方式，以全面刻画数字经济发展状况。

参考文献

蔡跃洲、张钧南：《信息通信技术对中国经济增长的替代效应与渗透效应》，《经济研究》2015 年第 12 期。

蔡跃洲：《数字经济增加值及贡献度测算：历史沿革、理论基础与方法框架》，《中国社会科学内部文稿》2017 年第 4 期。

蔡跃洲、陈楠：《新技术革命下人工智能与高质量增长、高质量就业》，《数量经济技术经济研究》2019 年第 5 期。

蔡跃洲、牛新星：《数字产业化与产业数字化视角的中国数字经济测算》，《中国社会科学内部文稿》2020 年第 2 期。

二十国集团：《二十国集团数字经济发展与合作倡议》，中国杭州，2016。

腾讯研究院：《中国"互联网＋"数字经济指数（2017）》，2017 年 4 月。

Agrawal, A., McHale J., Oettl A., "Finding Needles in Haystacks: Artificial Intelligence and Recombinant Growth," NBER Working Paper No. 14024, 2018.

Baller, Silja, Soumitra Dutta, Bruno Lanvin, "The Global Information Technology Report 2016: Innovating in the Digital Economy," World Economic Forum, Geneva, 2016.

Bresnahan, Timothy F. and Manuel Trajtenberg, "General Purpose Technologies: 'Engines of Growth'," NBER Working Paper No. 4148, 1992.

Cockburn I. M., Henderson R., Stern S., "The Impact of Artificial Intelligence on Innovation," NBER Working Paper No. 14006, 2017.

David Paul A., and Gavin Wright, "General Purpose Technologies and Surges in Productivity: Historical Reflections on the Future of the ICT Revolution," University of Oxford Discussion Papers in Economic and Social History, 1999.

Dean, David, Sebastian Digrande, Donimic Field, Andreas Lundmark et al., "The Internet Economy in G20: The MYM4. 2 Trillion Growth Opportunity," The Boston Consulting Group (BCG) Report, 2016.

Haltiwanger, John and Ron S. Jarmin, "Measuring the Digital Economy," in Erik Brynjolfsson & Brian Kahin eds., *Understanding the Digital Economy: Data, Tools, and*

Research, MIT Press, Cambridge, 2000.

Jorgenson, Dale W. and Kevin Stiroh, "Information Technology and Growth," *American Economic Review*, 1999, 89 (2).

Jorgenson, Dale W. and Khuong Vu. , "Information Technology and the World Economy," *The Scandinavian Journal of Economics*, 2005, 107 (4).

Jorgenson, Dale W. , "Information Technology and the U. S. Economy," *American Economic Review*, 2001, 90 (1).

Ketteni, Elena, "Information Technology and Economic Performance in U. S. Industries," *The Canadian Journal of Economics*, Vol. 42, No. 3, Aug. , 2009.

Margherio, Lynn, Dave Henry, Sandra Cooke, Sabrina Montes, "The Emerging Digital Economy, Secretariat on Electronic Commerce," U. S. Department of Commerce, 1998.

Mesenbourg, Thomas L. , "Measuring the Digital Economy," U. S. Bureau of the Census, 2000.

Moulton, Brent R. , "GDP and the Digital Economy: Keeping up with the Changes," in Erik Brynjolfsson & Brian Kahin eds. , *Understanding the Digital Economy: Data, Tools, and Research*, MIT Press, Cambridge, 2000.

OECD, "OECD Guide to Measuring the Information Society 2011," OECD Publishing, http: //dx. doi. org/10. 1787/9789264113541 – en, 2011.

OECD, "Measuring the Digital Economy: A New Perspective," OECD Publishing, http: //dx. doi. org/10. 1787/9789264221796 – en, 2014.

Oliner, Stephen D. and Daniel E. Sichel, "Computer and Output Growth Revisited: How Big is the Puzzle?" Brookings Papers on Economic Activity, 1994.

Oliner, Stephen D. and Daniel E. Sichel, "The Resurgence of Growth in the Late 1990s: is Information Technology the Story," *The Journal of Economic Perspectives*, Vol. 14 (4) 2000.

Spiezia, Vincenzo, "Measuring the Digital Economy: OECD Experience," 10th International Workshop for Digital Economy, 2015.

Stiroh, Kevin J. "Computers, Productivity, and Input Substitution," *Economic Inquiry*, Vol. 36 (April), 1998.

Stiroh, Kevin J. , "Information Technology and the U. S. Productivity Revival: What Do the Industry Data Say?" *The American Economic Review*, Vol. 92, No. 5, Dec. , 2002.

Stiroh, Kevin J. , "Information Technology and Productivity: Old Answers and New Questions," CESifo Economics Studies, Vol. 54 (3), 2008.

Tapscott, D. , *The Digital Economy: Promise and Peril in the Age of Networked Intelligence*, New York: McGrawHill, 1996.

数字经济理论方法
Analytical Methods of Digital Economy

B.2
数字经济的理论框架、前沿课题[*]

谢 康 肖静华[**]

摘 要： 本报告从数字经济的创新逻辑视角提出数字经济的理论框架，提炼数字经济的前沿课题与关键科学问题，探讨数字经济专业的教育教学模式变革，认为数字经济理论研究可以围绕产品适应性创新、大数据合作资产、数据生产要素、网格制与科层制融合、基于技术契约的适应性治理创新五个方面及其相互关系来展开，由此构建数字经济的整合性理论框架。在数字经济理论框架基础上，对数字经济前沿课题和数

* 资助项目：本研究受国家自然科学基金重点项目（71832014）、国家自然科学基金面上项目（71771223）资助，在此表示感谢。本报告观点不代表作者所在单位和中国信息经济学会，文责自负。

** 谢康，中山大学管理学院教授，博士生导师，中山大学信息经济与政策研究中心主任，教育部新世纪优秀人才，中国信息经济学会理事长，长期从事信息经济学、企业数字化转型的教学与研究；肖静华，中山大学管理学院教授，博士生导师，中山大学信息经济与政策研究中心副主任，中国信息经济学会副秘书长兼数字经济创新联盟专业委员会主任，长期从事信息经济学、企业数字化转型的教学与研究。

字经济专业的教育教学模式进行了探讨。

关键词： 数字经济　教育教学　教学改革

持不同的哲学观，自然会形成不同的看待世界的角度和结论，对数字经济的讨论也是如此。无论是作为一种经济形态的理论，还是作为一种社会形态发展的概念，数字经济的内涵与外延大相径庭。本报告秉承 2016 年《G20 数字经济发展与合作倡议》提出的数字经济概念，即"数字经济是指以使用数字化的知识和信息作为关键生产要素、以现代信息网络作为重要载体、以信息通信技术的有效使用作为效率提升和经济结构优化的重要推动力的一系列经济活动"①。因此，在本报告中，数字经济是指一种经济形态或经济活动。在此概念的基础上，展开对数字经济的理论框架、前沿课题及教育教学三个议题的探讨。

一　数字经济的创新逻辑与理论框架

现有数字经济的理论研究文献，既有从数字经济的价格机制等微观与要素投入、新资源配置和全要素生产率等宏观的二分角度②，或微观企业赢利模式、中观市场结构和宏观资源配置三分角度探讨数字经济理论框架③，也有从企业、产业和宏观经济三个层次分析数字经济创新逻辑④，还有从农业

---

① http://www.g20chn.org/hywj/dncgwj/201609/t20160920_3474.html.
② 荆文君、孙宝文：《数字经济促进经济高质量发展：一个理论分析框架》，《经济学家》2019 年第 2 期。
③ 杨新铭：《数字经济：传统经济深度转型的经济学逻辑》，《深圳大学学报》（人文社会科学版）2017 年第 4 期。
④ 任保平：《数字经济引领高质量发展的逻辑、机制与路径》，《西安财经学院学报》2020 年第 2 期。

经济、工业经济、数字经济三阶段建构数字经济的政治经济学分析①。此外，也有从供给侧与需求侧两端剖析数字经济理论②，或从技术—经济范式角度探讨数字经济理论③，等等。这些文献从不同的出发点提出数字经济的理论分析框架，拓展了国内数字经济理论研究内容的丰富性，对推进数字经济理论研究的深度和扩大数字经济理论研究的广度发挥了重要促进作用。例如，认为数字经济运行是新科技主导企业投资经营和政府宏观调控的一种新市场模式，这一模式的发展正在引发经济学家对经济选择行为、资源配置方式、产业组织及产业结构优化方式等一系列问题的思考和探索④。

本部分拟从数字经济的创新逻辑出发，提出产品—资产—要素视角的数字经济生产力分析框架，及组织制度—技术契约视角的数字经济生产关系分析框架，借助政治经济学中生产力与生产关系的理论逻辑，提出数字经济的整合性理论框架。

（一）数字经济的创新逻辑

与工业经济创新相比，数字经济的创新有何区别？就技术创新驱动而言，工业革命的技术创新对工业经济需求与供给侧也会产生有别于农业经济的作用，对工业经济活动和产业结构产生影响。如果将农业经济、工业经济和数字经济视为三种不同的主导性技术驱动的经济形态，农业经济是生物经济形态，工业经济是物理化学经济形态，数字经济则是数据信息资源经济形态⑤。可见，不同的创新逻辑视角会形成对数字经济本质与特征的不同结论。本部分从数字化技术的适应性创新视角来探讨数字经济的创新逻辑。

---

① 裴长洪、倪江飞、李越：《数字经济的政治经济学分析》，《财贸经济》2018年第9期。
② 何大安、许一帆：《数字经济运行与供给侧结构重塑》，《经济学家》2020年第4期。
③ 王姝楠、陈江生：《数字经济的技术—经济范式》，《上海经济研究》2019年第12期。
④ 王姝楠、陈江生：《数字经济的技术—经济范式》，《上海经济研究》2019年第12期。
⑤ 何大安、许一帆：《数字经济运行与供给侧结构重塑》，《经济学家》2020年第4期。

这需要从数字化技术的创新逻辑谈起。与 20 世纪 50～70 年代兴起的信息技术（IT）相比，工业互联网、物联网、云计算、大数据、人工智能、区块链、5G 网络和边缘计算等新一代 IT 形成了全局或全域的数字化联通，20 世纪 80～90 年代推广应用的企业资源计划（ERP）、供应链管理系统（SCM）、计算机辅助设计（CAD）、计算机辅助制造（CAM）等管理信息系统变成这种全局或全域数字化体系的一个小模块或中后台小系统。新一代 IT 形成的全局或全域数字化联通创造出具有高度适应性的产品与服务体系、资产形式和资源形态，形成了组织制度和技术契约的制度适应性变革。要理解这一点，需要对数字化技术如何形成产品、资产、资源、组织制度和治理方式适应性创新的内在机制进行必要的讨论。

工业经济中精益制造与生产规模的扩大，尤其是消费升级和社会服务活动复杂度的日益增加，如企业对财务投资、律师、设计、技术管理、工程咨询或管理咨询等生产性服务的需求，及国民对医疗保健、教育、体育、娱乐、理财等消费性服务的需求不断提高，形成了组织内部与组织之间价值网络的不断扩大和结构的日益复杂。为应对服务产生的高度灵活性和复杂性要求，新一代 IT 需要创造出有别于以往 ERP、SCM、CAD 等局域信息系统的、更敏捷的结构适应性。这种结构适应性集中地表现在新一代 IT 的分层模块化结构（layered modular architecture）特征上。

新一代 IT 的分层模块化结构指基于新一代 IT，社会主体或行动者可以通过多个层面的集体行动来实现模块化协同创新的社会或组织结构。例如，众多社会主体参与维基百科的协同更新，多个国家或地区的不同软件开发者可以 7×24 小时不间断地进行开源软件的模块化开发。如果将社会经济活动的本质视为一种服务交流，那么，作为服务交流资源的新一代 IT 在其中发挥了根本性和变革性的作用①。由此，新一代 IT 与经济主体或行动者的不同资源重新组合和协调，使基于新一代 IT 的产品或服务结构可以产生创生能

---

① Vargo, S. L, and Lusch, R. F. , "Evolving to a New Dominant Logic for Marketing," *Journal of Marketing*, 2004, 68（1）.

力（Generative Capacity）①。这里，创生能力指众多经济主体或行动者共同参与某项基于数字平台的创造活动而客观上形成的分层模块化结构能力。新一代 IT 形成的这种产品与服务创生能力在组织内或组织间形成分层模块化的行动与制度结构，构成数字经济存在和发展的技术—经济基础。可以说，如果社会经济活动中缺乏这种组织内或组织间分层模块化行动与制度结构的技术—经济基础，数字经济就难以有效运行。

由于现实经济活动中充满多样性和复杂性，基于新一代 IT 分层模块化结构形成的创生能力在现实组织内或组织间需要进行适应性变革，这种组织内或组织间的适应性变革形成数字经济的适应性创新能力，如产品适应性创新、资产适应性创新、生产要素适应性创新，以及组织制度适应性创新和基于技术契约的经济治理适应性创新等。

因此，数字经济的创新逻辑可以归纳如下：首先，工业经济规模的扩大和服务业复杂性的增加对全局或全域信息系统开发提出需求，数字化技术进步与这种需求相结合形成新一代 IT 的分层模块化结构，为数字经济奠定技术—经济基础；其次，新一代 IT 分层模块化结构的创生能力在组织内或组织间形成行动与制度的分层模块化结构，推动组织内或组织间形成数字经济的适应性创新能力；最后，数字经济的适应性创新能力通过产品适应性创新、资产适应性创新等具体方式呈现出来，构成数字经济创新区别于工业经济创新的显著特征。

（二）数字经济的理论框架

根据上述数字经济创新逻辑的框架，可以从产品—资源和要素适应性创新的生产力视角，以及组织制度和技术契约治理适应性创新的生产关系视角，构建数字经济理论的整合性框架，形成适应性创新视角的数字经济理论框架。

---

① Yoo, Y., Henfridsson, O., Lyytinen, K., "The New Organizing Logic of Digital Innovation: An Agenda for Information Systems Research," *Information Systems Research*, 2010, 21（4）; Yoo, Y., Boland, R. J., Lyytinen, K., Majchrzak, A., "Organizing for Innovation in the Digitized World," *Organization Science*, 2012, 23（5）.

1. 数字经济的生产力

产品适应性创新是构成数字经济运行的技术—经济基础的表现形式之一。产品适应性创新指企业与消费者互动过程中产品随消费者需求变化而形成的适应性创新水平。因此，产品适应性创新本质上反映出产品满足消费者动态需求的匹配程度[①]。在工业经济中，产品一般按半成品与成品进行分类，数字经济则主要按成品与成长品进行分类。如果将成品用"0"表示，成长品用"1"表示，那么，从 0 到 1 之间的产品状态可称为产品适应性创新水平。其中，与成品对应，成长品指能够根据消费者动态需求变化，在功能或形态上进行即时调整，不断匹配消费者需求的产品[②]。例如，程序化创意广告、"我的世界"等开放性游戏、能随消费者皮肤特征而即时变化的护肤产品等，或者能提供即时调整反馈的"活性"服务，如为自动驾驶汽车提供即时反馈、调整、优化的 GPS 系统服务就属于"活性"服务产品，等等。可以预见，随着 5G 网络和边缘计算的快速普及和应用，基于工业互联网和物联网的产品适应性创新形式将越来越多，将形成更多、更复杂的成长品。由此，以成长品为标志的产品或服务适应性创新，构成数字经济生产与服务活动的一般形式。

数字化技术使数字经济中的劳动或资源转化为数字化形式而存在，数字劳动必然产生数字资产。这样，在生产者与生产者之间、生产者与消费者之间，乃至消费者与消费者之间会形成大数据合作资产。大数据合作资产指企业和消费者在数字化服务交互中成为能够被另一方所拥有和利用的，并能创造当前或未来经济收益的数字化资产[③]。可以说，大数据合作资产是在数字化情境下结合服务主导逻辑理论及资产特征提出的，是用以反映数字经济价值的重要概念。这个概念刻画了数字经济的资产适应性创新具有以下三个主

---

① 肖静华、谢康、吴瑶：《数据驱动的产品适应性创新——数字经济的创新逻辑（一）》，《北京交通大学学报》（社会科学版）2020 年第 1 期。

② 肖静华、胡杨颂、吴瑶：《成长品：数据驱动的企业与消费者互动创新案例研究》，《管理世界》2020 年第 3 期。

③ 谢康、吴瑶、肖静华：《基于大数据合作资产的适应性创新——数字经济的创新逻辑（二）》，《北京交通大学学报》（社会科学版）2020 年第 2 期。

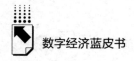
要特征：一是数字化技术构成大数据合作资产的技术内涵；二是基于数字化技术形成的企业与消费者服务交换，反映了大数据合作资产的互动特征；三是数字化资源使用权的可转移性构成大数据合作资产的互动条件，使企业和消费者间的数字化服务交互成为可能。数字经济离开资产数字化是难以想象的，大数据合作资产构成数字经济运行的技术—经济基础的另一种表现形式，也是数字经济交换与合作活动的一般形式。

数据作为新生产要素参与分配与再分配也构成数字经济生产、交换和消费的一般形式。数据从可能的生产要素转变为现实生产要素，需要企业具备大数据分析能力，乃至企业通过组织学习和组织惯例更新来实现[①]。农业经济和工业经济也都存在数据，但农业经济和工业经济中的数据由于缺乏连续性、即时性、完整性和细致性，无法形成对现实活动的即时精确刻画。然而，基于大数据和人工智能的数字平台形成的市场主体，可以对市场参与者行为进行全局精确刻画，形成的人物画像与行为轨迹模型使行动主体具备对参与者行为的精准把握，由此利用大数据和人工智能形成多维赢利模式，这与农业经济和工业经济的数据价值存在本质区别。在数字经济中，数据不仅是新增的一个生产要素，更为重要的是其在数字经济运行中发挥桥梁性生产要素的作用，提高劳动、资本、土地、技术、知识和管理等生产要素之间的协同效率，进而提高全要素生产率的进步效率。作为生产要素的数据构成数字经济运行的技术—经济基础的第三种表现形式。

综上所述，数字经济中产品的适应性创新、资产的适应性创新，以及数据作为生产要素的适应性创新，构成数字经济生产力适应性创新的一般存在形式。以这种一般存在形式及其相互关系为研究对象，构成数字经济生产力研究的分析框架。

2. 数字经济的生产关系

数字经济的生产关系特征主要表现在组织制度的适应性变革和基于技术

---

① 谢康、夏正豪、肖静华：《大数据成为现实生产要素的企业实现机制：产品创新视角》，《中国工业经济》2020 年第 5 期。

契约的治理适应性变革两个方面。前者指数字经济的组织制度由工业经济的科层制转变为网格制，形成网格制与科层制相融合的组织制度适应性变革；后者指数字经济的治理模式由工业经济的契约治理与非契约治理等形式转变为基于技术契约的治理变革。

科层制表述的是与工业经济相适应的抽象化组织制度，而不是指金字塔结构、事业部制等具体的科层组织结构。与工业经济中的科层制不同，网格制指在数字经济环境下形成的、由行动者通过网格化方式进行资源协调和管理运作的组织体制，是与数字经济相适应的抽象化组织制度，而不是指网络化组织、平台组织或生态组织等具体的网络型组织结构①。数字经济的治理制度也如此，技术契约构成数字经济的一般治理形式，指基于 IT 在社会主体之间建立起来的一种数字化存在的契约关系。它与现有的正式契约、关系契约、心理契约或社会契约相区别②。例如，在供应链协同管理中，如果将供应链信息系统的投资及运作视为供应链核心企业与成员企业之间的一种契约形式，那么，这种契约就称为技术契约③。又如，在共享经济情境下委托人与代理人之间的技术信任，实质上也是一种技术契约④。

在组织制度与技术契约治理适应性变革的基础上，传统意义上"看不见的手"可能转变为局部"看得见的手"，从而提升资源配置效率。由此，市场、政府和社会自组织三种资源配置机制之间形成融合创新，改变工业经济的经济增长动力源泉，重构数字经济增长的内生逻辑⑤。这部分内容在我们之前的文章中已有较为详细的探讨，这里不再赘述。

① 谢康、吴瑶、肖静华：《数据驱动的组织结构适应性创新——数字经济的创新逻辑（三）》，《北京交通大学学报》（社会科学版）2020 年第 3 期。
② 吴瑶、肖静华、谢康：《数据驱动的技术契约适应性创新——数字经济的创新逻辑（四）》，《北京交通大学学报》（社会科学版）2020 年第 4 期。
③ 肖静华：《供应链信息系统网络的价值创造：技术契约视角》，《管理评论》2009 年第 10 期。
④ 谢康、谢永勤、肖静华：《共享经济情境下的技术信任——数字原生代与数字移民的差异分析》，《财经问题研究》2018 年第 4 期。
⑤ 谢康、王帆：《数字经济理论与应用基础研究》，《中国信息化》2019 年第 5 期。

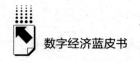

3. 适应性创新视角的数字经济理论框架

综上，数字经济的产品—资产—要素适应性创新形成的生产力创新，影响组织制度—技术契约治理适应性创新形成的生产关系创新。针对二者及其关系的理论研究，构成适应性创新视角的数字经济政治经济学分析框架。由于数字经济具有诸多技术—经济基础的特征，这一政治经济学分析框架不可能简单地沿用以往的理论框架，而需要结合最新经济学研究成果进行理论突破。

二　数字经济的前沿课题与科学问题

通常，就某个理论研究领域提出前沿课题与科学问题是不够严谨的，很可能带有学术偏见，因为我们难以全面掌握进行这项工作所需的完备信息。然而，就局部研究而言，这项工作又是需要的，因为这样可以使我们更好地梳理未来研究的发展方向。因此，依据从适应性创新视角建构的数字经济理论框架，可以对数字经济的前沿课题与科学问题进行提炼和归纳。诚然，提炼和归纳的目的不是为数字经济理论研究提供指导，而是试图沿着上述数字经济的理论框架延伸出若干有意义且有意思的研究议题，作为未来前沿探索的参考。

（一）数字经济研究的前沿课题

数字经济研究依然围绕资源配置这一经济学的核心问题，但随着互联网、大数据、人工智能等新一代 IT 与实体经济的深度融合，数字化技术和数据日益成为最重要的资源。据此，数字经济的前沿课题主要涉及但不限于以下几个领域。

第一，基于产品、资产、资源适应性创新形成的资源配置研究。这个领域的研究主要包括产品或服务适应性创新的市场机制、人与人工智能协同的混合智能选择行为、数字化平台的全局或全域资源配置适应性机制、大数据合作资产及其定价与交易、数据资产专用性、数据作为新生产要素的市场机制、科技金融的资源配置机制等。

第二，组织制度变迁、技术契约治理等适应性创新形成的资源配置研究。这个领域的研究主要包括从工业经济科层制向数字经济网格制转型的制度变迁、数字经济网格制下的组织结构变革、网格制与科层制的融合机制、数字劳动者的行为重塑、数字化劳动关系的适应性变革、数字化机会主义行为与技术契约的治理适应性变革等。

第三，数字经济增长与产业结构适应性创新的资源配置研究。这个领域的研究主要包括数字经济增长的新动能机制、数据驱动的市场—计划联动资源配置模式、数字经济的劳动市场与不平等、数字资产投资与数字货币市场、数字贸易与跨境电商的适应性创新、全球产业的数字化分工与协同、数字化创新影响全球化/反全球化与多边化/反多边化的不确定性机制等。

（二）数字经济研究的关键科学问题

相应地，数字经济理论与实务研究的关键科学问题主要包括但不限于以下五类。

第一，针对现实主体与虚拟主体的协同与选择行为，关键科学问题为经济活动的个体或集体作为现实劳动主体与人工智能（机器人）作为虚拟劳动主体之间的协同机制与制度设计，具体包括：现实劳动主体的选择行为对虚拟劳动主体的影响，如是否需要或如何将社会伦理植入机器人的行为中，以及虚拟劳动主体的选择行为对现实劳动主体的影响，如是否需要针对机器人征税及其税收调节效应。

第二，针对数据作为生产要素的分配与再分配价值创造，关键科学问题为数据从可能生产要素转变为现实生产要素的实现机制与实现路径，数据参与分配与再分配的关键影响因素和实现方式，具体包括：数据作为新生产要素的形成机理与作用于资源配置的方式，数据参与分配与再分配的实现途径与市场定价，数据资产投资与资产专用化影响资源配置的实现机制与作用方式等。

第三，针对互联网、大数据、人工智能等新一代 IT 与实体经济深度融合下市场信息机制与价格机制的适应性变革，关键科学问题是以数字平台为代表的新型市场信息机制如何重构价格体系与重塑传统市场行为，具体包括：工业互联网、物联网、5G 网络等新基建形成的数字平台创造新型信息市场的机制，数字平台的信息机制重构市场价格体系的方式，数字经济的新型价格机制如何重塑资源配置等。

第四，针对数字经济的组织制度创新与变迁，关键科学问题是网格制与科层制深度融合的适应性变革机制及其对数字经济组织制度创新与变迁的影响，具体包括：组织内的科层制如何演变为网格制进而形成网格制与科层制的融合，跨组织或社会结构如何从科层制向网格制变迁进而形成网格制与科层制的融合，数字经济的组织制度变迁如何影响资源配置的机制等。

第五，针对数字经济产业融合与经济增长奇点①，关键科学问题是数字经济产业融合交易成本的制度适应性创新机制，以及数字化技术驱动数字经济增长奇点的机理，具体包括：数字经济带来的产业交易成本变革机制，数字平台服务的网络价值创造方式，数字化技术、科技金融与数字贸易等对数字经济增长奇点的影响机理，数字经济增长奇点在一国、区域及全球经济增长中的扩散效应等。

三　数字经济教育教学挑战与模式变革

目前，研究数字经济的理论问题似乎较少涉及数字经济的教育教学问题，探讨数字经济的教育教学时也较少涉及数字经济的理论研究问题，导致二者之间似乎被割裂开了，但二者之间应该是紧密相关的，理论研究为教育教学提供理论依据和指导，教育教学为理论研究提供实践需求和为理论探索培育研究群体。当前，数字经济的理论研究与中国数字经济的教育教学实践

---

① Good 提出人工智能可能会超过人类思想而形成智慧爆炸，在有限时间带来无限智慧，从而使数字经济增长在越过某个界限（奇点）后会以前所未有的速度增长。Kurzweil 预测技术奇点可能会在 2045 年前后到来。Good, I. J., "Speculations Concerning the First Ultraintelligent Machine," Advances in Computers, 1966, 6; Kurzweil, R., "The Singularity is Near: When Humans Transcend Biology," London; Viking, 2005。

均处于起步阶段，将二者相互联系起来更为重要。上述讨论的数字经济理论框架与前沿课题，为本部分的探讨提供了理论基础和分析起点。

（一）数字经济教育教学的挑战

据不完全统计，自2019年数字经济专业（专业代码：020109）新增为四年制普通高等学校本科专业以来，有部分院校开设了数字经济本科专业，据悉还有部分院校正在积极筹备中。目前，数字经济教育教学遇到的挑战主要体现在以下几方面。

首先，专业培养目标与培养方案不明确，导致相关院校对数字经济专业的定位、专业需求与知识基础、主干课程、专业能力与专业特色、师资结构、就业前景等认识和理解各不相同。例如，有的院校将数字经济专业理解为产业经济专业的一个新门类，按照应用经济学的教育教学框架提出培养方案和实施教学活动，有的院校将数字经济专业理解为一门新的交叉经济学专业，既安排微观经济学、宏观经济学、计量经济学等经济学课程，也安排商务与经济统计、电子商务、战略管理等工商管理课程，还安排大数据科学、计算机科学、人工智能、区块链等数字化技术基础类课程，将从事区块链、人工智能、物联网、机器人和电子商务等新兴领域的相关经济分析、金融分析和行业管理工作等列为就业目标，反映出数字经济专业人才培养目标的不清晰，这是新专业设置中存在的常见问题。

其次，专业定位是理论经济学还是应用经济学不明确。因此，在设置数字经济本科专业上，形成了究竟按理论经济学培养模式还是按应用经济学培养模式进行专业培养的争论。有的院校则回避这一点，将数字经济专业设置为理论与应用交叉的复合型经济学专业，强化学生对数字化技术及其应用的认识和理解，强调微观经济学、宏观经济学、计量经济学基础知识与方法训练，突出数据挖掘、大数据分析与人工智能分析技巧的掌握，将新产业、新业态、新模式所需新能力的专业人才作为数字经济专业的培养目标。

最后，如何处理和平衡好数字经济专业与现有经济学专业、财经类专业、工商管理专业、计算机或大数据专业的关系不明确。由上述数字经济的

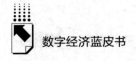

理论框架和前沿课题分析可知，数字经济专业会涉及与现有相关专业的学科交叉融合问题，如新商科明确提出需要强化对工商管理专业在大数据分析、人工智能管理、区块链金融等领域的专业知识与技能培养，会计专业强化对大数据财务、大数据金融知识与技能的培养等，都会与数字经济专业培养目标或主干课程相交叉，如何使数字经济专业的培养目标及主干课程与既有经济学、管理学等专业相辅相成，是对数字经济专业教育教学的一项挑战。

（二）数字经济教育教学模式的变革

数字经济时代的高等院校中各个专业教育教学似乎都会与互联网、大数据、人工智能等新一代 IT 或多或少地发生联系。新一代 IT 与教育教学深度融合，使各专业之间长期存在的教育教学鸿沟逐步得到缩小。数字经济教育教学模式变革与"新商科"变革相似，二者均属于"新文科"教育教学建设体系。长期以来，经济学与管理学紧密追踪科学技术、社会经济发展步伐而不断更新和丰富研究问题和内容，新经管的一个共同特征是将互联网、大数据、人工智能等新一代 IT 融合到经济学和管理学中，借助新发展理念，基于新方法，变革教育教学模式，为经管类学生提供复合型跨学科的教育教学服务。而且，数字经济专业自身就产生自互联网、大数据、人工智能等新一代 IT 与实体经济深度融合形成的对人才培育需求，因此，将数字经济专业建设成具有数字经济时代特征的新型经济学专业，就是对中国教育教学中建设新文科倡导的一种最好回应。

以下，借鉴前瞻式学习模式的逻辑探讨数字经济专业教育教学模式变革的思路。首先，由上述讨论可以认为，数字经济的生产力及生产关系都具有高度适应性创新特征，因而数字经济发展具有高度易变性（Volatility）、不确定性（Uncertainty）、复杂性（Complexity）和模糊性（Ambiguity），即所谓的 VUCA 特征；其次，数字经济专业的人才培养目标需要针对 VUCA 特征来设定，反向提炼出应对 VUCA 挑战的对数字经济专业能力的需求；最后，根据专业能力需求提出针对性的培养目标和教学方案。

因此，数字经济专业是将经济学理论与方法、大数据挖掘与分析、数字化创新与管理融合为一体的复合型经济学专业，培养具有数字经济适应性创新理念，掌握数字经济理论和方法、数字化创新理论和工具、数字经济管理与政策分析等知识和能力的复合型人才。

为实现数字经济专业人才培养的上述目标，数字经济专业的培养方案需要强化"深基础，宽口径"的教育教学模式，即所学课程不能太多或太杂，但每学一门课程都要学得非常扎实和深厚，这样才有可能更好地形成应对VUCA 环境的能力基础。目前，中国高校数字经济专业教育教学实践中似乎存在培养目标不够聚焦、专业特色不够显著、主干课程设置太多或太杂等专业发展初期的共同特点（见表1）。

表1　中国部分院校的数字经济专业培养目标

部分院校	专业培养目标
A 大学	数字经济专业培养的学生具有扎实的经济学知识、系统的管理学基础,并具有较强的数据分析工具使用能力,了解数字经济的新规律和新特点,毕业后适合在数字经济领域从事经济分析与管理类工作,同时具备从事研究性工作的能力。例如,可以从事有关区块链、人工智能、物联网、机器人、电子商务等新兴领域的相关经济分析、金融分析和运营管理等工作,能够将所学知识灵活地运用于数字资产管理、社群协作、互联网金融服务、消费者价值分析等领域,达到理论和实际相结合。在数字经济时代背景下,培养出具有国际化视野的高素质综合性经济管理人才
B 大学	为了适应国家数字经济发展需要,培养具有良好政治素质与道德修养,掌握经济学、管理学、统计学、计算机科学的基础理论知识,掌握现代经济学的基本方法及数字技能,熟悉中国数字经济运行规律与改革实践,具备数字经济背景下的经济大数据统计分析、金融大数据应用分析技能,以及产业数字化规划与建设能力,适应地方经济建设和社会发展所需要的高素质复合型专业人才
C 大学	培养践行社会主义核心价值观,坚持立德树人,坚持德、智、体、美、劳全面发展,培养基础实、能力强、素质高,富有诚信笃行品德和社会责任感,具有创新创业精神、竞争合作意识和协调沟通能力,熟练运用现代信息技术,掌握经济学、大数据科学、计算机科学、人工智能、区块链的基础理论知识,掌握现代经济学的基本方法,熟悉数字经济运行规律与改革实践,适应地方经济建设和社会发展所需要的高层次应用型专业人才

资料来源：相关院校的网站。

例如，某高校数字经济专业的主干课程设置如下：一是经济学模块，包括微观经济学、宏观经济学、计量经济学、财政学、金融学、管理学、统计学和会计学等；二是数字技术模块，包括区块链原理及应用、Python 程序设计、数据库原理及应用、Python 大数据分析、互联网＋运营管理等；三是数字经济应用模块，包括数字经济概论、基于大数据的经济分析实训、社会经济调查实训、统计综合模拟实训、区块链金融实训、数字营销实验、生产实习和毕业设计等。显然，这样的培养方案聚焦性不强、特色不明显、课程较杂，学生所学知识面过宽，与培养面向数字经济高适应性创新能力的专业要求不符。

据此，一种可供高等院校设置数字经济专业选择的培养方案如下：首先，主干课程建议为三类，一是平台基础课四门，即微观经济学、宏观经济学、计量经济学、大数据挖掘与分析。二是专业基础课五门，即数字经济概论、信息经济学、互联网经济学、数字经济创新与管理、数字化创新与产业经济。三是专业选修课 3＋N 门，即学生在专业选修课程中至少选三门（三门之外可根据兴趣或职业发展任意多选），包括数字经济分析方法与工具、平台经济、科技金融创新、数字贸易与跨境电商、数字经济治理与政策等。这样，除英语等公共课程外，数字经济专业课设置为 12＋N 的课程体制。其次，为专业设置不同形式的知识与能力拓展课程，包括数字经济前沿讲座、企业调研、数字经济商业创新大赛、大数据建模大赛、数字经济政策分析与解读，以及数字经济企业案例研究等。最后，是毕业设计与论文答辩。

通过上述培养方案，一方面为数字经济理论研究提供有潜力的学术群体，形成数字经济理论研究的人才梯队基础，另一方面为数字经济实践活动提供能应对 VUCA 挑战的、具备高适应性能力的专业人才，为数字平台企业的创新发展、传统企业数字转型与创新、数字技术与服务创新、数字经济宏观政策制定与分析，以及政府数字化管理和数字化社会治理等提供所需的专业人才。正如数字经济时代的企业需要建构与消费者协同演化的动态能力一样，数字经济专业培养的人才也需要培养与社会需求协同演化的适应性能力，而不是以大而全、宽而浅的多学科知识涉猎方式来培养专业能力。

四 结论与展望

数字经济创新区别于工业经济创新的关键在于，新一代 IT 与实体经济深度融合的社会经济分层模块化结构形成的适应性创新。这种适应性创新既表现在数字经济的产品—资源—要素等生产力上，也体现在数字经济的组织制度—技术契约治理等生产关系中，使数字经济能够具备应对 VUCA 的环境特征。数字经济研究的前沿课题与科学问题、教育教学模式变革都与此紧密相关。这些结论表明，当前，中国数字经济专业的教育教学模式变革迫在眉睫，需要从宽涉猎的专业培养思路转变为深基础的培养思路，以此培育数字经济专业的高适应性创新能力。未来数字经济的理论研究、科学探讨和教育教学，围绕适应性创新这一主线，将会形成诸多理论创新机会和实践前沿课题。

B.3
数字经济时代宏观经济指标的
实时化高频化与宏观现时预测

刘涛雄　周晓磊　姜婷凤*

摘　要： 在大量经济活动数据变得实时可得的大数据时代，我国应该
尽快建立基于大数据的实时高频宏观经济指标监测体系，从
而更好地实时监测与预判宏观经济走势，这对于减少政策时
滞、稳定市场预期和企业信心均有重要意义。建立实时高频
宏观经济指标需要综合利用传统统计数据和各类新兴数据来
源，尤其是各种实时大数据。在技术路线上，可以通过现时
预测模型来建立实时高频宏观指标，模型搭建过程中需要处
理好混频问题、高维问题、结构化模型与非结构化模型的配
合利用问题等。在当前背景下，我国建立基于大数据的实时
高频宏观经济指标监测体系的时机已经成熟且任务迫切，国
家应该高度重视，尽快推进；建立数据共享平台，切实解决
"数据孤岛"问题；建设实时高频宏观经济指标监测体系及
相应实现系统，统一领导，多方协作。

关键词： 宏观经济　数字经济　现时预测

---

* 刘涛雄，清华大学社会科学学院经济学研究所教授，主要研究方向为经济增长理论、宏观经
济学、政治与经济、国防经济学；周晓磊，清华大学社会科学学院经济学研究所博士生，主
要研究方向为深度学习和经济预测；姜婷凤，对外经济贸易大学金融学院金融系讲师，主要
研究方向为大数据与宏观经济、金融科技。

随着计算机、互联网和移动互联网的发展，数字化深入人们生活的方方面面，也对人类的经济活动产生了深远的影响。数字化重塑了商品与服务的生产、流通、支付等环节，在为人们生活提供便利的同时，也积累了大量的数据。数字化的普及为我们实时高频获取当前的经济活动信息创造了可能，也对现有的宏观经济指标编制提出了挑战。本报告根据目前国际国内的研究和实践，基于笔者的相关研究，提出在数字经济时代构建实时化高频化的中国宏观经济指标的基本设想和总体方案。

一　必要性与重要性

（一）数字经济与经济活动的数字记载

在当前数字经济和智能经济时代，人类社会活动正在深度互联网化、数字化，数据正在成为继劳动、土地、资本、技术之后新的生产要素的同时，也使得几乎所有经济活动都留下"数字记载"。例如淘宝、京东等电子商务平台数据可以反映个人或企业的购买行为，也可以实时反映商品价格的变化，有助于分析消费和物价水平。银行卡交易和税务填报等方面的数据可以反映企业的经营状况。社会保障机构的失业保险金申请数据可以在一定程度上反映就业情况。在数字经济时代有很多互联网公司、金融机构和政府部门的数据能够帮助人们了解宏观经济的运行情况。经济活动数据变得实时可得，这为建立实时高频的宏观经济监测体系提供了可能。

（二）现有宏观经济指标的低频与滞后

在传统统计技术下，经典的宏观经济指标一般以季度或月度为频率，而且有明显的滞后性，如 GDP 统计，目前以季度为单位，滞后一个多月发布。而随着大数据技术的发展，建立实时化、高频化的宏观经济指标和监测体系

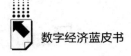

正在变得可行。所谓实时化，即指标生成做到基本无滞后，如本月结束便可发布本月月度指标；所谓高频化，是指提高指标生成发布的频率，如将宏观经济指标从季度或月度提升到周度甚至日度；实时化和高频化是相辅相成的。建立基于大数据的宏观经济实时高频指标和监测体系对于经济政策、市场企业、科学研究均意义重大。

（三）政策时滞与统计指标滞后

"政策滞后"是指政策的推出滞后于实际经济运行，效果大打折扣，甚至被认为助长了宏观经济波动，这也是凯恩斯主义和新古典经济学争论的一个经典问题。"政策滞后"的一个重要原因在于统计数据滞后，因为政策调整必须依赖于可得数据。利用大数据技术将宏观经济指标尽可能实时化、高频化极大地提高了指标编制与发布频率，减少了信息获取时滞，有助于更快、更准确、更有效地调整经济政策。

（四）市场预期与统计指标滞后

对于市场特别是金融市场而言，尽快产生尽可能正确的判断和预期十分重要。实时高频的宏观经济指标包含更快捷更细致的市场信息，特别是特殊时期的剧烈波动都可以显现出来，有助于市场和企业更有效地监测与预判宏观经济走势、识别经济的结构性变化或"拐点"，形成更准确的预期。

二　国际国内的进展与经验

2008 年金融危机前后，金融系统不稳定给宏观经济带来的风险引起广泛关注，各国政府、研究机构和学者开始探索如何有效地对宏观经济进行更实时的监测预警，并尝试建立实时高频的宏观经济指标（见表1）。

表 1　各国宏观经济指标实时化高频化的经验总结

国家/地区	机构	进展	解释	备注
美国	纽约联邦储备银行	实时预测实际 GDP 增长率	Bok 等[1]详细介绍了纽联储实时预测实际 GDP 增长率的方法，该方法综合运用各种可获得的宏观数据、采用动态因子模型（DFM），也是 Giannone 等[2]现时预测思想的实际运用	https://www.newyorkfed.org/research/policy/nowcast.html
美国	费城联邦储备银行	搭建实时数据研究中心	该中心涵盖很多实时的宏观经济指标，如 GDPplus、Aruoba - Diebold - Scotti Business Conditions Index、Partisan Conflict Index 等，每类指标都有相关的研究（如工作论文）支持	https://www.philadelphia-fed.org/research－and－data/real－time－center
美国	芝加哥联邦储备银行	构建月度的反映美国经济状况的同期指标、领先指标与实际 GDP 增长率	Brave 等[3]介绍了芝加哥联储构建的 BBKI 指标体系，这些指标汇总了 500 个月度指标和季度的实际 GDP 增长所包含的信息，使用混合频率状态空间模型	https://www.chicagofed.org/publications/bbki/index
美国	亚特兰大联邦储备银行	实时预测实际 GDP 增长率	Higgins[4]介绍了亚特兰大联储使用的方法，该方法综合了桥接方程和动态因子模型，预测结果能在新数据到来几小时后做实时更新	https://www.frbatlanta.org/cqer/research/gdpnow.aspx? panel=1
欧洲	欧洲央行	做了大量的探索工作，有一些实时更新的指标	意大利央行和欧洲经济政策研究中心于 2007 年 9 月共同成立了"EuroCoin"项目；Angelini 等[5]将 Giannone 等方法引入欧洲央行的实时预测中，也有学者探讨现时预测财政预算平衡[6]、欧元区汽车销量[7]等问题	

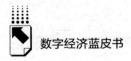

续表

国家/地区	机构	进展	解释	备注
印度	印度央行	进行有关探索	Roy 等[⑧]结合月度指标,运用动态因子模型(DFM)实时预测印度季度的非农 GVA;Mitra 等[⑨]用谷歌数据实时预测房地产市场	
全球	IFC,BIS	做了大量的探索工作	有一系列相关的工作论文,如探讨实时预测消费[⑩]、新西兰 GDP[⑪]、大数据和 AI 在央行中的运用[⑫]	
美国	MIT 的 B-PP 项目组	收集近 60 个国家的在线零售商价格,以此计算并发布衡量 22 个国家的通胀指数和 8 个国家的购买力平价指数	Cavallo & Rigobon[⑬]利用在线价格构造在线的物价指数,已成立数据公司 PriceStats	http://www.thebillionprices project.com/, https://www. pricestats.com
中国	香港金融管理局	进行有关探索	Yiu & Chow 借鉴[⑭]Giannone 等的思想,结合 189 个经济和金融变量、采用动态因子模型对中国 GDP 进行现时预测	
中国	清华大学 iCPI 项目组	基于互联网在线大数据的居民消费价格指数(Internet-based Consumer Price Index, iCPI)	刘涛雄等(2019)[⑮]利用互联网数据编制中国线上物价指数 iCPI,包含日、周、旬、月四种频率的指数	http://www.bdecon.com/ homeIndex
英国	IHS Markit 公司	实时预测多个国家的 GDP 增长率	该公司仍然主要采用动态因子模型(DFM)进行现时预测,也借鉴了 Giannone 等的思想	https://ihsmarkit.com/ research - analysis/nowcastin g - europe -040719.html

续表

国家/地区	机构	进展	解释	备注
欧洲	Now-Casting 公司	构建 18 个国家宏观经济指标现时预测体系	该公司使用高级统计模型来监测世界主要经济体的宏观经济状况，提供包括 GDP 在内的重要宏观经济指标的现时预测	https://www. now - casting. com/home

注：Giannone 等首次采用动态因子模型（Dynamic Factor Model，DFM）估算月度数据发布对当季实际 GDP 增长率的现时预测的边际影响，实时追踪中央银行发布的数据信息流、处理具有交错数据发布日期、不同频率的大型数据集，每次发布新数据时，预测都会根据逐渐变大的数据集进行更新。该分析框架成为一种经典的宏观经济现时预测方法，后来很多央行研究员现时预测本国宏观经济时都借鉴了该方法。

资料来源：①Bok, Brandyn, et al., "Macroeconomic Nowcasting and Forecasting with Big Data," *Annual Review of Economics*, 2018（10）；②Giannone, Domenico, Lucrezia Reichlin, and David Small, "Nowcasting：The Real-time Informational Content of Macroeconomic Data," *Journal of Monetary Economics*, 2008（4）；③Brave, Scott A., R. Andrew Butters, and David Kelley, "A New 'Big Data' Index of US Economic Activity," Economic Perspectives, Federal Reserve Bank of Chicago, 2019；④Higgins, Patrick C., "GDP Now：A Model for GDP 'Nowcasting'," 2014；⑤Angelini, Elena, et al., "Short-term Forecasts of Euro Area GDP Growth," 2011；⑥Cimadomo, J., and O. Furtuna. M. Guilidori, "Private and Public Risk Sharing in the Euro Area," Tinbergen Institute Discussion Paper 2017 – 064/VI, Tinbergen Institute, Amsterdam, 2017；⑦Nymand – Andersen, Per, and Emmanouil Pantelidis, "Google Econometrics：Nowcasting Euro Area Car Sales and Big Data Quality Requirement," No. 30 ECB Statistics Paper, 2018；⑧Roy, Indrajit, Anirban Sanyal, and Aloke Kumar Ghosh, "Nowcasting Indian GVA Growth in a Mixed Frequency Setup," Editorial Team, 2016；⑨Mitra, Pratik, Anirban Sanyal, and Sohini Choudhuri, "Nowcasting Real Estate Activity in India using Google Trend Data," 2018；⑩Gil, María, et al., "Nowcasting Private Consumption：Traditional Indicators, Uncertainty Measures, Credit Cards and Some Internet Data," 2018；⑪Richardson, Adam, and Thomas Mulder, "Nowcasting New Zealand GDP Using Machine Learning Algorithms," 2018；⑫Wibisono, Okiriza, et al., "The Use of Big Data Analytics and Artificial Intelligence in Central Banking-An Overview," *IFC Bulletins Chapters*, 2019（50）；⑬Cavallo, Alberto, and Roberto Rigobon, "The Billion Prices Project：Using Online Prices for Measurement and Research," *Journal of Economic Perspectives*, 2016（2）；⑭Yiu, Matthew S., and Kenneth K. Chow, "Nowcasting Chinese GDP：Information Content of Economic and Financial Data," *China Economic Journal*, 2010（3）；⑮刘涛雄、汤珂、姜婷凤、仉力：《一种基于在线大数据的高频 CPI 指数的设计及应用》，《数量经济技术经济研究》2019 年第 9 期。

（一）实践方面进展

美国政府进行了广泛尝试，美国多家地方联邦储备银行都构建了可持续更新的实时高频宏观经济指标，并搭建了相关的网站以供市场和企业查

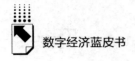
询使用这些指标。这些措施将经典宏观经济指标如季度 GDP 等利用一些估计技术做到无滞后发布，更新频率提升（如到周），同时建立一些高频宏观经济指标，如周度物价指数、周度经济信心指数等，并做到无滞后发布。例如，美联储费城分行在 2008 年就专门成立了经济实时数据研究中心，该中心发布很多实时的宏观经济指标，如 GDPplus、高频经济信心指数等。GDP 是最受关注的指标，纽约、费城、芝加哥和亚特兰大联邦储备银行都发布各自关于当季 GDP 的现时预测，有的是以周度频率更新，也有的在新数据到来后的几小时后更新。除 GDP 外，一些地方联储还发布其他反映宏观经济运行的实时指标，如芝加哥联储发布宏观经济同期指标和领先指标，费城联储发布 Aruoba – Diebold – Scotti Business Conditions Index 用于实时反映经营状况。各地联储主要采用的模型是动态因子模型和桥接方程模型，也有少数采用其他方法，如最优信号提取技术。使用到的变量通常有上百个，反映经济活动各个方面的变量，如制造业、建筑业、零售业情况以及贸易、就业、价格水平等。各地方联储都在实时数据的发布页面提供了相关工作论文的链接，介绍了生成实时预测所使用的具体数据和模型。

意大利央行和欧洲经济政策研究中心在 2007 年 9 月共同成立了"EuroCoin"项目，构建了实时无滞后发布的反映欧元区经济状况的月度经济指标。此外，一些公司为抓住利用大数据构建实时高频宏观经济指标的机遇，已经开展相关业务。欧洲的 Now – Casting 公司提供多个国家和地区的主要宏观经济指标的现时预测，包括对欧元区、十个左右的欧盟成员国以及世界其他主要经济体的预测。该平台是完全自动化且无须判断的，并且只要有新信息发布，预测结果就会实时更新。该现时预测思想也借鉴了 Giannone 等的研究。英国的数据服务商 IHS Markit 公司也开展了一些研究。

总体上看，发达国家在宏观经济指标实时化和高频化方面的探索和工作较多，而发展中国家则相对薄弱一些。我国目前还没有建立相关体系，在实践方面相对落后。不过在研究方面，我国已经开展了一些工作。

（二）学术研究进展

关于宏观经济指标的实时化与高频化，已有不少学者进行了相关探索。国际上利用大数据构建实时高频宏观经济指标可划分为两个阶段。在早期，主要是依赖大量的传统经济指标，利用预测技术尽量做到实时更新。例如，一种经典的实时预测季度 GDP 的方法是，每当有了相关当月的经济指标时，同时更新对季度 GDP 的估计，提高时效性。Frale 等[1]利用欧洲的月度与季度统计指标，基于动态因子模型构建了反映欧洲 GDP 及其分量的月度指标 EUROMIND。Aprigliano 等[2]利用月度指标和日度指标（汇率、利率等），基于桥接模型和混频数据抽样（MIDAS）模型构建了反映欧元区经济增长的日度指标。陈磊等[3]利用若干个月度统计指标，基于含约束条件的马尔科夫动态双因子模型构建了月度的先行和一致的经济景气指数，并考察了景气指数的变动规律和对宏观经济的监测、预测能力。

随后，随着大数据的发展和海量数据的实时可得，更多大数据方法被用于构建实时宏观经济指标，同时高频宏观经济指标应运而生。比如，借助互联网在线信息、卫星夜间灯光数据、银联刷卡数据、Uber 数据、Twitter（推特）、Facebook（脸谱）等，实时预测 GDP、CPI、失业率、房价等宏观经济指标，建立周度 GDP、失业率等。MIT 的"十亿价格项目"（BPP）及其成立的 PriceStats 公司收集近 60 个国家的在线零售商价格，以此计算并发布衡量 22 个国家的日度、周度通胀指数。清华大学的 iCPI 项目（引用数量技术经济文献）编制了基于互联网大数据的中国居民消费价格指数，可实现日、周、月指数的实时更新[4]。哈佛和布朗大学的 Opportunity Insights 团队

① Frale, Cecilia, et al. , "EUROMIND: A Monthly Indicator of the Euro Area Economic Conditions," *Journal of the Royal Statistical Society: Series A（Statistics in Society）*, 2011 (2).

② Aprigliano, Valentina, et al. , "A Daily Indicator of Economic Growth for the Euro Area," *International Journal of Computational Economics and Econometrics*, 2017 (1 - 2).

③ 陈磊、孟勇刚、咸金坤：《我国宏观经济景气的实时监测与预测》，《数量经济技术经济研究》2019 年第 2 期。

④ iCPI 在网站 www. bdecon. com 实时发布，并且已在金融信息服务商 Bloomberg 和 Wind 上线。

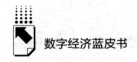

建立了一个高频实时发布细粒度的消费支出、就业情况及小型企业收入等指标的公开平台①，用于追踪 COVID‐19 疫情对美国经济的影响。

三 框架与方法

（一）基本思路

如何利用大量实时可得的信息建立起实时化高频化的宏观经济指标？如果我们可能得到的信息本身就是直接针对宏观经济的统计信息，那么通过一些常用的经济统计和指标计算方法即可生成高频指标系列。比如，如果我们可以直接统计企业每周创造的增加值，即可按照通行的 GDP 核算方法计算全国 GDP 的周指标。但在大部分情况下，我们能够得到的实时高频信息和经典宏观经济指标之间有很大距离，比如我们能得到的周频率的信息可能只是一些财经媒体的报道，或者企业的用电量，此时无法根据这些信息利用一些常见的指标计算公式对周频率的 GDP 进行计算，实际上只能是根据这些可得信息对后者进行一个尽可能准确的估计。因此，我们把建立实时高频宏观指标的本质理解为一个预测问题，即如何根据观察到的信息（X）预测宏观经济状况（Y）。一个典型预测问题的基本形式是 $Y = f(X) + \epsilon$，即用观测到的信息 X 来预测 Y。计量经济学中常把 X 称为解释变量，Y 称为被解释变量；这里我们按机器学习理论的习惯，称 X 为输入变量，Y 为输出变量。一般认为对 Y 的一个最佳预测是 $E[Y|X] = f(X)$，即条件期望，因此一个典型的预测问题可表达为：

$$E(Y_t \mid X_{t-\tau}, X_{t-\tau-1}, \cdots) = f(X_{t-\tau}, X_{t-\tau-1}, \cdots) \tag{1}$$

其中，t 或 $t-\tau$ 为时期。预测问题可分为预测未来、预测现在及预测过去几种情况。所谓预测未来指用滞后的输入变量信息预测输出变量，即式

① 平台网址为 https：//opportunityinsights. org/。

（1）中 $\tau > 0$；预测现在指输入变量中包含了和输出变量同期的信息，即式（1）中 $\tau = 0$，这类问题我们常常称为"现时预测"；预测过去指输入变量中包含了比输出变量更新的信息，即式（1）中 $\tau < 0$。[①] 具体到本研究的主题，式（1）中 Y 为我们希望建立的实时高频的宏观经济指标，X 为至今可得的各类信息。当前数字经济时代一大优势就是可以得到大量和 Y 同期的信息，因此这里的预测问题主要是现时预测。

着眼于要反映宏观经济的运行状况，现时预测的目标变量可以从经典的宏观经济统计指标如产出、就业和物价三方面入手。对于产出，可以构建 GDP、GDP 分量（如消费、投资、净出口、政府消费）、工业增加值等指标。对于就业情况，可以构建失业率指标。对于物价情况，可以构建实时的居民消费价格指数 CPI、生产者价格指数 PPI 等。此外，还可以构建经济信心指数等指标。

（二）数据来源与输入变量生成

1. 传统统计数据

要对宏观经济变量进行预测或现时预测，需要选择合适的变量作为输入变量。传统统计数据具有数据生成机制清晰、质量高连续性强、含义稳定明确、与其他经济指标关联性强等优点，必然是输入变量的重要组成部分。对于产出、就业和消费这些经典的宏观经济统计变量，已有大量理论和实证研究，以及诸多较权威的预测模型。在选取传统输入变量时，可从基本的经济理论以及已有的一些较权威的研究和预测模型出发，选择相关性较强、可能具有领先关系的指标作为输入变量。表 2 列举了一些预测主要宏观经济指标时可作为备选输入变量的传统统计指标，以及相应数据可得的时间区间。

---

① 预测过去大多适用于被解释变量无法直接统计，或者统计上有误差的情况，如我们可以利用现在可得的各方面信息对过去（如上年）的 GDP 进行修正。

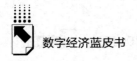
表2 备选的传统输入变量

输出变量	输入变量	数据频率	发布机构	滞后时间*
GDP	国内生产总值GDP(滞后)	季度	国家统计局	季度结束后20天左右
	工业增加值	月度	国家统计局	半个月
	采购经理指数	月度	国家统计局	小于3天
	工业企业利润	月度	国家统计局	1个月
	固定资产投资	月度	国家统计局	半个月
	出口总值	月度	海关总署	7~23天
	社会消费品零售总额	月度	国家统计局	半个月
	货币和准货币(M2)供应量	月度	中国人民银行	半个月
	消费者信心指数	月度	国家统计局	1个月
	国家财政收支	月度	国家统计局	约20天
	居民收支	季度	国家统计局	季度结束后20天左右
	股票指数	实时	证券交易所	无滞后
	银行间同业拆借利率	日度	全国银行间同业拆借中心	无滞后
CPI	居民消费价格指数(CPI)(滞后)	月度	国家统计局	10天
	食品价格指数	周度	商务部	3天
	货币和准货币(M2)供应量	月度	中国人民银行	半个月
	工业增加值	月度	国家统计局	半个月
	大宗商品价格	日度	交易所	无滞后
	银行间同业拆借利率	日度	全国银行间同业拆借中心	无滞后
	人民币汇率中间价	日度	中国外汇交易中心	无滞后
失业率	城镇调查失业率(滞后)	月度	国家统计局	半个月
	工业增加值	月度	国家统计局	半个月
	固定资产投资	月度	国家统计局	半个月
	货币和准货币(M2)供应量	月度	中国人民银行	半个月
	消费者信心指数—就业	月度	国家统计局	半个月

注:"*"滞后时间是指统计数据发布时间相对于参考期结束时间的滞后。

资料来源:各个变量发布时间可参考国家统计局的统计信息发布日程表,http://www.stats.gov.cn/tjsj/xxgbrc/201912/t20191224_1719257.html。

可见，绝大部分传统的输入指标都有明显的滞后，通常在半个月以上，在预测模型中只能输入滞后的变量值，也包括各输出变量自身的滞后。而一些金融市场的统计指标，如股票指数、利率、期货价格等，可以直接输入实时变量值。

2. 基于新兴大数据的高频与实时指标

传统统计数据存在更新频率低、数据发布滞后期较长等缺点。而在数字经济时代，大量实时可得的数据恰好弥补了传统统计数据的这些缺点，因此应该充分利用各类新兴来源的实时可得的高频大数据。根据预测对象的需要，目前至少有以下新兴数据来源是实时的且具有重要的潜在价值。

在消费方面，近年来随着消费行为的数字化，当前消费数据极其丰富，尤其是线上消费和相应的支付数据较为完备，完全有条件做到对消费的较精准的实时衡量。当前可供选择的消费数据①包括：（1）各种移动支付工具的消费支付数据，如支付宝、财富通（微信）等几大第三方支付平台的相关数据；（2）传统银行卡收单的消费支付数据，这部分数据基本集中在中国银联；（3）一些电商巨头的消费统计数据，如淘宝、京东、拼多多等。

在投资方面，目前直接针对投资的高频实时数据的收集有一定难度。主要是因为企业种类众多，投资行为纷繁复杂，如果从企业微观行为入手，难以快速进行较准确的分类整理；从经济总体入手也缺乏在针对性上可以媲美消费数据的集成性来源。一个可以考虑的选择是从银行体系的资金流动数据入手，如对企业贷款余额或存款余额的统计监测数据；同时辅以各类和企业投资行为相关的新兴数据，如用电量、交通物流、灯光数据等。

在进出口方面，相关实时高频数据基本可以通过海关的相关统计数据较

---

① 根据艾瑞咨询发布的《2018 年中国第三方支付行业研究报告》（http：//report. iresearch. cn/report_ pdf. aspx？id = 3337），当前移动支付在中国第三方支付交易中占比高达 60% 以上，据估计，2018 年中国第三方支付交易中，银行卡收单支付、互联网支付（至非通过移动支付工具的传统网络终端支付）、移动支付分别占比为 27. 2%、9. 9%、62. 8%。2019 年第四季度第三方移动支付交易规模约为 59. 8 万亿元，其中支付宝、财付通（微信）分别占据 55. 1% 和 38. 9% 的市场份额。

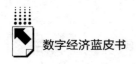

好地得到，如进出口贸易额等。

在政府消费方面，虽然近年来中国政府的信息化和电子政务工作得到长足发展，但当前各级政府的支出数据仍然分散在各地，要想得到集中统一的数据并不容易。近年来国库的集中支付系统有了长足发展，中央预算管理一体化系统初步完善。因此，可先纳入中央财政信息系统的有关支出数据，然后根据可行情况，逐步纳入地方政府财政信息系统数据。

在就业方面，我国传统就业统计以城镇登记失业率和调查失业率为主，二者皆有明显的滞后性。当前线上招聘求职已经是劳动力市场的重要构成部分，特别是新冠肺炎疫情暴发以来，线上就业市场快速发展。丰富的线上就业市场的数据已经使得获取关于就业的实时高频数据条件具备。根据 Alexa 排名（2020 年 9 月 27 日），我国排名靠前的招聘网站为前程无忧、智联招聘、看准网、猎聘网等。可利用这些线上招聘市场的数据，从劳动力的供给和需求两个方面对就业状况进行衡量，形成实时高频就业指数。

在物价（CPI）方面，中国拥有世界上最庞大的线上购物市场。根据中国互联网络信息中心的报告，中国 2019 年网购用户规模已达 7.1 亿，交易规模高达 10.63 万亿元。[1] 国内的 B2C 在线购物平台，阿里巴巴、京东、拼多多几家巨头占据了几乎全部市场。根据有关报告，2019 年以上三家电商平台分别占据 B2C 市场规模的 50.1%、26.51% 和 12.8%。因此，从这些电商巨头的数据出发，已经完全可以对消费者价格的变化进行实时高频的相对精准的衡量。笔者所在的团队自 2017 年开始，已经通过采集主要电商平台的价格数据及相关互联网信息，严格按照 CPI 的通行编制方法，编制了中国线上消费者价格指数（iCPI），实现了日、周、旬、月四种高频率物价指数的实时生成。[2]

除了以上介绍的与各主要宏观经济指标联系紧密的新兴数据之外，还有

---

① 据中国互联网络信息中心发布的第 45 次《中国互联网络发展状况统计报告》。

② 可参见项目主页 www.bdecon.com。

一些数据和整个经济活动相关，能为宏观经济预测工作提供帮助，目前值得重视的至少有电力数据、灯光数据、交通物流数据和文本数据（如财经新闻报道）等。

用电数据方面，电力是国民经济主要的能源消耗之一，被誉为国民经济晴雨表。随着中国供电送电企业信息化水平的提升以及智能电网的建设，依托于核心骨干电网企业已经完全可以实现用电数据实时化高频化，目前频率提升到周应该很容易实现，未来可逐步提升至日。电力数据还有一大优点是可以有很细的颗粒度，从宏观经济监测的需要出发，既可以采用总量数据，也可以细化到各个行业，还可以区分企业、居民家庭和社会机构。因此既可直接用于经济总量预测，也可用于国民经济不同部门的预测。

灯光数据方面，可用的灯光数据主要来自全球遥感影像的夜间灯光数据，其观测平台主要来自美国的 NOAA 的军事气象卫星计划（DMSP）的线性扫描业务系统（OLS）和 NPP/VIIRS（2012 年至今），目前提供开放下载。夜间灯光显然和人类的活动息息相关，也必然和经济活动相关。比如当经济景气度上升时，很可能表现为夜间开工企业增加。学术界已经利用夜间灯光数据分析经济社会问题，进行了一系列研究，并发现灯光数据对 GDP 等经济指标有一定预测作用，尤其是发现灯光数据与 GDP 等经济变量在空间分布上高度相关，这方面的研究如 Elvidge 等①、Sutton 等②、Chen Xi 等③、Yongde Guo 等④。

① Elvidge, Christopher D., et al., "Relation between Satellite Observed Visible-near Infrared Emissions, Population, Economic Activity and Electric Power Consumption," *International Journal of Remote Sensing*, 1997 (6).

② Sutton, Paul C., and Robert Costanza, "Global Estimates of Market and Non-market Values Derived from Nighttime Satellite Imagery, Land Cover, and Ecosystem Service Valuation," *Ecological Economics*, 3 (2002).

③ Chen, Xi, and William D. Nordhaus, "Using Luminosity Data as A Proxy for Economic Statistics," *Proceedings of the National Academy of Sciences*, 2011 (21).

④ Yongde, Guo, Gao Jinhuan, and M. A. Hongbing, "Spatial Correlation Analysis of Suomi – NPP Nighttime Light Data and GDP Data," *Journal of Tsinghua University* (*Science and Technology*), 2016 (10).

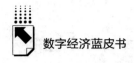
交通与物流数据方面，交通和物流的状况反映了经济系统各要素资源流动和配置的效率。从交通方面看，航空、铁路运输以大企业为主，主要旅客运送量基本都是实时记载的，数据主要掌握在相关代表性企业手中。陆地运输承担企业比较分散，从企业手中收集数据困难，可以考虑使用高速公路收费额等数据。同时当前导航利用十分普遍，可以考虑采用主要导航服务的导航接入数据，出行平台（如滴滴）的用车量也应该有重要价值。

文本数据方面，文本数据是典型的非结构化数据，且十分海量，如何有效地挖掘其与经济活动有关的信息是一个难点。目前相对成熟的是利用数据挖掘方法基于文本信息来衡量与经济活动相关的情绪与不确定性。如根据新闻报道尤其是财经报道可建立社会的经济信心指数或经济不确定性指数。这一过程一般包括：首先利用网络爬虫软件将原始信息从网上抓取下来；其次通过一定方法对这些数据进行清洗，将大量无用的"噪声"过滤掉，保留值得加工的信息；最后对剩下的内容进行加工提取，转化为一定程度结构化的可用数据，如标准化为时间序列等。这一过程已经成为大数据方法中的标准程序之一。这一数据挖掘过程一方面可形成若干基于大数据的实时经济指标系列，同时为后续经济模型提供更多的变量和数据。

（三）现时预测模型搭建

依据公式（1）进行现时预测，和基本的预测问题一样，我们需要选择特定的模型形式，可以采用单方程线性模型、向量自回归（VAR）、整合移动平均自回归（ARIMA）等常见的时间序列预测模型，这里不再详述。但具体到高频实时宏观经济变量生成的应用场景，需要处理好三个关键的技术性问题，即混频问题、高维问题、结构化模型和非结构化模型的配合利用问题。

1. 混频问题

在使用多个变量进行宏观经济预测时，输入变量可能是不同频率的数据，如预测 GDP 时，GDP 的滞后项是季度数据，而其他输入变量如工业增加值、社会消费品零售总额等是月度数据。而大部分时间序列模型是针对同频数据的。如果要在同频模型中使用混频数据，一种解决方式是先把混频数据转化为同频，通常是将高频数据经过加总或平均转化为低频数据。这种方法直观易行，但也损失了高频数据的信息。另一种解决方式就是使用混频模型，包括桥接方程模型、混频数据抽样模型（MIDAS）、混合频率向量自回归模型（MF‑VAR）、动态因子模型（DFM）等。以使用季度和月度的混频数据预测季度 GDP 为例，可使用以下方法解决混频的问题。

（1）桥接方程模型（Bridge Equations）

预测分为两步进行。第一步，因为季内的月度数据通常只有部分可得，对季度内剩余时间的月度变量进行预测，然后通过转换得到季度值。[①] 第二步，将解释变量转换后的季度值输入桥接方程，得到季度 GDP 预测。可使用如下桥接方程：

$$\Delta y_{t_q} = c + \sum_{i=1}^{p} a_i \Delta y_{t_{q-i}} + \sum_{i=1}^{p} \sum_{i=1}^{k} \beta_{ij} z_{i,t_q} + u_{t_q} \quad t = 1, \cdots, T$$

其中，Δy_{t_q} 表示季度频率的 GDP 增长率，z_{i,t_q} 是预测目标，z_{i,t_q} 是 k 个由高频（月度）变量经处理后得到的低频（季度）变量，p 是滞后阶数，u_{t_q} 是独立同分布的残差。[②] 注意桥接方程中的变量都是季度变量，即都是和预测目标相同频率的变量。此外，用于预测的外部变量 z_{i,t_q} 除了有滞后项，还包括同期项。z_{i,t_q} 由月度变量生成，比如第一季度的工业增加值是由 1～3 月的工业增加值生成的。由于桥接方程中的外部变量包括同期项，可能出现数据尚未发布的情况，如在生成季度变量 z_{t,t_q} 的时候，如果月度变量 z_{t,t_m} 有观测值，则直接使用观测值，如果没有观测值，则需要用预测值来代替。例如在预测第一季度的 GDP 增长时，需要用到第一季度的工业增加值，而有可能 3 月的工业增加值尚未发布，但 2 月的数据已经发布，这时就需要先预测出 3 月的工业增加值，再使用桥接方程。通常使用比较简单的模型对含有缺

[①] 月度变量到季度变量的转换关系与变量性质有关，包括该变量是存量还是流量、是否平稳、具体的转换关系可以参考 Stock 和 Watson（2002）。

[②] 桥接方程刻画了从预测目标滞后项和外部变量到预测目标之间的关系，这也是"桥接"名称的由来。

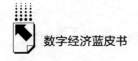

失值的单个指标进行预测，例如用 p 阶自回归模型：

$$z_{i,t_m} = \sum_{i=1}^{p} \gamma_i z_{i,t_{m-i}} + e_{i,t_m}$$

其中，e_{i,t_m} 是白噪声。

（2）混频数据抽样模型（Mixed Data Sampling，MIDAS）

桥接方程模型中，进行预测时使用的是低频化后的数据，而在 MIDAS 模型中，直接使用高频数据，保留了高频信息。MIDAS 模型通过带有少量参数的函数来描述不同滞后期的高频变量的权重，直接对低频被解释变量和高频解释变量之间的关系进行建模，高频变量和低频变量之间的关系相比于桥接模型更加灵活，基本的 MDIAS 为：

$$y_{t_q | t_m} = \beta_0 + \beta_1 B(L_m; \boldsymbol{\theta}) z_{t_m}$$

$$B(L_m; \boldsymbol{\theta}) = \sum_{k=0}^{K} B(k; \boldsymbol{\theta}) L_m^k, B(k; \boldsymbol{\theta}) = \frac{\exp(\theta_1 k + \theta_2 k^2)}{\sum_{k=0}^{K} \exp(\theta_1 k + \theta_2 k^2)}$$

其中，t_q 和 t_m 分别表示以季度和月度为单位的时间，z_{t_m} 是用于高频的解释变量，L_m 是高频数据的滞后算子，即 $L_m^k z_{t_m} = z_{t_{m-k}}$，$\boldsymbol{\theta} = \{\theta_1, \theta_2\}$ 是参数向量，K 是模型中解释变量的最大滞后阶数。该模型中 β_0，β_1 和 $\{\theta_1, \theta_2\}$ 都是待估计的参数。

MIDAS 模型相比于桥接方程模型具有保留了高频信息的优点，但是 MIDAS 模型也存在如下缺点：首先，如果将一元 MIDAS 模型扩展为多元，则需要对每个解释变量 i 估计出对应的 β_{i1} 和 $\{\theta_{i1}, \theta_{i2}\}$，当存在大量的解释变量时，同样可能面临维数灾难的问题。此外，MIDAS 模型对于滞后项的权重关系仅用包含两个参数 $\{\theta_1, \theta_2\}$ 的 $(k; \boldsymbol{\theta})$ 来描述，也有可能存在设定偏误的问题。

（3）其他混频模型

除了桥接方程模型和 MIDAS 外，还有一些其他的模型也可以用于处理混频数据，如混合频率向量自回归模型（Mixed - Frequency Vector Autoregression，MF - VAR）和动态因子模型（Dynamic Factor Model，DFM）。MF - VAR 中对混频数据的处理方式是所有变量都被看作高频变量，低频变量被看作是在特定时间（比如整季度）有观测值、观测值周期性缺失的高频变量。MF – VAR 的应用可参考 Mariano 和 Murasawa [1]。动态因子模型（DFM）也可以处理混频数据。Giannone 等提出了一个基于 DFM 的现时预测框架，该框架处理混频数据的方式也是将低频数据看作是周期性缺失的高频数据，利用卡尔曼滤波进行预测。该框架能够处理高维的、混合频率的、发布时间异步的数据，是目前现时预测领域的一个主流方法，被学术界和多国央行广泛采用。[2]

2. 高维问题

在数字经济时代，有大量的指标可以用于宏观经济监测预测，将众多指标纳入模型可以有效减少单个指标异常波动的影响和测量误差的影响，但也带来维数灾难的问题。因此解决高维问题，有效利用大量指标中包含的有用信息就变得尤为关键。降维方法大体可分为两类：一类根据对输出变量的解释力度来挑选输入变量，以 LASSO 为代表；另一类则仅根据输入变量自身的信息，通过抽取输入变量中的关键信息实现降维，以动态因子或主成分方法为代表。

（1）LASSO（Least Absolute Shrinkage and Selection Operator）

LASSO 通过引入惩罚项，使得参数个数大于观测数时仍然可以进行参数估计，而且估计得到的一些变量系数为 0，减少了预测时输入变量的个数，从而解决了高维问题。具体来说，对于一个基本的线性回归问题 $Y = X\beta + \in$，假设样本数量为 n，Y 为 1 维向量，X 为 p 维横向量，即 X 中包含 p 个分量，β 为 p 列维量。LASSO 用如下方法估计系数 β：

$$\hat{\beta}(\lambda) = argmin_\beta(\parallel Y - X\beta \parallel_2^2 /n + \lambda \parallel \beta \parallel_1),$$

其中，$\parallel Y - X\beta \parallel_2^2 = \sum_{i=1}^{n} (Y_i + (X\beta)_i)^2$，$\parallel \beta \parallel_1 = \sum_{j=1}^{p} |\beta_j|$，$\lambda \geqslant 0$ 是惩罚参数。这种算法可直观地理解为在最小二乘法基础上，增加一个惩

① Mariano, Roberto S., and Yasutomo Murasawa, "A Coincident Index, Common Factors, and Monthly Real GDP," *Oxford Bulletin of Economics and Statistics*, 2010 (1).

② Giannone, Domenico, Lucrezia Reichlin, and David Small, "Nowcasting: The Real-time Informational Content of Macroeconomic Data," *Journal of Monetary Economics*, 2008 (4).

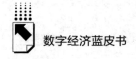

罚项 $\lambda \parallel \beta \parallel_1$。通过惩罚项的引入，LASSO 可以对一些次要变量赋予系数为 0，同时实现对变量的选择。

（2）动态因子（Dynamic Factor Model，DFM）或主成分（Principal Component Analysis，PCA）方法

动态因子（DFM）在实践中取得较好效果，是目前现时预测领域的一个主流方法。DFM 的现时预测模型能和混频问题的处理相结合，直接处理混合频率的、发布时间异步的高维数据。一个典型的 DFM 模型可用如下方程表示：

$$x_t = \Lambda F_t + \xi_t$$
$$F_t = A F_{t-1} + B u_t$$
$$u_t \sim \mathrm{WN}(0, I_q)$$
$$\mathrm{E}(\xi_t \xi_t') = \Psi$$

其中，x_t 是 $n \times 1$ 的向量，代表 t 时期观测到的经济指标，F_t 是 $r \times 1$ 的因子，$\Lambda = [\Lambda_1', \cdots, \Lambda_n']'$ 是 $n \times r$ 的因子载荷矩阵，B 是一个 $r \times q$、秩为 q 的满秩矩阵，A 是一个 $r \times r$ 的矩阵，且 $\det(I_r - Az)$ 的根都位于单位圆外，ξ_t 是 n 维的平稳过程。

利用上述模型，通过估计其中参数，我们得到 r 维的因子 F_t，以之来代表原有的 n 维经济指标 x_t 从而实现降维，并用于输入变量的预测。比如将 F_t 作为输入变量输入模型中实现预测。

3. 结构化模型和非结构化模型的配合利用问题

目前，机器学习模型在自然语言处理、图像识别等领域取得了良好效果。机器学习模型擅长处理大量、高维数据，因此在处理实时高频的非结构化数据方面具有独特的优势。在实际应用中，为了充分发挥结构化模型和非结构化模型各自的优势，有必要将两类模型有机结合起来。可使用"两步法"[①]，即先使用结构化模型预测，得到残差，然后用非结构化模型来预测残差。也可使用组合预测的方式，对不同类型模型的预测结果进行加权平均，生成最

---

① 刘涛雄、徐晓飞：《互联网搜索行为能帮助我们预测宏观经济吗?》，《经济研究》2015 年第 12 期。

终预测（可参考 Clements 和 Hendry[1]，Aiolfi 和 Timmermann[2] 等）。

到底哪种方法或哪个模型应该被实际采用？显然对不同的变量和场景可能有不同的答案。在样本量允许的情况下，应尽可能通过对不同的模型进行对比评估来确定。模型评估可以通过计算模型在样本外的一些统计指标来实现。常用的统计指标有均方误差（Mean Square Error，MSE）、平均绝对误差（Mean Absolute Error，MAE）、平均绝对误差百分比（Mean Absolute Percentage Error，MAPE）等，具体可参考 Meese & Rogoff [3]。在模型评估时可选择一个基准模型，以便理解样本外统计指标的含义。基准模型通常选择比较简单的模型，常用的基准模型有 AR（1）和随机游走等。

（四）实施方案与系统搭建

要在实践中实现宏观经济指标的实时化与高频化，有必要搭建一套能实现数据采集与处理的系统。该系统的实施方案如图 1 所示。

首先，系统进行数据采集。如前文所述，传统统计数据和新兴来源大数据具有各自的优势，需要综合利用，因此，系统同时采集这两类数据。由于新兴来源数据通常具有非结构化、噪声较大等特点，采集之后需要对这类数据进行清洗。在得到经过清洗的数据之后，需要对数据进行初步的统计分析，比如检查数据的平稳性、季节性等，检查是否具有高维、混频问题等，这一步骤可以帮助我们了解数据的特点，为后续选择合适的预测模型做好准备。在把数据输入模型之前，需要对数据进行预处理。在选择预测模型的时候，我们需要考虑输入数据的特点和预测目标。我们既可以选择用一个整体的模型进行预测，如动态因子模型，也可以先采用不同的模型进行预测，最后把预测结果融合起来。在得到预测结果之后，我们需要对预测效果进行评

① Clements, Michael P. , and David F. Hendry, *Forecasting Non-stationary Economic Time Series*, Mit Press, 2000.
② Aiolfi, Marco, and Allan Timmermann, "Persistence in Forecasting Performance and Conditional Combination Strategies," *Journal of Econometrics*, 2006 (1 −2).
③ Meese, Richard A. , and Kenneth Rogoff, "Empirical Exchange Rate Models of the Seventies: Do They Fit Out of Sample?" *Journal of International Economics*, 1983 (1 −2).

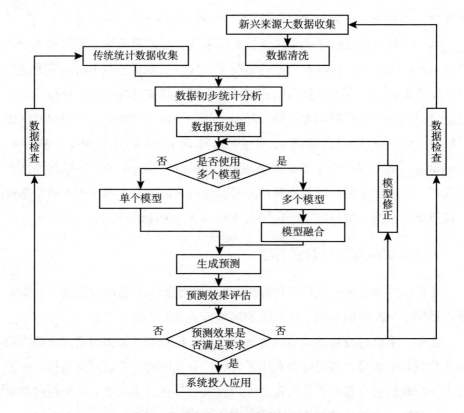

图1　实时高频宏观经济指标生成系统

估。选取的输入变量和预测模型都对预测效果有较大影响，因此通常需要根据预测结果对输入变量和模型做出调整。最后，如果预测效果达到要求，则可以将系统投入实际应用。由于经济活动的规律也可能在发展变化，在系统投入使用之后，仍需跟踪系统的预测表现，在必要时对系统做出调整。

四　政策建议

建立我国宏观经济的实时高频指标体系对于政策制定、市场完善和学术研究都具有重要意义，而该体系的建立需要多方配合，因此本研究提出如下政策建议。

（一）主管部门政府高度重视，尽快推进

一方面，与欧美国家相比，我国这方面已经滞后，迫切需要加以改进。另一方面，该体系的建立也是当前我国发展所急需的。近年来国内杠杆率不断攀升，在中美经贸摩擦不断反复的背景下，我国面临的宏观经济风险和金融风险加大，尽快建立实时高频的宏观经济监测体系显得尤为重要。此外，我国在该体系建设方面有独特的数据优势和体制优势。我国拥有最大规模的网民、丰富的数据来源，以及处在世界前列的大数据、云计算与人工智能等信息技术行业基础；同时，我国有强大的资源整合能力，有能力整合各行各业的脱敏数据，并加工生成宏观经济监测指标。

（二）推动强有力的跨部门整合，建立数据共享大平台，切实解决"数据"孤岛问题

在利用大数据实时监测宏观经济方面，我国一些部门也进行了一些探索，但目前十分零散，不成体系，效果不明显。其根本原因在于，目前各类数据散落于各相关企业、机构以及政府部门，数据壁垒严重，单个部门做不到打通利用。整合多来源数据是构建实时高频的宏观经济监测体系的关键环节，在保证数据安全和个人隐私的前提下，中央政府应该出面，推动强有力的跨部门整合，建立公共统一的数据共享平台。一方面，应从国民经济关键部门入手，整合现有分散于各个行业龙头的数据，如电力、交通物流、支付清算（银联、在线支付）、电商巨头、在线招聘等方面。工业互联网有大规模行业上下游、企业层面生产协作数据，相关数据也应逐步接入。另一方面，也应充分利用互联网上模态多样的丰富信息，如文本、图片、视频音频等。

（三）建设基于大数据的实时高频宏观经济指标监测体系及相关实现系统

在构建具体的实现系统时，需要依靠集数据采集、处理、分析、计算、发布于一体的信息系统来实现，包括数据实时采集系统、数据清洗与处理系

统、指数计算与生成系统、指标发布与查询系统等基本组成部分。其中有一系列关键性的方法论问题有待探索，包括：如何利用多源异构的大数据、广泛的非经济的数据来为实时监测宏观经济服务，如何结合大数据指标和传统指标，如何结合高频指标与低频指标，如何充分将机器学习方法和现有宏观经济统计模型相结合，如何将结构化数据和非结构化数据相结合等。

（四）充分发挥社会力量，多方协作

应该由国家相关部门统一领导，整合多方面资源，包括数据资源、研究资源、人力资源等，并充分发挥社会力量，特别是高校和研究机构的作用。在实施形式方面，可以国家研究基地或实验室的方式、国家部委和高校建立联合研究机构的方式，在主平台的同时可建立若干个分中心。在实施过程中，可以分阶段实施，首先建立领导体制，制定规划；其次搭建数据共享平台，逐步将数据接入平台，优先构建一批可行性强，重要的实时高频指标，并拓展到更大范围；最后形成全面的监测系统。

参考文献

Bok, Brandyn, et al. , "Macroeconomic Nowcasting and Forecasting with Big Data," *Annual Review of Economics*, 2018（10）.

Giannone, Domenico, Lucrezia Reichlin, and David Small, "Nowcasting: The Real-time Informational Content of Macroeconomic Data," *Journal of Monetary Economics*, 2008（4）.

Brave, Scott A. , R. Andrew Butters, and David Kelley, "A New 'Big Data' Index of US Economic Activity," Economic Perspectives, Federal Reserve Bank of Chicago（2019）.

Higgins, Patrick C. , "GDP Now: A Model for GDP 'Nowcasting'," 2014.

Angelini, Elena, et al. , "Short - term Forecasts of Euro Area GDP Growth," 2011.

Cimadomo, J. , and O. Furtuna. , M. Guilidori, "Private and Public Risk Sharing in the Euro Area," Tinbergen Institute Discussion Paper 2017 - 064/VI, Tinbergen Institute, Amsterdam, 2017.

Nymand - Andersen, Per, and Emmanouil Pantelidis, "Google Econometrics: Nowcasting Euro Area Car Sales and Big Data Quality Requirements," No. 30 ECB Statistics Paper, 2018.

Roy, Indrajit, Anirban Sanyal, and Aloke Kumar Ghosh, "Nowcasting Indian GVA Growth in a Mixed Frequency Setup," Editorial Team, 2016.

Mitra, Pratik, Anirban Sanyal, and Sohini Choudhuri, "Nowcasting Real Estate Activity in India using Google Trend Data," 2018.

Gil, María, et al., "Nowcasting Private Consumption: Traditional Indicators, Uncertainty Measures, Credit Cards and Some Internet Data," 2018.

Richardson, Adam, and Thomas Mulder, "Nowcasting New Zealand GDP Using Machine Learning Algorithms," 2018.

Wibisono, Okiriza, et al., "The Use of Big Data Analytics and Artificial Intelligence in Central Banking – An Overview," IFC Bulletins Chapters 5, 2019.

Cavallo, Alberto, and Roberto Rigobon, "The Billion Prices Project: Using Online Prices for Measurement and Research," *Journal of Economic Perspectives*, 2016 (2).

Yiu, Matthew S., and Kenneth K. Chow, "Nowcasting Chinese GDP: Information Content of Economic and Financial Data," *China Economic Journal*, 2010 (3).

刘涛雄、汤珂、姜婷凤、仇力:《一种基于在线大数据的高频 CPI 指数的设计及应用》,《数量经济技术经济研究》2019 年第 9 期。

Frale, Cecilia, et al., "EUROMIND: A Monthly Indicator of the Euro Area Economic Conditions," *Journal of the Royal Statistical Society: Series A (Statistics in Society)*, 2011 (2).

Aprigliano, Valentina, et al., "A Daily Indicator of Economic Growth for the Euro Area," *International Journal of Computational Economics and Econometrics*, 2017 (1 – 2).

陈磊、孟勇刚、咸金坤:《我国宏观经济景气的实时监测与预测》,《数量经济技术经济研究》2019 年第 2 期。

Elvidge, Christopher D., et al., "Relation between Satellite Observed Visible-near Infrared Emissions, Population, Economic Activity and Electric Power Consumption," *International Journal of Remote Sensing*, 1997 (6).

Sutton, Paul C., and Robert Costanza, "Global Estimates of Market and Non-market Values Derived from Nighttime Satellite Imagery, Land Cover, and Ecosystem Service Valuation," *Ecological Economics*, 2002 (3).

Chen, Xi, and William D. Nordhaus, "Using Luminosity Data as a Proxy for Economic Statistics," *Proceedings of the National Academy of Sciences*, 2011 (21).

Yongde, Guo, Gao Jinhuan, and M. A. Hongbing, "Spatial Correlation Analysis of Suomi – NPP Nighttime Light Data and GDP Data," *Journal of Tsinghua University (Science and Technology)*, 2016 (10).

Mariano, Roberto S., and Yasutomo Murasawa, "A Coincident Index, Common Factors, and Monthly Real GDP," *Oxford Bulletin of Economics and Statistics*, 2010 (1).

刘涛雄、徐晓飞:《互联网搜索行为能帮助我们预测宏观经济吗?》,《经济研究》

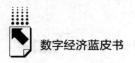
2015 年第 12 期。

Clements, Michael P. , and David F. Hendry, *Forecasting Non-stationary Economic Time Series*, mit Press, 2000.

Aiolfi, Marco, and Allan Timmermann, "Persistence in Forecasting Performance and Conditional Combination Strategies," *Journal of Econometrics*, 2006 (1 – 2).

Meese, Richard A. , and Kenneth Rogoff, "Empirical Exchange Rate Models of the Seventies: Do They Fit Out of Sample?" *Journal of International Economics*, 1983 (1 – 2).

B.4
数据价值链与价值创造机制研究[*]

李晓华　王怡帆[**]

摘　要： 随着新一代信息技术的发展和广泛应用，数据在价值创造中
发挥着越来越重要的作用，成为数字经济时代重要的生产要
素。生产要素沿着生产环节流动的过程既是价值创造的过
程，也是数据流动的过程，传统的价值链因此被拓展为数据
价值链。本报告提出，数据价值链是沿着企业生产链条数据
流动与价值创造相伴而动的过程，与传统价值链相比呈现出
一系列不同的特征。本报告揭示了数据生产要素的经济学特
征、基本功能和价值创造机制，并分析了数据在价值链的研
发、制造、营销、服务等主要环节的价值创造作用。数据价
值链的价值创造受到数据的颗粒度、鲜活度、连接度、反馈
度、响应度、加工度等方面的影响。本报告最后提出政府在
推动数据价值链发展、促进数据价值创造功能发挥等方面的
政策建议。

关键词： 价值链　数据价值链　大数据　经济价值

---

* 基金项目：研究阐释党的十九大精神国家社科基金专项立项课题"推动新一代信息技术与制
造业深度融合研究——基于新时代和新工业革命的视角"（18VSJ054）；国家社会科学基金重
点项目"'互联网+'背景下的中国制造业转型升级研究"（16AJY011）；中国社会科学院登
峰战略优势学科（产业经济学）项目。

** 李晓华，经济学博士，中国社会科学院工业经济研究所研究员，中国社会科学院大学教授、
博士生导师；王怡帆，中国社会科学院大学博士研究生。

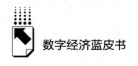

一　导言

　　价值创造过程是生产要素依次经过不同的生产环节，在各种生产工具的作用下最终形成具有使用价值和价值的产品或服务。生产要素的内涵是随着生产力水平的提高而不断扩大的。早期的生产要素主要包括自然资源、土地、劳动力等物质型的生产要素。工业革命爆发后，知识、技术对经济增长的作用不断提高，成为生产要素的重要内容。进入数字经济时代，随着信息技术高度发展及其向经济社会各领域的渗透扩散与深度融合，各行各业迎来数据的爆发式增长。新一代信息技术的发展使得数据采集、传输、存储、处理、利用能力不断提高，数据在价值创造中发挥着越来越重要的作用。可以说，数据已经成为数字经济时代具有基础性和战略性的生产要素。2019 年10 月 31 日，党的十九届四中全会通过《中共中央关于坚持和完善中国特色社会主义制度推进国家治理体系和治理能力现代化若干重大问题的决定》，明确提出"健全劳动、资本、土地、知识、技术、管理、数据等生产要素由市场评价贡献、按贡献决定报酬的机制"。在党的文件中第一次明确了数据作为生产要素的地位。2020 年 3 月 30 日发布的《中共中央国务院关于构建更加完善的要素市场化配置体制机制的意见》再度提出，"加快培育数据要素市场"，"提升社会数据资源价值"，为充分发挥数据资源价值指明了方向。

　　在数字经济时代，数据成为影响企业成长和国家全球竞争地位的关键资源。在企业层面，对数据的占有和利用能力成为企业竞争力的重要来源，企业纷纷加强数字化改造、推动生产环节的数字化连接、打通各部门各环节的数据，汇集数据的互联网平台企业更是成为数字经济的枢纽，为其所有者创造出巨大的财富。在国家层面，不仅世界各国纷纷加快数字技术创新、推动各行业数字化转型、加强数字保护立法，甚至围绕数据资源的控制与争夺而发生了激烈的经贸冲突，典型的如美国等国家以信息安全为由阻止国外通信设备在美销售和互联网公司在美运营。

　　生产要素沿着生产过程流动并不断创造价值的各环节所构成的链条被迈

克尔·波特称为"价值链",价值链理论自提出以来便成为分析价值创造活动和企业竞争优势来源的重要工具。沿着企业生产链条不仅价值被创造出来,而且有物理实体的流动、资金的流动、技术的流动,因此商品链、资金链、创新链、供应链等概念被提出。随着数据对于价值创造的重要性不断提高,数据沿着生产链条的流动也引起学者的关注。数据的流动过程也是价值的创造过程,因此传统价值链理论被拓展为数据价值链,其关注的重点也呈现从实物到数据、从单向到闭环、从组织内部到跨界融合的转变。但总体上来说,数据价值链的研究刚刚起步,数据作为数字经济时代重要的生产要素并且贯穿于生产过程的始终,但关于数据价值链的内涵、数据的价值创造机制、影响数据价值创造的因素等问题都没有厘清,有待深入挖掘探索。本报告在价值链和数据价值链既有研究的基础上,探讨数据价值链的内涵与特征、剖析数据价值链的价值创造机制、揭示数据价值链价值创造的影响因素,并提出推动中国产业数字化转型、提升数据价值创造能力的政策建议。

二 数据价值链的内涵

数据价值链是数字经济时代企业价值创造活动中出现的新现象,是对价值链理论的发展,但同时也具有不同于传统(或一般意义)价值链的内涵与特征。

(一)数据价值链的提出

价值链理论是分析价值创造活动和企业竞争优势来源的重要理论。该理论认为,企业的任务是创造价值,价值和价值活动构成价值链的分析基础。价值链的概念由迈克尔·波特于 1985 年提出。他认为,价值链是由设计、生产、销售、发送等所有向用户交付产品或服务所需的一系列生产活动以及相关辅助活动。[①] 在价值链理论的基础上,学者们又相继提出了商品链、全

---

① 〔美〕迈克尔·波特:《竞争优势》,陈小悦译,华夏出版社,1997。

球商品链、知识价值链以及虚拟价值链等相关概念。Hopkin 和 Wallerstein 在提出世界体系理论的同时也提出了商品链概念，"一个由劳动和生产流程构成的网络体系，其终点是一件完成的商品"[①]，即商品链是指最终产品的劳动和生产过程体系，反映了商品生产的内在价值关联机理。Gereffi 等在经济全球化持续深入发展的背景下，提出了全球商品链的概念[②]，将分析的视野拓展到全球。为摆脱"商品"一词的局限，Gereffi 与其他研究者又提出使用"全球价值链"取代"全球商品链"[③]。Sviokla 和 Rayport 提出"虚拟价值链"，将企业的竞争环境分为物质世界和虚拟世界，后者通过虚拟价值链开展价值创造活动[④]，重新定义了企业边界和规模经济，突破了传统价值链仅涵盖实物范畴的界限，为企业建立起传统实物和虚拟空间两条平行的价值链。Ching Chyi Lee 和 Jie Yang 构建了由知识管理基础和知识过程管理组成的知识价值链模型[⑤]，展示了信息、知识、数据等虚拟价值链能够从整体上对要素和传统价值链进行可视化的优化和整合，带来低成本和高增值度等竞争优势。综观价值链相关理论演变历程可以发现，知识、信息和数据等非实物性质的资源在价值创造中的作用逐步被认识和重视。

数据价值链的提出是以信息技术的进步和产业化为前提的。随着新一代信息技术的广泛应用及其与其他产业的深度融合，企业的生产活动日益呈现数字化、网络化、智能化的新特征，数据无论是在数字经济本身的发展（即"数字的产业化"）还是既有产业的数字化转型（即"产业的数字化"）过程中的重要性均愈发突出，数据沿企业生产过程的流动及对价值创造的作

---

① Hopkin, T. K., Wallerstein, I., "Commodity Chains in the World – Economy Prior to 1800," *Review*, 1986, 10 (1).

② Gereffi, G., Korzeniewicz, M., Korzeniewicz, P., "Introduction: Global Commodity Chains," Commodity Chains and Global Capitalism, Westport: Praeger, 1994.

③ Humphrey, J., Schmitz, H., "How does Insertion in Global Value Chains Affect Upgrading in Industrial Cluster?" *Regional Studies*, 2002, 36 (9).

④ Sviokla, J., Rayport, J., "Exploiting the Value Chain," *Harvard Business Review*, 1995, 73 (11 – 12).

⑤ Lee, C. C., Yang, J., "Knowledge Value Chain," *Journal of Management Development*, 2000, 19 (9).

用受到学者们的关注。对已有文献的检索发现，数据价值链的概念最早在
2013 年就被提出。Miller 和 Peter 认为，大数据的价值链是从数据获取到做
出决策整个数据管理活动、提供支撑辅助的各种利益相关者和相关技术构成
的框架，并将其划分成数据发现、数据集成和数据探索三大过程①。此后，
学者们对数据价值链开展了一系列研究。Gustafson 和 Fink 将数据价值链划
分为数据获取、数据存储、数据分析以及数据应用四个基本阶段②；与之类
似的还有 Kriksciuniene 等提出的四环节模型③、Curry 提出的五环节模型④
等。Becker 等提出，数据价值链可将大数据系统中的信息流描述为从数据中
产生价值和有用见解所需要的一系列步骤⑤。张影等将大数据价值链划分为
八大基本管理活动和三类辅助支持性活动构成的框架⑥。Faroukhi 等将数据
价值链作用机制定义为从原始数据到产生真正见解的整个数据生命周期中，
一步步地提取数据价值的可重复过程，包含生成、采集、分析、交换四个阶
段⑦。从这些研究可以看到，国内外学者大多从数据生命周期的角度来定义
并分析数据价值链，将其概括为数据从生成到利用（利用时会创造经济价
值）的一系列环节。数据的价值创造离不开企业具体的生产活动，数据是

---

① Miller, H. G., Peter, M., "From Data to Decisions: A Value Chain for Big Data," *IT Professional*, 2013, 15 (1).

② Gustafson, T., Fink, D., "Winning Within the Data Value Chain," *Strategy & Innovation Newsletter*, 2013, 11 (2).

③ Kriksciuniene, D., Sakalauskas, V., Kriksciunas, B., *Process Optimization and Monitoring along Big Data Value Chain*, International Conference on Business Information Systems, Springer International Publishing, 2015.

④ Curry, E., "The Big Data Value Chain: Definitions, Concepts, and Theoretical Approaches," in: Cavanillas, J., Curry, E., Wahlster, W., *New Horizons for a Data – Driven Economy*, Springer, Cham, 2015.

⑤ Becker, T., Curry, E., Jentzsch, A., et al., *New Horizons for A Data – Driven Economy: Roadmaps and Action Plans for Technology, Businesses, Policy, and Society*, Switzerland: Springer International Publishing AG, 2016.

⑥ 张影、高长元、何晓燕：《基于价值链的大数据服务生态系统演进路径研究》，《情报理论与实践》2018 年第 6 期。

⑦ Faroukhi, A. Z., Alaoui, I., Gahi, Y., Amine, A., "Big Data Monetization through out Big Data Value Chain: A Comprehensive Review," *Journal of Big Data*, 2020, 7 (3).

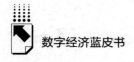

伴随着企业生产活动的各个环节而不断流动的，上述研究将重点放在了数据本身如何利用，而忽视了对企业价值实现过程的分析，更偏向于技术应用的视角，而忽视了从经济学、管理学视角的解读。

（二）数据价值链的内涵与特征

1. 数据价值链的内涵

数据价值链是沿着企业生产链条数据流动与价值创造相伴而动的过程。随着生产过程从研发到生产、从销售到服务和使用的环环递进，数据不断流动，经济价值也被创造出来。如图1所示，沿着从研发设计到最终产品回收的整个生产过程，价值不断增值，同时也伴随着数据的流动。如已有的数据价值链研究所指出的，价值创造的每一个环节都涉及数据的生产、传输、收集、储存、分析和利用。但是我们更关心数据如何在沿着生产链条流动的过程中创造价值。由于数据在价值创造中的作用不断加强，在数字经济时代，将数据链和价值链有机地结合起来，才能够更全面地分析价值创造的机制。

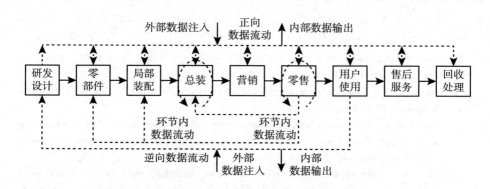

图1 数据价值链示意

2. 数据价值链的特征

数据价值链与传统价值链同样关注沿着企业生产过程的价值创造，但在数字经济时代，企业的价值创造与工业时代或商品时代不同，因而数据价值链与传统价值链呈现出一系列不同的特征。

第一，从关注的重点来看，传统价值链关注各种基本生产活动，这些生产活动以有形的形态存在，一环紧扣一环向最终交付产品和服务、实现该产品和服务的价值突进。数据价值链则强调沿着生产过程以及企业各生产经营部门内数据的流动，数据在各个生产环节与生产工具、生产要素相结合创造出价值。

第二，从流动方向来看，价值链中的物质产品或服务沿着生产过程单向流动，有限的信息同样也是沿着生产过程单向流动的。而在数据价值链中，数据呈现多向流动的特点，并形成流动的闭环。一是正向数据流动。类似于传统价值链中，沿着生产过程各环节的数据伴随着产品或服务进入下一个环节。比如，研发设计环节的数据会作为具体的生产参数分别进入零部件生产、局部装配、总装等生产环节。二是逆向数据流动。数据不像实体产品的传输需要耗费时间和金钱，可以快捷且以接近零成本地从生产的下游环节反向传输到生产的上游环节，由此形成数据流动的闭环，生产过程后续环节能够对前序环节产生影响。例如，当某件商品热销时，销售环节就会对供应链和生产环节发出指令，组织物流采购和生产排产。三是环节内数据流动。即使在同一生产环节内部，前一时间段形成的数据可以成为下一时间段生产活动的投入要素，形成数据在同一生产环节内部的流动。四是外部数据的注入。企业生产过程之外的政府部门、中介组织、供应链伙伴乃至其他企业拥有的数据，都可能作为该企业的生产要素注入某一个生产环节，帮助企业创造更大的价值、获取更大的利润。五是内部数据的输出。企业生产经营活动中产生的数据可以作为其他企业的生产要素并创造价值。

第三，从资源配置范围来看，价值链理论着重于企业内部资源的配置，而数据价值链突破了企业组织边界的限制，不仅供应商、用户的数据能够通过与企业内部数据的连接交互而创造价值，而且政府、互联网平台乃至其他企业的数据都能够与企业研发、生产、用户服务等生产活动产生关联，成为创造额外价值的投入要素。例如，电商平台聚集了海量的用户搜索、交易、评价数据，通过对这些数据的分析挖掘，可以发现消费热点、潜在趋势，这些数据如果和生产企业、网店对接，就可以为帮助其开发新产品、采购畅销

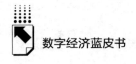

商品，从而增加销售收入和利润。

第四，从推动因素来看，传统价值链的价值创造主要依赖于行业特定的知识和技术。例如，利用行业知识构造生产线、优化工艺参数。而数据价值链则是行业特定技术与作为通用目的技术的新一代信息技术高度融合而创造价值，信息技术起到为传统行业赋能，发挥行业特定技术价值创造的放大器、加速器作用。传统价值链中也会产生大量的信息，但是由于信息技术发展水平低，对这些数据的采集、传输、处理的难度大、成本高，企业不得不进行权衡，在技术和成本的约束下，采用汇总的或抽样的数据用于生产经营决策，大量的信息被放弃，数据的颗粒度大、大量的细节被丢失。新一代信息技术的发展则为数据的采集、传输、存储、处理提供了连接、算法、算力等方面的支持，极大地提高了生产各环节数据生产、采集、传输、存储、处理和利用的能力和效率。例如，物联网、移动互联网将人、物、场景等连接起来，打破了连接的时间和空间限制，人、物、场景中产生的数据可以被泛在网络实时采集和传输；数据中心、云计算中心等新型数字基础设施，降低了数据存储、分析的技术门槛和成本支出；大数据和人工智能技术则贯穿于数据价值链的始终，实现对大数据的自动化、智能化的分析和处理。可以说，新一代信息技术和数字基础设施成为数据价值链运转和数据价值创造的基础。

三 数据价值链的价值创造机制

数据像传统的生产要素一样参与企业的生产活动和价值创造，同时数据也具有自身独特的价值创造功能，形成与传统生产要素不同的价值创造机制。

（一）生产要素参与价值创造的一般机制

生产要素是社会生产活动开展所需要的各种经济资源。从人类社会的发展历史看，生产要素的范围是不断扩展的，生产力的重大进步和生产方式的重大变革会不断催生新的生产要素，而这种生产要素又会成为新的生产方式下的重要价值来源和经济增长的新动力。在农业经济时代，核心生产要素是劳动力和土地，地主阶级不断兼并土地并使大批农民破产，变为依附地主的佃农，从而占有更多的社会财富。工业经济时代的核心生产要素是资本，资本家通过资本实现对劳动力的控制并通过资本的扩张攫取越来越多的剩余价值。知识经济时代的核心生产要素是知识和技术，对核心技术的掌控以及对掌握核心技术的人才的拥有成为市场竞争力的关键源泉，谁掌握了核心技术谁就能拥有全球竞争的话语权。在人类社会进入数字经济时代后，数据不再仅仅是生产活动的副产品，而是成为重要的生产要素和价值的重要来源，对数据的占有、利用能力成为企业市场竞争力的关键。

从企业角度而言，价值指的是利润、效用、效益、财富、收入等。[①] 如果用利润来衡量生产过程中的价值增值，价值创造就回归到经典的利润最大化问题。企业实现利润最大化主要有三条途径：一是在既定的技术条件下，企业调整生产规模，达到边际成本等于边际收益的最优产量（销量）；二是改变技术条件，在给定要素投入种类的条件下，推动生产可能性边界向外移动；三是引入新的生产要素，使生产函数发生更显著的改变，在新的生产要素组合下，生产可能性曲线进一步外移。例如，通过引入技术、数据等新型生产要素，规模报酬不变的新古典生产函数会发生改变，可能带来产出的指数型增长。在实际经营活动中，企业追求利润最大化的影响因素要复杂得多，市场竞争、技术演进阶段、全球经贸关系、政府政策以及企业所处区位、创新能力、组织状况和所处商业生态等诸多因素都会对企业的收入和利润产生影响，而且这些因素之间也会彼此产生影响。

（二）数据生产要素的经济学特征

数据作为一种新型的生产要素，展现出与传统生产要素显著不同的经济学特征。第一，非竞争性。大多数生产要素都具有竞争性的特点，一个使用

---

① 李海舰、冯丽：《企业价值来源及其理论研究》，《中国工业经济》2004 年第 3 期。

者对该要素的消费会减少对其他使用者的供应；相反，数据具有非竞争性，一个使用者对数据的消费并不减少对其他使用者的供应。第二，非消耗性。劳动、资本、土地等实物性质的生产要素在使用过程中都会被消耗，而数据并不会因为参与生产过程而减少数量或降低质量，更不会用尽、枯竭；相反，甚至会因在生产过程中的加工而进一步使质量获得提升，数据本身的价值实现增值。第三，零边际成本。企业将数据作为生产要素需要进行生产设施的数字改造、建造或租用算力基础设施等，具有较高的固定成本；但是数据的传输、复制和重复使用的成本趋近于零。高固定成本和零边际成本特征使得在企业扩大生产规模时，可变成本增加有限，平均成本不断降低。数字化生产会相应提升规模经济水平，明显地促进了产品实际产量的增加[1]。第四，"多品种"的范围经济。范围经济描述的是产品种类与成本的关系，当平行供给多种产品的成本低于分别生产每种产品所需成本的总和时即形成范围经济。在传统意义上，如果生产的产品具有相关性，这种经济性将更加明显，范围经济主要是通过相关多元化，实现成本降低和效益提高的效果。数字经济将相关性降至最低，极大地拓展了范围经济的应用，[2] 使得企业低成本地开展多样化的业务成为可能。第五，替代效应。数据和数字技术能够对传统的生产要素形成替代。例如，近年来我国工资水平持续上涨，为企业带来了沉重的成本负担。利用数字技术加强对数据的应用，企业能够减少劳动力的使用，大幅度提高劳动生产率，通过资本替代劳动的成本节约创造价值[3]。据 Capgemini 研究院预计，到 2022 年，自动化技术的大规模采用会使汽车、零售、公共事业和制造业节省高达 4710 亿美元的成本[4]。

---

① 荆文君、孙宝文：《数字经济促进经济高质量发展：一个理论分析框架》，《经济学家》2019 年第 2 期。

② 杨新铭：《数字经济：传统经济深度转型的经济学逻辑》，《深圳大学学报》（人文社会科学版）2017 年第 4 期。

③ Acemoglu D, Restrepo P., "Automation and New Tasks: How Technology Displaces and Reinstates Labor," *Journal of Economic Perspectives*, 2019, 33（2）.

④ Capgemini Research Institution, "Reshaping the Future: Unlocking – Automation's Untapped Value," Paris, 2018.

（三）数据的价值创造功能

1. 数据的基本功能

新的生产要素进入企业的生产函数，不仅能够形成新的产品和服务，而且能够使企业生产要素的组合及其使用效率发生变化。数据作为一种产生于人类经济社会活动且不具有实体形态的生产要素，其价值创造能力依赖于四种基本功能。一是产品（服务）转化。数据作为重要的生产要素，本身就可以转化为用户所需要的产品和服务。一方面，在成为生产要素后，数据就具有了价值。原始数据或经过加工的数据可以直接进行交易，为数据的所有者带来收入。另一方面，数据可以直接衍生出新的产品或服务。例如，产品制造企业可以通过对产品使用数据的分析提供预防性维护、产品使用方案建议等服务。二是分析洞察。分布在市场与企业生产活动中的海量数据中蕴含着关于事物发展规律、事物之间的联系、用户需求特征、市场变化趋势等方面的信息。通过对数据的分析，可以发现规律、预测趋势。三是信息传递。信息是有背景的数据，数据是信息的载体①。在传统价值链中与商品流、价值流相伴的也有信息流，这些信息流既包括产品的各种参数、物流信息，也包括市场的需求、竞争等信息。在数据价值链中，同样包含各种生产经营活动信息的传递。四是知识积累。一些数据体现着对事物发展规律的揭示和人类经验的总结，是人类经济社会和科学技术发展知识的积累。这些数据可以在未来的经济活动中加以复用。

2. 数据的价值创造机制

数据的基本功能与企业的生产经营活动相结合，能够发生化学反应、促进价值的创造，主要包括以下五种机制：一是产品（服务）创新。基于产品转化和分析洞察，企业可以根据市场需求特点和趋势，更有针对性地研发设计和生产制造市场所需要的新产品（服务），从而增加销售收入。二是供需匹配。无论是企业发现它的潜在用户还是用户寻找其所需要的产品都存在

---

① 徐子沛：《数据之巅：大数据革命，历史、现实与未来》，中信出版社，2014。

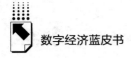

巨大的搜寻成本。数据的信息传递功能可以使供需之间信息低成本地进行传递、发布，基于互联网平台，可以快速和低成本地实现供需信息匹配、撮合交易实现。三是及时响应。企业智能化就是核心业务的在线化＋业务环节的自动化①。借助于信息传递和知识积累，企业可以在人工智能技术的帮助下，快速响应市场需求变化、生产排产、物料采购等各种生产经营信息。四是效率提升。在数据的分析洞察、信息传递、知识积累等功能的支持下，企业能够以更低的投入，更快、更好地生产更多的产品。五是价值拓展。在知识积累、分析洞察的基础上，企业可以基于数据开发更多的增值服务，为用户创造新的价值，实现企业业务收入和利润的增长。

（四）数据在价值链各环节的价值创造作用

在企业生产活动的每一个环节，数据都有可能与其他生产要素发生作用，创造出新的经济价值。企业的生产活动包括多个环环相继的阶段，在数据价值链中，数据既有沿着生产方向的正向流动，也存在生产的后续环节向前向环节的反馈，形成全流程的数据闭环。为了简化分析，我们重点考察研发、制造、营销、服务等主要生产环节中数据创造价值的机制。

1. 研发环节

创新能够帮助企业形成先行者优势、差异化，为企业带来高额利润，因此市场竞争机制推动企业纷纷加大研发投入。企业的创新活动主要不是以科学发现为目标的探索性活动，而是有着明确的利润导向，只有那些能够为企业带来市场和收入的创新才是其主要投入方向。然而企业的研发活动投入大、失败率高，面临着巨大的风险。数据在研发环节的价值创造作用表现在两个方面。一是提高研发效率，降低研发成本。研发投入大的原因在于新产品开发的设备、人才、耗材投入大，周期长，需要烦琐的试验过程和反复的试错才能得到理想的结果。但实际上，在许多企业中，研发环节积累了大量能够解决研发效率低、投入高问题的数据，却没有得到有效应用。在人工智

---

① 曾鸣：《商业智能》，中信出版集团，2018。

能技术支持下对研发数据进行分析，可以大幅度缩减研发周期、降低研发成本。例如，新药的研发往往需要 10～20 年的时间、耗资 5 亿～26 亿美元，基于人工智能技术的虚拟测试和药物筛选可以快速发现疾病的药物靶点、从大量化合物中发现先导化合物，大幅度降低新药开发的成本。二是提高研发针对性，降低研发风险。企业研发活动面临的高失败率，除了由于技术（特别是前沿技术）本身就存在高度的不确定性之外，企业缺乏对用户需求特征和市场趋势的准确研判也是非常重要的原因，而这又受制于对数据的占有和分析能力。通过对用户购买、搜索、使用、评价等各方面海量数据的收集和分析，企业能够更准确地把握市场形势、了解用户喜好、预测需求变化，从而提升市场化导向的研发活动的精准度，将来自市场信息不对称的影响降到最低。

2. 制造环节

制造环节涉及生产线设计、工艺参数设定、物流供应、人与机器协同等诸多业务活动，是一个非常复杂的系统，某一个局部或几个局部间的衔接都会影响到制造系统的产量与成本。数据在制造环节的价值增值作用可以通过多种途径实现。一是提高生产线局部的效率。通过对积累的产业知识的软件化或者是通过机器学习掌握生产过程中的规律，可以用人工智能系统替代过去机械化或人工从事的工作，大幅度提高设备的效率。例如，图像识别是人工智能相对成熟的细分领域，通过对制造过程中的产品（如钢水、液晶面板）图像与其质量关系的历史数据进行分析，可以生成一套用于该工序的人工智能算法，通过图像识别就可以判断产品的质量。二是通过整个制造过程的数字化、智能化，将工厂改造为无人工厂、黑灯工厂，实现数据和算法驱动下的智能制造。三是通过对生产过程各种设备、各个环节产生的数据进行分析，进行参数优化，提高产品的良品率，降低物料损耗。GE 在《工业互联网：打破智慧与机器的边界》白皮书中就提出"1% 的威力"（the Power of 1 Percent）概念，即通过数据优化为制造企业带来各种收益[1]。阿

---

[1] 〔美〕通用电气公司（GE）：《工业互联网：打破智慧与机器的边界》，机械工业出版社，2015。

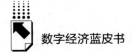

里云通过帮助保利协鑫苏州多晶硅切片工厂优化工艺参数，可以使切片工厂的良品率提高1个百分点，实现每年一亿元的成本节约。四是通过销售、库存等供应链各环节数据的追踪和实时分析，可以合理安排物流采购和生产排产，实现产销精确对接，尽可能地让用户采购时不缺货、商品下市时没有尾货库存。

3. 营销环节

营销的任务是向用户创造、推广、传递商品和服务①，其中关键的一点是如何将商品信息传递给用户并使用户产生购买意愿。然而在传统的广告宣传中却难以准确地将商品信息传递给潜在目标用户，营销界流传着这样一种说法："我知道我的广告费浪费了一半，但不知道是哪一半。"产生这一问题的重要原因在于对用户进行画像的数据过少，只有少数指标可以采用。例如，根据年龄、性别、学历、居住地等粗线条的指标将用户划分为不同群体并进行广告投放。数字经济的发展使得用户特别是个人消费者在互联网上的活动产生了大量可以被记录的踪迹。例如，消费者在访问网站和使用App时会留下注册信息、搜寻、购买、评论、使用等各种记录。通过对这些大数据的分析，企业就可以更精确地对用户进行多维度画像，在此基础上对用户进行细分，甚至可以细分到单个的消费者。企业对用户进行画像的数据既可以来自企业自身用户的数据，也可以来自外部互联网平台。前者如电商平台基于其所拥有的海量用户数据以及先进的数据挖掘技术，为用户提供个性化内容推荐，增加用户购买、使用的可能性；后者如互联网平台根据广告客户需要推广的商品特点，通过消费者使用该平台的海量数据进行多维度画像，有针对性地选择具有特定特征的消费者进行广告推送，让"浪费的一半广告费"发挥作用。

4. 服务环节

用户所需要的并不是产品本身，而是产品所提供的使用价值或带给用户的效用。因此，为了满足用户需求同时获得销售收入，企业既可以向用户销

---

① 〔美〕菲利普·科特勒：《营销管理》（第11版），梅清豪译，上海人民出版社，2003。

售产品，也可以提供基于该产品的服务。随着产品复杂度的提高，用户越来越难以掌握使用、维护产品所需要的专业知识和技能；同时，用户个性化需求也随着收入水平的提高而不断增长。从企业的角度看，产品非常容易同质化，加剧了企业间的市场竞争，要求企业在产品之外寻找差异化的途径，服务化转型成为企业应对挑战和变化的转型方向。① 数据价值链为生产企业更好地提供增值服务提供了条件。通过对产品运行状况的实时分析，企业可以提供远程监控、预防性维护等服务，避免产品突发故障造成重大损失；通过对用户使用状态的监控，结合企业的专业知识积累，可以为用户提供更加贴心、个性化的使用建议，从而改善用户体验、提高用户满意度；通过对用户需求的实时响应，使产品基于软硬件结合为用户提供个性化的功能；在柔性化制造系统的支持下，企业还可以让用户直接参与产品设计过程，以接近大规模生产的成本为用户提供个性化定制生产的产品，实现"千人千面"的差异化。

四　数据价值链价值创造的影响因素

目前针对数据价值创造的研究主要基于资源、资产这两大视角，侧重数据总量、数据质量和数据分析能力等影响因素。数据价值链是与价值链耦合而生，影响数据在价值链创造中的因素更为复杂，除数据本身的数量和质量外，还要考虑数据在生产链条中流动的影响。数据价值链价值创造的影响因素可概括为以下几个方面。

（一）颗粒度——精细化的数据更有价值

数据的颗粒度是指数据的精细化程度②。在新一代信息技术被广泛应用之前，对精细数据采集的成本高昂，而且缺乏对海量数据进行加工分析的手

---

① 李晓华、刘尚文：《服务型制造内涵与发展动因探析》，《开发研究》2019年第2期。
② 赵国栋、易欢欢、糜万军、鄂维南：《大数据时代的历史机遇》，清华大学出版社，2013。

段。企业不得不放弃大多数可能采集到的数据，而只能对少量数据进行大颗粒度地采集和利用。例如，生产企业通过小批量的抽样调查和试用来了解用户的潜在需求及其对新产品的评判。但是大颗粒度、局部和非实时的数据会造成企业对用户需求的洞察仍然是比较粗略的，准确度不高。企业通过物联网、移动物联网将人、物、场景连接起来，可以实现生产经营过程和产品使用生命周期中数据的总体采集，并利用大数据、人工智能等技术进行分析洞察。一是更加精准地发现生产经营中的规律、趋势，并据此进行优化调整，甚至可以细化到具体的生产设备、具体的场景和具体的用户个人。二是可以使优化调整更具有实时性，进一步提高企业对外部环境、用户需求等方面的变化做出反应的速度。但是也要注意到，数据的颗粒度越小，对数据传输、存储、分析等设施和系统的处理能力以及相应的投资或租赁成本就会显著提高，企业需要在数据精细化带来的收益与要付出的成本之间做出权衡。

（二）鲜活度——越新的数据价值越高

尽管对数据的占有是企业市场竞争力的重要来源，但由于企业内外部环境的迅速变化，不同时间的数据具有不同的价值。一般来说，越靠近当下的数据其价值越高。"随着时间的推移，大多数数据都会失去一部分基本用途。在这种情况下，继续依赖于旧的数据不仅不能增加价值，实际上还会破坏新数据的价值。"[①] 例如，由于收入水平的提高、商品和服务日益丰富、多次元文化的发展，消费者更加善变，造成数据的生命周期越来越短。数据的鲜活度是衡量数据价值尺度的重要指标，刚生成的数据被采集和分析更可能在多个环节上产生价值并最终影响企业决策的效果，甚至被持续拉长并传递到整个产业系统中并发挥更大价值。在不同的业务场景中，数据使用者对数据鲜活度的要求不尽相同，城市信息发布、智慧交通等场景要求对道路信息实行动态、实时监测；相反地，由于消费者偏好在短期内难以改变，反映

---

① 〔英〕维克托·迈尔－舍恩伯格、肯尼思·库克耶著《大数据时代》，盛杨燕、周涛译，浙江人民出版社，2013。

消费者需求的数据具有价值的时间相对较长。数据的鲜活度既体现在存量上也体现在增量上。某一个设备、用户、场景的数据更新可能是连续的，会发生数据的实时更新；也可能是离散的，有规律或无规律地在不同时间长度内（如一小时、一天、一月等）产生新的数据。为了能够获得总体数据、保证数据的鲜活度，企业需要建立人、物、场景之间的连接，并且使数据采集、传输、存储系统保持在随时待机状态。

（三）连接度——高连接的数据更有价值

数据之所以在价值链中发挥价值创造作用，很重要的原因在于数据在企业生产各环节、产品全生命周期各阶段以产业生态各组成部分之间的流动。数据的高效连接打破了各环节的信息孤岛，通过对数据价值链中数据的分析，可以发现生产各环节、产品全生命周期各阶段以产业生态各组成部分之间的联系，发现价值增值的空间。在传统价值链中，各个环节之间虽有联系，但彼此之间却是界限明确、相对孤立的，供应商、企业、消费者的数据不能及时、准确地共享，造成信息不对称；在数据价值链中，各个环节的信息都被数字化，更加便于环节间的数据流动。在生产经营活动中，数字连接度越高，各方联系就越广泛越紧密，创造的价值空间就越大。价值链各节点数据的无缝连接和高度共享是智能制造的基本要求，德国"工业4.0"所提出的纵向集成、端到端集成、横向集成的基础就是制造业网络中相关节点数据的广泛连接，基于实时泛在连接，企业才有可能开展智能生产、提供智能服务。目前业界已认识到数据连接的重要性并对此做出了积极探索，通用电气、西门子、特斯拉、海尔等制造行业的领军企业都在积极推动工业互联网平台或智能工厂建设，世界经济论坛在2018年、2019年分三批遴选出26家在第四次工业革命尖端技术应用整合工作方面卓有成效、堪为全球表率的"灯塔工厂"企业。海尔的智能互联工厂将用户需求与工厂无缝连接起来，即前联研发，后联用户，把企业的研发部门、制造部门、营销部门与客户等并联在同一系统内，用户可以将自身需求直接发送到生产线上，并通过生产线上的上万个传感器随时查看产品的生产进程。

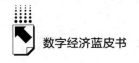
（四）反馈度——反馈度越高数据越有价值

数据价值链中的数据并不是单向流动的，而是存在后续环节向前序环节的数据反馈，由此形成数据的闭环循环。数据价值链不同环节之间的连接越多、数据的反馈越频繁，就越容易从各节点数据构成的数据集中发现价值增值的空间。由于产品最终通过销售才能实现经济价值，即马克思所说的从商品到货币的"惊险一跃"，链条模块用户数据反馈是最重要的反馈路径之一。企业可以将对用户使用中反馈数据的分析作为改进产品设计、优化生产、制定发展战略的决策依据，并且基于这些数据开发更多的增值服务，在提高用户满意度的同时，增加企业的收入和利润。来自用户的收入可以再投资于提高服务质量和吸引更多用户[1]。新成长起来的数字科技企业高度重视用户的反馈特别是消费者的体验，通过各类自媒体和线上社群与产品用户进行沟通，搭建起"用户—企业—创新—用户"的双向沟通和协同创新系统，在这个系统中用户反馈的信息及时被企业收集，企业也通过改善产品和服务及时回应用户诉求，并且降低了新产品研发的试错成本和营销阻力。因此企业越重视用户价值，其用户忠诚度越高，产品的更新迭代速度和创造的价值就越高，这种价值创造方式就是高反馈机制作用的体现。

（五）响应度——响应速度越快越有价值

现代经济活动是一个环环相扣的有机整体，一个环节的变化势必对另一个环节产生影响。经济发展和信息化水平提高，分工协作不断加强，实际上也意味着整个经济社会活动更加瞬息万变，这就要求企业必须对内外部的变化做出迅速反应。在市场方面，要求企业以比竞争对手更快的速度响应市场变化，从而抢占先机；在企业内部，需要企业对各部门的指令、各生产环节的变化做出及时响应，从而提高效率、降低成本。内外部环境的变化都是通过数据传递信息，因此对数据的响应速度成为企业成功的关键。数据的响应

---

[1] 李向阳：《数字经济产业集中度对消费者福利的影响研究》，《社会科学》2019年第12期。

度是指数据在价值链各环节传输以及各环节对数据的变化做出分析和处理的速度。各价值活动主体之间存在一定的时空距离，信息的传递以及内在价值的挖掘都会花费时间，而此时环境可能又发生新的变化，因此企业要想获得更多的价值增值，就必须具备快速的数据响应能力，对数据响应越快，创造的价值越大。快速的数据响应对传输、算法、存储等信息技术及其基础设施水平提出了更高要求。数据处理中有所谓的"1秒定律"，即对处理速度有要求，一般要在秒级时间范围内给出分析结果，时间太长就失去价值。在无人驾驶、远程医疗、工业生产等领域，必须在毫秒级甚至微秒级的时间内做出正确响应，否则就可能造成生命财产损失。

（六）加工度——深度挖掘的数据更有价值

数据加工是指运用数据技术手段对海量数据进行分析，以挖掘数据背后蕴含的潜在价值。未经加工的原始数据非常庞杂，数据格式多样，不同指标、参数之间缺乏直观的联系，这样的数据经济价值很低甚至不具有价值。数据是未经分析与提炼的事实，经过分析与合成原始数据将转化为信息，而对信息的进一步解析形成知识即业务问题解决方案，最终强化数据分析对企业经营决策的支持，在此过程中，数据价值密度越来越高。因此，数据必须要通过汇总、筛选、分析等加工过程，才能得到对正确决策有用的信息，才会产生巨大的经济和社会价值，而且对数据的加工、分析越深入，更多的经济价值就会被挖掘出来。"数据就像是一个神奇的钻石矿，在其首要价值被发掘之后仍能不断产生价值。数据的真实价值就像漂浮在海洋中的冰山，第一眼只能看到冰山一角，而绝大部分则隐藏在表面之下。"[①] 对于企业而言，仅仅拥有海量数据是远远不够的，必须具有对数据进行加工、分析的能力，才能完成"数据—信息—知识—决策"的转变，进而实现数据价值倍增。

---

① 〔英〕维克托·迈尔－舍恩伯格、肯尼思·库克耶著《大数据时代》，盛杨燕、周涛译，浙江人民出版社，2013。

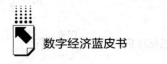

五 促进数据价值创造功能发挥的政策建议

数据价值链价值创造作用的发挥离不开新一代信息技术的发展与数字新型基础设施的支撑。因此，需要政府发挥更为积极的作用，为数字这一新型生产要素更好地发挥作用创造良好的环境。

第一，以数字化转型引领高质量发展。高质量发展是既要保持一定发展速度，更要提升发展质量和经济效益。虽然近年来我国数字经济发展势头良好，并且形成中美两强并立的全球数字发展格局，但我国实体经济整体的数字化水平与发达国家相比仍然存在较大差距，区域间、产业间、企业间发展不平衡、不充分的矛盾仍然比较突出，尤其一些企业数字化水平低，并且缺少数字化意识、技术和人才。在数字经济时代，无论是企业追求经济利润还是产业实现高质量发展都需要依赖数据价值链作用的发挥，在国家层面需要加快推动产业的数字化转型，将产业数字化转型作为突破口和主阵地，抢占新一轮高质量发展"智高点"。加强对数字技术创新的支持，抢抓数字技术颠覆性变革的战略机遇，加快新技术的产业化和推广应用。加强对企业数字化改造的技术支持，通过数字化转型试点示范引导企业形成清晰的数字化转型路线图，帮助企业打通数据孤岛，推动产业链、供应链、价值链的融通，提升数据在生产和消费各环节的渗透度，不断推动以数据驱动为导向的产业生态创新与应用，形成数字经济与实体经济良性互动和协同发展格局。

第二，促进数字化基础设施互联互通。基础设施数字化是数据价值链发挥作用、支撑产业数字化转型的基础环节。要充分借鉴美国"信息高速公路"计划的成功经验，加快数字信息技术基础设施建设步伐，完善顶层设计和建设布局，出台数字化基建的专项规划、政策措施，一方面推进5G、物联网、人工智能、大数据、工业互联网等新型基础设施的建设，根据产业和居民需求扩大覆盖面，另一方面利用新一代信息技术对传统基础设施进行数字化升级改造。数据标准体系建设是保证数据价值链有效连接的关键。现实中由于价值活动主体的多样性，往往存在缺乏统一标准的问题，成为环节间价值传递和资源整合的一大障碍。要进一步加强"标准基建"，完善数据格式的标准和规范，加快推进工业互联网、区块链等前沿技术的国际标准建立工作并力争在其中发挥更重要的作用，为数据的连接、传输、共享与高效应用提供保障，最大限度地发挥数据的价值创造作用。

第三，完善数据要素市场化配置机制。落实中央"数据是一种新型生产要素"与应"由市场评价贡献、按贡献决定报酬的机制"的方针，同时充分认识数据这一新型生产要素不同于传统生产要素的特殊性，加快推动有利于数据价值链发挥作用与数据价值创造作用发挥的体制机制和政策措施。大力推动数据的开放共享，加快推进数据权属立法保护工作，以政府拥有数据的开放为抓手引导各类企业和行业组织开放数据。加快数据要素市场的培育，建立统一的数据要素交易平台、准入监管机制、定价和交易规则，探索形成市场化的数据要素定价机制，使数据资源能够合理定价、自由转移、共享增值。破除广泛存在于各市场主体间的数据"块状孤岛"问题，加速数据要素自由流动、优化数据资源市场化配置。

第四，进一步提升数字治理水平。统筹发展与安全，在网络安全、隐私管理、知识产权保护和数据交易等方面，加快构建多主体协作治理机制，提升数字治理水平。加强新技术在数据治理领域的应用，利用区块链认证、数据自动脱敏等技术提升数据防护水平。强化政府部门对数字产业和设施安全的监管，建立健全数据领域的法制体系和安全制度，加强网络安全技术手段的研究和运用，完善应急机制和第三方组织参与治理的机制，提升数据安全运行保障能力。发挥互联网平台企业聚集海量数据的优势，探索互联网平台作为平台管理者和数据治理者的机制。积极引导公众和市场主体遵守数据交易和使用规范，防止非法侵犯公民隐私和滥用数据进行不正当竞争。

参考文献

〔美〕迈克尔·波特：《竞争优势》，陈小悦译，华夏出版社，1997。

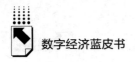
Gereffi, G. , Korzeniewicz, M. , Korzeniewicz, P. , "Introduction: Global Commodity Chains," Commodity Chains and Global Capitalism, Westport: Praeger, 1994.

Humphrey, J. , Schmitz, H. , "How does Insertion in Global Value Chains Affect Upgrading in Industrial Cluster?" Regional Studies, 2002, 36 (9).

Sviokla, J. , Rayport, J. , "Exploiting the Value Chain," Harvard Business Review, 1995, 73 (11 – 12).

Lee, C. C. , Yang, J. , "Knowledge Value Chain," Journal of Management Development, 2000, 19 (9).

Miller, H. G. , Peter, M. , "From Data to Decisions: A Value Chain for Big Data," IT Professional, 2013, 15 (1).

Gustafson, T. , Fink, D. , "Winning Within the Data Value Chain," Strategy & Innovation Newsletter, 2013, 11 (2).

Kriksciuniene, D. , Sakalauskas, V. , Kriksciunas, B. , Process Optimization and Monitoring along Big Data Value Chain, International Conference on Business Information Systems, Springer International Publishing, 2015.

Curry, E. , "The Big Data Value Chain: Definitions, Concepts, and Theoretical Approaches," in: Cavanillas, J. , Curry, E. , Wahlster, W. , New Horizons for a Data – Driven Economy, Springer, Cham, 2015.

Becker, T. , Curry, E. , Jentzsch, A. , et al. , New Horizons for A Data – Driven Economy: Roadmaps and Action Plans for Technology, Businesses, Policy, and Society, Switzerland: Springer International Publishing AG, 2016.

张影、高长元、何晓燕:《基于价值链的大数据服务生态系统演进路径研究》,《情报理论与实践》2018 年第 6 期。

Faroukhi, A. Z. , Alaoui, I. , Gahi, Y. ,Amine,A. , "Big Data Monetization throughout Big Data Value Chain: A Comprehensive Review," Journal of Big Data, 2020, 7 (3).

李海舰、冯丽:《企业价值来源及其理论研究》,《中国工业经济》2004 年第 3 期。

荆文君、孙宝文:《数字经济促进经济高质量发展:一个理论分析框架》,《经济学家》2019 年第 2 期。

杨新铭:《数字经济:传统经济深度转型的经济学逻辑》,《深圳大学学报》(人文社会科学版) 2017 年第 4 期。

Acemoglu D, Restrepo P. ,"Automation and New Tasks: How Technology Displaces and Reinstates Labor," Journal of Economic Perspectives, 2019, 33 (2).

Capgemini Research Institution, "Reshaping the Future: Unlocking – Automation's Untapped Value," Paris, 2018.

徐子沛:《数据之巅:大数据革命,历史、现实与未来》,中信出版社,2014。

曾鸣:《商业智能》,中信出版集团,2018。

〔美〕通用电气公司（GE）：《工业互联网：打破智慧与机器的边界》，机械工业出版社，2015。

〔美〕菲利普·科特勒：《营销管理》（第 11 版），梅清豪译，上海人民出版社，2003。

李晓华、刘尚文：《服务型制造内涵与发展动因探析》，《开发研究》2019 年第 2 期。

赵国栋、易欢欢、糜万军、鄂维南：《大数据时代的历史机遇》，清华大学出版社，2013。

〔英〕维克托·迈尔－舍恩伯格、肯尼思·库克耶著《大数据时代》，盛杨燕、周涛译，浙江人民出版社，2013。

李向阳：《数字经济产业集中度对消费者福利的影响研究》，《社会科学》2019 年第 12 期。

B.5
数字货币对当前货币体系的影响和冲击

摘　要：　相对于传统货币体系，数字加密货币提高了支付效率，强化了隐私安全，优化了资源配置。数字货币所蕴含的各类不可预知风险对现行货币金融体系带来了巨大影响和冲击，需要各国政府和国际组织加强监管协调，深化监管合作。央行数字货币拥有国家主体信用背书，可以提供比银行存款更高的安全性和支付效率，特殊情况下存在与银行存款竞争。但同时央行数字货币有利于针对小微企业的普惠金融发展，提升动产融资效率，数字人民币的推出将改善现有的金融支付基础设施，助力金融体系更好地服务实体经济，也将深刻影响我国货币结构、金融市场及社会经济的发展。

关键词：　金融体系　数字人民币　普惠金融　非传统安全

一　前言

比特币等数字加密货币颠覆了人们对货币职能和本质的认知。相对于传统货币体系，数字加密货币提高了支付效率，强化了隐私安全，优化了资源

---

* 黄国平，中国社会科学院金融研究所研究员，中国社会科学院投融资研究中心主任，国家金融与发展实验室投融资研究中心主任；丁一，中国社会科学院金融研究所博士后；李婉溶，中国社会科学院大学博士生。

配置。同时，数字货币在早期发展阶段，又不可避免地具有野蛮性和投机性，其所蕴含的各类不可预知风险对现行货币金融体系带来了巨大影响和冲击，需要各国政府和国际组织加强监管协调，深化监管合作。目前，数字货币主要包括以下三类：一是以比特币、太坊等为代表的存在于公有链上的加密币。加密币根据特定算法产生，通过分布式数据库进行交易确认和记账。然而，由于监管缺失、交易效率低下以及币值波动幅度过大等原因，这类加密币目前仅在小范围人群间、特定的场景内和部分平台上流通，更多时候被当成投机工具而非支付手段而被公众熟知。二是由各类平台或机构自行发行的存在于联盟链或私有链上的加密币。这一类型的加密币大至脸书公司（Facebook）的天称币（Libra）和瑞波公司的瑞波币（Ripple）等，小至各个交易平台发行的平台币，不一而足。这些币种虽然仍以区块链技术为基础，但在发行机构、管理方式和发展愿景等各个方面均有不同，适用范围也有区别。三是国家信用背书、由央行主导发行的"央行数字货币"（Central Bank Digital Currency，CBDC）。相较于存在于公有链、私有链和联盟链上的私人数字货币难以完全承担货币交易媒介、价值储藏和计账单位三大核心功能而言，CBDC背后始终有国家信用，是央行政策工具之一，对货币政策的有效性和金融效率有重大影响。

二 数字货币风险类型与识别

随着数字经济不断发展，数字货币应用场景和范围亦将逐步扩大，对经济、金融和社会的影响也日益增强。数字货币产生于互联网，发展也依赖于互联网，这导致数字货币和金融体系中存在的各类风险危害更容易传染和放大。同时，数字货币技术复杂性和交易私密性也致使数字货币中各类风险更不易识别和评估，具有严重的不可预知性。数字货币发展关乎经济、金融和社会各个方面，涉及其中的利益攸关方包括政府（国家）、数字货币持有者（投资者）、数字货币发行人（ICO融资者）以及数字货币交易商，其在数字货币体系中角色定位不同，承担的风险亦各有差异。

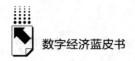

从数字货币的持有人（投资者）角度看，投资者面临的主要风险包括在交易和持有过程中的市场风险，来自平台和交易对手的信用和欺诈风险，来自由系统技术安全漏洞、故障以及自身等操作失误引起的技术和操作风险，来自非法交易承担的法律合规风险等。例如，比特币在2017年初最低价位为789美元（2017年1月11日），2017年底（2017年12月18日）飙升到18674美元，随后，在2018年初又暴跌至8000美元左右。数字货币尚处于早期发展阶段，对其价值和价格形成机制还远未达成市场共识，价格剧烈波动，市场风险很大。再如，2013年美国发生的著名毒品、武器犯罪网站"丝绸之路"（Silk Road），就是利用数字加密货币匿名性和远程交易的便利性，诱使人们利用数字货币从事毒品、枪支等各种非法交易，致使数字货币沦为犯罪工具，数字货币持有人面临法律风险。2014年2月，曾经是世界上最大的比特币交易所门头沟公司（Mt. Gox）因无法到期兑付投资者存于该公司的比特币而宣告倒闭，致使大批投资者遭遇重大信用风险，血本无归。

从政府（国家）角度看，数字货币无序和野蛮发展不仅会侵蚀国家货币主权（损失铸币税），扰乱正常的金融和经济秩序，更重要的是当前数字货币的无序发展已严重危害国家金融安全，诱发系统性金融风险。针对数字货币的匿名性和易于跨境支付，如果监管不力，则为跨境洗钱和恐怖犯罪活动提供了便利条件。Foley等[①]对2009～2017年的比特币交易用户数据进行分析，比特币交易中，25%的用户、44%的交易次数、20%的交易金额和51%的持有量与非法活动有关。从时间上看，非法活动的交易金额占比虽有所下降，但是绝对数量仍持续增加。2013年5月，美国汇兑公司Liberty Reserve因涉嫌洗钱和无证经营资金汇划业务被美国国土资源部取缔从事虚拟货币交易业务权利。该案件涉及洗钱金额高达60亿美元，成为历史上最大的国际洗钱诉讼案例。2017年6月，我国深圳警方侦查发现，普银公司通过"趣钱网"平台，利用数字货币手段非法吸收公众资金达

---

① Foley, S., Karlsen, J. and Putnins, T., "Sex, Drugs, and Bitcoin: How Much Illegal Activity is Financed Through Cryptocurrencies?" SSRN Working Paper, 2018, No. 3102645.

3.07 亿元。

从数字货币的交易商和数字货币发行人角度看，他们从事数字货币业务除遭受各类市场风险、信用风险、法律合规风险之外，更严重的是遭受由技术安全漏洞和重大操作失误引发的技术和操作风险。2018 年 3 月 7 日，著名数字货币交易所——币安（Binance）遭受来自网络黑客的袭击，导致 7 小时内币安数字货币市场的市值蒸发了 200 亿美元，48 小时内蒸发了 750 亿美元①。2016 年 6 月黑客利用 The DAO② 中代码里的一个递归漏洞，从 The DAO 资金池里分离资产，然后，利用 The DAO 的第二个漏洞，规避资产被销毁。通过 200 多次攻击，黑客总共盗走了 360 万以太坊，超过了该项目筹集的以太坊总数的 1/3，对以太坊乃至整个"币圈"造成严重打击。数字货币的风险成因及来源如表 1 所示。

表 1　数字货币风险成因及来源

风险承担主体	风险类型	风险来源	风险成因	备注
持有人（投资者）	信用风险	发行人	其一，发行人破产(能力风险) 其二，发行人跑路(意愿风险)	投资人参与发行人发起(ICO)项目破产或跑路
		交易平台	其一，平台倒闭(能力风险) 其二，平台跑路（意愿风险） 其三，平台欺诈或非法盗币	数字货币交易平台倒闭、跑路、非法盗币等原因导致投资损失
	市场风险	宏观政策和市场环境	其一，利率变动 其二，其他价格变动	因利率等宏观经济变量的变动导致数字货币价格下跌,投资者遭受损失
	技术和操作风险	交易平台	其一,平台因技术和体验原因，导致持有者操作失误 其二,平台因技术和系统原因，导致持有者信息泄露 其三,平台遭受黑客入侵导致投资者损失	

① 数字来源于 coinmarketcap。
② Decentralized Autonomous Organization 简称 DAO。

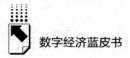
风险承担主体	风险类型	风险来源	风险成因	备注
持有人（投资者）	流动性风险	交易平台	其一,投资人持有的数字货币无法流通 其二,数字货币交易范围受限,流动性不强	投资人持有的数字货币交易范围受限,流动性不强,导致自身持有的数字货币与法定及其他数字货币自由兑换
	法律合规风险	政策制度	其一,法律不完善 其二,监管存漏洞	法律制度不够完善,监管机构对数字货币合法性存在分歧,可能会导致投资人遭受损失
数字货币发行人和交易平台	信用风险	投资者	其一,投资者破产（能力风险） 其二,投资人恶意毁约（意愿风险）	投资人因能力和意愿方面原因,导致交易合约不能履行,平台或发行人遭受损失
	市场风险	宏观政策和市场环境	其一,利率变动 其二,其他价格变动	因利率等宏观经济变量的变动,导致数字货币价格波动,发行人或交易平台遭受损失
	技术和操作风险	交易平台	其一,平台操作失误 其二,平台技术和系统原因遭受外部黑客攻击	
	流动性风险	交易平台	其一,交易范围较小,流动性不强 其二,行业竞争导致产品异化产生流动性风险	
	法律合规风险	政策制度	其一,非法集资 其二,涉嫌非法泄露平台会员信息 其三,涉嫌洗钱	平台或发行人可能涉嫌不合规、不合法等原因,导致制裁或取缔所遭受损失
国家（政府）	主权风险	私人数字货币	其一,私人数字货币损害币主权（损失铸币税） 其二,私人数字货币损害国家独立货币政策调控体系	
	系统性风险	数字货币发行和交易	其一,数字货币冲击现行或政策调控体系 其二,数字货币冲击现行二级架构的金融体系	数字货币对现行货币和金融体系冲击妨碍金融稳定,产生系统性风险
	安全风险	投资者与交易平台	其一,洗钱 其二,恐怖融资 其三,数字货币的跨市场和跨境交易遭受黑客攻击,危害主权国家金融安全	

三 央行数字货币对现行金融结构的影响和冲击

(一)央行数字货币重塑银行体系业务模式与竞争格局

央行数字货币给商业银行的经营带来了巨大的挑战。首先,央行与银行业产生了竞争。央行数字货币拥有国家主体信用背书,可以提供比银行存款更高的安全性和支付效率,特殊情况下将直接与银行存款竞争。数字货币的发行增加了现金比率,影响了银行的信用扩张能力。基于账户的数字货币甚至允许所有的货币使用者直接在央行开立和使用账户,从技术上提供了存款业务与信贷业务脱钩的可能性,使商业银行转变为专门提供信贷服务的狭义银行,导致金融脱媒风险。其次,央行数字货币降低了货币摩擦,加剧了存款竞争。数字货币将降低对银行柜台、自动取款机等物理设施的依赖,消除资金转移的物理界限,跨机构资金转移更加快捷和便利,这增加了存款需求的弹性,资金更容易集中到实力和信誉更卓著的大型银行;同时也降低了证券、基金、理财子公司等其他金融机构及第三方支付机构与银行争夺资金来源的门槛,由此可能造成银行业发展不平衡的情况,尤其是中小银行的生存空间将受到挤压。竞争的加剧将提升银行业负债成本,并增加对批发资金的依赖,影响商业银行服务实体经济的能力。这要求商业银行降低成本,加强差异化服务能力,通过提供高附加值的附加服务,增强客户黏性,提升竞争力。再次,数字货币将变革银行业的业务模式。一方面,实物现金电子化将导致客户的交易模式与行为习惯、银行资金运营与管理模式均发生重大变化,需要银行及时调整产品结构与服务结构。另一方面,人民币数字化将变革货币金融环境,与更广泛的金融基础设施融合,为交易机制的创新提供共享金融环境。例如帮助银行实现业务下沉,创造全新业务形态,如点对点小额信贷等,为个体商户或初创企业提供信贷支持,金融包容性的提升将使银行经营与社会经济发展,形成难以量化的隐藏协同效应;数字货币与银行账户的结合也可能带

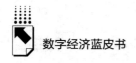

来新的业务机会和降低银行经营成本的可能性，如建立在央行数字货币基础上的新在线银行等。最后，人民币数字化将要求银行重构其经营要素投入。随着货币金融环境与业务模式的变革，现有的业务支持系统、生产环境与人员体系都需要重塑与衔接，同时银行经营过程中的风险类型也发生了变化，如信息技术风险、数字货币体系下的合规风险等要求银行的风险管理体制机制也进行相应的革新，对新形势下的风险管控能力也提出了更高的要求。

（二）央行数字货币重构支付行业格局

央行的数字货币面向社会公众提供公共支付结算工具，有助于增强支付体系的稳定性，维护金融安全。支付体系是关系金融稳定的重要环节，当前电子支付体系完全由私人机构（相对于政府而言）主导，由此导致不稳定性和价格水平的不确定性，且支付行业存在规模经济和网络效应，少数私人机构垄断支付领域可能导致系统性风险，同时还产生用户隐私安全、欺诈等问题，对消费者权益的保护不足。数字货币对第三方支付机构的影响将更为直接，不付息的数字货币本质上是一个数字化的先进支付结算工具。相较于其他电子支付手段，央行数字货币存在显著优势。一是更好的性能。支付效率更高、成本更低、体系安全性更强、操作更为灵活智能并更好地保护隐私，尤其是在跨境支付方面改善将尤为显著。数字货币还可以提供其他电子支付难以完成的多元应用场景，如离线支付、大额支付等。二是更高的安全性。第三方支付的运营主体主要是一些非银行机构，其信用程度低于商业银行。而央行数字货币基于国家主体信用，没有违约风险，市场公信力更强。三是广泛覆盖。央行数字货币本身是公共金融基础设施，几乎无成本地提供给最广泛的社会公众。不同于第三方支付的使用范围受限于硬件和软件终端的覆盖范围及必须拥有银行账户，央行数字货币可以与更广泛的金融基础设施有效融合，随着发行量和发行范围的扩大，将覆盖其他支付机构难以比拟的最广泛的用户群体。因此，数字版人民币将随着技术的发展，逐步成为在支付体系中发挥基础性作用的公共支付结算工具，其他第三方支付将作为个性化支付结算工具，提供差异化的应用场景或捆绑其他增值服务，形成各司其职、各安其位、良性运转的支付生态系统。

（三）央行数字货币增强货币政策有效性

其一，扩大央行资产负债表，提升直接影响力。当前央行不对非金融部门开展业务，货币政策主要通过商业银行等金融中介机构传导。央行数字货币的推出确保了流通中法定货币的必要存在，为货币政策的有效执行提供了基础和保障，同时为社会公众进入中央银行资产负债表提供了可能。如果发行基于账户的数字货币，中央银行可以直接与非金融部门互动，这将极大地增加中央银行在经济中的作用范围，使央行能够直接调控经济。

其二，增强货币政策工具的可操作性。采用适当的设计，央行数字货币可以消除有效利率的零下限（ZLB）问题，在经济低迷或危机时期可以确保利率政策有效发挥作用，避免出现流动性陷阱。相较于当前各国采用公开市场操作如量化宽松、发行负利率债券等替代性工具，利率工具作用更加直接、系统、透明和有效。当然，关于这种政策工具在我国等通货膨胀率较高的新兴经济体中是否具有必要性尚存在争议。数字货币也使一些非常规货币政策手段如"直升机撒钱①"具备了可操作性。此外，在政策工具发生一定变化的情况下，央行数字货币将加强货币传导机制

其三，人民币数字化推动精准调控。一方面，数字货币能为精准调控提供扎实的基础数据。基于数字技术，央行可以快速追踪和监控所发行的所有数字货币，获取数字货币整个生命周期中的历史交易数据，有效测量货币流通和周转速度，统计货币总量和货币结构，结合大数据技术分析货币持有和消费习惯；广泛收集社会经济主体支付数据，分析私人部门的消费与投资行为，为货币政策的制定和经济调控提供更高质量的数据基础，推动实现科学决策。当然实际效果将与数字货币的流通规模

---

① Helicopter Money Drop 由弗里德曼于 1969 年在 "The Optimum of Money" 中首次提出，指无差别地向社会公众提供现金，从而一次性增加货币供应量，刺激总需求，是一项极端的货币政策。

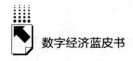
和范围、对现金的替代程度以及在支付体系中的地位有关。另一方面，数字货币为智能调控提供了技术可能性。央行数字货币是一种智能货币，通过区块链技术与智能合约技术相结合，实现可追溯、可编程，使央行可以在投放货币过程中提前设置生效条件（如时间、数量、投向、利率、发放条件等），优化资源配置，加强政策预期管理，缩短政策时滞，使货币政策的实施更加精准有效。

四　微观视角下的央行数字货币的金融效率

（一）央行数字货币有利于针对小微企业的普惠金融发展

如同纸币替代了贵金属一样，央行数字货币的推广将进一步减少货币发行、流通和回收过程中的成本，所有环节均通过计算机系统完成，使用者也无须到商业银行的物理网点换取纸币，仅仅需要手机或者指定的硬件设备，通过网络便可以使用数字货币，部分场景甚至可以实现离线使用。

CBDC 的发行使得金融服务可以更加全面地到达更多没有传统商业银行网点的地区，较低的使用门槛使得小微企业，特别是农村地区的小微企业（包括农户）可以更加方便地进行开立账户、存取现金、支付转账等金融活动。CBDC 在基础金融服务上弱化了金融机构的作用，降低基础金融服务的成果，将进一步促进金融机构服务依托于 CBDC 的基础设施，为实体经济的"毛细血管"——小微企业提供基础金融服务之外的个性化服务。

1. 央行数字货币引领金融科技创新，促进产融结合

由于央行数字货币的信用级别和安全性均远高于其他加密币，CBDC 的运营网络设备、管理体系和风险控制等基础设施的安全性、可靠性也远优于市场上的其他候选项，因此，CBDC 的成功发行将起到一系列技术应用和规则设计方面的示范效应，并进一步推动区块链、物联网等技术与金融行业的深度整合，创新金融科技解决方案。

例如，CBDC 全环节运行在计算机系统中，虽然具有匿名性，但央行仍

然可以通过技术手段实时采集货币流通过程中的数据，[①] 并通过大数据相关技术达到货币政策效果分析、反洗钱等目的。金融机构也可以采用相似的技术手段，通过本机构内的脱敏的 CBDC 流通数据，达到对实体企业的征信、融资放款和风险预警等目的。

2. 央行数字货币减少企业融资成本

在当前市场上常见的融资业务中，实体企业，特别是中小企业往往面临"融资难、融资贵"的问题，主要原因在于融资主体信用不足、抵押物价值管理难度和价格波动大、违约处置不易等。CBDC 的发行不仅能有效地缓解上述问题，还有可能缓解融资过程中一些因转账周期、精校风险等原因而产生的额外成本负担。

一方面，CBDC 发行促进央行和商业银行在货币发行、流通、回收和监管等方面的基础设施完善，这具有正外部性，其整合的区块链[②]、大数据和人工智能等金融科技手段有望提升金融机构对企业信用评价的完整性和高效性。

另一方面，部分融资过程中涉及"点价""套保"等操作，个性化的现货合同与标准化的期货合约的不匹配不仅带来了基差风险，还会额外产生因期货合约的最小持仓和单笔建仓限制、现货合同标的规模不一而带来的"精校风险"[③]，本实证研究显示，在一些场景下，这样的"精校风险"带来的损失较大。金融机构在通过 CBDC 提供融资服务时，有望缓解这一类损失。

（二）央行数字货币对动产融资效率提升的影响

为充分说明 CBDC 的发行对金融服务效率提升的影响，本报告在一类常见的短期贸易融资基础上进行探讨。在这类融资活动中，资金需求方在期初以约定的价格将动产转让给资金提供方，并获得资金，双方约定在期末由资

---

① 约翰内斯·比尔曼：《中央银行视角下的现金与数字货币》，谢华军编译，《金融市场研究》2019 年第 12 期。

② 当前，关于中国 DC/EP 的发行过程是否采用区块链技术仍没有定论。

③ 企业为现货合同匹配金融风险管理操作时，由于报价单位取整、金融市场交易最小报价单位和波动幅度规定，往往需要在各个环节进行四舍五入等操作，如果环节过多或者规模过大，有可能产生较大的风险。

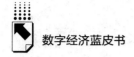

金提供方以约定价格（或按照约定的方式产生的价格）回购标的资产。为简化讨论，假设资金提供方和资金需求方通过在期货市场点价（加上固定的升贴水）确定期初标的资产交易价格，并约定以回购当天指定时刻的期货价格（加上固定的升贴水）作为回购价格，同时，双方均在期货市场进行套保，且同一时刻完成该操作，不考虑交易成本和资金成本，具体设置如下（为叙述简洁，本报告将提供资金方称为 A，将需求资金方称为 B）。

A、B 双方协商确定标的产品，产品交易量 Q，融资比例 β、贷款利率 r（年化）以及融资期限 t（天），签订采购合同和销售合同，并约定在以 t_1 时刻期货市场的价格 EP_1 加上升帖水 S_1 为期初价格，以 t_2 时刻期货市场的价格 EP_2 加上升帖水 S_2 为期末价格，其中 $t_2 - t_1 = t$。

t_1 时刻，A、B 分别在期货市场以 EP_1 建立仓位（建仓量 $= \dfrac{Q \cdot \beta}{1 + 17\%}$，17% 为增值税率），用于管理风险。例如，A 公司面临的风险主要是信用风险（B 违约），在融资期限内，如果货物的市场价格大幅下跌，B 公司很可能发生违约，不按承诺价格 $EP_2 + S_2$ 进行回购，A 应当建立空头仓位以管理该风险。反之，B 建立多头仓位。

t_1 时刻，A 将对应的货款 $(EP_1 + S_1) \cdot Q \cdot \beta$ 转账给 B，B 将动产对应仓单转让给 A。

t_2 时刻，A、B 分别在期货市场以 EP_2 平仓。

t_2 时刻，B 将 $(EP_2 + S_2) \cdot Q \cdot \beta$ 转账给 A，其中 $S_2 = S_1 + EP_1 \cdot r \cdot \dfrac{t}{360} \cdot 1.17$；A 将动产对应仓单转让给 B。

不难得出，资金提供方 A 在现货市场的收益为：

$$pl_A^s = \frac{(EP_2 + S_2) \cdot Q \cdot \beta - (EP_1 + S_1) \cdot Q \cdot \beta}{1.17} = \frac{[(EP_2 - EP_1) + (S_2 - S_1)] \cdot Q \cdot \beta}{1.17}$$

资金提供方 A 在期货市场的收益为：

$$pl_A^f = \frac{(EP_1 - EP_2) \cdot Q \cdot \beta}{1.17}$$

资金提供方 A 的理论总收益为：

$$pl_A = pl_A^s + pl_A^{f} = \frac{(S_2 - S_1) \cdot Q \cdot \beta}{1.17} = EP_1 \cdot Q \cdot \beta \cdot r \cdot \frac{t}{360}$$

这一数字即 B 的理论融资成本。

事实上，实际操作过程中，由于期货市场交易标的为标准化合约，有最小变动单位、最大持仓限额和产品规模的限制，而现货合同又相对个性化，并不总是期货合约的整数倍，会导致实际情况与理论总收益产生偏差，具体表现为：

$$期初转让金额 = \left[(EP_1 + S_1) \cdot \beta + \varepsilon_1\right] \cdot Q$$
$$期末转让金额 = \left[(EP_2 + S_2) \cdot \beta + \varepsilon_2\right] \cdot Q$$
$$实际建仓规模 = \frac{Q \cdot \beta}{1 + 17\%} + \xi$$

因此，A 的实际总收益为：

$$pl_A^{'} = pl_A + \frac{\varepsilon_2 - \varepsilon_1}{1.17} \cdot Q + (EP_1 - EP_2)\xi$$

不难看出，在上述典型的融资场景中，金融机构（通常为资金提供方）和实体企业（通常为资金需求方）之间存在多个影响效率的因素。

融资利率过高（r 较高），这一方面取决于市场利率水平，另一方面由于金融机构对此类融资型业务的风险估计较高。

融资比例不高（β 较低），资金提供方担心抵押物价格波动和违约处置的风险，往往设立较低的融资比例以管理风险。

精校损失较大，由上述案例可见，ε_1 和 ε_2 均是融资过程中因精校而产生。以上海期货交易所白银期货为例，取 2020 年 5 月 15 日到期的白银期货价格某日结算价为 3722 元/公斤，其最小变动单位为 1 元/公斤，若 A 与 B 双方约定升水 10 元/公斤（$S_1 = 10$），融资比例为 80%（$\beta = 0.8$），则理论融资单价为 2985.6，但由于交易价格需为整数，实际交易单价为 2986（$\varepsilon_1 = 0.4$）。同理，由于白银的合约单位为 15 公斤/手，若融资标的为 1000 公斤，则实际建仓规模约为 690 公斤（46 手，$\xi = 6.23$）。显然，当

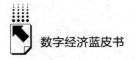

融资标的规模越大时，预期收益与实际收益之间的差距越大。

这些因素不同程度地影响了金融服务供给与需求的匹配，而根据前述分析，央行数字货币的出现有助于消除部分不利因素，降低金融服务市场的摩擦成本，提升金融效率，从而更好地实现金融服务实体经济的总体政策目标。

第一，CBDC的发行有利于普惠金融的发展，更多的企业参与可以通过金融机构获得所需要的金融服务，而增长的需求也会促使金融机构提供更加具有竞争力的服务产品。如较低的利率（r）、较高的融资比例（β）等。事实上，CBDC的发行促使了一个更加广泛的金融服务市场的形成，相对传统的金融服务市场，新的市场竞争更加充分、摩擦更小、受众更全面，可以在一定程度上以市场化的方式实现定向降准等政策目标。如果央行指定某些类型的业务需要以CBDC为载体展开，这种效率提升对于政策有效性的促进作用将更加明显。

第二，CBDC引领的金融科技创新有助于企业授信、抵押物监管等环节的效率提升。总的看来，以物联网、区块链为基础的技术手段可以有效地实现抵押物电子凭证的唯一性和流转过程的真实高效，降低交易行为的信用风险，而CBDC相关的大数据技术应用将进一步改善授信效率，提升风控水平。

第三，CBDC作为电子化的货币，金融机构与实体企业在业务操作中，可以方便可靠地记录业务流程中各环节产生的额外成本（如案例中涉及由于精校产生的成本"$\varepsilon_1, \varepsilon_2, \xi$"等），类似的成本可以通过一定的业务规则进行削减[①]。这种额外成本的消除在企业同时参与现货交易和金融衍生品业务时显得极为有效，将极大地降低企业通过金融市场获得金融服务的负担。

五 数字货币监管与政策

从数字货币的监管实践看，日本、英国、加拿大、澳大利亚、新加坡、

---

① 事实上，在现有的业务当中，也有通过事先约定的方式降低该类成本的案例，但这些案例通常基于双方互信，同时依靠人工查询、对账等方式，难以广泛推广。而CDBC及其对应账户的推出，将为此类的成本的记录、查询和核实提供安全可信的基础。

德国和瑞士等国家对数字货币持支持和友好态度，并在政策上鼓励发展。例如，2017 年 4 月，日本政府通过修订《支付服务法案》在法律上正式承认数字货币合法支付地位。新加坡对数字货币实行分类监管：资本市场产品（Capital Market Product）遵循证券和期货法案。工具性通证（Utility Token）产品，则相对自由和灵活。这两类产品，只要遵循 AML 和 KYC 等法规，通常政府监管当局就不会干预。同时，新加坡还鼓励和允许数字货币进入监管沙盒进行监管实验，以促进数字货币更好地发展。英国监管当局采用"沙盒监管"手段对数字货币进行监管实践，为数字货币发展提供试验空间。2018 年英格兰银行进一步发表声明，期望将数字货币交易所提升至与证券交易所同等管理标准，在打击数字货币的非法金融活动的同时，规范和促进数字货币发展。加拿大监管部门将 ICO 代币定义为证券，并实现了国内 ICO 项目合法化。

美国、法国、俄罗斯、韩国等国家对数字货币采取更为谨慎的态度。随着比特币等数字货币发展，美国政府和监管当局建立了包含税收、反洗钱等多方面监管机制。一是从消费者保护角度，各州政府根据实际情况创新监管制度，规范数字货币发展。例如，纽约州制定了《虚拟货币监管法案》，通过反洗钱措施来维护数字货币消费者权益。加利福尼亚州出台了《监管数字货币法案》和《虚拟货币商业统一监管法》，强制要求经营数字货币机构依法许可经营，加强网络安全和反洗钱监管，推动美国数字货币监管进程。二是实施多重监管。美联储等银行监管机构利用《银行安全法》中的客户认证（KYC）、反洗钱（ALM）措施等加强对数字货币的监管。美国证券交易委员会对数字货币投资者进行风险提醒，强调在一定时期加大监管力度①。美国国税局将虚拟数字货币视为财产，并将虚拟数字货币交易纳入缴税范围。美国商品期货交易委员会将比特币等数字货币列入大宗商品范畴，

---

① 2017 年 3 月，美国证券交易委员会拒绝了首个比特币 ETF（交易型开放式指数基金）申请，主要原因是比特币缺乏市场监管。

并拥有对不当交易行为进行惩罚的权力①。韩国监管当局针对数字货币的监管对象主要是为数字货币交易所提供账户服务的银行，要求数字货币交易实行实名制管理，旨在加强银行反洗钱等方面的合规性和透明度。另外，韩国金融服务委员会明确表示，鉴于数字货币可能会对韩国的货币乃至整个经济系统造成严重影响，禁止所有类型代币融资（ICO）。2014 年，俄罗斯禁止数字货币交易，关停多家网站与社区。近年来，俄罗斯政府和监管当局对数字货币态度转向积极。2017 年，俄罗斯中央银行批准该国第一家合法的数字货币交易所 Voskhod。2018 年，法国政府成立工作组制定加密数字货币监管法律法规，以防范数字货币交易逃税、洗钱或资助犯罪等活动。另外，法国金融市场监管局也正在考虑加强对数字货币衍生品的监管。

中国政府和监管当局从保护投资者利益、防范金融违法和维护金融稳定出发，对比特币等数字货币交易及相关业务一致采取较为严格的监管和控制。2013 年，中国人民银行等五部委②联合发布《关于防范比特币风险的通知》，禁止银行及相关清算机构从事数字货币业务活动。2017 年，随着数字货币的发展，利用发行代币进行融资（ICO）盛行。鉴于数字货币交易平台违法融资融币和利用数字货币洗钱和诈骗等违法行为频发，对我国金融稳定和金融安全造成严重危害，2017 年 9 月，中国人民银行等七部委③发布《关于防范代币发行融资风险的公告》，及时停止 ICO 融资活动，旨在维护金融市场稳定，保护消费者权益，随后，相继关停了数字货币交易平台的注册渠道和提现业务，全面封杀比特币等数字货币交易渠道。同时，加快推进法定货币数字化进程，积极制定和修改法定数字货币原型方案，探索和研究数字人民币。2017 年，由央行主导发行的法定数字货币已在票据领域完成试运行，推动了数字货币在我国的合法化进程。

---

① 2017 年 7 月美国商品期货交易委员会将美国首张数字货币衍生品交易牌照授予 LedgeX，但强调此次授权不表示监管部门支持广泛使用比特币等数字货币。

② 五部委包括中国人民银行、工业和信息化部、原中国银行业监督管理委员会、中国证券监督管理委员会、原中国保险监督管理委员。

③ 七部委包括中国人民银行、中央网信办、工业和信息化部、工商总局、原银监会、证监会、原保监会。

相较于私人货币监管复杂性而言，央行数字货币则有可能有助于金融监管水平提升。一是形成资金流转闭环，打击金融犯罪。实物现金因完全匿名性而游离于金融监管体系之外，带来投资者欺诈、逃税、洗钱、恐怖融资、资金外逃等非法交易问题。央行数字货币具有可控匿名性和交易可追溯性，替代实物现金后能与银行存款和电子支付体系相结合，完整追踪交易资金的流转链条，从而有效地监控货币交易，在一定程度抑制现金非法使用问题。二是降低监管成本，提升监管效率。当前受制于技术，不能对银行账户持有人及交易情况进行全天候、全方位、高效快捷的监控，因而客户尽职调查及反洗钱所需要的人力、时间和系统成本很高，影响监管机构的运行效率和私人部门的经营效能。央行数字货币提供可追溯的完整账本，可以简化监管报表报送和统计工作流程，提升监管数据质量，为金融监管提供了有力的技术手段。三是央行数字货币为大数据、云计算、人工智能等金融科技手段的运用提供了良好的基础，有助于打造数字化监管模式，推动监管创新。同时需要注意到，货币数字化加快了金融资产转换速度及货币流通速度，导致金融资产价格波动性和关联性增加，加剧金融顺周期性与金融风险传染，破坏金融稳定和金融安全，对金融监管的水平提出了更高的要求。

目前，数字货币已引起各国政府高度关注，全球主要国家已开始着手建立国际关于数字货币的监管协调机制框架。2018 年 3 月，二十国集团（G20）财政部长和中央银行行长会议发布公告，承认数字货币提高经济效率和包容性的优势，但也认为数字货币缺乏主权货币的关键属性，会影响到金融稳定。同时，强调数字货币依然适用于 FATF（金融行动特别工作组）标准，并推动这些标准在全球范围内实施，加强对数字货币及其风险监测。2019 年 10 月 G20 财政部长和中央银行行长会议一致同意发布 G20 关于稳定币的声明，肯定稳定币金融创新的潜在效益，同时，指出稳定币在反洗钱、反恐融资、消费者保护、市场诚信等领域具有一系列政策和监管风险，需要在稳定币项目启动前评估和解决。G20 会议要求金融稳定理事会（FSB）、国际货币基金组织（IMF）、金融行动特别工作组（FATF）等国际机构继续研究稳定币的相关风险和影响。

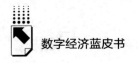

六　结语

作为新生事物的数字货币，人们对其本质内涵和发展影响的认识远非深刻全面，各国监管当局和国际组织针对数字货币的监管理念方法和法律制度仍然存在分歧和差异。近年来，随着具有超主权性质的 Libra 币发行计划的推出，世界目光又一次聚焦数字货币，这倒逼各国政府和监管当局加快行动步骤，统一协调监管，以应对数字货币对现行金融和经济体系带来的挑战和冲击。当前，数字人民币体系在坚持双层运营、流通中货币（M0）替代、可控匿名的前提下，遵循稳步、安全、可控、创新、实用的原则，基本完成顶层设计、标准制定、功能研发、联调测试等工作。随着数字版人民币在银行体系内部测试及小范围场景应用的顺利落地，央行数字货币或有望在全国范围内得到普及推广，数字经济时代的未来正加速到来。央行数字货币作为货币功能的发展对金融生态体系的重构有着重要意义，数字版人民币的推出不仅将改善现有的金融支付基础设施，助力金融体系更好地服务实体经济，同时也将深刻影响我国货币结构、金融市场及社会经济的发展。目前，CBDC 对金融市场和经济发展的影响的理论分析框架仍待完善，CBDC 的发行对金融效率和货币政策有效性的影响仍留待其真正推出之后的市场反馈验证，但是新技术驱动的支付工具迭代和效率提升已是大势所趋，不可逆转。本报告通过一个传统的融资案例，从微观视角探讨了 CBDC 对金融服务效率提升的途径，并提出 CBDC 将推动形成需求方与供给方都更加广泛的金融服务市场，技术创新为市场带来更高的运行效率，减少金融服务提供方承担的信用风险，降低金融服务需求方进入市场的成本，CBDC 是央行提升金融服务效率和货币政策有效性的重要抓手。

参考文献

范一飞：《中国法定数字货币的理论依据和架构选择》，《中国金融》2016 年第 17 期。

何德旭：《人民币数字货币法定化的实践、影响及对策建议》，《金融评论》2019 年第 5 期。

江洁、廖茂林：《数字货币冲击与商业银行的应对策略》，《银行家》2019 年第 12 期。

姚前：《法定数字货币的经济效应分析：理论与实证》，《国际金融研究》2019 年第 1 期。

姚前：《理解央行数字货币：一个系统性框架》，《中国科学：信息科学》2017 年第 11 期。

张松、胥旭：《基于区块链的数字货币风险管理问题探究》，《中国信用卡》2018 年第 12 期。

袁佳、王清：《多维度看数字货币发展趋势》，《银行家》2020 年第 1 期。

约翰内斯·比尔曼：《中央银行视角下的现金与数字货币》，谢华军编译，《金融市场研究》2019 年第 12 期。

Adrian M. T. , Griffoli M. T. M. , "The Rise of Digital Money," International Monetary Fund, 2019.

Engert W. , Fung B. S. C. , "Central Bank Digital Currency: Motivations and Implications," Bank of Canada Staff Discussion Paper, 2017.

Gnan E. , Masciandaro D. , "Do We Need Central Bank Digital Currency? Economics, Technology and Institutions," Vienna: SUERF – The European Money and Finance Forum, 2018.

Meaning J. , Dyson B. , Barker J. , et al. , "Broadening Narrow Money: Monetary Policy with a Central Bank Digital Currency," 2018.

Panetta F. , "21st Century Cash: Central Banking, Technological Innovation and Digital Currencies," Do We Need Central Bank Digital Currencies, 2018.

数字经济发展状况

The Development of Digital Economy

B.6
数字经济新优势与"双循环"
新发展格局

孙　克*

摘　要： 随着人类社会全面进入数字经济时代，经济社会发展呈现数据价值化、数字产业化、产业数据化、数字化治理协同发展新态势，世界各国数字经济整体发展迈向新高度。中国经济社会坚持新发展理念，把握高质量发展要求，坚持以供给侧结构性改革为主线，数字产业化总体实现稳步增长，数字经济相关领域发展亮点频出，紧紧围绕构建现代化经济体系，立足制造强国和网络强国建设全局，不断加快数字经济战略部署。

关键词： 数字经济　数据价值　数字化转型　数字化治理

---

* 孙克，中国信息通信研究院数字经济研究部主任，高级工程师。

人类经历了农业革命、工业革命，正在经历信息革命。农业革命增强了人类生存能力，工业革命拓展了人类体力，信息革命则增强了人类脑力，带来生产力又一次质的飞跃。当今世界，新一轮科技革命和产业变革席卷全球，数据价值化加速推进，数字技术与实体经济集成融合，产业数字化应用潜能迸发释放，新模式新业态全面变革，国家治理能力现代化水平显著提升。人类历史全面进入数字经济时代。

一 数字经济进入"四化"协同发展新阶段

数字经济是以价值化的数据为关键生产要素，以数字技术为核心驱动力，以现代信息网络为重要载体，通过数字技术与实体经济深度融合，不断提高数字化、网络化、智能化水平，加速重构经济发展与治理模式的新型经济形态。

一是数据价值化。价值化的数据是数字经济发展的关键生产要素，加快推进数据价值化进程是发展数字经济的本质要求。习近平总书记多次强调，要"构建以数据为关键要素的数字经济"。党的十九届四中全会首次明确数据可作为生产要素按贡献参与分配。2020 年 4 月 9 日，中共中央、国务院印发《关于构建更加完善的要素市场化配置体制机制的意见》明确提出，要"加快培育数据要素市场"。数据可存储、可重用，呈现爆发增长、海量集聚的特点，是实体经济数字化、网络化、智能化发展的基础性战略资源。数据价值化包括但不限于数据确权、数据标注、数据定价、数据交易、数据流转、数据保护等。

二是数字产业化。数字产业化即信息通信产业，是数字经济发展的先导产业，为数字经济发展提供技术、产品、服务和解决方案等，数字产业化既有传统的电子信息制造业、电信业、软件和信息技术服务业，也有新兴的互联网行业，包括但不限于 5G、集成电路、软件、人工智能、大数据、云计算、区块链等技术、产品及服务。

三是产业数字化。产业数字化是数字经济发展的主阵地，为数字经济发展提供广阔空间。产业数字化是指传统产业应用数字技术所带来的生产数量和效率提升，其新增产出构成数字经济的重要组成部分。数字经济，不是数字的经济，是融合的经济，实体经济是落脚点，高质量发展是总要求。产业数字化包括但不限于工业互联网、两化融合、智能制造、车联网、平台经济等融合型新产业新模式新业态。

四是数字化治理。数字化治理是数字经济创新快速健康发展的保障。数字化治理是推进国家治理体系和治理能力现代化的重要组成，是运用数字技术，建立健全行政管理的制度体系，创新服务监管方式，实现行政决策、行政执行、行政组织、行政监督等体制更加优化的新型政府治理模式。数字化治理包括治理模式创新，利用数字技术完善治理体系，提升综合治理能力等。数字化治理包括但不限于以多主体参与为典型特征的多元治理、以"数字技术+治理"为典型特征的技管结合，以及数字化公共服务等。

数据价值化代表生产要素的创新突破，是数字经济发展的基础。生产要素是经济社会生产经营所需要的各种社会资源，是生产力的重要组成。数据作为关键生产要素，贯穿于数字经济发展的全部流程。一方面直接驱动传统产业向数字化和智能化方向转型升级。数据要素与传统产业深度融合，乘数效应凸显，对经济发展展现出巨大价值和潜能。数据推动服务业利用数据要素探索客户细分、风险防控、信用评价，推动工业加速实现智能感知、精准控制的智能化生产，推动农业向数据驱动的智慧生产方式转型。另一方面推动土地、劳动力、资本、技术等传统生产要素发生深刻变革，间接推动数字经济发展。数据要素与传统要素结合，催生出网络社群等"新土地"、智能机器人等"新劳动力"、数字货币等"新资本"、人工智能等"新技术"，传统生产要素的新形态，将为推动数字经济发展创造新价值。

数字产业化和产业数字化代表生产力的发展方向，是数字经济发展的核心。生产力是人类创造财富的能力，是经济社会发展的内在动力基础。数字产业化和产业数字化蓬勃发展，加速重塑人类经济生产生活形态。数字产业化代表了新一代信息技术的发展方向和最新成果，伴随着技术的创新突破，新理论、新硬件、新软件、新算法层出不穷，软件定义、数据驱动的新型数字产业体系正在加速形成。产业数字化推动实体经济发生深刻变革，开放式创新体系不断普及，智能化新生产方式加快到来，平台化产业新生态迅速崛起，产业转型、经济发展迎来增长新动能。

数字化治理代表生产关系的深刻变革，是数字经济发展的深化。生产关系是人们在物质资料生产过程中形成的社会关系。数字经济推动数据、智能化设备、数字化劳动者等创新发展，加速信息技术与传统产业融合，从而对治理体系提出新的要求。在治理方式上，数字经济推动治理由"个人判断""经验主义"的模糊治理转变为"细致精准""数据驱动"的数字化治理；在治理手段上，云计算、大数据等技术在治理中的应用，增强态势感知、科学决策、风险防范能力；在治理主体上，部门协同、社会参与的协同治理体系加速构建，数字化治理正在不断提升国家治理体系和治理能力现代化水平。

数字经济是生产力和生产关系的辩证统一。发展数字经济，推进数据价值化、数字产业化、产业数字化、数字化治理"四化"协同发展，既是重大的理论命题，更是重大的实践课题，具有鲜明的时代特征和辩证统一的内在逻辑。四者紧密联系、相辅相成，相互促进、相互影响，本质上是生产力与生产关系、经济基础与上层建筑之间的关系。处理好四者间的关系，是推动数字经济发展的本质要求。当前，数字技术红利大规模释放的运行特征与新时代经济发展理念的重大战略转变形成历史交汇。发展数字经济，推动经济发展质量变革、效率变革、动力变革，正当其时、意义重大。

二 数字经济各领域发展亮点频出

（一）数据价值化加速推进

数据生产要素属性的提升，关系着经济增长的长期动力，关系着我国发展的未来。数据作为生产要素，反映了随着数字化转型加快，数据对提高生

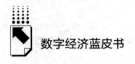

产效率的乘数作用凸显，成为最具时代特征的新生产要素。

从产业角度来看，我国目前形成了较为完整的数据供应链，而且已在数据采集、数据标注、时序数据库管理、数据存储、商业智能处理、数据挖掘和分析、数据安全、数据交换等各环节形成了数据产业体系，数据管理和数据应用能力不断提升。但是在数据确权、数据定价、数据交易等数据要素市场化、流通机制设计等方面依然存在很多空白，确权、定价、交易成为制约数据要素价值挖掘的瓶颈。

1. 数据价值化包括资源化、资产化、资本化三个阶段

数据价值化大幕已经开启，海量数据采集处理、确权交易、价值显性，将沿着数据资源化、数据资产化、数据资本化三个阶段加速推进。数据资源化方面，随着数据收集、存储和处理成本的大幅下降和计算能力的大幅提高，数字化及数据化正在改变人类经济社会生产方式，数据驱动下的数字经济正在为全球经济发展注入新动能。随着新一代信息技术的迅速发展与普及、全球数据以"井喷式"的速度生产。据国际数据公司（IDC）发布的《数据时代 2025》显示，全球每年产生的数据将从 2018 年的 33ZB（1ZB = 10 万亿亿字节）增长到 175ZB，相当于每天产生 491EB（1EB = 1.1529e + 18 字节）的数据。据 IDC 预测，2020 年，全球数据量会达到 44ZB，2035 年会达到 1.9 万 ZB。数据资产化方面，确权是前提，也是最大的难点。产权明确是任何资产交易的先决条件，但数据要素产权之所以界定不易，是因为掌握数据内容、数据采集、数据分析等各环节的参与者并不相同，数据要素生产过程中更由于同时关联了消费者、平台、国家三方，权属边界也往往很难确定；定价是核心，也是交易的基础。定价使得资产具备可转让性。当前的数据市场中，买家和卖家之间几乎没有透明度、信息严重不对称。这种缺乏透明度和信息不对称，让参与交易的各方被误导并最终形成"柠檬市场"。如果存在数据定价的标准模型，市场的效率将会得到大幅改进。Moody 和 Walsh 提出将信息资产作为一个有形资产进行评估，认为信息的价值由搜集信息成本、管理信息成本和信息质量共同决定。Pitney Bowes、John Gallaugher 从数据资产管理的角度，研究通过数据流动过程对数据资产

进行管理。Long Staff 和 Schwartz 运用 B－S 期权定价理论提出 LSM 方法,解决价格对历史数据依赖性的期权定价等问题。市场是手段,也是资源配置的最有效方式。5 月 22 日,政府工作报告指出,推进要素市场化配置改革,培育技术和数据市场,激活各类要素潜能。"培育数据市场",这一提法首次出现在政府工作报告中,也将成为未来数据资产化的必由之路。数据资本化方面,数据资产化方式将出现大量创新。比如,可能出现出资与证券化。出资是指将数据的价值和使用价值折算成股份或者出资比例,使之成为资本,用于增添本单位的自有资本或者用于对外投资,并实现其价值;也包括将其中一部分股份或者出资比例,奖励或分配给知识产权的发明人、设计人及其主要实施者。证券化包括将职务数据转收益和实施收益奖励给发明人、设计人及其主要实施者的那部分现金折算成股份或者出资比例并享受其收益。同时,"数据作为要素参与分配",顺应了当下数字经济发展大趋势,具有重大的现实意义。数据参与分配可调动各主体的积极性,从而提升国家的创新驱动能力;数据参与分配有助于新业态的发展,创造更多的就业岗位,进而扩大中等收入群体的规模。

2. 明晰数据权属有效激励数据开放共享

数据要素流转是指数据和货币的流通过程,产权清晰是数据要素流转的前提。在数据合法且不存在产权争议的前提下,数据提供方通过交易平台等出售数据,交易双方经过需求匹配后完成数据交易。

对数据权属的分配和确认是数据交易过程的基础。目前,我国进行数据确权的主要有大数据交易所(平台)、行业机构、数据服务商、大型互联网企业等。第一种是以大数据交易所(平台)为代表,如贵阳大数据交易所、东湖大数据交易平台等。这类主体在政府指导下建立,其确权在一定程度上有政府背书,具有一定的权威性。第二种是以行业机构为代表,如交通、零售、金融等领域的行业机构。中科院深圳先进技术研究院北斗应用技术研究院与华视互联联合成立的"交通大数据交易平台",为平台上交易的交通大数据进行登记确权。第三种是以数据服务商为代表,如数据堂、爱数据、美林数据等。这类主体对大数据进行采集、挖掘生产和销售等"采产销"一体化运营，盈利性较强。第四种是以大型互联网企业建立的交易平台为代表，这类主体以服务大型互联网公司发展战略为目标。如京东建立的京东万象数据服务商城，可为京东云平台上客户交易数据提供确权服务，并主要为京东云平台运营提供支撑。

不同确权主体对于数据确权有着不同程度的探索。2016年4月24日，贵阳大数据交易所推出大数据登记确权结算服务。2016年9月，贵阳大数据交易所出台《数据确权暂行管理办法》，实现对数据主权的界定，进一步深化了数据的变现能力。2017年12月6日，浙江大数据交易中心在第四届世界互联网大会正式发布了全新版大数据确权平台，与西湖电子集团合作，将该平台作为新一代物联网智慧云生态社区的数据技术支撑。2017年12月8日，习近平总书记在中共中央政治局集体学习上指出，"要制定数据资源确权、开放、流通、交易相关制度，完善数据产权保护制度"。2019年9月29日，由工信部批准的，我国首家数据确权服务平台——人民数据资产服务平台正式开通运营。该平台将通过云平台受理、人工审核及区块链技术进行确权登记查验，确保数据流通的规范性。

3. 加快培育数据要素市场

数据交易将数据源和数据应用两端相连接，在对原始数据进行采集、加工的基础上，将数据传递到需要数据分析的需求方，实现数据的流通与增值。国务院在2015年《促进大数据发展行动纲要》中明确提出"引导培育大数据交易市场"，率先指明了数据交易的宏观发展方向。工信部在《大数据产业发展规划2016—2020》中进一步明确了大数据交易的发展目标、建设路径和保障措施。国务院在2019年《关于促进平台经济规范健康发展的指导意见》中提出"畅通政企数据双向流通机制"，在2020年《关于构建更加完善的要素市场化配置体制机制的意见》中提出"加快培育数据要素市场"。国家对数据流通交易和市场培育的认识和重视程度不断提升。

虽然目前我国尚未形成数据要素市场，但已有一些数据交易平台，大致可以分为两类：一类是以数据生产或数据服务类企业为主导、商业职能为主的数据交易平台，另一类是地方政府联合其他主体投资、第三方撮合性的数据交易平台。

表 1　国内现有数据交易平台

序号	名称
1	贵阳大数据交易所
2	上海数据交易中心
3	西咸新区大数据交易所
4	武汉东湖大数据交易中心
5	华东江苏大数据交易平台
6	长江大数据交易中心
7	浙江大数据交易中心
8	哈尔滨数据交易中心
10	华中大数据交易平台
11	钱塘大数据交易中心
12	北京大数据交易服务平台
13	中关村数海大数据交易平台
14	中原大数据交易
15	重庆大数据交易市场

资料来源：中国信息通信研究院。

当前，虽然不同地区对数据确权、定价、交易均有不同程度的探索，但是由于数据的无形性、可复制性、可共享性等特点，数据权属确定、市场定价、市场交易的难度较大，已有体系相对零散，无法满足数据流通层面的要求，数据权属分析、定价交易已经成为数据要素流通中亟待解决的基础性理论问题，成为发展、流通和利用数据要素的关键。

（二）数字产业化稳步发展

软件和信息技术服务业平稳较快增长。2019 年，我国软件和信息技术服务业呈现平稳向好发展态势，收入和利润均保持较快增长，从业人数稳步增加；信息技术服务加快云化发展，软件应用服务化、平台化趋势明显。从总体上看，软件业务收入保持较快增长。2019 年，全国软件和信息技术服务业规模以上企业①超 4 万家，累计完成软件业务收入 7.2 万亿元，按可比口径计算，同比增长 15.4%。从细分领域看，软件产品收入实现较快增长，2019 年，软件产品实现收入 2 万亿元，同比增长 12.5%，其中，工业软件产品实现收入 1720 亿元，增长 14.6%，为支撑工业领域的自主可控发展发挥了重要作用。信息技术服务加快云化发展，实现收入 4.3 万亿元，同比增长 18.4%，其中，电子商务平台技术服务收入 7905 亿元，同比增长 28.1%，云服务、大数据服务共实现收入 3460 亿元，同比增长 17.6%。嵌入式系统软件收入平稳增长，2019 年嵌入式系统软件实现收入 7820 亿元，同比增长 7.8%，嵌入式系统软件已成为产品和装备数字化改造、各领域智能化增值的关键性带动技术。

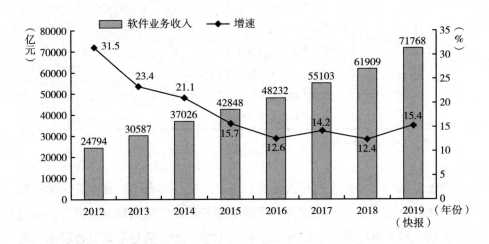

图 1 2012～2019 年软件业务收入增长情况

资料来源：工业和信息化部。

互联网和相关服务业创新活跃。在人工智能、云计算、大数据等信息技术和资本力量的助推下，在国家各项政策的扶持下，2019 年，我国互联网

---

① 指主营业务年收入 500 万元以上的软件和信息技术服务企业。

和相关服务业保持平稳较快增长态势，业务收入和利润保持较快增长，研发投入快速提升，业务模式不断创新拓展，对数字经济发展的支撑作用不断增强。从总体上看，我国互联网业务收入保持较高增速，2019 年我国规模以上①互联网和相关服务企业（以下简称"互联网企业"）完成业务收入12061 亿元，按可比口径计算，同比增长 21.4%。从细分领域看，信息服务收入整体快速增长，音视频服务增速保持领先，2019 年，互联网企业网络音乐和视频、网络游戏、新闻信息、网络阅读等服务等信息服务收入 7879亿元，同比增长 22.7%。互联网平台服务收入较快增长，生活服务、网络销售服务规模不断扩大，2019 年，以提供生产服务平台、生活服务平台、科技创新平台、公共服务平台等为主的互联网平台服务企业实现业务收入3193 亿元，同比增长 24.9%。互联网数据服务收入保持较快增长，2019年，随着 5G、云计算、大数据和人工智能等新技术应用加快，新型基础设施建设进入快速增长期，拉动互联网数据服务（含数据中心业务、云计算业务等）实现收入 116.2 亿元，同比增长 25.6%。

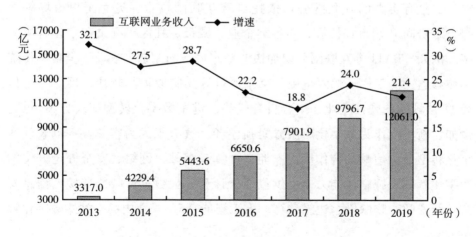

图 2　2013～2019 年互联网业务收入增长情况

资料来源：工业和信息化部。

---

① 指上年度互联网和相关服务收入 500 万元以上的企业。

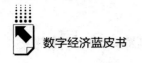

（三）产业数字化深入推进

1. 数字化转型解决方案供应商快速兴起

各行各业数字化转型需求与日俱增，催生出专门为各行各业的数字化转型与升级提供相应软硬件产品和各种服务的新兴产业部门，数字化转型解决方案供应商应运而生。

面对巨大的、个性化的市场需求，各类企业纷纷探索，争做数字化转型解决方案供给者，结合自身优势，将自身业务转型拓展至提供数字化解决方案领域，打造全新的企业数字化业务。一是传统产业领域的诸多头部企业，在积极推进自身数字化转型的同时，依托其深厚的行业发展积累及转型技术经验等，向具有数字化转型需求的其他企业输出解决方案。例如，三一树根互联的"根云"平台融合了深厚的工业基因和新兴的互联网技术，通过对设备的数字化改造，帮助企业低门槛享受工业互联网，服务于大型的先进制造业企业及信息化水平薄弱的中小工业企业，普适中国制造业的需求。二是有实力的互联网公司依托自身互联网技术、庞大用户市场等优势，纷纷向 B 端市场拓展，向各类企业、城市、社区等提供数字化解决方案。例如，BATJ 等互联网公司加快业务布局，向制造、农业、金融等传统领域渗透，淘工厂、蚂蚁金服、京东数科等品牌取得了较快发展。三是传统 IT 领域的软硬件企业，结合自身优势，进军数字化转型解决方案市场。例如，新华三作为数字化解决方案领导者，致力于成为客户业务创新、数字化转型最可信赖的合作伙伴，拥有计算、存储、网络、安全等全方位的数字化基础设施整体能力，提供包括云计算、大数据、智能链接、信息安全、新安防、物联网、边缘计算、人工智能、5G 等在内的一站式数字化解决方案。

当前，数字化转型解决方案已在各领域进行了探索。在智能制造方面，通过数字工厂仿真、ERP 与 MES、智能物流无缝集成，实现高度柔性生产和离散型制造的流水线化装配，帮助制造企业加快产业与数字技术的融合，提升制造品质和生产效率，实现智能制造和产业升级。在智慧交通方面，综合应用云计算、大数据、物联网、网络安全等技术，应对公路、铁路、民航、地铁、港口等传统交通运输业发展的切实需求，助力数字化建设的升级转型。在产业链协同方面，依托区块链、物联网、大数据、云计算等技术，搭建大宗商品产业链协同服务平台，为大宗上下游企业提供在线仓储、安全交割、大宗交易、供应链金融等综合性服务。在智慧仓储方面，将电子围栏、智慧叉车、智慧托盘、RFID 等数字技术应用于仓库日常管理，建立大宗仓储监管体系，实现大宗货物的安全管控、精准查询等。

2. 融合发展取得重要进展

我国数字经济持续高速增长，在经历了数字产业化演进升级、与服务业全面融合发展后，正进入与实体经济融合范围不断拓展、程度不断深化、结构不断优化的新阶段。

服务业领域数字经济领先发展，特别是电子商务、共享经济等服务业数字化发展迅猛，对数字经济增长的贡献巨大。2019 年，我国实物商品网上零售额 8.5 万亿元，比上年增长 19.5%，占社会消费品零售总额的比重为 20.7%，比上年提高 2.3 个百分点。2019 年，移动支付业务量快速增长，移动支付业务 1014.31 亿笔，金额 347.11 万亿元，同比分别增长 67.57% 和 25.13%。

制造业成为数字经济主战场。制造企业数字化基础能力稳步提升。设备数字化率和联网率持续提高，2018 年，规模以上工业企业的生产设备数字化率、关键工序数控化率、数字化设备联网率分别达到 45.9%、48.7%、39.4%。工业软件普及率不断提升，重点行业企业加快应用计算机辅助设计（CAD）、制造执行系统（MES）、产品生命周期管理系统（PLM）等工业软件。2018 年，工业企业数字化研发设计工具普及率达到 68.7%，为深入推动制造业数字化转型提供了支撑。制造业新模式新业态蓬勃发展。新一代信息技术与制造业加速融合，不断孕育新技术、新产品、新模式、新业态。据统计，2018 年，全国开展网络化协同、服务型制造和个性化定制的企业比例分别达到 33.7%、24.7% 和 7.6%，成为驱动制造业发展方式变革的新动力。领先制造企业积极利用 5G 建设改造企业内网，已经覆盖飞机、汽车、电子、机械、轨道交通化工等多个重点领域，特别是5G＋工业互联网，聚合了云计算、边缘计算、大数据、人工智能、AR/NR等新技术，从监控、安防、物流等生产外围环节向仿真、控制、质检等生产内部环节深层次延伸，有力推动制造业从单点、局部的信息技术应用向全面数字化、网络化和智能化转变。

3. 中小微企业数字化转型需求潜力巨大

中小微企业是市场经济的主要构成，是创业就业的主要载体，中小微企业的数字化转型是释放经济潜力的关键。但相比于大企业，中小微企业在人才、资金、技术、管理等方面都较为不足。在数字化浪潮席卷全球的背景下，如何在数字时代运用数字技术革新生产方式、管理理念并实现可持续发展，已成为当下中小微企业面临的核心问题。尤其在此次新冠肺炎疫情中，中小微企业对疫情带来的外部环境变化尤为敏感，面临生死存亡压力。

综观中小企业数字化转型历程，2008年国家发改委等八部委发布《关于印发强化服务促进中小企业信息化意见的通知》，形成了中小企业技术转型的思路，即以公共服务和社会服务带动中小企业投入；2020年，发改委、中央网信办发布的《关于推进"上云用数赋智"行动 培育新经济发展实施方案》又形成了中小企业要素转型的思路，由政府、平台提供通用数据资本投入以替代中小企业的自我投入。两项政策的共同点都是由政府、平台承担固定资产投入，让中小微企业以边际投入的方式轻装上阵，助力中小微企业的数字化转型。

"上云用数赋智"行动提出，要深化数字化转型服务，加快企业"上云用数赋智"，尤其要促进中小微企业数字化转型，并培育重点行业应用场景，打造"互联网＋"升级版。此次"上云用数赋智"行动就是要助力中小微企业破解数字经济转型难题，解决"不会转""不能转""不敢转"的问题。解决"不会转"，将搭建平台企业和中小企业对接机制，引导中小微企业提需求，鼓励平台企业开发更多转型产品、服务、工具，形成数字化转型的市场能动性；解决"不能转"，推行普惠性服务，探索"云量贷"，提供低息或贴息贷款，鼓励采用税收减免和返还等措施来降低企业转型成本，获得国家政策支持的试点平台、服务机构、示范项目等，原则上要面向中小微企业提供至少一年期的减免费服务；解决"不敢转"，打造跨越物理边界的"虚拟产业园"和"虚拟产业集群"，充分发掘企业间协同放大效益。

（四）数字化治理能力提升

基于大数据的决策支撑能力、综合治理能力建设成效明显，规范有序、包容审慎、鼓励创新、协同共治的数字经济发展环境加速形成。一是治理规则逐步完善。近年来数字经济立法层级显著提高，《网络安全法》《反不正当竞争法》《电子商务法》等一系列国家大法相继出台、修订完成，为数字化治理提供法律依据。从部门规章看，围绕个人信息保护、规范市场秩序、融合业态监管、信息内容治理等方面的规则不断完善。比如，正式发布的《儿童个人信息网络保护规定》，确定了儿童个人信息网络保护的具体原则，填补了互联网时代儿童个人信息保护的法律空白。二是治理手段进一步优化。充分利用互联网、大数据、云计算、人工智能、区块链等现代信息技术，加强技术平台的建设和使用，基于海量数据进行深度挖掘分析，逐步实现对网络主体的上网留痕、风险预警、科学分析和实施处置，以数字化手段推进政府决策科学化、社会治理精准化、公共服务高效化。三是治理方式加快创新。当前，现代信息技术与经济社会各领域的融合进一步深化，跨界融合已成为常态，各类融合业态层出不穷。各监管部门不断探索和完善沟通协调机制，特别是对网约车、电子商务、互联网金融等数字经济融合业务，已明确各自职责范围，通过跨部门联席会议、失信联合惩戒等方式，提升协同治理效能。

1. 数字政府

建设数字政府是数字经济时代背景下对政府变革的回应，实现政府治理从低效到高效、从被动到主动、从粗放到精准、从程序化反馈到快速灵活反应的转变。近年来，我国从中央到地方加快推动数字政府建设，政府公共服务供给能力显著提升。

一是政府数据汇集共享稳步提升，支撑更加科学的决策。数据是基础性战略资源，数据深度挖掘和应用将为经济社会治理提供更精准的方向。当前，源于政务共享交换平台的城市大数据平台的内涵和功能不断拓展。一方面，城市大数据平台的数据资源更为多元，逐步从政务信息资源扩展到城市运行感知数据、互联网数据、企业数据等，实现从封闭自用的政务信息资源到多方共建共享共用的城市大数据跨越；另一方面，城市大数据平台的能力也极大增强，全面提升多源异构数据采集、处理、开发、分析、展现、治理等能力，实现从城市数据的共享交换、开放开发转向城市大数据全生命周期的治理。

二是智慧政务服务从"能用"到"好用"，建立更高效的公共服务体系。随着"互联网＋政务服务"深入推进，政务服务网上办理便捷性不断提升，从"一号、一窗、一网"向"一网、一门、一次"加速转变，"最多跑一次""一次不用跑""不见面审批""秒批秒办"等先进模式在全国范围探索应用并普及推广。公共服务在线查询、网上办理在全国范围基本实现普及，部分地区通过政务大数据、政务服务机器人等智能化手段，推动政务数据标准化、服务网络化、办理自动化，持续探索创新数字政府惠民便企服务新路径。

三是政府治理手段和治理方式更加数字化、网络化、智能化，构筑协同共治新模式。随着"放管服"改革不断向纵深推进，"互联网＋监管"逐渐成为加强和创新事中事后监管的有效手段。各地充分运用大数据等技术，结合智慧城市社会信用体系建设，加强对市场风险的跟踪预警，在工商、质监、食药监等领域探索远程监管、移动监管、预警防控，为提升智慧城市市场监管服务效能、打造健康有序的消费环境和营商环境提供有力支撑。例如，北京市依托企业信用信息网将20万户企业列入经营异常名录，利用大数据技术对市场监管风险进行有效研判，对失信企业进行跨部门信用联合惩戒，切实提高市场监管效能。浙江省杭州市江干区人民法院在微信朋友圈精准投放悬赏令，对一百余名失信被执行人的拒不履行行为予以曝光，并引导有关财产线索知情人进行有偿举报。

2. 智慧城市

新型智慧城市是建设数字中国、智慧社会的核心载体。我国新型智慧城市已经进入以人为本、成效导向、统筹集约、协同创新的新发展阶段，各地区从实际出发进行了大量实践。新型智慧城市发展重心逐渐从整体谋划、全面建设向营造优质环境、设计长效可持续发展机制转变，全面创新组织管理、建设运营、互动参与等机制。

一是智能设施奠定发展基石。智能基础设施是集感知、传输、存储、计算、处理为一体的战略性设施，是支撑城市经济社会发展的"新基建"，也是新型智慧城市建设的基石。随着传统"铁公基"基础设施建设的边际效益和人口红利降低，支撑产业和社会智能化升级的智能设施将成为未来增长点。

二是智能中枢牵引数据服务。强化关键共性能力整合和统一赋能，是消除"数据孤岛"、支撑上层业务条块联动的必然选择。智慧城市业务层共性能力单元逐步下沉，支撑平台层（数据共享交换平台、时空信息平台等）逐步扩张，聚合成为城市大数据平台、城市信息模型平台、共性技术赋能与应用支撑平台，形成强大的数据资源枢纽和能力赋能中心，成为向下统接智能基础设施、向上驱动行业应用的智能运行中枢。

三是超级应用赋能城市生活。新型智慧城市建设已全面进入服务为内核、成效为标尺的新阶段，触手可及的惠民便企服务成为新型智慧城市近年来发展的重点，超级应用崛起成为服务触达的重要渠道，智慧政务服务全面普及深化，新技术赋能便捷生活服务，各类企业积极提供城市融合服务。

三　数字经济政策布局及推进建议

近年来，国际经济形势错综复杂，全球经济复苏势头减弱，世界经济正处在动能转换的换挡期，世界各国日渐提升对数字经济的重视，积极部署数字经济战略。

（一）主要国家数字经济发展战略

各国的数字经济政策呈现五大共性趋势：一是创新驱动成为数字经济发展优先选择；二是新型基础设施支撑各国经济社会发展；三是深化数字经济

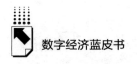

融合应用成为战略焦点；四是积极应对完善数字经济治理问题；五是提升国民数字技能，抢抓数字人才机遇。

多数发达国家较早认识到数字经济的重要性，数字经济发展战略布局起步较早。美国是全球最早布局数字经济的国家，20世纪90年代就启动了"信息高速公路"战略，美国把发展数字经济作为实现繁荣和保持竞争力的关键，从大数据、人工智能、智能制造等领域推动数字经济发展。欧盟坚持合作共赢原则，着力打破成员国间的数字市场壁垒，推动建立数字单一市场，重视数据保护与开放共享，积极构建欧盟内部统一的数字市场，同时推进人工智能发展与治理。英国是最早出台数字经济政策的国家，2009年发布《数字英国》计划，是数字化首次以国家顶层设计的形式出现。随后英国不断升级数字经济战略，大力推动数字经济创新发展，打造数字化强国，增强网络安全与治理能力，致力于网络治理新突破，坚持"数字政府即平台"理念，推进政府数字化转型，提高政府数字服务效能。德国积极践行"工业4.0"，不断升级高科技创新战略，积极推动中小企业数字化转型，提升数字经济竞争力。日本政府早在2001年出台就提出《e-Japan战略》，随后又发布《u-Japan》《i-Japan》《ICT成长战略》《智能日本ICT战略》等，实现数字经济信息化、网络化、智能化各阶段发展有章可循。从2013年开始致力于建设"超智能社会"。

相比之下，发展中国家对于数字经济的布局相对滞后，多数发展中国家近几年才开始着手布局相关战略。2015年印度推出"数字印度"计划，主要包括普及宽带上网、建立全国数据中心和促进电子政务三个方面。2016年，巴西颁布《国家科技创新战略（2016—2019年）》，将数字经济和数字社会明确列为国家优先发展的11个领域之一。2017年俄罗斯将数字经济列入《俄联邦2018—2025年主要战略发展方向目录》，编制完成《俄联邦数字经济规划》，于2018年进入实施阶段，借助数字经济提升生成运营各环节效率。发展中国家数字经济虽起步较晚，但正积极开展数字经济规划布局，营造数字经济发展的宽松环境，以期抓住数字经济发展的新机遇，努力实现与发达国家并跑。

（二）我国数字经济发展战略规划

党的十八大以来，中国政府高度重视数字经济，推动数字经济发展逐渐上升为国家战略。总体来看，我国数字经济发展战略规划主要经历了以下三个阶段。第一阶段重点推进信息通信技术的快速发展和迭代演进，2015 年以前出台《国务院关于推进物联网有序健康发展的指导意见》《国务院关于印发"宽带中国"战略及实施方案的通知》《国务院关于促进信息消费扩大内需的若干意见》等政策。第二阶段重点促进信息通信技术与经济社会各领域深度融合。2015～2016 年出台《国务院关于印发〈中国制造 2025〉的通知》《国务院关于大力推进大众创业万众创新若干政策措施的意见》《国务院关于积极推进"互联网＋"行动的指导意见》《中国人民银行、工业和信息化部、公安部等关于促进互联网金融健康发展的指导意见》《国务院办公厅关于促进农村电子商务加快发展的指导意见》《国务院关于深化制造业与互联网融合发展的指导意见》《工业和信息化部、财政部关于印发智能制造发展规划（2016—2020 年）的通知》《工业和信息化部关于印发信息化和工业化融合发展规划（2016—2020 年）的通知》等政策。第三阶段着重培育以数据为关键要素的经济社会发展新形态。2017 年 12 月，习近平总书记指出，要构建以数据为关键要素的数字经济。2017 年以后出台《国务院办公厅关于创新管理优化服务培育壮大经济发展新动能加快新旧动能接续转换的意见》《国家发展改革委、中央网信办、工业和信息化部等印发〈关于促进分享经济发展的指导性意见〉的通知》《国务院关于进一步扩大和升级信息消费持续释放内需潜力的指导意见》《国务院关于深化"互联网＋先进制造业"发展工业互联网的指导意见》《国家发展改革委、教育部、科技部等关于发展数字经济稳定并扩大就业的指导意见》《工业和信息化部关于印发〈车联网（智能网联汽车）产业发展行动计划〉的通知》《交通运输部关于印发〈数字交通发展规划纲要〉的通知》《中国人民银行关于印发〈金融科技（FinTech）发展规划（2019—2021 年）〉的通知》《国务院办公厅

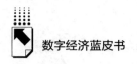

关于促进平台经济规范健康发展的指导意见》《工业和信息化部办公厅关于推动工业互联网加快发展的通知》等。

（三）我国各地数字经济发展战略

在国家政策的引导下，各级地方政府纷纷将大力发展数字经济作为推动经济高质量发展的重要举措。广东省是国内最早布局数字经济政策的省份之一。早在2003年5月，广东省人民政府就印发《广东省电子商务认证机构资格认定和年审管理办法（暂行）》，旨在促进电子商务的发展，加强对电子商务认证机构的规范管理，保证数字证书的安全性、可靠性和权威性。此后，2012~2016年相继出台众多产业数字化政策推动第三产业转型升级，如《广东省人民政府办公厅关于加快发展电子商务的意见》《广东省电子商务"十二五"发展规划》《广东省人民政府办公厅关于促进跨境电子商务健康快速发展的实施意见》《大力发展电子商务加快培育经济新动力实施方案》等。2018年至今，广东省数字经济政策更多的是侧重于数字经济顶层设计及数字化治理，出台《广东省数字经济发展规划（2018—2025年）》《广东省大数据标准体系规划与路线图（2018—2020）》《广东省促进"互联网＋医疗健康"发展行动计划（2018—2020年）的通知》等政策规定。

江苏省数字经济战略规划由电子商务领域向制造业领域转变。2014年7月发布《江苏省政府办公厅关于加快电子商务发展的意见》，旨在提升电子商务对全省经济增长的贡献度，形成一批在全国具有较高知名度和影响力的电子商务平台和龙头企业。此后，又为推动农村电子商务发展出台《关于支持农村电子商务创业就业工作的意见》。2016年开始，政策重点逐步向"互联网＋"、智能制造等领域转变。2016年《江苏省大数据发展行动计划》《关于深入实施"互联网＋流通"行动计划的意见》等从数字产业化方面对数字经济发展提出要求。2017年开始注重第二产业的数字化转型升级，出台《江苏省"十三五"智能制造发展规划》《江苏省智能制造示范工厂建设三年行动计划（2018—2020年）》。

山东省高度重视数字经济政策体系构建，探索利用新一代信息技术促进新旧动能转换，推动经济高质量发展。2003 年 5 月发布《山东省人民政府办公厅关于进一步加快电子商务发展的意见》，指出在当前全国、全省抗击非典的新形势下，大力推进电子商务，积极开展网上交易和网络营销，是减少"非典"对人流、物流、信息流影响，促进业务洽谈和产品销售的有效途径。此后，在电子商务领域相继出台《山东省跨境电子商务发展行动计划》《山东省人民政府关于加快电子商务发展的意见》等。2017～2018 年，数字经济政策开始倾向于第一、第二产业的数字化转型，陆续出台《山东省智能制造发展规划（2017—2022 年）》《山东省农业"新六产"发展规划》《山东省人民政府办公厅关于加快全省智慧农业发展的意见》等。2019 年开始注重数字经济的顶层设计及数字化治理，出台《数字山东发展规划（2018—2022 年）》《山东省新型智慧城市试点示范建设工作方案》《山东省数字政府建设实施方案（2019—2022 年）》等。

浙江省近年来高度重视数字经济建设，以数字经济"一号工程"为牵引，提出一系列数字经济顶层设计规划，形成较完备的政策体系。早在 2003 年浙江省政府就发布《数字浙江建设规划纲要（2003—2007 年）》，旨在全面推进全省国民经济和社会信息化建设，实现信息化带动工业化，使信息化、工业化、城市化、市场化和国际化的进程有机结合。随后，浙江省数字经济政策紧密围绕产业数字化发展，尤其注重第三产业的数字化转型，陆续出台《浙江省人民政府关于进一步加快电子商务发展的若干意见》《浙江省电子商务服务体系建设实施意见》《浙江省跨境电子商务实施方案》等政策。2017 年开始注重第二产业数字化转型，出台《中国制造 2025 浙江行动纲要》《浙江省智能制造行动计划（2018—2020 年）》等。2017 年 12 月，省委经济工作会议提出要把数字经济作为"一号工程"来抓，2018 年相继出台《浙江省国家数字经济示范省建设方案》《浙江省数字经济五年倍增行动计划》等支持国家数字经济示范省建设。

（四）推动数字经济发展重点方向

当前和今后一段时期，是全球数字经济发展的重大战略机遇期。我们要以习近平新时代中国特色社会主义思想为指导，坚持新发展理念，把握高质量发展要求，坚持以供给侧结构性改革为主线，紧紧围绕构建现代化经济体系，立足制造强国和网络强国建设全局，加快数字经济发展步伐。

一是加速数据要素价值化进程。推进数据采集、标注、存储、传输、管理、应用等全生命周期价值管理，打通不同主体之间的数据壁垒，实现传感、控制、管理、运营等多源数据一体化集成。构建不同主体的数据采集、共享机制，推动落实不同领域数据标注与管理应用。建设国家数据采集标注平台和数据资源平台，实现多源异构数据的融合和存储。建立数据质量管理机制，制定规范的数据质量评估监督、响应问责和流程改善方案，积极应用先进质量管理工具，形成数据质量管理闭环。加快完善数字经济市场体系，推动形成数据要素市场，研究制定数据流通交易规则，引导培育数据要素交易市场，依法合规开展数据交易，支持各类所有制企业参与数据要素交易平台建设。推动数据要素全面深度应用，深化数据驱动的全流程应用，提升基于数据分析的工业、服务业、农业的供给与消费，实现不同产业的生产管理全流程综合应用。组织开展数据标准研制工作，促进各类标准之间的衔接配套。

二是推进实体经济数字化转型。加强企业数字化改造，引导实体经济企业加快生产装备的数字化升级，加快生产制造、经营管理、市场服务等环节的数字化应用，加速业务数据集成共享。加快行业数字化升级，面向钢铁、石化、机械、电子信息等重点行业，制定数字化转型路线图，形成一批可复制、可推广的行业数字化转型系统解决方案。打造区域制造业数字化集群，加快重点区域制造业集群基础设施数字化改造，推动智慧物流网络、能源管控系统等新型基础设施共建共享。培育数据驱动的新模式新业态，引导企业依托工业互联网平台打通消费与生产、供应与制造、产品与服务间的数据流和业务流，加快创新资源在线汇聚和共享，培育个性化定制、按需制造、产业链协同制造等新模式，发展平台经济、共享经济、产业链金融等新业态。

三是着力提升产业基础能力。突破核心关键技术，强化基础研究，提升原始创新能力，努力走在理论最前沿、占据创新制高点、取得产业新优势。

坚持应用牵引、体系推进，加快突破信息领域核心关键技术，提升数字技术供给能力和工程化水平。补齐产业基础能力短板，聚焦集成电路、基础软件、重大装备等重点领域，加快补齐产业链条上基础零部件、关键基础材料、先进基础工艺、产业技术基础等短板。提升产业链现代化水平，支持产业链上下游企业加强产品协同和技术合作攻关，增强产业链韧性。推进先进制造业集群建设，支持建设共性技术平台和公共服务平台。预防和缓解产业对外转移，留住产业链关键环节与核心企业，推动沿海地区产能有序向中西部和东北地区梯度转移。

四是强化数字经济治理能力。建立健全法律法规，完善数据开放共享、数据交易、知识产权保护、隐私保护、安全保障等法律法规，修订相关管理规章，更好地发挥行业公约等对法律法规体系的有效补充作用。加强政策和标准引导，持续完善数字经济发展的战略举措，加强政策间相互协同、相互配套，推动形成支持发展的长效机制。推动建立融合标准体系，加快数字化共性标准、关键技术标准制定和推广。完善数字经济统计理论、方法和手段。利用现代信息技术提升治理效能，强化大数据、人工智能、区块链等现代信息技术在治理中的应用，增强态势感知、科学决策、风险防范能力，降低治理成本，提高治理效率。加强安全保障和风险防范，全面提升关键信息基础设施、网络数据、个人信息等安全保障能力，增强融合领域安全防护能力，积极应对新型网络安全风险。

五是深化数字经济开放合作。加强各国数字经济领域政策协调，推进数字经济技术、标准、园区和人才培养等领域合作的试点示范，培育支持若干个具有示范性、引领性和标志性的国际合作项目。深度参与全球数字经济创新合作，加强与联合国、G20和金砖等数字经济多边机制、论坛的对接，加强与相关国际组织、产业联盟和科研机构的战略合作，推广数字经济相关技术、产品、标准、服务、规则和共识，实现国际互利共赢。创造公平公正、创新包容、非歧视的市场环境，全面实施准入前国民待遇加负面清单管理制度，让各国企业平等参与中国数字经济创新发展，共享发展红利。

B.7
中国消费型数字经济发展的现状与特征[*]

—基于大数据分析和微观数据调研

李艺铭[**]

摘　要：　在数字经济时代，中国广阔的消费市场和良好的数字经济发展基础共同催生了数字消费领域的蓬勃发展。基于数字经济"五层级分析框架"和中国数字经济发展红绿灯图，本报告提出了"消费型数字经济"的概念，对八大不同场景的消费型数字经济进行界定。通过与数据智能公司百分点合作，采用大数据分析和微观问卷调研方法，从场景层级、城市层级、收入层级等不同属性群体切入，分析了消费型数字经济的消费频率和消费规模特征，绘制了消费型数字经济图谱，并在此基础上，提出了紧抓核心应用场景、促进应用技术创新、引导市场有序竞合、推动区域消费升级等具体措施建议。

关键词：　数字经济　数字消费　消费型数字经济　消费场景

对于消费型数字经济的关注来源于对数字经济的解构。根据 G20 杭州峰会的数字经济概念，本报告提出了数字经济框架，将融合型数字经济部分

* 本成果为赛迪智库电子信息研究所与北京百分点信息科技有限公司联合研究课题组出品。课题组成员还包括：刘钰、杜晓梦、桂玲、张金颖、周斌、冯培培、乔茜、于凤仙、宋籽锌、董贝佳、杨帆、苏庭栋。

** 第一作者：李艺铭，经济学博士，赛迪智库电子信息研究所副所长、副研究员。

解构为消费型数字经济和生产型数字经济，分别从消费者角度和生产者角度进行分析，既区别了个人与企业的不同数字化决策思维和行为，也区分了数字经济时代需求和供给的不同特征和属性。

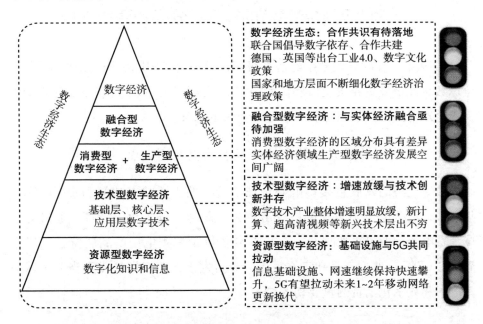

图1　数字经济"五层级分析框架"和2020年中国数字经济发展红绿灯

资料来源：李艺铭等《数字经济：新时代 再起航》，人民邮电出版社，2017。

2016年G20杭州峰会通过《G20数字经济发展与合作倡议》，提出数字经济通过推动数字经济创新与合作，让数字经济的发展成果惠及世界各国人民。G20杭州峰会的重大成果即形成了对"数字经济"的国际共识，将数字经济界定为"以使用数字化的知识和信息作为关键生产要素、以现代信息网络作为重要载体、以信息通信技术的有效使用作为效率提升和经济结构优化的重要推动力的一系列经济活动"。

根据此概念，依据赛迪智库"数字经济五层级分析框架"，将数字经济分为资源型、技术型、消费型、生产型数字经济四类业态，与数字经济发展的内外部生态一起构成五层级分析框架。其中，将数字经济与实体经济融合发展部分分解为消费型数字经济和生产型数字经济。基于该

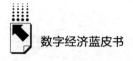

分析框架，本报告特别对融合型数字经济中的消费型数字经济进行了深入研究。

一，消费型数字经济的概念、分类和调查分析

2019年，在联合国数字经济高级别领导小组等国际机构组织的引领下，全球数字经济发展相关交流和磋商的深度不断拓展，数字经济发展将直接受益于全球可持续发展目标，具有十分重大的意义。

（一）消费场景成为数字经济发展的重要切入点

数字经济的发展直接影响到全球消费者的生活状态和福利水平。2019年以来，消费电子领域发展呈现出较为显著的"场景化"特征。通过对全球消费电子行业最重要展会——2019年国际消费类电子产品展览会（以下简称"CES"）典型产品和官方报告的分析发现，消费场景成为当前全球消费电子和数字化消费的重要切入口。

表1　根据消费场景分类的 CES 2019 代表性企业、产品和技术一览

消费场景	代表性企业	代表性产品	代表性技术
数字居家生活	索尼	OLED 电视	超高清 8K、量子点、Piture Processor X1 Ultimate
	LG	65 英寸的可卷曲 4K 分辨率 OLED 电视	OLED 显示、人工智能
	长虹	CHiQ 电视 Q6K	物联网、人工智能
	Life Smart	量子灯 Cololight 等智能家居	物联网
	TCL	TCL X10 QLED 8K 电视机	QLED 显示技术、音乐处理引擎
	科大讯飞	乐森 T9 变形机器	MORFEI 智能家居整体解决方案
	极客之选	优必选悟空机器人	语音识别、人脸识别、物体识别等
	赛格威	自动送货机器人 Loomo Delivery	人工智能、基于云的导航系统
	三星	生活服务机器人 Bot Air	人工智能、物联网
	华硕	智能音箱路由器 Lyra Voice	AiMesh 技术

续表

消费场景	代表性企业	代表性产品	代表性技术
智慧 交通出行	英特尔	Mobileye 无人汽车	ADAS 高级驾驶辅助系统、责任敏感安全(RSS)模型、路网采集管理、自动驾驶芯片等
	奥迪	"移动影院"体验的纯电动车 e-tron	全液晶仪表、多媒体液晶屏、空调液晶面板、车内可视外后视镜等
	丰田	自动驾驶原型车 TRI – P4	丰田"Guardian"和"Chauffeur"自动驾驶模式、激光雷达技术
	宝马、阿里	天猫精灵车载系统	语音交互及人工智能技术
	日产汽车	无形可视化技术概念车	无形可视化(I2V)技术、全向感知技术、无缝自动出行技术(SAM)、ProPILOT 智动控制技术等
	奔驰	电动无人共享出行概念车 URBANETIC	车联网、摄像和传感技术
	本田	无线充电技术概念车	无线充电技术(Wireless Vehicle-to-Grid)
	德国大陆	大陆自动驾驶概念车 CUbE	传感技术、激光雷达技术
	松下	电动概念车 SPACe_C	搭载48V电驱动系统的新动力底盘平台
	贝尔	贝尔空中出租车 Nexus	赛峰混合动力推进系统(HEPS)技术
	博世	新电动巴士概念车	传感技术
数字 文化娱乐	HiVi 惠威	MX1 落地式智能无线有源扬声器系统	电声科技、智能控制、云端媒体资源、专业 DSP 有源滤波技术、全数字大功率输出技术
		Swans 2.2A 超级旗舰扬声器系统	全频带扬声器系统、专业 DSP 电子分频技术、大动态自然声场
		AW – 85 无线蓝牙头戴式耳机	无线充电技术
	佳能	VIXIA HF G50 4K、VIXIA HF W11、HF W10 超高清数码摄像机	AVCHD Full HD 全高清视频录制技术、防水防尘防震抗寒技术
	TRITTON	Kunai Pro 游戏耳机	Dirac 3D Audio 沉浸式音频技术、Dirac HD Sound 耳机优化专利技术
	七彩虹	电竞一体机 iGame G – One	拥有 i7 – 8750H 六核处理器、RTX 2060 显卡、SSD 固态硬盘、27 英寸 2K 分辨率 144Hz 电竞屏等高配置

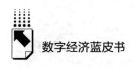

续表

消费场景	代表性企业	代表性产品	代表性技术
网络购物	苏宁	智慧零售大脑	语音交互、物联网、机器识别、深度学习等
	三星	零售机器人 Bot Retail	NFC 无线支付技术
	普渡科技	普渡科技配送机器人 HOLABOT	智能语音交互、人脸识别、普渡多机器人调度系统
智慧健康养老	Withings	Move ECG 智能腕表	物联网、云计算
	三星	护理机器人 Bot Care	人工智能

资料来源：CES 官网。

（二）消费型数字经济的概念和八大消费场景分类

根据上述数字经济下消费场景化的趋势和特征，我们对"消费型数字经济"进行界定。消费型数字经济是在消费升级和信息消费崛起的新时代下，消费领域使用数字技术进行改造和提升、研发新兴数字产品和服务、开拓数字技术应用相关创新模式的经济形态。消费者是消费型数字经济的关注者和引领者，消费电子产品技术和形态的演进正是消费型数字经济发展趋势的集中体现。

本报告构建了从消费场景切入的八类消费型数字经济研究框架。参考国家统计局《居民消费支出分类（2013）》，以及京东、淘宝、天猫等电子商务平台商品分类，结合当前最新的消费数字化发展主流趋势，将消费型数字经济分为 8 种类型，概念和范畴如下。

（1）网络购物：在线进行的日常物品消费支出。包括在线购买的：①食品烟酒，除餐饮；②服装配饰；③手机及其他数码产品及通信费用；④洗护用品、厨房用具；⑤纸质图书（教材）、文具等教育用品；⑥体育文化娱乐用品（非服务类文化娱乐）。

（2）数字居家生活：在线进行的住房及居家生活消费支出。包括在线购买的：①住房租房中介服务费（注：不是房产价值和房租）；②家用电器、纺织品；③装潢及家具；④居家维修服务；⑤家政服务；⑥缴纳生活费用，包括水电燃气等。

（3）智慧健康养老：在线进行的医疗、保健、养老及其服务消费支出。

包括在线购买的：①非处方药品；②医疗保健品；③家居医疗用品，包括创可贴、体温计等；④健康养老终端设备，包括智能手表/手环、按摩椅、按摩器、血压仪、血糖仪、养老监护设备；⑤家庭服务机器人；⑥医疗服务，包括在线挂号、在线诊疗、个性化健康管理、养老互助服务。

（4）数字教育培训：在线进行的教育和培训支出。包括在线购买的：①学生在校或校外进行的网络课程，包括 MOOC、学而思等网校；②成人教育；③职业和专业技能培训。

（5）网络餐饮：外卖餐饮支出。包括在线购买的：①餐品熟食；②水果饮料生鲜。

（6）智慧旅游：在线进行的旅游消费支出。包括在线购买的：①景区门票及游览项目；②导游服务；③酒店住宿；④交通费用，包括机票、火车票、长途汽车等。

（7）智慧交通出行：在线进行的交通工具购买、维护、使用的消费支出。包括在线购买的：①二手车交易平台中介服务费（注：不是车本身价值）；②自有车辆维修和清洗服务；③网约车；④租车；⑤乘车，包括二维码、电子乘车卡、NFC 等形式。

（8）数字文化娱乐：数字文化、数字娱乐消费支出。包括在线购买的：①数字出版物，包括电子图书/网络文学、电子期刊、数字音乐、数字影视等；②网络游戏；③门票，包括电影、文艺演出、体育赛事等门票；④数字文化设备，包括虚拟现实设备等。

（三）微观调研的消费者调研分布与特征（消费者画像）

针对消费者的不同消费行为，本报告主要采用微观数据调研和大数据分析方法。采用百分点的数据调研平台，赛迪智库与百分点公司联合课题组对全国 11 个代表性省份进行了数千份问卷调研。微观数据调研方法为消费型数字经济的研究提供了多维度，也保证了能够从不同个体、不同地域出发，从数字素养（教育程度）、收入水平、决策方式等不同层次区分消费者群体，绘制更为立体、鲜活的消费型数字经济图谱。

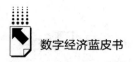

本次研究的地域范围包含安徽、北京、福建、广东、湖北、江苏、山东、上海、四川、浙江和重庆共 11 个省份及直辖市，覆盖我国中部、东部和西部地区。经统计，73.7% 的受访者来自城市，15.0% 的受访者来自县域地区，11.2% 的受访者来自农村。一线、二线以及三线城市的样本分布较为均衡。

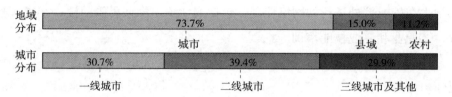

图 2　受访者区域分布

受访者男女比例较为均衡。有超过一半的受访者年龄处于 22～34 岁，是消费的主要动力；年龄在 18～24 岁和 35～49 岁的受访者比例相当。受访者的月收入主要集中在 5000 元至 1 万元，占比达到 44.0%；收入在 5000 元以下的受访者占 1/5；高收入人群比例仅为 4.9%。70.7% 的受访者学历为大学本科及或上。

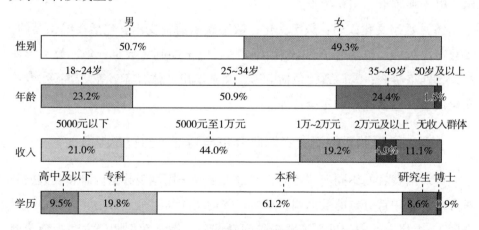

图 3　受访者基本信息分布

分析受访者的职业分布，企业普通职员最多，占比达到 29.9%，其次是企业中层管理人员（部门经理/科级/主管级）、专业人员（教师/医生/律师等）和学生，占比分别为 19.2%、10.6% 和 8.7%，以上均为数字消费的重要消费群体。

表 2　受访者职业分布

单位：%

工作人员职业	占比
企业普通职员	29.9
企业中层管理人员（部门经理/科级/主管级）	19.2
专业人员（教师/医生/律师等）	10.6
事业单位/公务员/政府工作人员	7.9
工人	3.0
企业高层管理人员（副总经理、厂长以上）	2.2
服务业人员（餐饮服务员/司机/售货员等）	1.6
军警	0.4
经营者/企业者	
自由职业者（作家/艺术家/摄影师/导游等）	3.7
个体户	3.5
私营企业主	2.8
其他人员分类	占比
学生	8.7
家庭主妇	2.4
失业人员	1.3
从事农林牧渔业的劳动者	1.2
退休人员	0.4

二　消费型数字经济渗透率呈现全面普及、穿透层级的特征

调查数据显示，消费型数字经济的发展已经进入全面渗透阶段。随着我国移动通信终端和通信网络基础设施的普及，数字化消费模式已经成为居民消费的主流形态，随着电商平台、O2O 平台和文娱平台的兴起，网络购物、在线餐饮、在线娱乐等领域数字渗透率均超过 50%。

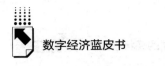

（一）衣食住行玩主流场景数字化渗透率全面普及

从整体上看，衣、食、住、行、玩等生活领域消费侧的数字渗透率已经超过50%，消费行为呈现高度数字化。其中，网络购物领域渗透率最高，达到85.2%。发挥资源匹配功能、商业模式多样化的电商平台在其中发挥了重要作用，数字化模式逐渐从单一线上向线上线下融合转变。

餐饮领域数字消费渗透率达到78.6%，位列第二。从外卖到堂食、从点餐到支付，数字化渗透到人们饮食消费的每一个环节，不断影响着人们的饮食消费习惯。

文化娱乐领域数字消费渗透率达到66.7%，位列第三。无论是软件开发商、主流媒体还是草根个体，在数字化时代都以软件应用、传播平台等各类介质向消费者提供层出不穷、形式各样的娱乐内容，受众规模不断扩大。

旅游、居住和交通出行领域的数字消费渗透率在50%～60%。旅游领域，包括产品及服务的搜索、查询、预定、支付、体验、评论等环节产生了大量线上和数字化触点，产业链上供给端企业通过数字化建设为消费者提供创新良好的服务体验。居住方面，智能家居的市场潜力正快速释放；传统的房地产领域通过运用虚拟现实（VR）、大数据等技术实现数字化平台化的运营管理，提升消费者的交易体验，开启智慧新居住的生态模式。交通出行领域，以共享、网联等为主的新方式为人们出行带来很大的方便，极大地提高了出行效率和方便程度，已被人们广泛认可和使用。无人驾驶、车联网等技术继续驱动出行领域的数字化变革。

相比之下，教育和医疗健康领域的数字消费渗透率相对较低，不足40%。这类领域数字化转型相对缓慢，产品和服务消费更偏向于传统线下场景，市场潜力有望进一步被挖掘。

（二）网购和网络餐饮已渗透到各级城市

从城市等级上看，网购和网络餐饮在三线及以下城市的城区和县城渗透率与一、二线城市相同，均处于较高水平，说明随着互联网技术的发展以及资本的不断加码,网购和网络餐饮已渗透到各等级城市。

数字乡村建设是当前热点。从消费领域看,乡村的数字化消费水平较城市仍有一定差距,在农村渗透率偏低的主要原因可能在于网络支付的普及程度不高、餐饮供应不足等。

未来,随着新技术、新模式、新业态的出现,数字居家生活、智慧健康养老等消费模式有望深层次渗透至中小城市,数字消费的市场潜力被进一步激活。

(三)网购和网络餐饮最为平民化、常规化

网购和网络餐饮进入平民化时期,相形之下,其他六大场景仍是"高端消费"。从收入上看,网购、网络餐饮渗透率随收入增加而发生的变化不大,说明网络、网络餐饮已进入平民化时代,融入了大部分数字消费者的生活。然而,其他六大消费场景渗透率随着消费者收入的增多而明显提升,呈现出明显的线性关系。从不同消费场景的消费影响因素可以看到,数字居家生活等六大消费场景对在线定制产品服务、优质线上服务等的要求较网购和网络餐饮高,消费弹性较高。

(四)吃、购、行等日常高频消费场景仍是数字消费主力

调查数据显示,网络餐饮、智慧交通出行、网络购物等对应的吃、行、购等日常高频生活场景,其数字消费频率也体现出高频特征。集中在 1~11 次/月及以上各频率区间占比达 10%~35%,累积分布频率最高,可见,消费型数字经济中吃、行、购仍然是最高频消费场景。

数字居家生活、智慧健康养老、数字教育培训、智慧旅游等对应的居住、医疗健康、教育和旅游领域的数字消费频率分布相似,均以 2 次/月及以下的低频消费为主,这与领域本身提供的产品服务消费间隔较长有一定关系。

此外,数字文化娱乐所对应的文化娱乐领域成为提升人们生活质量的重要活动,其数字化消费频率介于高频和低频之间,其中 1~2 次/月和 3~5 次/月人群占比最高,合计达到 60% 以上。

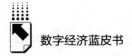

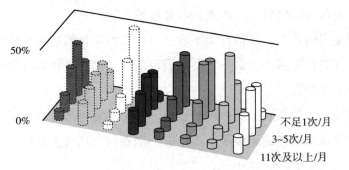

图4 八大消费型数字经济消费频率分布

三 消费型数字经济规模呈现出场景级、城市级、
收入层级分布差异

消费金额体现出不同消费场景下数字化消费的规模和质量。与渗透率类似，网络购物仍然是当前消费规模最大领域，但同时，数字居家、智慧旅游等渗透率较低领域也表现出较大规模。从城市层级看，数字化消费能力明显随城市层级下沉，甚至出现中小城市在部分消费场景的反超。不同收入群体的消费总规模体现出正相关，但单次消费规模反而不相关，这也体现出数字经济时代消费市场的不同特征。

（一）网络购物仍是最强主力，数字居家、智慧旅游领域潜力巨大

从整体上看，网络购物领域的消费规模分布比较均匀，低至500元以下、高至万元以上，各金额区间的消费人群占比均超过了10%，其中消费规模在5000~10000元的人群占比最大，达到19%。数字居家生活和智慧旅游的数字消费规模分布也相对均匀，且最高占比均集中在1000~3000元，具有较高的消费培养潜力。网络餐饮消费规模主要集中在3000元以下，以小金额的大众消费为主，超过3000元的高额消费人数则明显减少。智慧健康养老、数字教育培训、智慧交通出行和数字文化娱乐等领域数字消费人群占比随着消费金额的增加整体呈现递减趋势，消费在500元以下人数最多，占比25%~40%。

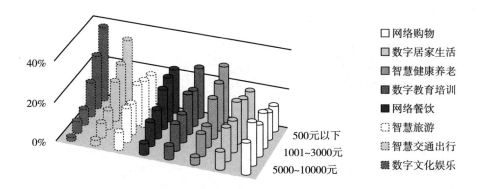

图 5　八大消费型数字经济消费规模分布

（二）数字消费能力随城市层级下沉，中小城市高于大城市

从城市等级上看，中小城市的数字消费总额以及单次消费水平均已高于一、二线城市，主要原因有：一是中小城市的线下消费场景少，商业配套并不齐全，线下消费金额较一、二线城市少。在互联网技术快速发展的情况下不存在数字消费障碍，激发了该类区域的消费活力。二是城市群、基建的建设推动了中小城市经济蓬勃发展，经济增长速度快于大城市。同时中小城市住房成本低、社保福利优等，居民边际消费倾向高，有利于带动消费升级。

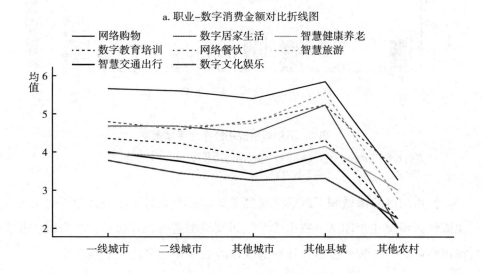

137

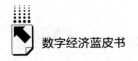

b. 城市等级–单次消费金额对比折线图

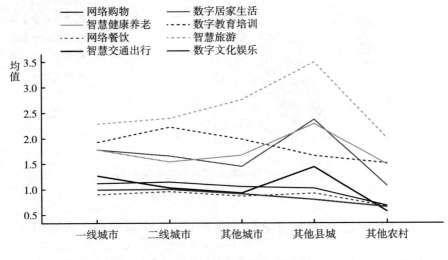

图6 不同城市等级的消费规模

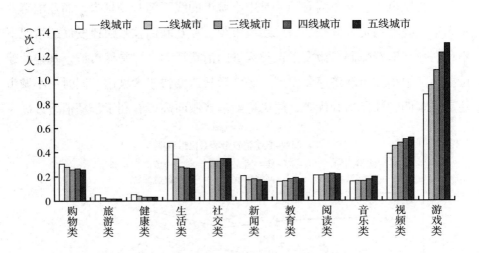

图7 不同城市层级数字生活渗透率

资料来源：腾讯研究院《腾讯数字生活报告2019》，2019年5月。

城市层级的渗透和下沉值得高度关注。消费型数字经济问卷调研结果与主流调研情况互相印证。腾讯数字生活领域渗透率统计显示，当前四、五线城市在游戏、视频、音乐、社交等领域的数字化水平已经实现反超。

（三）总收入与总消费规模相关，但与单次消费规模无明显关联

从收入上看，数字消费总金额随收入增加而增加，但单次消费金额与收入的关系并不明显。因此，收入对数字消费的频率影响较大，收入越高，数字消费的频次越大。

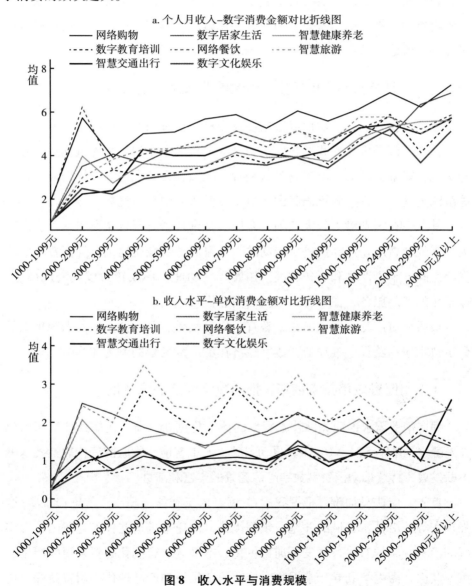

图8　收入水平与消费规模

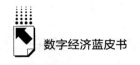

四　促进消费型数字经济发展的措施建议

通过消费型数字经济图谱的绘制，我们对不同消费群体在不同消费场景、客户旅程、区域的表现特征有了更为微观、全面、系统的认识，这为企业制定更为个性化的、有效的消费数字化解决方案和业务，政府制定更有针对性、有价值的数字经济和消费领域政策提供了强有力的支撑。

（一）紧抓核心应用场景，引领消费数字化趋势

建议有重点、有批次地以应用场景为核心推进消费数字经济发展。

首先，应积极发挥我国在网络购物等消费场景中的国际先进优势，开发和实现智能推荐商品、电子商务云平台、无人物流和配送等具体功能，在全球范围内进一步推广和巩固我国在电子商务领域的竞争优势。

其次，在消费潜力较大的细分领域，特别是紧盯以智能家居和智能汽车为代表的消费电子产品演进所带动的数字家居、智慧交通出行等消费领域的发展空间，丰富产品和服务类型，拓展产品功能，形成较为成熟的规模化、体系化的产品服务，探索各种形式的商业模式创新。

最后，应广泛拓展在文化、教育、休闲娱乐、医疗健康、养老等领域的数字技术应用路径，推动消费数字经济在更广阔场景的渗透和升级。

（二）促进应用技术创新，推动数字经济需求落地

面向消费需求推动关键技术领域的体系化创新。新一代信息技术革命仍在发酵中，基于5G、VR/AR、自动驾驶、人工智能、物联网等代表性技术的不断发展，持续推动消费型数字经济场景的丰富和演进。

首先，应快马加鞭，把握我国在5G、人工智能、超高清、虚拟现实/增强现实等前沿技术领域的并跑、领跑优势，加速推进这些技术与我国较为广阔的消费领域的对接，开发更加特色化、本地化、智能化的新兴消费产品。

其次，需因势利导，掌握我国传统消费领域的产品迭代、消费偏好、功

能选择等需求特征，面向这些消费痛点，利用数字技术提升传统消费领域的智能化和个性化水平。

具体而言，面向5G、VR/AR、自动驾驶、人工智能、物联网等热门技术领域，积极开发消费型数字经济产品和服务。

一是5G技术领域，2019年是5G技术商用的关键年，高通在CES上宣布有超过30款5G终端正在设计阶段，同时5G在智能汽车中的应用和对智慧交通的改善也值得持续关注。

二是虚拟现实和增强现实技术（VR/AR）领域，消费能量亟待从娱乐影音特别是游戏中进一步释放，找到虚拟设计、制造、维修、服务等场景的切入路径。

三是自动驾驶技术领域，需实现从概念车、体验车到量产车的转变，巨额投资仍然考验着企业在研发方面持续投入的决心和耐心。

四是人工智能技术领域，除了语音识别，计算机视觉、生物识别等技术有待找到更广泛场景，更便捷、易懂、智能的大数据处理和深度学习技术在金融、医疗、农业、交通、环保等行业场景的挖掘值得期待。

五是物联网技术领域，需解决技术方向、实施路径、管理标准、成本控制等核心问题，改变产业界长期盼望却又迟迟未爆发的尴尬局面。

（三）引导市场有序竞合，营造良好数字消费环境

培育适应跨界融合创新的消费数字经济发展环境。

首先，应倡导和推动消费场景包容性创新，特别是在涉及传统主导行业和新晋参与者交汇竞争的场景中，引导竞争者在更为宽容的环境下开展公平竞争。

其次，应鼓励和推动企业跨界创新，推动跨界型平台经济发展。电子商务平台公司阿里天猫与宝马汽车的合作、直升机制造公司贝尔推出的空中出租车等都是不同领域竞争者互相启发和合作的结晶，值得提倡和推广。

最后，面对不断弱化的消费行业界限，建议主动开拓更广泛的跨界消费场景，研究相应的行业标准和政策框架，推动消费数字经济更加高效、有序地发展。

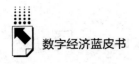

（四）推动区域消费升级，制定差异发展策略

当前，我国各省高度重视数字经济发展，截至 2020 年 9 月，30 个省份已出台相关省级政策，基本完成"国—省"二级政策体系，部分省份的政策细化到区县一级。就各省数字经济战略的内容来看，都有数字经济与实体经济融合部分，其中不乏有关消费型数字经济的内容，但具有同质性强、融合程度不深等突出问题。为此，建议如下。

一是避免出现消费型数字经济发展与本地经济发展"两张皮"现象。虽然数字经济的发展更强调数字技术的推动，但其在与实体经济融合过程中必要与具体行业知识和标准对接。消费型数字经济更要求直接面向消费群体，掌握微观动向，紧抓消费体验，才能撬动更加真实有效的数字化消费需求。突出本省、市、县经济基础，调研和摸索在购物、居家、健康养老、教育培训、餐饮、旅游、交通出行、文化娱乐等领域的不同消费习惯和需求，挖掘本省市消费领域特征，明确消费型数字经济的发展路径。

二是依据消费型数字经济发展基础推动差异化发展。根据各省份消费数字化发展基础和消费特征，制定差异化战略，并推动试点示范。较为先进的省份做好消费的个性化、数字化升级，推动试点示范，促进消费型数字经济的特色化、规模化发展；其他省份应借鉴先进省份的经验，充分依托本地数字化平台企业，加快推动数字技术在消费领域的应用，推动消费数字化，促进消费型数字经济实现赶超发展。数字经济的人力资本需求

B.8
数字经济与人力资本需求

高文书　万诗婕*

摘　要：　新时代我国数字经济的发展持续加速，呈现新就业形态。数字经济的就业规模攀升以及岗位类别多样化趋势，带动了ICT就业份额和经济效益逐步增长，同时对人力资本技能提出新要求。当前及未来一段时期内，人力资本结构仍存在高端人才供给短缺、专业技能人才不足和需求两极分化等问题。劳动人口的基本技能处于较低水平，与发达国家有一定的差距。"十四五"时期中国的人力资本提升路径与方向主要为提升教育和培训水平、注重技能调查和监测、继续深入高校和企业的合作等。

关键词：　人力资本　就业规模　人才需求

一　中国数字经济发展及其就业影响

2017年，"数字经济"首次被写入国务院政府工作报告，中国数字经济的发展持续加速。党的十九大报告指出，创新是引领发展的第一动力，要推动互联网、大数据、人工智能和实体经济深度融合，为建设网络强国、数字中国和智慧社会提供有力支撑。中共中央和国务院于2019年5月印发的

---

* 高文书，中国社会科学院大学经济学院常务副院长，教授，主要研究方向为人力资源与就业；万诗婕，中国社会科学院大学博士研究生。

《数字乡村发展战略纲要》以及 2019 年 11 月印发的《关于推进贸易高质量发展的指导意见》进一步落实了建设数字中国的战略。党的十九届四中全会通过的《中共中央关于坚持和完善中国特色社会主义制度 推进国家治理体系和治理能力现代化若干重大问题的决定》首次将数据列为生产要素。2020 年 4 月印发的《关于构建更加完善的要素市场化配置体制机制的意见》进一步强调提升社会数据资源价值，加快培育数字经济新产业、新业态和新模式，推动人工智能、可穿戴设备、车联网、物联网等领域数据采集标准化。这标志着中国数字经济迈入全面发展时期，数据作为新型要素，已上升为实现国家战略的重要组成部分。

《中国数字经济发展与就业白皮书（2019）》显示，我国数字经济持续快速发展，2018 年我国数字经济规模达到 31.3 万亿元，增长 20.9%，占GDP 比重为 34.8%。2019 年中国国民经济和社会发展统计公报显示，中国2019 年实物商品网上零售额 85239 亿元，比上年增长 19.5%，占社会消费品零售总额的比重为 20.7%。值得关注的是，数字经济在疫情时期减轻了中国整体经济受到的冲击，2020 年 1~2 月的中国传统消费和产业受到新冠肺炎疫情的较大冲击，但是线上消费和智能经济爆发式增长，对冲了部分负面影响①。

为了全面贯彻落实党的十九大提出的坚持就业优先战略和积极就业政策，实现更高质量和更充分的就业，在以习近平新时代中国特色社会主义思想的指导下，国家发展改革委等 19 部门于 2018 年 9 月联合印发了《关于发展数字经济稳定并扩大就业的指导意见》，旨在大力发展数字经济促进就业、同步推进产业结构和劳动者技能数字化转型，形成适应数字经济发展的就业政策体系，提升数字化、网络化、智能化的就业创业服务能力。尽管目前数字劳动平台就业比例仍较小，但数字经济拉动就业的作用将日益突出。自党的十八届五中全会首次提出"新就业形态"以来，该概念在"十三五"规划建议和 2018 年两会政府工作报告中均得

---

① 盛来运：《疫情冲击不改中国经济长期向好大势》，《人民日报》2019 年 3 月 23 日。

到进一步阐述，这意味着新就业形态作为未来的主流模式，将成为就业的"增长极"①。

（一）数字经济的就业规模

《中国数字经济发展与就业白皮书（2019）》显示，数字经济吸纳就业的能力迅速提升，2018 年我国数字经济领域就业岗位累计 1.91 亿个，占当年总就业人数的 24.26%，同比增长 11.5%。《中国人口与劳动问题报告 No.19》指出，数字技术与传统产业的融合催生了新产业、新业态和新模式，从而创造了大量的就业机会。数字经济对产业就业结构和区域就业结构产生巨大影响，第三产业的就业比例将持续上升。以平台型就业为代表的新业态发展迅速创造了一大批新兴岗位，新技术环境下的就业净增长效应明显。与此同时，机器人和人工智能等新技术应用对中国制造业普通劳动力岗位替代率为 19.6%，中国的自动化新阶段更强调人机协作，因此不会对制造业造成"就业破坏"。通过对比发达国家和中国的数据，发现在不同的信息技术中，互联网行业对就业的促进效应最突出②。具体来说，基于美团点评数据的研究发现数字经济平台作为带动生活服务业数字化升级的核心驱动，是确保服务业数字化推动就业稳定增长的重要保证，其中，2018 年美团点评平台带动了 1960 万个就业机会③。基于投入占用产出模型研究数字经济对我国非农就业的影响，发现数字经济是促进我国非农就业的主体，表现为 2016 年数字经济促进制造业就业比重高达 87.5%，带动第三产业就业人数占非农就业总数的比重达 50.9%④。相关研究还表明数字经济对非农就业中的受雇型非正规就业具有显著的促进作用，对创业者尤其是

---

① 王娟：《高质量发展背景下的新就业形态：内涵、影响及发展对策》，《学术交流》2019 年第 3 期。
② 于晓龙：《我国信息技术进步的就业效应研究》，中共中央党校博士学位论文，2015。
③ 吴清军、张皓：《生活服务平台：数字化与就业生态》，《新经济导刊》2019 年第 2 期。
④ 夏炎、王会娟、张凤：《数字经济对中国经济增长和非农就业影响研究——基于投入占用产出模型》，《中国科学院院刊》2018 年第 7 期。

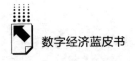

那些受教育程度较高、社会关系网络较弱和社会融资能力较弱的群体也有积极影响①。

（二）岗位类别多样化趋势

根据《中国数字经济就业发展研究报告（2020）》，伴随着数字经济业务迅速扩展，派生出大量新职业需求。人社部在2019年和2020年先后公布了两批新职业类型，共29种。其中，75%的职业是与数字经济相关。数字经济就业是以数字技术创新应用为核心技能，依托信息网络进行研发、生产、服务、管理等工作任务的相关就业。岗位需求多元化，就业吸纳能力不断增强。电商、共享经济、平台经济等行业的快速发展以工作时间灵活、技能门槛低等优点为基础，催生了灵活就业的岗位。数字经济的兼职岗位需求旺盛，招聘人数众多。兼职岗位方便就业人员利用闲暇或碎片时间获取薪资报酬，凸显岗位灵活性特征。

数字技术与实体经济深度融合催生出许多新产业、新业态和新模式。一方面，热门岗位以技术类为主，此类岗位的需求量最大。以具体岗位为例，开发工程师、设计/美工师岗位需求量最大，就业人数多。另一方面，一大批新型岗位涌现，岗位类别多样化。在新模式、新业态引领下，岗位呈现平台化、零工化、共享化，具体新岗位的涌现主要为网络销售、网络运营、短视频审核、数据标注等。带动销售类、运营类、服务类、管理类等非技术类岗位成为热门。如今，随着短视频网站的发展，短视频审核师也成为热门的兼职岗位。数字经济正推动和形成新就业趋势，传统产业加速数字化。从单一就业到多元就业，传统就业模式被打破。

（三）ICT产业就业的份额及经济效益

近些年来，数字经济对GDP的贡献巨大。政府出台一系列的政策措施

---

① 何宗樾、宋旭光：《数字经济促进就业的机理与启示——疫情发生之后的思考》，《经济学家》2020年第5期。

鼓励传统行业数字化转型，基于数字技术提升劳动力效率和管理能力，最直接的效果是促进经济增长，数字技术的影响力逐渐攀升。截至 2016 年，中国数字经济规模已达到 22.6 万亿元，占 GDP 比重达到 30%，已成为我国经济增长的核心动力。其中，信息通信技术（ICT）产业做出了约 26% 的贡献，ICT 产业与其他产业融合后做出了 74% 的贡献。ICT 产业和传统产业的融合成为中国数字经济发展的主要驱动力。

2018 年 3 月，BEA 发布《数字经济测算报告》，将除 ICT 产业外的其他产业纳入数字经济就业规模测算。根据其对数字经济类别的定义，信息产业的就业规模占数字经济就业总量的 33%[①]。随着 ICT 产业的蓬勃发展，ICT 产业及其与其他产业的融合创造了海量的工作岗位和机会，对人才的需求极为旺盛。2010～2018 年全球 ICT 产业雇员人数增加 834 万，2018 年达到 4366 万。尤为明显的是 ICT 服务业的雇员数逐年攀升，产业规模不断扩大，产业结构升级加速。相比之下，ICT 制造业雇员人数增速较为平稳。这在一定程度上反映了 ICT 服务业规模不断扩大，其雇佣人数明显高于 ICT 制造业。ICT 产业的创新发展推动着全球数字经济的就业结构变化，影响着劳动力技能需求的改变。

（四）数字世界的技能需求

目前世界各国对数字人才并没有明确的定义，与此相关的评估方式基于就业者拥有的 ICT 相关技能。ICT 中的普通技能通常指就业者在工作中应该必备的基础数字技能，如计算机的一些基本操作和软件等。数字经济进一步的发展，会需要 ICT 从业人员的专业技能与之匹配。这就使得部分求职者在工作中应具备开发数字产品的技能，如软件设计、编程、大数据分析等。

数字化的高速发展对新时期劳动者就业提出更多的要求和挑战，劳动者不仅要具备基本的听、说、读、写技能，还要掌握数字技能和沟通技能[②]。

---

① Kevin Barefoot, Dave Curtis, William Jolliff, Jessica R. Nicholson, Robert Omohundro, "Defining and Measuring the Digital Economy," BEA Working Paper, 2018 – 03 – 15.

② 张车伟：《数字经济带来就业市场新变化》，《社会科学报》2019 年第 2 期。

在日新月异的数字世界，OCED 指出信息通信技术（ICT）及其与之互补的一些技能是必要的，如领导力、扎实的阅读与计算能力、良好的沟通能力和团队合作能力，是推动 ICT 相关协同工作的必要条件。有研究发现，1980 ~ 2012 年，需要高度社会互动的岗位占美国岗位总数的比例上升了近 12%。同期，数学密集型但社交程度较低的岗位（包括许多 STEM 岗位）则减少了 3.3%。既要求数学技能又要求社交技能的岗位及其相应工资增长强劲[①]。PIAAC 第一轮调查显示，在大多数 OECD 国家，已有超过 95% 的大型企业工人和 85% 的中型企业工人在工作中会接触和使用互联网，而该比例在小企业也至少为 65%。可以说，"数字世界"是社会经济演进的重要方向。

2017 年美国布鲁金斯学会发布的《数字化和美国劳动人口》显示，2002 ~ 2016 年，美国需要大量数字知识的岗位占比迅速上升，需要高数字技能的岗位占比从 2002 年的 4.8% 升到 2016 年的 23%；而同期，需要中等数字技能的岗位占比从 39.5% 升到 47.5%；不太需要数字技能的岗位占比则从 55.7% 下降到 29.5%。与此同时，2017 年欧洲职业培训发展中心进行的"欧洲技能与就业"（European Skills and Jobs）调查显示，有 71% 的欧盟员工需要掌握基础水平（如初级或中级）的数字技能才能完成他们的工作，其中 52% 的员工表示需要达到中级 ICT 水平才能完成工作任务，19% 的员工表示只需要达到初级 ICT 水平即可，此外有 14% 的员工表示需要达到高级 ICT 水平，有 14% 的员工表示在工作中不需要掌握任何 ICT 相关技能。

自 2014 年中国政府提出"大众创业，万众创新"的方针以来，数字经济相关领域，尤其是信息通信技术和互联网行业迅速发展壮大。行业内的雇主对求职者的技能需求逐步提升。根据清华—领英联合发布的《中国经济的数字化转型：人才与就业（2017）》，对求职者数字技能需求最多的包括：Java、C++、Python、SQL、Linux、软件开发、运营管理等，主要侧重于编程和管理类的技能需求，并且呈现持续上升的趋势。在研发和运营部门，岗

---

① Deming, D. J., "The Growing Importance of Social Skills in the Labor Market," National Bureau of Economic Research, 2017.

位需求主要集中在中层职位，针对求职者的技能门槛较高，技能门槛低的职位需求逐渐下降。

二 中国数字经济的人力资本问题研究

（一）专业数字技能人才供给短缺

中国国家统计局的数据显示，2015 年从事信息技术、软件、信息传输相关工作的就业人数约达到 350 万。但是拥有中高端数字技术的专业人才占比较小，拥有前沿技术的数字人才占比进一步减少，如人工智能、虚拟现实和智能制造等。目前专业人才供不应求，缺口不断扩大。在 ICT 相关产业方面，2017 年中国人才缺口已达到 765 万人，2020 年人才缺口则超过 1200 万人。例如，《中国集成电路产业人才白皮书 2017—2018》指出，到 2020 年我国集成电路行业人才需求规模将达到 72 万人。《中国集成电路产业人才白皮书 2019—2020》显示，到 2019 年底，从事集成电路产业的人员规模在 51 万人左右，仍然有 21 万人的人才缺口。集成电路产业中的人才资源供需矛盾虽逐步得到缓解，但是在学历构成方面，集成电路对高学历人才需求增加，同时对有工作经验的人才的需求也在增加。

在这些背景下，中国对专业数字技能人才的需求加速增长，在发展数字经济的同时面临着人才短缺的巨大阻力。世界经济论坛在 2016 年发布的《全球新兴技术报告》中指出，与中高收入群体国家相比，中国的 ICT 对经济和社会影响力指数更高。但是中国在 ICT 的基础设施和创新环境方面相对落后。目前，数字经济的人才供给无法与用户端的需求相协调，海量的用户资源促使行业数字化转型升级，而数字经济依靠人才供给的驱动力则相对较弱。在数字经济的发展过程中人才供给和需求不平衡的现象凸显，对专业人才的需求逐步攀升。未来，70% 的人才需求将来自云计算、大数据、人工智能（AI）等新兴领域。随着人才需求类型多样化，人才需求结构显著变化。

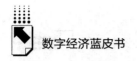

（二）高中端劳动力需求两极分化

美国、日本和欧洲等国的数据显示，信息通信技术产业的发展与增长，主要增加了对受过高等教育的劳动力的需求，而牺牲了那些受教育程度处于中间水平的人，而受教育程度最低的人（主要从事非常规体力工作）基本不受影响[①]。具体来说，数字化或自动化的生产流程较易替代流水线的工作任务，以及简单的行政办公任务。这部分就业者的受教育程度处于中间水平，如高中和初中。许多受教育程度较低（小学）的工人受雇于非常规的岗位，如服务性岗位，这些岗位受信息通信技术的影响要小得多。因为此类岗位要随时适应环境的变化，不易被替代。信息通信技术的两极分化假说：在信息通信技术方面增长最快的行业，对受教育程度最高的工人的需求增长最快，对拥有中等教育程度的工人的需求下降最快。

同样的，在中国数字经济的发展水平提高、服务业的数字化转型等都对劳动力需求产生了影响。虽然数字经济发展水平的提升，增加了对其他学历劳动力的需求，但其中，对大学本科及以上学历的人才的需求最为旺盛。多项研究数据表明，数字经济的发展极大地增加了对大学本科及以上学历的人才的需求，同时对小学及以下学历的劳动力需求也增加了。技术进步及产业结构的调整使得对初中、高中、中专学历的劳动力需求减少，且替代作用明显。数字经济的发展虽带来了就业岗位的增多，但主要集中为低端与高端岗位。对中等学历的劳动力的需求减少，中端岗位也相对匮乏。在数字经济发展和产业结构升级的共同作用下，中国就业结构呈两极分化趋势。在全国范围内，对劳动力的需求呈现以下态势：对高中和初中教育程度的劳动力的需求减少，对小学及以下学历的劳动力增加，尤其是对大学本科及以上学历劳动力的需求持续上升。

---

① Guy Michaels, Ashwini Natraj, John Van Reenen, "Has ICT Polarized Skill Demand? Evidence from Eleven Countries over Twenty-five Years," The MIT Press, 2014 (1).

（三）中国数字经济人力资本现状调查

根据中国社会科学院人口与劳动经济研究所"人力资本测量、积累与提升"创新工程课题组的"成人基本技能调查"2016年河南数据测算，成人参加一个月以上的培训的占比为17%。也就是说，有83%的劳动力人口没有接受相关行业技能或知识的培训。关于ICT基本技能调查显示，有35%的劳动力不会使用电脑，缺乏在工作中应该必备的基础数字技能。关于计算能力和阅读能力的调查显示，这些能力无论对于就业、接受教育或培训、参与社会生活来说都是必需的。阅读和计算能力是最基本的认知技能，是具备更高层次的知识的基础。掌握和善于多种技能的人，将会更容易抓住工作机会。其中，根据河南成人技能调查主要结果，成人计算正确率的平均水平在30%左右。OCED在发达国家的调查显示，其成人计算正确率平均水平约为45%。与国外平均水平相比，河南省的成人计算正确率较低。相似的是，河南省的成人阅读得分率为35%左右，而OCED在发达国家的调查显示，其成人阅读得分率为53%。调研结果显示，我国成人计算能力相对阅读能力较弱。总体来说，河南省的成人计算能力和阅读能力都相对较弱，与日本、俄罗斯、芬兰等国相比有较大差距。河南省劳动力技能显著低于国际平均水平。考虑到农业户口的平均能力得分显著低于非农业人口，调查样本中农业人口占比偏高可能导致研究估计结果比实际水平偏低。对中国整体人力资本的衡量将采用以全国为基准的数据。

（四）中国数字经济人力资本差距

数据显示，2018年中国6岁以上人口平均受教育年限为9.26年。根据世界银行发布的历年世界发展指标，以美国、英国、德国等为代表的发达国家人口平均受教育年限（6岁以上人口）分别达到13.4年、13年、14.1年。中国虽在世界平均受教育年限（8.4年）以上，但与其他发达国家相比，仍处于较低水平。相似的，根据OECD统计数据，2018年，日本、美国、韩国、法国和德国 25～64 岁人口中大学生比例分别为 44.81%、41.66%、39.04%、29.01% 和 26.61%，而中国该比例为 8.93%，远远低于其他发达国家。我国人口基数大，大学生占比近些年来已有显著提升。不过人才资源供给仍然不足，导致数字经济行业存在人才缺口，2020 年，信息技术产业的人才缺口将达 1246 万人。

ICT 产业的创新与发展需要更高层次的人才，即同时具备良好的教育背景和专业技能。与美国、英国、加拿大等发达国家相比，我国的数字人才储备处于落后的位置。领英中国的研究显示，美国仅在人工智能领域就拥有 85 万人以上的专业技术人才数，位列全球第一，印度有 15 万人，英国有 14 万人，加拿大有 8 万人，而中国只拥有 5 万余人。在人才结构方面，中国从事 AI 10 年以上的人才数量与美国相差甚远，美国为 71.5%，中国只有 38.7%。中国在人工智能领域的人才数量仅为美国的 1/30，两者在人才储备方面有较大差距，数字人才供不应求。与此同时，数字人才的争夺在国际上越发激烈，拥有更多的数字顶尖人才就能更快地推动数字技术的进步。

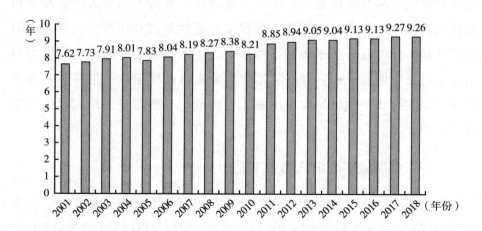

图 1　中国 6 岁以上人口平均受教育年限

资料来源：根据《中国劳动统计年鉴》历年数据整理计算。

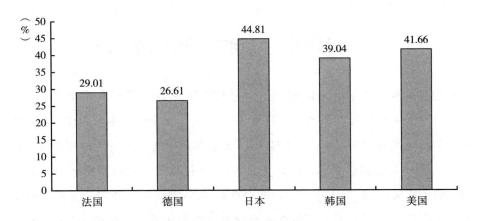

图2 大学生比例国际比较

资料来源：OECD《2018年教育概览》。

（五）中国数字经济的人才结构问题研究

当前，数字经济发展的过程中显现的问题，即数字人才短缺，可主要归纳为三个方面。一是数字人才资源短缺，人才竞争局势加剧。中国拥有海量的数字经济用户资源，有利于推动生产技术的发展和创新。但与之相反的是，国内数字经济相关领域的从业者较少，人才储备短缺，无法更快速和有效地推动数字经济的发展。国际上围绕高端人才争夺的局势紧张，而国内各企业间的人才竞争也愈发激烈。高端数字人才供不应求，人才储备相对落后。二是具有专业经验的人才供不应求。专业人才不仅需具备数字技能，还应具有其他传统行业的相关经验，才能满足产业融合发展对人才的要求。跨界的专业人才可以基于互联网科技经验，推动其他行业的数字化转型。但是具备此类素质的人才数量远远少于数字经济和传统行业融合发展需要的人才数量。三是对在校大学生的技能培养滞后于企业需求。大学在对学生进行初级技能培养时存在诸多问题，例如没有实际操作经验，在毕业后无法满足企业的技能要求。大多数企业在毕业生刚进入职场时，缺乏系统性、完善性的基础技能培训，导致数字人才的培养难度加大。人才从初级技能到高级技能的转换需求更长的时间。

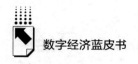

三 中国的人力资本提升路径与方向

当前我国就业形势总体稳定，但科技发展迅速，国际人才竞争日趋激烈。人力资本的提升关系着我国在经济、科技、教育等多领域的相互促进作用，是新时代发展的基石。"十四五"规划纲要指出，全民受教育程度不断提高，全方位培养、引进、用好人才。虽然中国平均人口素质已有显著提升，但为积极推动"十四五"时期全面建成小康社会，开启全面建设社会主义现代化国家新征程，还需全面优化人力资本体系，为现代化发展提供强有力的支撑。

（一）不断提高劳动者受教育年限

劳动年龄人口平均受教育年限是一个国家劳动年龄人口平均接受学历教育的年数。这是一项反映劳动者文化教育程度的综合指标，体现了一个国家的人力资本水平和劳动者素质。中国目前的人力资本水平还远远满足不了产业发展的需要，技能提升的空间还非常大。据测算，按照当前工作岗位对人力资本的要求，第二产业资本密集型岗位要求职工具有 10.4 年的平均受教育水平，第三产业技术密集型岗位则要求 13.3 年[①]。而 2015 年中国就业人员的平均受教育年限仅为 9.92 年。2020 年，劳动年龄人口平均受教育年限增至 10.8 年，但与技术密集型岗位要求的平均受教育年限仍有差距。"十四五"时期，我国首先应继续推动义务教育发展，加大教育力度，普及高中阶段教育。高中教育的普及将加速提高入学率，继而提升高等教育入学率。其次，大力发展职业教育，加强在职在岗培训，建立终生学习计划。最后，要不断提高大学教学质量，兼顾理论与实践，提升毕业生实际操作能力和科学素养。带动"十四五"时期劳动年龄人口平均受教育年限的年均增速略快于"十三五"时期。

---

① 蔡昉：《新常态下人力资本需求与教育改革》，《中国改革》2016 年第 4 期。

（二）加强技能调查与监测，做对技能

劳动者的技能调查是最全面的对实际掌握技能的直接测评，而不是基于学历证书或资格认证的调查，可以帮助衡量个人在参与社会工作和促进经济发展中所需的技能和能力。技能调查与技能监测是探讨技能供需差距、技能配置和技能使用的前提。加强技能调查与技能监测还有利于"做对技能"，避免技能发展的盲目性。我国应建立成人技能评估和调查系统，定期在全国范围内动态监控劳动力技能水平。同时可检验教育、培训、就业等相关政策效果。首先，要积极寻求与世界银行、OECD 等的合作，探索完善中国技能调查与技能监测体系。实时跟进行业技能调查，建立以技能需求为基础的信息系统和预警体系。为劳动者提供有效的参考依据，才能实现技能与市场变化相适应。其次，要不断提高劳动者受教育和技能水平，积极与市场的技能需求相适配。为求职就业人员提供行业需求信息依据，提高学习意识。科学、可靠的技能调查和监测是实现供需匹配、高质量就业的有力支撑。

（三）注重职业教育和职业培训，填补技能差距

中国应更加注重职业教育和在岗培训，这是中国发展过程中的一大短板。中国中等职业教育面临困境。2010 年以后，中等职业教育呈现萎缩态势，2015 年中等职业教育/普通高中的招生比例（"职普比"）下降到了0.75，很多中等职业院校出现"招生难"问题，部分中职院校学生辍学率高企。一是，应该从加强职业院校师资力量建设、完善学生奖助体系、实施学费减免、加强毕业生就业支持等方面综合施策，协同解决职业教育发展难题。职业培训方面，要加强进城务工人员的培训，提供与本地城镇居民同等的公共职业培训服务[1]。二是，需继续加强在岗培训的力度，适应市场变化的新技能要求，避免因新技能出现而导致就业不适配。三是，推动教学课程

---

[1] 张车伟：《十八大以来我国就业新特点和就业优先战略新内涵》，《人才资源开发》2017 年第 19 期。

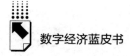

与实践课程相互对接，在教学过程中提供实践机会，将课程内容与岗位要求标准对接，减少或避免岗位需求摩擦。职业教育要坚持理论与技能的结合教育理念。四是，加快实现产教融合，鼓励引导企业参与职业教育的建设。提高职业教育的办学层次和实践能力，为办学提供产业支持。促使专业设置与产业需求的一致，提升职业教育水平。

（四）校企合作，培育高素质数字产业人才

信息技术产业加速发展，抢人大战趋于白热化，二、三线城市将迎来ICT人才需求的大爆发。ICT行业具有较高的入职门槛，毕业生新入职后可能需要1~2年的时间以满足工作技能要求。人才的培养应渗透在各个环节，供需两方对人才培养和需求逐步形成认知统一，不断深入理解人才需求。学校要开门办学，创新教育模式，改革办学理念，注重人才供给。加快实现校企合作，协同培养人才。普通高校是当前数字产业人才的重要来源，一方面，应以基础知识的教学为前提，对基础性人才注重应用层面的技能培养；另一方面，对高端技术人才要注重技术性突破研究，充分获取专业技能，侧重应用层面的自我学习能力，加强培育团队协作和沟通能力，逐步深入产教融合。

高校首先应了解行业需求，有针对性地培养满足企业需求的人才，提高人才质量，更符合行业需求。在教学模式上进行改革或重新设计，既要注重基础理论，也要注重科技前沿应用与拓展，兼顾知识与实践。企业需与学校加强沟通，与校方合作设立研究机构，掌握科研成果，继而实现快速的技术突破。校企多方面协调合作有利于高校扩大招生规模，掌握行业热点，为培养高质量数字经济人才提供助力。这将极大地增强我国的自主创新能力，在前沿技术竞争中立于领先地位。

（五）企业创新智力资本，加强员工培训

公司内部培训在企业利用劳动力资源的过程中起着关键作用，因为大多数企业要求员工具备通识教育过程中无法提供的特殊技能和知识。公司内部

培训是一个系统的过程，包含在企业内部智力资本开发的总体政策内，能够提高员工的专业知识和技能，从而提高企业的生产效率。组织培训课程可以提高技能资格，从而有可能改善企业和员工的形象。传统的技能改进形式是导师制，让合格的员工将他们的经验传授给企业新进或表现优秀的职员。如果企业实现了生产流程的现代化，则组织专门的培训课程，增强技能学习和提高员工劳动效率。联合科研活动有助于企业员工进行最佳实践、思想交流和自我教育。因此，企业创新智力资本的再生产可以通过以下两种方式来实现：聘请高素质的人才、对现有人才进行再培训或高级培训。公司内部的员工培训模式，能够为提升企业的智力资本和人才质量提供助力。

（六）重视中小学教育，培养数学科学兴趣

行业领袖和教育工作者应该合作，帮助培养信息和通信技术人才，涉及从小学和中学教育到中学后教育，并建立就业途径。以科学、技术、工程和数学（STEM）学科为基础的主题教育，如中小学的计算机科学、数学和物理，是学生未来职业生涯的重要助力。由于人们对科学技术的兴趣会随着年龄的增长而下降，没有足够的年轻人在学校选择信息和通信技术或科学、技术、工程和数学等学科。在幼年阶段以一种引人入胜的方式提高数字素养可以帮助学生提高基本技能并增加其对相关主题的兴趣。将创造性、有趣和富有挑战性的方式融入课堂，使用最新的先进技术，可以进一步促进学生参与。例如，应考虑包括以下内容：小学低年级学生的计算思维；为中级学生编写代码；面向高年级学生的虚拟现实活动、3D 打印、网络安全；亲身体验式学习活动。企业、学校和政府应增加资源，支持数学科学发展机会，提高教师教学质量，培养中小学生的学习兴趣。

参考文献

盛来运：《疫情冲击不改中国经济长期向好大势》，《人民日报》2019 年 3 月 23 日。

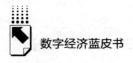
王娟:《高质量发展背景下的新就业形态:内涵、影响及发展对策》,《学术交流》2019年第3期。

于晓龙:《我国信息技术进步的就业效应研究》,中共中央党校博士学位论文,2015。

吴清军、张皓:《生活服务平台:数字化与就业生态》,《新经济导刊》2019年第2期。

夏炎、王会娟、张凤:《数字经济对中国经济增长和非农就业影响研究——基于投入占用产出模型》,《中国科学院院刊》2018年第7期。

何宗樾、宋旭光:《数字经济促进就业的机理与启示——疫情发生之后的思考》,《经济学家》2020年第5期。

Kevin Barefoot, Dave Curtis, William Jolliff, Jessica R. Nicholson, Robert Omohundro, "Defining and Measuring the Digital Economy," BEA Working Paper, 2018 – 03 – 15.

张车伟:《数字经济带来就业市场新变化》,《社会科学报》2019年第2期。

Deming, D. J., "The Growing Importance of Social Skills in the Labor Market," National Bureau of Economic Research, 2017.

Guy Michaels, Ashwini Natraj, John Van Reenen, "Has ICT Polarized Skill Demand? Evidence from Eleven Countries over Twenty-five Years," The MIT Press, 2014 (1).

蔡昉:《新常态下人力资本需求与教育改革》,《中国改革》2016年第4期。

张车伟:《十八大以来我国就业新特点和就业优先战略新内涵》,《人才资源开发》2017年第19期。

数字治理

Governance of Digital Economy

B.9

互联网平台寡头垄断治理：
国际经验及对策*

李勇坚　杨　蕊　陈弘斐**

摘　要：　随着全球数字经济的兴起，互联网平台开始在社会经济生活
中发挥越来越大的作用。一部分平台在各自的市场领域中获
得了主导地位，形成了寡头垄断。从根源上看，除了互联网
平台的成本次可加性之外，这些垄断更是源于网络效应、多
边市场效应、特定行为模式等因素的作用结果。这些寡头垄
断具体体现为数据垄断、流量垄断和算法垄断，从而给市场
带来排斥竞争、数字扭曲、垄断自我强化等影响，结合国际
上对互联网平台寡头垄断的治理经验，本报告提出从行为动

---

* 本项研究系中国社会科学院创新工程项目"数字经济基础理论问题及发展战略研究"（编号
2020CJY01 - B001）中期研究成果。

** 李勇坚，中国社会科学院财经战略研究院研究员；杨蕊，中国社会科学院研究生院硕士研究
生；陈弘斐，中国社会科学院研究生院博士研究生。

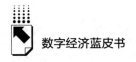

态监管、机构与法律整合、杠杆效应消除、平台中立试点等方面对互联网平台寡头垄断进行规制。

关键词： 互联网平台　寡头垄断　杠杆效应　数据垄断

随着全球互联网向社会经济生活的全面渗透，互联网平台快速崛起。这些平台在各自的市场中占据了绝对主导地位，形成了寡头垄断的局面。例如，在美国，亚马逊平台占据了55%的在线购物搜索及40%以上的在线销售收入，Alphabet（谷歌的母公司）和Facebook占据了数字广告市场73%的市场份额，Apple和Alphabet在智能手机操作系统的市场份额超过了99%[①]。在中国，很多互联网平台也在各自的领域形成了主导地位，如腾讯在即时通信领域、百度在搜索领域、阿里和京东在电商购物领域等。互联网平台积累了大量财富，联合国《2019年数字经济报告》指出，数字化造就了一批超级平台，使财富分布更为集中。[②] 截至2018年，全球市值最高的20家企业中，已有8家属于互联网平台型企业，其市值达到TOP20的56%。

这些平台型企业以数据为驱动力，既作为在线市场的交易中介，又在某种意义上具有基础设施的作用，从而形成了独特的优势，使其垄断地位持续强化，并向相关领域延伸，可能对市场竞争、消费者福利、创新创业等构成威胁。因此，有必要对这些平台进行规制，以推进社会福利的最大化。本报告从互联网平台垄断的原因分析出发，对其可能的不利影响进行了研究，根据国际上对数字经济平台治理的进展，对我国数字经济平台寡头垄断治理提出相应的对策。

---

① Lina M. Khan, "What Makes Tech Platforms so Powerful?" in Digital Platforms and Concentration, Chapter 3, https：//promarket. org/wp－content/uploads/2018/04/Digital－Platforms－and－Concentration. pdf.

② UNCTAD, Digital Economy Report 2019, New York and Geneva：United Nations, https：//unctad. org/en/PublicationsLibrary/der2019_ overview_ en. pdf.

一 互联网平台寡头垄断的根源

互联网平台垄断的形成，与传统垄断型产业的成因既有相同之处，也有其独特之处。在传统垄断产业形成过程中，成本的次可加性（subadditive cost function）起到了决定性作用。次可加成本函数表明，在某一个市场中，单个公司可以比两个或多个公司更低的成本满足整个市场需求。次可加性的充分条件是该技术具有规模经济性。从互联网的特性来看，很多互联网提供信息类的服务，这些信息服务的基础设施、信息收集、传播网络等前期成本非常高，但是，一旦进入市场之后，其边际成本接近为零，而数据使用的收益高且在不断增加，从而产生强大的规模经济和范围经济[①]，这使领先的企业能够依赖于用户数量分摊前期投入成本，从而建立市场优势，形成寡头垄断。

除了次可加成本函数之外，互联网平台之所以能够获得垄断地位，还与其他效应有关。

首先是网络效应。网络效应在本质上是一种"正反馈效应"，随着网络变得更大，所提供的服务也会得到加强。而随着公司的发展规模扩大，价值主张更具吸引力，进而吸引更多的用户。根据风投公司 NFX 的研究，自1994 年互联网大规模应用以来，科技公司的价值 70% 来源于网络效应[②]。

根据既有的研究，针对网络效应的最好描述是"梅特卡夫定律"（Metcalfe's law）[③]。该定律[④]指出，具有 n 个节点的网络具有 n（$n-1$）个潜

---

① "Stigler Committee on Digital Platforms, Final Report," available at https：//research. chicagobooth. edu/stigler/media/news/committee – on – digital – platforms – final – report，September 2019.

② The Network Effects Manual：13 Different Network Effects (and counting)，https：//www. nfx. com/post/network – effects – manual/#：~：text = The%201st%20broad%20category%20of%20nfx%2C%20shown%20in，first%20ever%20to%20be%20noticed%2C%20back%20in%201908.

③ The Importance of Network Effects，https：//internationalbanker. com/technology/the – importance – of – network – effects/.

④ 梅特卡夫定律是未来学家 George Gilder 于 1993 年提出的，争议较大。例如，Bob Briscoe、Andrew Odlyzko 和 Benjamin Tilly 建议将梅特卡夫定律修正为：节点数为 n 的网络的价值与 n log（n）成正比。Bob Briscoe, Andrew Odlyzko and Benjamin Tilly, "Metcalfe's Law is Wrong – IEEE Spectrum," https：//spectrum. ieee. org/computing/networks/metcalfes – law – is – wrong.

在的节点到节点连接。换句话说，可能的连接数量与用户数量平方成正比增加，并且可能的交易数量也会增加。如果每个新的连接都增加了价值，那么较大的网络将比较小的网络享有更高的规模回报。这样，网络中的各个经营者为了降低成本，倾向于合并，以获得规模报酬。到最后，市场份额一定会集中到大的寡头手中。但是，网络效应带来的规模报酬并不一定能够确保企业的垄断地位。Spulber 和 Yoo 指出，能够吸引整个客户群的能力并不一定会使服务于市场利基的专业企业受益。[①] 更多的连接可能导致网络拥塞，而且，企业要在单一网络的规模收益与多个网络的产品多样性收益之间进行权衡。与网络效应相关的一个效应是锁定效应（lock-in effect）。对互联网平台企业而言，其可通过拒绝与其他网络互连，从而迫使用户选择一个网络以排除其他网络。在经济学上，用户的锁定效应相当于需求侧具有一个沉没成本（Sunk cost），这种需求侧的规模经济，对互联网垄断有一定的促进作用。Stigler Committee 也指出，由于互联网平台的强大的网络效应（使用产品的人越多，该产品对其他用户的吸引力就越大），数字平台的特征会产生"赢家通吃"的效果。[②]

其次是双边市场或多边市场效应。很多互联网在线市场都是双边市场。双边市场的一个重要特征是在平台上，客户之间彼此获得价值或收入的效应具有相互依赖性。以在线购物市场为例，消费者的价值很大程度上取决于市场上卖家数量，因为卖家越多，消费者的选择空间越大，卖家之间的竞争越激烈，对消费者越有利。而对于卖家而言，平台上的消费者越多，其可能获得的用户数量越大，价值也就越大。[③] 又如，随着越来越多的消费者购买 Apple 产品，越来越多的设计师编写应用程序时使用 Apple 软件，为此基于

---

① Daniel F. Spulber and Christopher S. Yoo, "Antitrust, The Internet, and the Economics of Networks," in Roger D. Blair, D. Daniel Sokol (eds.), *The Oxford Handbook of International Antitrust Economics*, Volume 1, Chapter 17, Oxford University Press, 2014.

② "Stigler Committee on Digital Platforms, Final Report," available at https://research.chicagobooth.edu/stigler/media/news/committee-on-digital-platforms-final-report, September 2019.

③ Hovenkamp, Erik, "Platform Antitrust," *Journal of Corporation Law*, 2019, Forthcoming. Available at SSRN: https://ssrn.com/abstract=3219396.

Apple 产品会创建更多的应用程序，且更多的消费者希望购买它们。这些跨边的网络效应创造了积极的正反馈循环。这些正反馈也有利于市场上已具有一定规模的平台，并导致市场最终集中到一个或数个平台。①

再次，平台的行为模式也决定了其具有寡头垄断的潜力。由于网络交易的复杂性，很多平台充当了网守（gatekeeper）的作用，有效地充当了数字市场的基础设施（infrastructure），利用其技术优势，平台能够垄断市场。在很多情况下，平台对其用户进行严密控制。例如，亚马逊密切监视第三方市场商家与消费者之间的通信，对将消费者定向到自己的独立网站或其他销售渠道的商家进行惩罚。② 平台还利用其作为基础设施，发挥数据、用户、技术等综合优势，向其他市场渗透，即所谓的"杠杆"（leveraging）或者跨市场集成（integrated across markets），从而形成了在新市场领域的竞争优势。③在我国，阿里巴巴利用数据和用户优势，渗透到金融领域，腾讯利用在社交领域的优势，渗透到游戏领域，这些都是较为典型的跨市场集成案例。此外，平台还可以根据用户数据积累，利用数据优势，为用户提供精准的个性化服务，从而增加用户的黏性，保持其垄断地位。

最后，平台可以通过影响消费者行为，强化其垄断能力。在很多平台，可以通过默认设置的方式，影响消费者的选择，从而使消费者与平台形成更强的利益互动。Zingales 和 Lancieri 指出，具有讽刺意味的是，福利受到损害的消费者通过自己的行为产生了更多地进入壁垒。④ 消费者不会向下滚动

① Daniel F. Spulber and Christopher S. Yoo, "Antitrust, The Internet, and the Economics of Networks," in Roger D. Blair, D. Daniel Sokol (eds.), *The Oxford Handbook of International Antitrust Economics*, Volume 1, Chapter 17, Oxford University Press, 2014.

② Lina M. Khan, "What Makes Tech Platforms so Powerful?" in Digital Platforms and Concentration, Chapter 3, https://promarket.org/wp - content/uploads/2018/04/Digital - Platforms - and - Concentration.pdf.

③ Lina M. Khan, "What Makes Tech Platforms so Powerful?" in Digital Platforms and Concentration, Chapter 3, https://promarket.org/wp - content/uploads/2018/04/Digital - Platforms - and - Concentration.pdf.

④ Luigi Zingales & Filippo Maria Lancieri, "Policy Brief for Regulators," available at https://www.chicagobooth.edu/-/media/research/stigler/pdfs/policy - brief - digital - platforms - stigler - center.pdf.

以查看更多搜索结果，他们同意平台提供的默认设置，从而使自己对单一平台的依赖更深，也使其他竞争平台难以进入。另一个对消费者产生影响的重要方式就是所谓的"暗模式"（Dark patterns）。暗模式是"通过用户界面的精心设计，使用户难以表达其实际偏好，或者操纵用户采取与他们的行为不符的行为偏好或期望"。平台可以预先选择选项，突出显示或隐藏按钮，或者不断吸引消费者，以促使他们根据平台的偏好或期望做出决策。研究指出，通过精心设计的隐私条款以及界面，能够使相关条款的接受率提高228%，针对一些特定人群可以使接受率提高371%。[1] 由于暗模式如此有效，研究者指出，即使谷歌如此强大，为了使其成为 iPhone 上的默认搜索引擎，也得每年向 Apple 公司支付 120 亿美元[2]。平台的另一种手段是设计出具有成瘾性的产品，通过使消费者上瘾而增加平台的吸引力。[3] 市场垄断和成瘾技术的结合，可能对消费者福利带来极大的损害。

综合平台的上述特征，国际清算银行 2019 年度经济报告（BIS Annual Economic Report 2019）提出，平台在发展过程中，已经形成了数据分析、网络外部性和交互活动（Data Analytics, Network Externalities and Interwoven Activities, DNA）的反馈循环，这三个要素相互协同，为互联网平台的垄断地位形成奠定了基础。

二 互联网平台寡头垄断的主要表现

由于平台经济的特点，互联网平台垄断的主要表现不同于现有的一些线下行业。互联网平台垄断主要表现为数据垄断、流量垄断和算法垄断等。

---

[1] Jamie Luguri and Lior Strahilevitz, "Shining a Light on Dark Patterns," University of Chicago Coase - Sandor Institute for Law & Economics Research Paper No. 879, August 2019, https：//papers. ssrn. com/ sol3/papers. cfm? abstract_ id =3431205 for a more detailed analysis.

[2] https：//fortune. com/2018/09/29/google - apple - safari - search - engine/.

[3] Adam Alter, "Irresistible：The Rise of Addictive Technology and the Business of Keeping Us Hooked," Penguin, 2017.

（一）数据垄断

数据垄断是互联网平台企业垄断的一个重要特征。很多互联网平台在运营过程中，往往都是对消费者实行免费策略。但是，免费并不等于没有代价，在很多免费服务中，用户都是以数据作为货币（Data as Currency）进行支付①。数据作为一种生产要素的特征，使其能够成为平台寡头垄断的基础。数据作为一种无形的生产要素，具有一次生产、无限次使用、使用边际成本为零的特点，这决定了数据使用的场合越多、使用的次数越多，其价值越大。显然，这一特点使拥有大量数据的平台具备了垄断的潜力。另外，数据使用具有边际报酬递增效应，即数据越多，价值越凸显；同一组数据可以在多个市场上转化为竞争优势，数据可以通过交叉使用验证，进一步提升其价值。通过数据之间的交互作用，数据的作用将更大地发挥出来。而数据的成本特性使竞争优势更为强化。②

很多平台企业收集了大量数据，对用户的行为进行跟踪，实现由"数据挖掘"过渡到"现实挖掘"（reality mining），从而渗透到日常经验交流，甚至思想活动中。③ 这些平台的数据使用会带来消费者的锁定，而这将进一步优化面向消费者的服务，促使消费者更长时间的应用。同时，平台的数据使用有助于挖掘新的用途或者客户需求，从而进行有针对性的促销及优惠券和广告投放，增加用户的黏性。对数据的访问转化为竞争优势的机会越多，出现自我强化的"反馈环"的可能性就越大。换句话说，对数据的更好访问可能会带来竞争优势，这可能给公司带来更多的优势。④

---

① Sally Hubbard, The Case for Why Big Tech is Violating Antitrust Laws, https：//edition. cnn. com/ 2019/01/02/perspectives/big－tech－facebook－google－amazon－microsoft－antitrust/index. html.

② Commission Competition Law 4. 0, A New Competition Framework for the Digital Economy, Federal Ministry for Economic Affairs and Energy, www. bmwi. de.

③ Ariel Ezrachi, Maurice E. Stucke, "Description：Virtual Competition ：the Promise and Perils of the Algorithm－driven Economy /Cambridge," Massachusetts ：Harvard University Press, 2016.

④ Commission Competition Law 4. 0, A New Competition Framework for the Digital Economy, Federal Ministry for Economic Affairs and Energy, www. bmwi. de.

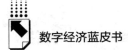
平台对数据的垄断可以从几个方面实现：第一，平台利用市场力量影响消费者的选择，从而要求消费者提供超出平台所提供服务范围的数据。在我国很多互联网平台要求用户提供各类数据，包括在使用过程中进行授权。而这些数据和授权并非平台完成服务所必需，而是平台为了进一步挖掘消费者所需要的。例如，《华盛顿邮报》的一项调查发现，在使用谷歌的 Chrome 浏览器的一周时间里，就有超过 11000 个 cookie 请求①。有学者称这种情况属于对市场地位的"剥削性滥用"（an exploitative abuse of market power）。国外的反垄断机构开始关注平台企业对消费者数据的过度收集问题。例如，德国联邦卡特尔办公室（FCO）正在调查 Facebook 在社交网络市场上是否具有主导地位，以及 Facebook 的一般条款和条件是否存在对消费者权益保护不足，是否构成对市场力量的剥削性滥用。第二，平台利用数据强化竞争优势。平台不仅利用其服务收集了消费者的多维度数据，对其进行相互验证，以获得对消费者的画像，从而为消费者提供精准服务而且还能利用其收集的大量同类消费者数据，进行交叉应用，从而获得更稳固的市场地位。第三，平台利用数据排斥市场竞争。平台可以利用数据优势，进入新的市场领域，形成新的竞争优势，并排斥竞争。数据的跨市场使用（versatile use across several markets）将带来新的范围经济，可以称为"数据驱动的间接网络效应"（data - driven indirect network effects）。谷歌就是一个例子，它使用搜索引擎收集的数据对谷歌地图进行优化，从而使其在导航系统市场上的竞争优势更为明显。在我国，即时通信平台利用其优势，对竞争对手的数据分享等行为进行限制，就是数据垄断的一种体现。又如，欧盟正在调查亚马逊是否存在利用平台上第三方中小卖家的数据来优化其自营业务的行为。

（二）流量垄断

流量垄断是互联网平台垄断的另一表现。互联网平台基于网络效应、双

---

① "Google's Data Collection Drives Some Consumers Away," The Washington Post, https://www.washingtonpost.com/technology/2019/07/23/never - googlers - web - users - take - ultimate - step - guard - their - data/.

边市场效应、边际收益递减等因素，外加上利用数据持续优化服务，汇聚大量用户，从而垄断用户流量。据调查，在我国排名前四的 App 占据了用户一半以上的时间。而平台利用流量优势，通过业务拓展等方式，进行横向和纵向扩张，放大了其流量优势。David Gierten 在向经合组织数字经济部长级"新市场和新工作"会议小组所提交的背景报告中指出，与传统公司相反，平台运营商的估值通常不会主要反映销售情况，而是主要反映网络的价值，即个人或公司的匹配程度、交易情况以及所产生的数据。

互联网上的用户时间被网络平台垄断，这样，网络平台能够进一步延伸到上下游领域。Sandra Matz、Guy Rolnik 和 Moran Cerf 指出，基于数据控制和注意力货币等，流量垄断呈现自我强化。一些互联网平台把"用户至上"的服务做到极致，使用户上瘾，掉入浪费时间的陷阱。研究表明，数字内容对我们大脑的影响不仅限于接触时间，而且还具有类似于化学成瘾性属性。这种流量优势，还能够影响用户观点的形成。Robert Epstein 指出，搜索引擎通过对用户的知识分发进行操纵，能够有效地影响用户的倾向，[①] 这就是"搜索引擎操纵效应"（the Search Engine Manipulation Effect，SEME）。通过 SEME，搜索引擎加强了其流量优势。在我国也开始出现了流量垄断。

（三）算法垄断

算法垄断是互联网平台垄断的一个独特表征。算法垄断的一个重要方面是平台通过对主营业务进行特殊照顾，歧视竞争对手的业务，从而实现自我优待（Self – Preferencing），遏制竞争。很多既有中介作用，又有基础设施作用的平台表现得特别明显。例如，苹果曾阻止从 AppStore 更新 Spotify。因为 Spotify 是 AppleMusic 的竞争对手。

算法垄断这一现象引起了监管机构的广泛关注。例如，2018 年，欧盟对谷歌做出巨额罚款。欧盟委员会认为，"谷歌已系统地将自己的比较购物

---

① Robert Epstein，"The Unprecedented Power of Digital Platforms to Control Opinions and Votes，" in Digital Platforms and Concentration，Chapter 6，https：//promarket. org/wp – content/uploads/2018/04/Digital – Platforms – and-Concentration. pdf.

服务放在显眼位置",并且"在搜索结果中降低了竞争对手的比较购物服务"。与一般的比较购物服务相比,消费者对 Google 购物的了解要多得多,因此欧盟委员会认为"通过扼杀比较购物市场中的竞争,Google 的做法等于滥用了 Google 在一般互联网搜索中的主导地位"。[1]2020 年 3 月 10 日,美国参议院司法委员会反托拉斯、竞争政策和消费者权益小组委员会举行了"数字技术市场竞争:审查数字平台的自我优待"(Competition in Digital Technology Markets:Examining Self - Preferencing by Digital Platforms) 的听证会,对谷歌是否利用搜索算法将对自己有利的结果排列在前面、苹果是否在应用商店将其自己开发的应用程序 (App) 放到更醒目的位置等问题进行听证。平台的算法垄断还表现在其他方面,如利用算法对消费者进行歧视性的动态定价。例如,国外的研究者发现,通过 Android 手机的网络浏览器在旅游网站 Orbitz 和 CheapTickets 上搜索酒店的用户看到的价格比 iPhone 用户或低 50%。[2]

三　互联网平台寡头垄断的影响

互联网平台寡头垄断可能会对市场竞争秩序、创新创业、消费者福利等带来影响。

(一)排斥竞争

对很多互联网寡头而言,这些平台拥有巨大的流量资源和数据资源优势,它们通常会利用这些优势,对竞争对手进行打压,阻碍潜在的市场进入者,排斥市场竞争,从而损害社会福利。例如,在我国电商领域,就发生过"二选一"等排斥竞争的行为。又如,苹果曾阻止从 AppStore 更新 Spotify。

① Sally Hubbard,"The Case for why Big Tech is Violating Antitrust Laws," https://edition.cnn.com/2019/01/02/perspectives/big - tech - facebook - google - amazon - microsoft - antitrust/index.html.

② Ariel Ezrachi, Maurice E. Stucke, "Description:Virtual Competition:the Promise and Perils of the Algorithm - driven Economy /Cambridge," Massachusetts:Harvard University Press,2016.

Spotify 声称这种策略旨在破坏 Spotify，使其成为 AppleMusic 的竞争对手。

平台还对利用其服务进入市场的企业进行信息利用。例如，亚马逊收集了大量在其卖场销售商品的商人的信息。它通常使用此数据来优化自己的服务，从而获得竞争优势。

（二）数字扭曲（e‑Distortion）

Ariel Ezrachi 和 Maurice E. Stucke 指出，寡头垄断会扭曲数字市场的正常发展，导致质量下降、增加第三方成本（如直接损害平台上的竞争对手权益；降低独立应用程序的功能；或通过使商户在搜索引擎或应用商店上更难被找到来减少独立应用的流量）、负面创新（negative innovation，例如，平台利用各种创新来强化现有模式，而非利用更为先进或合理的模式，这些创新与消费者和市场的福利增加背道而驰；又如，平台利用算法技术压榨消费者剩余）等。[①]

数据寡头利用垄断优势聚集财富。平台可能越来越多地使用技术和不对称信息。即使表面上是"免费"的产品和服务，数据寡头也可以从多个级别获取大量财富，方法是获取个人数据而不必支付与数据相应的公平市场价值，或者免费获取用户的创意内容，或者以数据为手段进行歧视性定价和行为歧视。数据寡头还可以从上游的输入提供者和供应商那里获取财富。一个例子是，数据寡头从摄影师、作家、音乐家和其他网站上抓取有价值的内容，并将其发布在自己的平台上。

（三）垄断的自我强化

平台利用数据垄断与流量垄断优势，通过算法等技术手段，对其垄断地位进行强化。而且，平台通过增强及扩张服务，进入新的领域，并形成第二轮垄断、第三轮垄断，后者将进一步强化其垄断优势。对于很多具有创新潜

---

① Ariel Ezrachi, Maurice E. Stucke, "Description：Virtual Competition：the Promise and Perils of the Algorithm‑driven Economy /Cambridge," Massuchusetts：Harvard University Press, 2016.

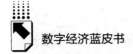
质的初创企业，平台要么在流量、数据等方面进行打压，要么对其进行"杀手并购"（killer acquisition），使竞争被扼杀在萌芽之中。对于创新创业者而言，如果没有被这些垄断型平台所并购，那么其很难获得较大的发展空间。因此，互联网寡头垄断的自我强化，对创新创业形成了压制。

还有一些研究指出，互联网寡头的数据集中还可能会对民主、个人隐私等造成影响①。

但是，也有一部分经济学家认为，平台垄断在效率上可能更高。效率上的收益可能足以抵消这些负面效应。② 还有研究者提出，经验证据表明，（大多数）人在使用其数据时不会感到被剥削。相反，人们倾向于为了获得诸如改进服务之类的利益而愿意共享数据。有研究者指出，站在个人的角度，对个人数据的估价是不一样的。一个美国联邦法官愿意就隐私数据的保护付出每年2400美元的代价。③ 而一群麻省理工学院的学生，则愿意在100美元的蝇头小利面前，交出通信录等私人数据。④ 资本市场对 MySapce 的每个用户画像估价为9美元，对 Facebook 的每个数字魂灵估价为5美元。⑤

因此，互联网平台寡头垄断是基于市场形成的，并没有对社会总福利带来负面的影响，这还需要更深层次的研究。从总体上看，互联网寡头是通过市场竞争而自发形成的，在成本次可加性的条件下，寡头垄断的市场结构并不当然带来社会福利的损失。但是，如果平台寡头获得市场地位之后，利用市场优势地位进行各类限制竞争的行为，那么大概率将给社会福利带来不利影响。因此，针对互联网平台寡头垄断问题，需要有相应的治理对策。

---

① https：//promarket. org/wp－content/uploads/2018/04/Digital－Platforms－and－Concentration. pdf.

② Amelio, Andrea and Bruno Jullien, "Tying and Freebie in Two－sided Markets," Unpublished Manuscript, December 2006.

③ Matt Sledge, Alex Kozinksi, Federal Judge, "Would Pay a Maximum of MYM2, 400 a Year for Privacy," 2009.

④ Susan Athey Christian Catalini Catherine Tucker, "The Digtal Privacy Paradox：Small Money, Small Costs, Small Talk," Working Paper 23488, http：//www. nber. org/papers/w23488.

⑤ 〔意〕弗洛里迪著《第四次革命》，王文革译，浙江人民出版社，2016。

四 各国对互联网平台寡头垄断治理的动向

对互联网平台寡头垄断问题的治理方面，欧盟整体上倾向于严格管制互联网平台寡头垄断问题。欧盟委员会认为，保护市场竞争是"增强消费者福利和确保资源有效分配的一种手段"。欧盟竞争法也一直坚持"不仅保护竞争者或消费者的利益，而且还保护市场结构，并在此过程中保护竞争"。① 因此，欧盟一直对互联网寡头企业有着较强的管制，并开出了很多天价罚单（见表 1）。2019 年，欧盟时任反垄断专员 Vestager 委托三位专家 Jacques Cremer、Yves – Alexandre de Montjoye、Heike Schweitzer 对数字经济中涉及的垄断问题进行了研究，之后，2019 年 9 月，三位专家发表了《数字时代的竞争政策》（Competition policy for the digital era）②，对数字平台所涉及的垄断问题，包括数据垄断、杀手并购、限制竞争等问题都进行了讨论。这代表了欧盟对数字平台垄断的基本态度。而到 2020 年 8 月，欧盟宣布对谷歌收购 Fitbit 交易展开反垄断调查。

表 1 欧盟对互联网平台垄断处罚的典型案例

序号	公司	年份	罚款量
1	亚马逊	2019	正在调查
2	谷歌	2018	43.4 亿欧元
3	谷歌	2017	24.2 亿欧元
4	英特尔	2009	10.6 亿欧元
5	微软	2008	8.99 亿欧元
6	微软	2013	5.61 亿欧元
7	Facebook	2017	1.10 亿欧元

资料来源：笔者根据公开资料整理。

---

① Ezrachi Ariel, "EU Competition Law Goals and the Digital Economy," Oxford Legal Studies Research Paper No. 17/2018, Available at SSRN: https://ssrn. com/abstract = 3191766 or http://dx. doi. org/10. 2139/ssrn. 3191766, June 6, 2018.

② Jacques Cremer, Yves – Alexandre de Montjoye, Heike Schweitzer, "Competition Policy for the Digital Era," Europeng Commission, 2019.

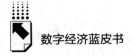

在 2018 年之前，美国在很大程度上采取放任的态度。2018 年之后，美国开始加大对具有垄断能力的互联网平台调查力度。2018 年 4 月 19～20 日，芝加哥大学布斯商学院的斯蒂格勒中心召开的年度反托拉斯与竞争会议专门设立"数字平台与集中度"（Digital Platforms and Concentration）这一主题，会议后出版的研究报告对互联网平台垄断问题提出了非常具体的建议。2019 年 6 月，马萨诸塞州的参议员伊丽莎白沃伦（Elizabeth Warren）在国会提出一项议案，提出对大型科技公司（BigTech，包括 Amazon、Apple、Facebook、Google）开展反垄断调查。2019 年 7 月，美国联邦贸易委员会（FTC）开始回应国会的议案，声明将对 Big Tech 的垄断问题进行调查。2019 年 8 月，美国司法部（DOJ）宣布开始对谷歌、亚马逊和苹果等业务进行广泛调查。调查的内容包括：一是数据是否构成垄断。例如，Facebook 将 8700 万 Facebook 用户记录转移到 Cambridge Analytica 的行为属于滥用数据支配地位的行为。之后美国当局对此进行了 50 亿美元的罚款。另外美国当局也正在对规范通信法（CDA）第 230 条是否需要进行重新修订进行讨论。该条款认为平台仅承担了信息管道的作用。2020 年 8 月，美国纽约州、加州总检察长以及美国联邦贸易委员会（FTC）宣布，计划调查亚马逊的 Marketplace 平台，审查亚马逊是否存在滥用平台第三方数据的情形。二是对互联网平台企业所进行的一系列并购事件进行审查。Facebook 分别于 2012 年和 2014 年收购了 Instagram 和 WhatsApp，当时这些被收购的企业营业额并不大，所以并没有触发反垄断审查条款。但是，现在很多专家认为，这种收购违反了反垄断法的相关规定。2020 年 2 月 11 日，美国联邦贸易委员会（FTC）向苹果、微软、Alphabet、亚马逊和 Facebook 发布命令，要求其提供过去十年（2010 年 1 月 1 日至 2019 年 12 月 31 日）收购案的细节。

欧洲其他国家对互联网平台垄断问题的关注也越来越多。2019 年 3 月，英国发表了以 Furman 为首的专家组所出具的咨询报告，即"解码数字竞争"（Unlocking digital competition），提出了应对数字时代竞争的政策基准。在数字时代，垄断相关的一些基本概念，如"消费者福利""相关市场"等概念都发生了变化，因此，竞争法需要因时而变。而报告重点提出的数据可携带性、数据互操作性①、数据开放性等问题都在之后的数字经济竞争法律中有所体现。2019 年 9 月，德国竞争法 4.0 委员会②（Commission Competition Law 4.0：2019）发布了"数字经济的新竞争框架"，代表了德国政府主管部门联邦经济事务与能源部对数字经济竞争的基本看法。该报告就数字经济平台竞争的特点、数据在平台竞争中的作用、平台的性质、杀手并购等问题进行了较为全面的探讨。

从国外政府部门对数字经济平台垄断问题的文件及研究报告来看，针对互联网平台寡头问题，其关注的重点包括以下几个方面。

一是对平台垄断的成因基本一致，即平台垄断是通过发挥网络效应等而形成的。该垄断状态对消费者的福利是否构成损害，需要根据平台的行为做进一步的研究。垄断地位本身并不必然带来效率损失。因此，对于平台的市场份额高这一事实，并不需要引发反垄断行动（包括拆分等传统的反垄断手段）。

二是对平台数据问题的关注。各国政府都关注到平台集中大数据可能形成跨市场集成（integrated across markets）或杠杆（leveraging），从而形成新竞争优势。因此，很多研究都对数据开放、数据可携带性、数据互操作性等问题进行了探讨。在实际的反垄断行动中，欧盟就亚马逊是否利用第三方数据优化自营业务问题进行调查，这也是对这一观点的一个现实回应。

三是对平台并购问题进行关注。英国的 Furman 报告、欧盟的 Vestager 报告、德国竞争法 4.0 委员会的报告都对平台并购问题，尤其是可能存在的杀手并购问题进行了分析。虽然整体上的意见并不统一，但基本的意见是要对平台并购中小企业的反垄断审查规则进行修正，不能按照原来的以营业额为准的单一标准进行。即使按照营业额标准，对触发审查的营业额规模也应该大幅度降低。2020 年 6 月 30 日，美国司法部和联邦贸易委员会（DOJ and FTC）发布的最新版《纵向合并指南》（Vertical Merger Guidelines），对

---

① 数据互操作性也是 Jacques Cremer Yves – Alexandre de Montjoye Heike Schweitzer 等人关注的重点问题。

② 该委员会受联邦经济事务与能源部（Federal Ministry for Economic Affairs and Energy）委托就数字经济竞争问题进行研究。

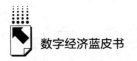

于平台并购问题也有所涉及。

四是呼吁成立对数字经济平台进行监管的机构。各国均认为，数字平台所涉及的问题较之前所遇到的反垄断问题更为复杂，因此，有必要成立一个机构来负责对此进行监管。德国竞争法4.0委员会认为，鉴于数字平台本身的复杂性，在欧盟应建立一个数字市场委员会（"Digital Markets Board"），该委员会应负责各个政策领域的永久协调和统一，以建立一个整体而协调一致的欧洲数字政策。而且，由于数字平台竞争的特殊性，该委员会应能够对数字领域的垄断情况做出快速反应。避免反垄断诉讼带来的旷日持久的官司，从而造成无法挽回的损失。英国上议院2017年发布的一份报告①也指出，数字经济的运行与监管涉及十余个部门，然而，没有整体的监管机构。数字环境的监管零散而重叠。值得注意的是，没有针对互联网的特定内容监管机构。因此，要有一个统一的监管机构。基于此，Furman提出要成立一个数字市场部门（digital markets unit）来统筹数据可移植性、互操作性的规则、系统等各个方面的问题。② 在美国，Stigler Committee认为，数字经济平台垄断问题都与数据的力量有关。为了从整体上解决这些问题，需要有一个单一的监管机构能够实施开放标准，强制数据的可移植性和可访问性，以监控暗模式的使用和成瘾的风险。③ 澳大利亚竞争与消费者委员会（Australian Competition & Consumer Commission，ACCC）建议在ACCC内部成立一个分支机构专注于数字平台。④

---

① House of Lords, "Regulating in a Digital World," Select Committee on Communications 2nd Report of Session 2017 – 19, http：//www. parliament. uk/ Internet – regulation.

② Furman, "Unlocking Digital Competition, Report of the Digital Competition Expert Panel," https：// www. gov. uk/government/publications/unlocking – digital – competition – report – of – the – digital – competition – expert – panel.

③ "Stigler Committee on Digital Platforms, Final Report," available at https：//research. chicagobooth. edu/ stigler/ media/ news/ committee – on – digital – platforms – final – report, September 2019.

④ Australian Competition & Consumer Commission（ACCC），Digital Platforms Inquiry, Final Report，https：//www. accc. gov. au/system/files/Digital% 20platforms% 20inquiry% 20 – % 20final% 20report. pdf，2019.

五　互联网平台寡头垄断的治理对策

从整体上看，互联网平台寡头垄断行为有可能对社会福利、社会创新等发生影响，结合各国对互联网平台寡头垄断的态度，我国也应出台相应的政策，以强化对互联网平台寡头垄断的治理。

一是树立行为监管的理念。如前所述，互联网寡头的形成可能是因为网络效应、双边市场效应等形成的效率优势，因此，对这些平台的监管，不能基于其市场份额，而是应该重点对其行为进行动态监管，核心是关注其是否有破坏竞争、损害消费者福利等方面的行为。随着平台的扩大，平台事实上承担着网守（gatekeeper）的作用。而且，由于平台市场的集中，很多平台事实上成为用户信息的主要来源。那么，平台对于用户有着巨大的影响，如前文所提到的搜索引擎操纵效应（SEME），美国报纸协会的负责人指出"Facebook 和 Google 是我们的主要监管者"。[①] 因此，在政府监管方面，需要对平台本身的行为进行监管。而且，由于平台的垄断地位，又具有数据、流量、算法等多方面的优势，对平台参与市场竞争的行为应有必要的监管。例如，我国法院正在审理的电商平台"二选一"的行为，就应该成为监管的重点。还有一些平台利用优势限制竞争，如即时通信平台限制其他平台应用在其上的正常分享，都应该受到监管。但是，从互联网平台本身来看，由于网络效应、多边市场效应等的存在，对互联网寡头的监管，在使用拆分等结构性监管方式时需要更为慎重。而且，从国际竞争态势看，互联网领域的平台竞争越来越激烈，我们不宜轻易拆分互联网行业的领先企业，以降低其竞争能力。

二是对相关法律法规及执法机构等进行整合。互联网领域的竞争规制，涉及的法律法规大体可分为两个部分，一部分是与竞争秩序相关的，包括

---

① Lina M. Khan, "What Makes Tech Platforms so Powerful?" in Digital Platforms And Concentration, Chapter 3, https://promarket.org/wp-content/uploads/2018/04/Digital-Platforms-and-Concentration.pdf.

《反垄断法》《电子商务法》《反不正当竞争法》等，另一部分与消费者福利相关，尤其是消费者隐私保护，这是互联网平台竞争规制的一个独特之处。因为相当一部分互联网平台的竞争优势是建立在数据优势基础上的，数据与消费者隐私密切相关。这些法律涉及《民法典》《网络安全法》等。在实际执法过程中，互联网平台垄断问题由于涉及的法律比较多，往往涉及多个不同的执法部门，这些执法部门在执法目标、手段、方式等上均有一些差异，这些差异使互联网平台垄断执法难以做到迅速而及时、标准也难以统一。因此，有必要对涉及互联网寡头垄断的相关法律法规及政策等进行整合，并统一执法部门。

三是对互联网寡头的并购及跨市场集成等行为进行必要的规制。互联网寡头强化其垄断地位的一个重要措施是利用杠杆效应进行跨市场集成，从而将其垄断优势进行多轮强化。这种跨市场集成可能是平台利用其数据优势、流量优势和技术优势进行业务纵向或横向扩张而形成的，也有可能是平台进行并购而形成的。值得注意的是，互联网寡头进行跨市场并购时，一般在新的市场内并没有显著的市场优势，因而也没有达到反垄断申报的标准。然而，如前所述，这种杀手并购，有可能导致互联网寡头通过杠杆效应，实现垄断的自我强化，从而在新的市场中形成新的垄断力量。可以考虑建立一套解决杠杆效应的结构性分离和预防性禁令（Structural separations and prophylactic bans）措施。这些措施的核心是对互联网优势平台进入某些行业进行必要的规制，结构性分离是防止平台进行某些具有利益冲突的业务活动，从而使平台无法与使用平台的公司直接竞争。这些结构性方法在国外的一些自然垄断行业已有过应用，如铁路、电信运营商、电视网络和银行等。结构性措施包括设立防火墙制度，即对平台的管道业务与其他业务之间设立防火墙，避免这些业务之间出现交叉。然而，对互联网领域的防火墙制度，大部分经济学家认为实施成本较高，监管不易，效果可能也不会太好。

四是推动平台中立制度试点。平台中立制度就是要求一个平台平等对待使用其基础架构的所有商业活动，不能对平台内的经营者采取歧视性政策。平台中立制度在本质上是将互联网平台视为一种核心基础设施（Essential

Facilities），核心基础设施应该平等地向其使用者进行开放。对于核心基础设施理论，反垄断领域一直有争议。21 世纪初，美国最高法院在 Trinko 案件中，对核心基础设施理论进行了批判。在之后，核心基础设施理论在反垄断实践中很少得到应用。我们认为，在核心基础设施的研究过程中，既往的观点更多的是强调硬件基础设施，而在互联网领域，以软件为特色的平台基础设施正在形成。而对于这些设施的性质，需要深入研究。在国际上，近期对核心基础设施的看法有所改变。例如，美国参议员伊丽莎白·沃伦（Elizabeth Warren）表示，可以考虑"将大型技术平台指定为平台设施（Platform Utilities）并与该平台上的任何参与者分开"，以阻止平台使用第三方获得的数据来使平台自营业务获得超额收益[①]。2019 年 11 月，《德国竞争法数字化法案》（Act on Digitalisation of German Competition Law）草案也提出，在对数字平台进行规制时，需要考虑扩展"核心设施原则"（Essential Facilities Doctrine），以避免具有垄断地位的基础平台利用其数据获取能力等获得垄断地位。但是，从整体上看，将互联网平台视为一种核心基础设施，在理论上和实践中仍有一些问题需要深入探讨，这要求在深入研究的基础上，审慎试点，而不能直接盲目推动。

从总体上看，随着数字经济的持续快速发展，一批互联网寡头已形成了，这些寡头在各自的领域获得了市场主导地位，因此，应采取相应的措施，对这些互联网寡头的行为进行规制。

参考文献

Lina M. Khan，"What Makes Tech Platforms so Powerful?" in Digital Platforms And Concentration，Chapter 3，https：//promarket. org/wp－content/uploads/2018/04/Digital－Platforms－and－Concentration. pdf.

---

① Pallavi Guniganti，Separation without a Breakup－Truth on the Market Truth on the Market https：//truthonthemarket. com/2019/07/22/separation－without－a－breakup/.

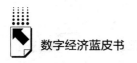

Robert Epstein, "The Unprecedented Power of Digital Platforms to Control Opinions and Votes," in Digital Platforms and Concentration, Chapter 6, https：//promarket. org/wp – content/uploads/2018/04/Digital – Platforms – and-Concentration. pdf.

BIS, "BIS Annual Economic Report 2019," Big Tech in Finance: Opportunities and risks, https：//www. bis. org/publ/arpdf/ar2019e3. htm.

Hovenkamp, Erik, "Platform Antitrust," *Journal of Corporation Law*, 2019, Forthcoming. Available at SSRN: https：//ssrn. com/abstract = 3219396.

Ariel Ezrachi, Maurice E. Stucke, "Description: Virtual Competition : the Promise and Perils of the Algorithm – driven Economy /Cambridge," Massachusetts : Harvard University Press, 2016.

Tom Warren, "Google Fined a Record MYM5 Billion by the EU for Android Antitrust Violations," https：//www. theverge. com/2018/7/18/17580694/google – android – eu – fine – antitrust.

Sally Hubbard, "The Case for why Big Tech is Violating Antitrust Laws," https：// edition. cnn. com/2019/01/02/perspectives/big – tech – facebook – google – amazon – microsoft – antitrust/index. html.

Amelio, Andrea and Bruno Jullien, "Tying and Freebie in Two – sided Markets," Unpublished Manuscript, December 2006.

UNCTAD, Digital Economy Report 2019, New York and Geneva: United Nations, https：//unctad. org/en/PublicationsLibrary/der2019_ overview_ en. pdf.

Daniel F. Spulber and Christopher S. Yoo, Antitrust, The Internet, and The Economics of Networks, in Roger D. Blair, D. Daniel Sokol (eds.), *The Oxford Handbook of International Antitrust Economics*, Volume 1, Chapter 17, Oxford University Press, 2014.

"Stigler Committee on Digital Platforms, Final Report," available at https：// research. chicagobooth. edu/stigler/media/news/committee – on – digital – platforms – final – report, September 2019.

Luigi Zingales & Filippo Maria Lancieri, "Policy Brief for Regulators," available at https：//www. chicagobooth. edu/ – /media/research/stigler/pdfs/policy – brief – digital – platforms – stigler – center. pdf.

Ezrachi Ariel, "EU Competition Law Goals and the Digital Economy," Oxford Legal Studies Research Paper No. 17/2018, Available at SSRN: https：//ssrn. com/abstract = 3191766 or http：//dx. doi. org/10. 2139/ssrn. 3191766, June 6, 2018.

Jamie Luguri and Lior Strahilevitz, "Shining a Light on Dark Patterns," University of Chicago Coase – Sandor Institute for Law & Economics Research Paper No. 879, August 2019, https：// papers. ssrn. com/sol3/papers. cfm? abstract_ id = 3431205 for a more detailed analysis.

Adam Alter, "Irresistible: The Rise of Addictive Technology and the Business of Keeping

Us Hooked," Penguin, 2017.

Furman, "Unlocking Digital Competition, Report of the Digital Competition Expert Panel," https：//www. gov. uk/government/publications/unlocking – digital – competition – report – of – the – digital – competition – expert – panel.

〔意〕弗洛里迪著《第四次革命》，王文革译，浙江人民出版社，2016。

Matt Sledge, Alex Kozinksi, Federal Judge, "Would Pay a Maximum of MYM2, 400 a Year for Privacy," 2009.

Susan Athey Christian Catalini Catherine Tucker, "The Digtal Privacy Paradox：Small Money, Small Costs, Small Talk," Working Paper 23488, http：//www. nber. org/papers/w23488.

Commission Competition Law 4. 0, A New Competition Framework for the Digital Economy, Federal Ministry for Economic Affairs and Energy, www. bmwi. de.

Australian Competition & Consumer Commission（ACCC）, Digital Platforms Inquiry, Final Report, https：//www. accc. gov. au/system/files/Digital% 20platforms% 20inquiry% 20 – % 20final% 20report. pdf, 2019.

B.10
数字经济时代的竞争政策[*]

李三希^{**}

摘　要： 面对数字时代平台化、动态化、以数据为核心的竞争特点，
传统反垄断分析框架难以适用，垄断行为判定困难，反垄断
执法实践也面临挑战。国际主要反垄断辖区纷纷对诸多挑战
采取应对行动。各国在监管目标、数字经济发展水平上存在
差异，但在监管思路、执法环节等方面的先进经验值得我国
借鉴。我国数字经济领域反垄断规则不断完善，反垄断实践
不断加强，整体反垄断制度仍然适用，但还要针对数字经济
时代下的新问题及时调整，建议在操作路径、执法工具、监
管原则、人才培养等方面继续加强。

关键词： 数字经济　反垄断　竞争政策

一　数字时代竞争的特点

（一）平台竞争与网络效应

与传统的工业企业不同，数字时代的很多企业是以平台形式存在的，或
是以这些平台为载体①。平台是一种主动吸引市场上其他主体，并使其建立

---

　*　感谢国家自科基金（项目号：71773131；71922021）的资助。

　**　李三希，经济学博士，中国人民大学数字经济研究中心主任，教授。

　①　吴汉洪、刘雅甜：《互联网行业的竞争特点与反垄断政策》，《财经问题研究》2018 年第 9 期。

联系的经济主体。普通的工业企业通过供应链、资金链等形式发生联系或展开竞争，而平台则构成一个交易场所，使得企业与企业、企业与消费者、消费者与消费者联系起来，并促成其产品或信息的交换。与此同时，平台也可以实现自身利益的最大化。目前，"淘宝""天猫""京东""滴滴""美团"等都是典型的平台实例。

平台的一个重要特点是网络效应，从而产生需求端规模经济，导致赢者通吃、一家独大的市场竞争格局①。网络效应指的是平台上的主体因平台建立联系给其他主体带来的外部性。网络效应从来源来看，可以分为直接网络效应与间接网络效应。直接网络效应指的是消费者形成网络直接影响了商品的价值。比如电信企业，每多一位消费者，市场内原有的消费者都多了一个可能的商品，新形成的网络直接影响了电信服务的价值。直接网络效应的例子包括"微信"、"美团"和"滴滴"。而间接网络效应指的是使用者的增加创造了更多的互补品，进而消费者能够得到更多的福利。比如计算机硬件，如果一个硬件被广泛使用，就会有更多地为这一硬件专门设计的软件，软件作为硬件的互补品，使得消费者获得了更大的福利。间接网络效应的例子包括"百度地图"和"英特尔处理器"。从网络效应的对象来看，又可以分为单边网络效应与跨边网络效应。单边网络效应指的是消费者与消费者、厂商与厂商之间的网络效应——消费者的进入影响消费者的福利，厂商的进入影响厂商的福利。跨边网络效应指的是厂商的进入影响消费者的福利、消费者的进入影响厂商的福利。比如"美团"相较"饿了吗"有更大的用户基数，能给饭店带来更多的收入，这就是跨边网络效应的影响。

（二）动态竞争与跨界竞争

一般的反垄断实践建立在静态竞争的前提下：经济学家一般会假设厂商在研究的时段内面对固定的消费者，使用固定的技术，因此生产函数和需求

---

① Jullien，Bruno and Sand – Zantman，Wilfried，"The Economics of Platforms：A Theory Guide for Competition Policy，" Social science Electronic Publishing，2019.

函数是静态的。然而，动态竞争是当下数字时代的主要特征①。在数字时代下，技术和商业模式有着前所未有的创新速度，产品生命周期短，有统计表明，传统行业中大公司平均寿命 80 年以上，而互联网行业则只有 10 年左右；具有竞争力的新公司能迅速成为市场领袖，比如"拼多多"在不到三年的时间就快速崛起，成长为电商行业前三。此外，数字经济时代，市场界限通常模糊不清，跨界竞争成为常态，比如搜索引擎巨头谷歌一直将电商巨头亚马逊视为头号竞争对手，而国内传统电商现在面临"抖音""快手"等短视频行业的巨大冲击。

（三）数据形成企业在市场竞争中的核心竞争力

对于数字时代的企业而言，数据是一种重要的生产资料②。数字时代的各种信息技术使数据的搜集成为可能。厂商可以通过手机、计算机等终端来记录包括个人位置、网络访问记录等个人信息。并且，通过机器学习等手段，厂商可以对这些数据进行分析，形成自己在市场竞争中的核心竞争力。2020 年 3 月 30 日发布的《关于构建更加完善的要素市场化配置体制机制的意见》首次明确，将数据作为五大生产要素之一，与劳动、资本、技术和土地并列，这说明国家已经充分认识到数据在发展数字经济中的重要作用。

二 数字经济对反垄断与竞争政策的挑战

传统的反垄断工作首先需要判断被研究的企业是否具有支配地位；在确定了企业在市场中有支配地位后，再考察这一支配地位是否被滥用、企业的合谋行为如何影响社会各方的福利、并购是否产生单边效应或协调效应。此时，反垄断部门根据经济学理论和实证研究证据，对企业采取反垄断规制，阻止垄断行为，保护社会利益。但是在数字经济场景中，以上的传统反垄断

---

① Evans, D., "Why the Dynamics of Competition for Online Platforms Leads to Sleepless Nights but not Sleepy Monopolies," Social Science Electronic Publishing, 2019.

② 韩伟：《数字经济时代中国〈反垄断法〉的修订与完善》，《竞争政策研究》2018 年第 4 期。

流程面临着巨大的挑战，传统的反垄断分析框架难以用于数字经济、数字经济中的垄断行为判定存在争议、数字经济的反垄断执法面临困难。这三点提示我们需要进一步研究数字时代的反垄断与竞争政策，以更好地服务于反垄断实践。

（一）传统反垄断分析框架难以适用于数字经济

首先，数字经济的市场范围是产品与服务难以准确界定的。在普通的工商业和金融业中，能很方便地对产品与服务进行明确的且有代表性的归类。比如，我国《商业银行法》明确地对混业经营进行了规制，这是建立在商业银行有确定的产品范围的基础上的。只有确定了产品范围，经济学家才能获得一个静态的市场，才能在传统的静态模型中分析企业策略行为对社会的影响。但是在数字经济时代，各种产品创新层出不穷，市场范围发生较大变动，这导致传统的静态分析框架失效了。比如，多边平台这一类被规制主体往往与多个市场关联，此时我们需要研究各个市场之间的网络外部性，这远比传统的单边市场复杂[1]。又如，我们还观察到，企业与企业之间的竞争聚焦于产品创新，常用的基于质量、价格、商品特征的分析方法并不适用于快速迭代的商品，无法解释创新在竞争中的巨大作用[2]。而这种创新又导致了不同类产品之间的界限愈发模糊，如智能手机刚出现时，我们很难界定这是一个手机还是一个掌上电脑。此时需要讨论智能手机对手机与掌上电脑市场的冲击，原先的手机市场与掌上电脑市场之间的界限就被打破了[3]。

其次，确定数字企业的市场势力是比较困难的。在数字经济中，市场份额、价格水平、利润率等指标难以准确描述厂商的市场势力。一个经典的例子是智能手机对传统手机厂商的冲击：2007 年 iPhone 横空出世时，诺基亚的市场份额

---

① Evans, D. and Schmalensee, R., "The Antitrust Analysis of Multi – Sided Platform Businesses," Social Science Electronic Publishing, 2014.

② Evans, D. and Noel, M., "The Analysis of Mergers that Involve Multisided Platform Businesses," *Journal of Competition Law & Economics*, 2008, 4 (3).

③ 邓志松、戴健民：《数字经济的垄断与竞争：兼评欧盟谷歌反垄断案》，《竞争政策研究》2017 年第 5 期。

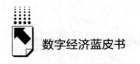

高达40%，而后以 iPhone 为首的智能手机很快挤占了诺基亚的市场份额，并导致后者衰败。可见在数字时代，高市场占有率并不一定与长期的市场支配地位相对应，科技创新可以很快地改变市场格局，传统市场份额的意义就大打折扣。类似的，价格等指标在数字经济中也难以描述厂商的市场势力，因此传统的依赖于市场份额、价格加成等的规制规则都有待更深入的讨论。

（二）对数字经济垄断行为的判定存在困难与争议

即便有了足够可靠的工具来考察数字市场，但对于数字经济中的一些策略性行为，我们仍然难以认定其是否构成滥用市场支配地位。这种困难一方面体现为识别垄断行为有困难，另一方面体现为直觉上的垄断行为，往往有非常合理的解释，下面举几个有代表性的例子。

1. 市场集中度与效率

在传统的反垄断框架中，市场的集中度与市场效率是负相关的，这给反垄断政策提供了理论依据。但是在多边市场中，集中度与市场效率的关系更为复杂，因为更加集中的多边市场可以让平台有更强的网络正外部性。多边市场的均衡结果往往是市场集中度不够，因为厂商进入市场时未考虑给其他企业带来网络效应的负外部性[①]。

2. 掠夺性定价

在多边平台市场中，为了最大化网络正外部性，平台会补贴产生更多外部性的一方，从直观上来讲，平台此时的行为构成了掠夺性定价，但事实上这根本不是出于反竞争的动机。典型的例子是拼多多的"百亿补贴"。

3. 排他性协议

多边平台可以要求平台上的某边主体只能参与特定平台，不允许其参与其他平台。著名的例子是京东与天猫之间的排他性协议：厂商只能在二者之间选择一个平台开设店铺。对于排他性协议的影响，学界一直有争议。一种

---

① Weyl E. G. and White A., "Let the Right 'One' Win: Policy Lessons from the New Economics of Platforms," *Competition Policy International*, 2014, 10 (2).

对排他性协议的合理解释是：平台为了吸引更多的消费者付出了大量成本，排他性协议体现了一种资产专用性。但是也有学者以美国的电子游戏行业为例，指出：如能禁止排他协议，美国电子游戏行业的软件和硬件销量分别会增加7%和58%，消费者福利会增加15亿美元[①]。

4. 先发制人的并购

在数字经济中，中小企业很容易通过新技术和新产品颠覆整个市场，为此大企业会先发制人地并购这些不起眼的小企业，消灭潜在的竞争者。尽管从市值、利润等传统指标来看这些并购行为不足为奇，但是其很可能损害了竞争[②]。典型的例子包括Facebook对WhatsApp的收购。

5. 算法共谋

企业可以通过后台定价算法，隐蔽地实现与对手的互动。这种共谋几乎不会留下证据，给反垄断工作带来了困难[③]。对于算法共谋是否存在仍然有争议，但是大量的理论与实验研究证明其是完全可行的[④]。

6. 跨界竞争行为

在数字经济中，企业可以通过在一个领域的巨大优势，在其他领域获得垄断地位。但数字经济中的市场边界是模糊的，监管机构因此很难判断企业是否实施了跨界竞争。一个例子是"360"进入杀毒软件市场，单就进入行为而言，很难判断这是否构成跨界竞争。"安全卫士"和杀毒软件同属网络安全产品，很多杀毒软件也提供杀毒以外的安全服务，如清理恶意软件。这些网络安全产品的功能构成了一个"产品束"，它们之间的边界是非常模糊的。此时如何评判跨界竞争行为就有很大的争议。

---

① Lee R. S., "Vertical Integration and Exclusivity in Two-Sided Markets," Working Papers volume, 2007, 103 (7).

② Crémer J., de Montjoye Y. and Schweitzer H., "Competition Policy for the Digital Era," Report for the European Commission, 2019.

③ 韩伟：《算法合谋反垄断初探——OECD〈算法与合谋〉报告介评（上）》，《竞争政策研究》2017年第5期。

④ OECD, "Algorithms and Collusion: Competition Policy in the Digital Age," Italy: The Secretariat of the OECD, 2017.

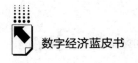

（三）对数字经济的反垄断执法实践面临诸多挑战

1. 执法范围难以确定

数字经济下，一些传统的反垄断手段，如企业拆分等结构性救济措施可能是不必要的，而强制开源协议等监督行为措施可能是更恰当的。如欧委会对谷歌滥用支配地位和微软收购领英两个案例，都没有采用结构性的措施，而是要求企业在一定期限内承担特定义务。当然这有两方面的弊端，一方面监督行为措施导致监管部门长期干预市场，引起过度的救济；另一方面企业可以通过各种手段逃避监管，导致应履行的义务没有落实。

2. 执法时机难以确定

考虑到数字经济的种种特性，执法时机会大大影响执法效果。比如对于平台企业，干预可能会稀释市场的网络外部性，导致消费者福利受损，而受损程度是与干预时机密切相关的。

3. 调查取证成本高昂

比如对于算法共谋，监管者需要投入大量的人力、物力才能确定算法共谋的存在，这需要非常复杂的实证研究工作。

4. 司法手段难以达成反垄断目的

数字企业的策略性行为具有多样化的特点，而且能对监管手段做出敏锐的反应，这使得传统的反垄断手段面临"上有政策，下有对策"的困境。另外，对于垄断行为的受损者，反垄断法律需要有更好的救济功能，才能切实保护他们的利益，以免"赢了官司，输了市场"。

5. 数字经济的反垄断对执法队伍有很高的要求

数字经济已经完全融入了人们的生活，企业有强大的势力、复杂的行为，数字科技的专业程度很高，这需要执法部门有一定的经济学专业知识，以理解数字经济的规制理论。数字企业的运行模式迥异于传统经济模式，这要求执法队伍了解数字经济的运作细节，以便深刻理解数字产业的组织模式，将反垄断知识用到实处。

三 数字经济领域反垄断与竞争政策的国际经验

数字经济对传统竞争秩序和规则方式的挑战已引发了全球反垄断辖区的普遍关注①。目前，美国、欧盟等发达国家在数字经济领域的反垄断与竞争政策方面已经有了一定的实践经验，借鉴以美国与欧盟为典型代表的先进国际经验，有利于我国更好地开展数字经济领域的反垄断实践。

（一）美国：反垄断监管从宽松转向审慎

1. 数字经济发展初期：反垄断态度宽松，旨在效率优先下保护消费者福利

整体来看，美国偏向于宽松包容，目标是在效率优先的前提下保护消费者权益②。在这种较为宽松的监管环境下，美国成长起了以谷歌、微软、亚马逊、Facebook 为代表的一批巨头平台。

其一，在立法上，数字经济反垄断沿用传统经济部门反垄断法。美国传统经济部门反垄断的法律法规建立在 1890 年《谢尔曼法》（Sherman Act）、1914 年《克莱顿法》（Clayton Act）和《联邦贸易委员会法》（Federal Trade Commission Act）的基础之上。1996 年，美国国会对上述反垄断法进行评估，认为传统反垄断分析框架对数字经济情境下的垄断行为仍然适用。其二，在司法上，结合数字经济特点扩充传统反垄断法适用范围。无论是美国联邦贸易委员会（FTC）还是美国司法部（DOJ），都拓展了以保护消费者和维护市场竞争为主的传统反垄断规制目标，其更加强调鼓励创新。2010 年，FTC 和 DOJ 共同发布《横向合并指南》，在以往的合并审查中进一步考虑由损害创新竞争引致的单边效应。其三，在执法上，反垄断调查多以和解告终。从 1997 年 10 月起，DOJ 对微软非法捆绑

---

① 熊鸿儒：《数字经济时代反垄断规制的主要挑战与国际经验》，《经济纵横》2019 年第 7 期。
② 余东华：《美国反垄断政策的演进及对我国的启示》，《亚太经济》2008 年第 1 期。

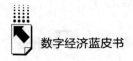

销售行为展开反垄断调查，一度要求微软拆分业务，但出于保护个人电脑和操作系统在促进产业创新上的重要作用，拆分裁决最终被撤销。在2010年《横向合并指南》发布后，DOJ加大了对可能导致创新活动减少的并购交易的审查力度，如两大在线点评网站Bazaarvoice、Power Reviews的并购交易案，但该案件最终也被撤销。

美国早期数字经济反垄断政策偏向于宽松的原因在于，力求保持美国数字经济在国际上领头地位。1993年，克林顿出任美国总统，提出"信息高速公路计划"，把发展数字经济提升到国家战略高度。美国开放包容的市场环境催生了一批信息产业，商品与服务逐步向数字化转型升级。技术升级的同时带来了规模经济，数字行业逐渐显露出寡头垄断格局。但是，考虑到国际上激烈的技术创新竞争，美国政府反垄断的目标不是防止市场独占、操纵价格，而是关注如何提高效率、保护创新，在效率优先的前提下维护消费者福利，以确保美国数字经济继续占领前沿地位。

美国宽松的反垄断政策，一方面，推动数字经济的极大发展，涌现出了一批超大型数字平台。2019年，美国数字经济规模蝉联全球第一，达到13.1万亿美元；数字平台总价值达6.65万亿美元，占据全球总量的74.1%①；以苹果、谷歌、微软、亚马逊、Facebook为代表的超大型数字平台拥有强大的国际竞争力。另一方面，促进竞争、保障消费者福利的目标并未达到预期。在一定程度内，反垄断起到促进竞争的作用，但在大多数企业都采用平台模式的背景下，平台之间的竞争本质上会要求企业规模扩张，甚至一家独大。大型平台也更容易滥用用户数据，或在内容审查时对消费者实施不公正对待。平台数据滥用问题与平台中立问题，正逐渐被反垄断机构重视起来。

2. 数字经济发展现状：从宽松转向审慎，以消费者福利为宗旨的政策基础开始动摇

从2019年开始，美国反垄断态度明显从宽松转向审慎，以消费者福利

---

① 中国信通院政策与经济研究所：《2020年平台经济与竞争政策观察》，2020。

为宗旨的反垄断政策基础开始动摇①。自 2019 年 6 月起，FTC、DOJ、众议院以及各州检察官对四家主要数字平台谷歌、脸书、亚马逊、苹果开启重大反垄断调查。2020 年 10 月 7 日，美国众议院反垄断委员会公布了一份 449 页的报告，详细描述四大数字平台滥用市场权力的情况。民主党针对上述指控提出一系列裁决方案，其中就包括最严格的业务拆分。这份报告传递了一个重要信号：美国将严格监管平台巨头垄断行为。尽管刚刚经历大选，这些建议暂时难以付诸行动，但是这份报告成为国会在 2021 年采取措施时的路线图。如果上述建议被通过，这份报告将促成近几十年来美国反垄断法最大的改革。

美国反垄断态度转变是因为受到了国内舆论和国际压力的共同影响。其一，国内中小平台和消费者反垄断呼声高涨。数字市场高度集中、数字企业不断获得超额回报被美国各界视为贫富差距拉大、制造业失业率攀升的重要内在原因。对超大型平台开启反垄断调查被视为解决美国国内问题的突破口之一。此外，长时间内，美国社会各界共同参与反垄断案件举证和讨论，反垄断规则与认定方法在实践中不断深化，对超大型平台提起诉讼和形成规制的能力逐渐成熟。其二，欧盟严格的反垄断实践给美国施加了外部压力。欧盟针对美国互联网巨头进行了频繁的反垄断调查并处以高额罚款，意在表明全球反垄断执法中心正在向欧洲转移。美国为了在反垄断执法的国际博弈中争取优势地位，会根据欧盟执法倾向做出调整。但究其根本，美国在数字经济领域的领先优势无可撼动，这使其可以在不损害效率的情况下加强反垄断力度。需要注意的是，如果其他国家数字经济持续快速发展，美国可能会为了保住其领先地位而重新放松监管。

（二）欧盟：一贯严苛，追求统一市场和自由竞争

欧盟数字经济反垄断体系十分严苛。欧盟竞争政策的目标是建立单一欧

---

① 熊鸿儒：《数字经济时代反垄断规制的主要挑战与国际经验》，《经济纵横》2019 年第 7 期。

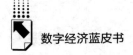

洲市场，消除并预防内部贸易壁垒，强调保护消费者利益和中小企业的竞争力①。相比于美国，欧洲对数字经济行业内的企业行为监管更偏向严苛与保守。

其一，在立法上，欧盟对违反竞争的界定非常严格，《通用数据保护条例》等法规成为全球通行的数字经济规范监管标准。其中，最突出的例子即对剥削性滥用的定义。在欧盟标准下，滥用市场支配地位不仅包含不公平或过度定价等谋取暴利行为，也包括拒绝交易等排挤行为。一些在美国反垄断法下并不涉及滥用市场支配地位的行为，也可能遭到欧委会调查。其二，在司法上，欧盟反垄断审查力度更大、范围更广，涉及数据聚集的并购交易等新现象不断被纳入审查范围。例如，欧盟与美国几乎同时开始对谷歌的反垄断调查，但在调查范围、调查力度、和解协议效力与和解协议监督方面，欧盟都更加严苛。当前，在审查垄断行为时，欧盟格外关注涉及数据聚集的合并交易等新现象，也拟将非欧盟国家的补贴纳入反垄断法考量范畴，并相应扩大其执法权②。其三，在执法上，欧盟以高额罚款等结构性救济为主，辅以行为救济措施，执法手段不断更新。一方面，欧盟针对互联网巨头跨界传导垄断地位的行为频频开出巨额罚单。从2017年6月到2019年3月，欧委会接连对谷歌开出了高达24.2亿欧元、43.4亿欧元、14.9亿欧元的巨额反垄断罚单。另一方面，欧盟成员国普遍认为对剥离资产、强制拆分等结构性救济措施的处置过于绝对，应当辅以任务监督人监督、修改或开放相关代码等行为性救济措施。2016年微软收购领英案、2017年谷歌滥用支配地位案以及2019年2月Facebook过度收集和合并用户数据案，大多采取了行为救济措施，要求涉案企业在特定期限内承担一定的作为义务。此外，欧盟充分考虑平台竞争的特殊性，创新反垄断判定指标，包括：弱化价格等传统指标，重点分析市场结构、用户议价能力等新的指标分析体系，在计算市场份

① Botta, M. and Wiedemann, K., "The Interaction of Eu Competition, Consumer, and Data Protection Law in the Digital Economy: The Regulatory Dilemma in the Facebook Odyssey," *The Antitrust Bulletin*, 2019, 64 (3).

② 中国信通院政策与经济研究所：《2020年全球数字经济新图景》，2020。

额时以销售量、访问数量代替销售额进行衡量等。

欧盟采取"先规范后发展"的路径，究其原因：一是从历史角度看，欧盟反垄断始终致力于建立统一的欧洲市场，多数反垄断裁决均是为了消除成员国间的发展不均等；二是从发展角度看，欧盟意图培育数字经济领域的"欧洲冠军"，部分成员国长期呼吁推行"内外有别"的竞争政策，通过打击国际巨头为发展本土数字产业争取时间。但部分批评声音指出，欧盟的反垄断政策存在日益政治化的倾向，在某种意义上变成了一种特殊的贸易保护工具[①]。

欧盟严苛的反垄断政策是一把双刃剑。一方面，严格的反垄断政策充分保护了中小企业和消费者利益。另一方面，严格的法律在某种程度上阻碍了欧盟数字经济发展。欧盟的反垄断措施强调保护竞争者，而非保护竞争，一定程度上扭曲了反垄断目的。目前，欧盟数字企业占世界总市值的比重不足4%，缺乏本土的超大型数字平台，数字技术研发、商业模式、用户服务均缺乏国际竞争优势；同时，欧盟自身相对较弱的数字经济产业实力，也是影响其反垄断政策选择的原因之一[②]。

（三）执法上灵活变通，修法上保持谨慎

对比美国和欧盟的数字经济反垄断经验，可以发现两者共同的走势。一方面，在执法上要持续关注数字经济反垄断新议题，并对数字经济领域下产生的新问题进行积极回应。大数据垄断、算法合谋与算法歧视、初创企业并购、数据封锁等问题都成为美欧当下反垄断监管重点[③]。平台是数字市场的核心因素，在执法时要考虑竞争主体的平台特性，同时要充分结合数据时代竞争的特点，针对数据、算法等新问题进行灵活变通处理，提高反垄断执法的灵活性。另一方面，要在修法上保持谨慎态度，以执法探索代替直接立

[①] 中国信通院政策与经济研究所：《2020 年平台经济与竞争政策观察》，2020。

[②] 中国信通院政策与经济研究所：《2020 年平台经济与竞争政策观察》，2020。

[③] 费方域、闫自信、陈永伟、杨汝岱、丁文联、黄晓锦：《数字经济时代数据性质、产权和竞争》，《财经问题研究》2018 年第 2 期。

法。美欧目前的反垄断实践主要以调研分析形式展开，在具体的执法环节进行灵活处理，较少直接修法①。在直接修法方面开展较多实质性动作的是德国。2019 年，德国《反对限制竞争法》第十次修订启动，进一步推动了数字经济背景下竞争法的改革，加强对数字经济的干预与监管。在本次修正草案中，德国积极回应数字经济时代带来的挑战，明显加强对跨平台经营者的关注，重视数据在竞争中的作用和地位，但整体上德国对数字变革的反垄断回应较为激进，我国在参考借鉴时也需要保持谨慎态度。

四 我国在数字经济领域反垄断与竞争的政策实践

（一）中国前期反垄断与竞争政策

1. 态度上保持包容宽松，反垄断规则不断完善

在立法方面，我国已建立以《反垄断法》和《关于在市场体系建设中建立公平竞争审查制度的意见》为两大工具的反垄断制度和竞争政策规则体系，且不断优化。2008 年，《反垄断法》正式实施，这是我国第一部反垄断法，对滥用市场支配地位、经营者集中、滥用行政权力排除与限制竞争等做了相关规定。随后的十年间，为保证反垄断法的有效实施，负责反垄断的有关部门陆续出台了相关配套的法规、规章和指南，如 2008 年颁布《国务院关于经营者集中申报标准的规定》，2009 年国务院反垄断委员会推出《关于相关市场界定的指南》，2009 年起实施工商行政管理总局通过的《工商行政管理机关查处垄断协议、滥用市场支配地位案件程序规定》，2011 年 2 月起实行国家发改委颁布的《反价格垄断的规定》和《反价格垄断行政执法程序规定》，2014 年商务部等颁布《关于经营者集中附加限制性条件的规定（试行）》，细化了经营者集中反垄断审查的执法。这些配套的规章制度为我国反垄断法工作的开展提供了制度性支持。2016 年，国务院出台《关于在

① 韩伟：《数字经济时代中国〈反垄断法〉的修订与完善》，《竞争政策研究》2018 年第 4 期。

市场体系建设中建立公平竞争审查制度的意见》。公平竞争审查制度的制定，标志着竞争政策与其他经济政策的协调机制正式出台。

在司法方面，现行反垄断规则的理论基础是传统产业组织理论，如在垄断势力测度、滥用垄断行为的判断规则、并购审查等方面，规制对象也是传统的静态行业，但一定程度上结合数字经济领域的特点拓展了反垄断规则的适用性。

在执法方面，反垄断法的执法偏向于传统经济部门，但也能够结合互联网经济特点审理互联网反垄断案件。

针对传统经济部门进行的反垄断执法，执法力度较大且执法质量不断提升。具体而言，执法力度大一方面体现在敢于向大公司动刀，如2009年，商务部禁止美国可口可乐公司收购中国汇源果汁；2015年，发改委责令美国高通停止滥用市场支配地位的违法行为，并处以罚款；2017年，商务部附加限制性条件才批准陶氏化学与杜邦合并。另一方面表现为敢于纠正省级人民政府限制竞争的行为，如2016年发改委责令12个省份废止、停止执行或修改新居配建市场文件，不得限定新居配建公司，新居配建市场的公平竞争秩序得以恢复。执法质量提升表现为公开的处罚决定越来越多，公开的内容越来越丰富。

对于互联网经济领域，初期主要是表现为包容审理互联网反垄断的相关事件，以司法审判为突破口，行政干预较少。自《反垄断法》出台以来，最高人民法院审理的中国首例互联网反垄断纠纷案是"3Q大战"①。本次案件最终于2014年10月，二审宣判驳回上诉，维持一审原判，认定腾讯旗下的QQ并不具备市场支配地位。在本次案件中，最高法明确了多个反垄断法律适用的重要裁判标准，对于我国未来互联网行业垄断诉讼具有里程碑的意义。除此之外，我国在互联网领域反垄断执法中还有很多经典实践。"微信

---

① 360公司诉腾讯垄断案最初源于2010年的"3Q大战"。360方面称，腾讯公司模仿360安全卫士推出"QQ医生"（后改名为"QQ电脑管家"）。2010年2月12日，也就是当年的除夕之夜，腾讯以QQ升级时默认捆绑的方式，全面推广"QQ医生"这款产品，打响了"3Q大战"的第一枪。

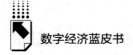

表情包案""二选一申诉"等体现了反垄断法在数字经济时代下的应用。2017 年，京东起诉天猫、阿里巴巴要求商家只能选择其中一家平台出售商品或服务；2019 年，最高人民法院驳回阿里案件管辖权的申请，同年 7 月，备受瞩目的电商平台"二选一"反垄断诉讼完成了程序性审判，推动案件走向实质性审判；2020 年 11 月该案件于北京高院不公开质证。该案件有可能为解决互联网行业近十年来围绕"二选一"的争议提供解决思路和方向。2018 年 12 月，在最高法院审理的微信表情包反垄断案中，创新性地通过需求替代分析界定了相关市场，认为表情包投稿的需求和用意并非为了获取社交服务，因而应扩大对相关市场的界定范围①。

　　与此同时，一系列重要不正当竞争案件的审判助推了数字经济领域竞争规则的形成。如世纪之窗过滤腾讯视频广告案中，判决世界星辉公司赔偿腾讯公司经济损失及合理支出 189 万余元。该案件主要是从社会福利视角对不正当竞争行为进行了认定②，认为世界星辉公司开发、经营涉案具有选择性过滤、屏蔽广告功能的浏览器的行为构成不正当竞争行为。这些判罚大大推动了对平台间具体竞争问题的讨论，为未来的平台监管提供理论基础和实践方向。

　　2. 国家战略上高度重视数字经济发展

　　包容宽松态度的背后体现的是我国对数字经济发展的高度重视。党的十八大以来，中国政府高度重视发展数字经济，并逐渐上升为国家战略。2013 年出台的《国务院关于印发"宽带中国"战略及实施方案的通知》，首次提出将宽带网络作为国家战略性公共基础设施，从顶层设计、核心技术研发、信息安全保障等方面做出全面部署。2015 年出台的《国务院关于积极推进"互联网＋"行动的指导意见》从创业创新、协同制造、现

---

①　最高法院认定平台有权设定管理规则。在本案中，徐某主张，本案相关商品或者服务市场应为微信表情开放平台，二审判决将本案相关商品或者服务市场界定为互联网表情包服务，扩大了相关市场范围。

②　2019 年初，腾讯公司与世界星辉公司不正当竞争纠纷一案尘埃落定。北京知产法院终审认定"世界之窗浏览器"过滤广告功能违反了反不正当竞争法规定，判决世界星辉公司赔偿腾讯公司经济损失及合理支出 189 万余元。

代农业等 11 个领域推动互联网创新成果与经济社会各领域深度融合。2017 年 12 月，中共中央政治局就实施国家大数据战略进行第二次集体学习，其中习近平总书记强调要构建以数据为关键要素的数字经济。

同时，数字经济成为推动经济发展的重要力量，因此要包容宽松对待数字经济这一新兴事物的发展。依据中国信息通信研究院数据，中国数字经济已成为驱动经济增长的核心力量，2014～2019 年中国数字经济对 GDP 增长的贡献始终保持在 50% 以上。

3. 中国数字经济大规模发展，尤其是平台经济

在包容宽松的政策制度环境下，中国数字经济得到大规模发展。中国信息通信研究院数据显示，中国数字经济增加值规模由 2005 年的 2.6 万亿元增加到 2019 年的 35.8 万亿元，占 GDP 比重相应的由 14.2% 上升到 36.2%。特别是平台经济快速、大规模发展，2015～2019 年价值 10 亿美元以上的平台数量不断增加，且市场价值总额从 2015 年的 0.8 万亿美元上升到 2019 年的 2.35 万亿美元。

（二）中国当前反垄断与竞争政策

1. 反垄断法的更新与相关部门合并统一

2018 年，我国反垄断部门迎来"三合一"整合，将国家发展和改革委员会的价格监督检查、调查滥用市场支配地位和行政垄断等反垄断执法职责，商务部的经营者集中反垄断执法，原工商总局与价格无关的垄断行为、滥用市场支配地位和行政垄断等反垄断执法职责以及国务院反垄断委员会办公室等职责整合，组建国家市场监督管理总局，作为国务院直属机构。

2019 年 9 月 1 日，三部反垄断配套规章①正式落地。其中主要在《禁止滥用市场支配地位行为暂行规定》中，将互联网等新经济业态纳入范畴监

---

① 三部反垄断配套规章分别为《禁止垄断协议暂行规定》《禁止滥用市场支配地位行为暂行规定》《制止滥用行政权力排除、限制竞争行为暂行规定》。

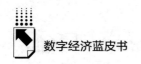

管，并主要从三方面做出规定，即市场份额认定的指标范围、认定具有市场支配地位的特殊考虑因素、以低于成本价格销售商品的特殊情形。

同时，我国结合数字经济反垄断的新特点，多部法律法规、政策文件陆续出台或修订。《电子商务法》的出台细化了互联网时代下电子商务平台的反垄断规则。2018年我国《电子商务法》①正式通过，对电子商务活动做出全面规定，使电子商务争议解决有法可依。当前数字经济时代的突出特征是以平台为中心构建的网络经济生态，因此，在《电子商务法》中对电子商务平台格外关注，明确了电子商务平台经营者和其他电子商务经营者，电子商务平台竞争将"电子商务平台经营者"作为一节内容在整部立法中单独出现，在其他章节中也频繁出现平台相关的规定，足见对其重视程度。在互联网反垄断方面，《电子商务法》第22条（"电子商务经营者因其技术优势、用户数量、对相关行业的控制能力以及其他经营者对该电子商务经营者在交易上的依赖程度等因素而具有市场支配地位的，不得滥用市场支配地位，排除、限制竞争"）在现有的反垄断立法基础上，又将技术优势、用户数量等方面作为市场支配地位的重要考量因素，不再局限于传统通过市场份额的方式认定电商领域的市场支配地位。第35条规定"电子商务平台经营者不得利用服务协议、交易规则以及技术等手段，对平台内经营者在平台内的交易、交易价格以及与其他经营者的交易等进行不合理限制或者附加不合理条件，或者向平台内经营者收取不合理费用"，这对电子商务平台经营者"二选一"行为进行了有关规定。

此外，我国考虑数字经济的特征对反垄断进行进一步修订。我国《反垄断法》于2020年1月迎来首次大修，《中华人民共和国反垄断法》修订草案（公开征求意见稿）②瞄准互联网经济的新特点，新增市场支配地位认定条款，特别强调既要考虑到传统反垄断法里规定的一般特征，也要考虑到互联网行业的特殊性，包括规模经济、锁定效应、掌握和处理相关数据的能

---

① 2018年8月31日第十三届全国人民代表大会常务委员会第五次会议通过。
② 国家市场监督管理总局于2020年1月2日发布。

力等诸多因素，让反垄断法在互联网和数字经济时代发挥作用。

2020 年 11 月，在平台经济迅速发展的背景下，《关于平台经济领域的反垄断指南（征求意见稿）》应运而生，这是全球第一个针对平台经济经营者的反垄断指南，是我国反垄断进程中的一大重要突破，其在反垄断法实施中具有给予指引和协助分析的作用。其目的是预防和制止平台经济领域垄断行为，引导平台经济领域经营者依法合规经营，促进线上经济持续健康发展。

2. 注重个人信息保护，消费者数据隐私问题得到重视

数字经济的市场规范不仅包括反垄断，面对数据的爆发式增长，个人信息保护等问题也备受关注。我国建立健全个人信息保护法律体系，积极应对数字经济时代下个人隐私问题。目前我国政府也正加快推动个人信息保护立法进程，加强公民个人信息保护实践。我国已形成多层次、多领域、结构复杂的个人信息保护法律体系，并积极推进针对个人信息保护的专门立法。2020 年 10 月，《个人信息保护法（草案）》①纳入全国人大常委会一类立法计划，将进一步厘清各方在数据保护中的义务与责任，更为明确地进行个人信息保护的专门立法，提高抵御安全风险的能力。2020 年 12 月，中央网信办出台《常见类型移动互联网应用程序（App）必要个人信息范围（征求意见稿）》，对不同类型的互联网应用程序可以收集消费者数据的合理范围给予界定。

此外，个人信息保护的执法工作不断加强。2019 年 1 月 25 日，中央网信办、工业和信息化部、公安部、市场监管总局四部门成立专项治理工作组，对"App 违法违规收集使用个人信息"进行专项治理，针对上千款 App

---

① 《个人信息保护法》是一部保护个人信息的法律条款，现尚在制定中。涉及法律名称的确立、立法模式问题、立法的意义和重要性、立法现状以及立法依据、法律的适用范围、法律的适用例外及其规定方式、个人信息处理的基本原则、与政府信息公开条例的关系、对政府机关与其他个人信息处理者的不同规制方式及其效果、协调个人信息保护与促进信息自由流动的关系、个人信息保护法在特定行业的适用问题、关于敏感个人信息问题、法律的执行机构、行业自律机制、信息主体权利、跨境信息交流问题、刑事责任问题，对个人及行业有着很大的作用。

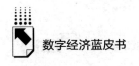
展开深度评估与问责，对 App 的违法违规行为采取及时约谈、下架等处罚措施，加大个人信息保护力度。[①]

3. 国内反垄断转向规范发展，争夺国际数字治理话语权

其一，中国数字经济已经从包容发展走入规范发展的阶段，已有的互联网反垄断实践为国内数字经济反垄断提供经验。面对互联网平台"二选一"、互联网巨头并购小企业等事件频发，中国国内互联网的高集中度应得到重视。其二，强化对数字经济的治理成为全球趋势，全球数字经济治理规则博弈加剧。2019 年，数字经济经历多年持续高速增长后，全球性数字经济治理浪潮来袭，多国在规则制定、调查执法等方面强化作为。从全球监管态势来看，2019 年欧美主要国家针对数字平台的监管呈现趋严态势。美国的反垄断态度从宽松转向审慎，对四家主要数字平台 Google、Facebook、Amazon、Apple 开启重大反垄断调查。欧盟则是一向严苛的反垄断态度和执法。

从反垄断态度、反垄断目标、法律体系、司法适用范围、规则惩罚、产业环境等方面来对比中国与欧美的反垄断经验，整体而言，中国的反垄断监管整体与美国相似，欧盟反垄断的态度则相对严苛。

五　政策建议

近几年，随着数字经济的高速发展，新的竞争对手不断涌入，行业内的竞争也不断加剧，但这并不一定是坏事，如果这种进入在提高经济运行效率方面带来的好处要大于在损害市场竞争方面的坏处，那么这种进入很可能是有利的。但这也并不是说要对平台经济放任不管，而是说反垄断执法机构要对数字经济时代有更明确的认识，充分理解数字经济时代下的竞争特点，以及充分认识这些特征对反垄断政策带来的问题和挑战，更新、调整并完善现有的政策体系，结合互联网的特性分析并谨慎执法，对此，本报告提出以下几点建议。

---

① 《数据治理的发展现状》，https：//xw.qq.com/cmsid/20200102A04JDI00，2020 年 1 月 2 日。

（一）结合发展阶段设定反垄断目标，探索推进包容审慎监管

中国应主要借鉴美国立法与司法逻辑，完善国内反垄断法律法规，参考欧盟执法实践，超前布局国际合规进程。中国数字经济发展程度远超欧洲，接近美国。中国借助强大的国内市场倒逼技术革新与模式创新，数字经济体量位居全球第二，2019 年达到 5.2 万亿美元①，阿里巴巴、京东、百度、腾讯等数字平台在国际上崭露头角。但是，中国数字企业国际化程度远远落后美国，因此在国际市场上较少受到反垄断规制。然而，国际化是中国数字企业必由之路，欧盟更是中国重要的海外市场，国际合规将是未来绕不开的一步。

为此，中国应探索推进包容审慎监管。从短期来看，对处在发展初期、具有较大发展潜力的数字经济新业态新模式予以适当的自治权限，对数字经济重点行业、重点平台的重点问题关注；从中长期来看，推动反垄断与数字经济发展同步规划、同步实施。

（二）加强经济学分析，增强反垄断规制体系适用性

经济学在反垄断执法立法司法中扮演着越来越重要的角色。欧盟和美国的反垄断立法体系或者理念，很多都是体现了经济学的理念。经济学分析能够指引反垄断机构整体的执法方向，合理解释反垄断法的法律意义，帮助执法机关厘清个案思路，提高执法机关的执法效率。

因此，要进一步将经济学分析融入反垄断执法中。从宏观上确立竞争政策的基础性地位，营造公平竞争的经济环境，从微观上加强经济学分析并建立合适的竞争损害理论，为竞争政策和反垄断执法奠定基础。

同时，监管或执法部门应及时吸收新的竞争理论，深化对数字平台垄断的认识。针对大数据垄断、算法合谋、初创企业并购、数据封锁等问题尽快厘清逻辑，找到应对思路。

---

① 中国信通院政策与经济研究所：《2020 年全球数字经济新图景》，2020。

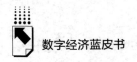

（三）提高反垄断执法灵活性，加强国际交流与合作

在具体的执法中，要坚持个案分析，增强反垄断执法方式的灵活性和适应性。从国际反垄断辖区应对数字经济时代的主要做法来看，大多数国家并没有直接展开修法，反垄断法的整体法律框架仍然适用，但仍要针对数字经济带来的新问题对现有的反垄断规则进行修订与完善，在修订过程中应着重考虑数字经济这一新模式下的常态保护问题，增强反垄断执法方式的灵活性和适应性。因此，在执法中要坚持具体案件具体分析，灵活、变通地运用反垄断的执法规则，通过个案分析提高反竞争效果认定的准确性。

数字经济全球化的浪潮是不可阻挡的，反垄断领域也将面临更多的跨地区、跨国家执法问题。因此，我国还要加强与国际上主要反垄断辖区的交流合作，积极学习欧美国家处理与数字经济相关案例的经验，提升我国反垄断规制的国际水平。

（四）加强反垄断专业人才队伍建设，进一步拓展跨学科、跨领域的合作深度与广度

我国反垄断部门成立时间较短、执法专业力量不足的问题也尤为突出。建议在反垄执法和公平竞争审查过程中提升专业人员的比例，增加反垄断队伍人员编制。

加强反垄断人才培养和支持力度，扩大高校中反垄断和竞争政策相关的法学、经济学专业的招生规模，吸引国外有相关经验的优秀人员回国从事人才培养工作。

同时，数字经济的快速发展离不开科技的变革和创新，随着科技的快速发展，数字经济领域也出现了如算法合谋的新问题。因此，要进一步拓展跨学科、跨领域的合作深度与广度，加强经济学家、法学家及外部技术专家的交流与合作。

参考文献

邓志松、戴健民：《数字经济的垄断与竞争：兼评欧盟谷歌反垄断案》，《竞争政策

研究》2017年第5期。

费方域、闫自信、陈永伟、杨汝岱、丁文联、黄晓锦：《数字经济时代数据性质、产权和竞争》，《财经问题研究》2018年第2期。

韩伟：《算法合谋反垄断初探——OECD〈算法与合谋〉报告介评（上）》，《竞争政策研究》2017年第5期。

韩伟：《数字经济时代中国〈反垄断法〉的修订与完善》，《竞争政策研究》2018年第4期。

吴汉洪、刘雅甜：《互联网行业的竞争特点与反垄断政策》，《财经问题研究》2018年第9期。

熊鸿儒：《数字经济时代反垄断规制的主要挑战与国际经验》，《经济纵横》2019年第7期。

余东华：《美国反垄断政策的演进及对我国的启示》，《亚太经济》2008年第1期。

中国信通院政策与经济研究所：《2020年平台经济与竞争政策观察》，2020。

中国信通院政策与经济研究所：《2020年全球数字经济新图景》，2020。

Botta, M. and Wiedemann, K., "The Interaction of Eu Competition, Consumer, and Data Protection Law in the Digital Economy: The Regulatory Dilemma in the Facebook Odyssey," The Antitrust Bulletin, 2019, 64 (3).

Crémer J., de Montjoye Y. and Schweitzer H., "Competition Policy for the Digital Era," Report for the European Commission, 2019.

Evans, D., "Why the Dynamics of Competition for Online Platforms Leads to Sleepless Nights but not Sleepy Monopolies", Social Science Electronic Publishing, 2019.

Evans, D. and Noel, M., "The Analysis of Mergers that Involve Multisided Platform Businesses," *Journal of Competition Law & Economics*, 2008, 4 (3).

Evans, D. and Schmalensee, R., "The Antitrust Analysis of Multi – Sided Platform Businesses," Social Science Electronic Publishing, 2014.

Jullien, Bruno and Sand – Zantman, Wilfried, "The Economics of Platforms: A Theory Guide for Competition Policy," Social Science Electronic Publishing, 2019.

Lee R. S., "Vertical Integration and Exclusivity in Two – Sided Markets," Working Papers Volume, 2007, 103 (7).

OECD, "Algorithms and Collusion: Competition Policy in the Digital Age," Italy: The Secretariat of the OECD, 2017.

Weyl E. G. and White A., "Let the Right 'One' Win: Policy Lessons from the New Economics of Platforms," *Competition Policy International*, 2014, 10 (2).

B.11
数据治理热点解析与建议

安筱鹏 李倩 顾伟 宋斐*

摘　要： 数据要素价值的发挥和数据生产力的进一步发展，呼唤着数据治理的创新变革。面对数据技术、数据商业的快速变化，以及数据治理领域诸多"两难甚至是多难"的选择，应秉持"未来观、全局观、全球观"，按照"鼓励创新、包容审慎、保护与开发并重"等原则，探索推进一种"多方参与、协同共赢"的治理格局。

关键词： 数据治理　数据生产力　个人信息保护　企业数据权益　数据开放

近年来，我国数据产业继续保持高速发展态势，在技术突破、产业创新、引领传统产业转型、助力社会治理（如疫情防控）等多个方面都取得了较大突破。同时，随着数据要素的基础性、全局性、引领性作用日益突出，围绕数据治理的热点和难点问题近年来也开始浮现。

数据治理自身有着复杂内涵和广泛影响。在这一领域，既有近期视角下的热点问题，如个人信息保护、企业之间在数据领域的竞争；也有中期视角下的难点问题，如跨境数据流动、政府数据开放、数据资产化；同时还有更长期应对的硬核难题，如算法伦理、数据权属等。

---

* 安筱鹏，中国信息化百人会成员、阿里研究院副院长；李倩，阿里巴巴集团政策研究室主任；顾伟，阿里巴巴法律研究中心副主任；宋斐，阿里研究院资深专家。

　　数据生产力的高速发展，使之已成为支撑和引领经济社会发展的新动能。它的进一步发展，呼唤着相应生产关系也即数据治理的不断创新。而数据治理的创新变革，全新的治理理念、理论、方法和模式，也必将有助于更快更好地开发数据生产力的价值。在此背景下，如何促进数据要素价值的开发，同时进一步提升数据治理的效能，并在两者之间找到平衡，探索构建合理、有效的数据治理体系，已成为我国乃至全球治理领域的一项重大议题。

一　数据生产力高速发展

（一）数据产业规模快速上升

1. 数据规模继续攀高

　　国际调研机构 IDC 研究发现，自 2010 年以来，全球数据总量连年高速攀升，2025 年将增至 175ZB。IDC 预测，2015～2025 年，中国的数据规模将以 30% 的年均增长率全球领先，预计 2025 年将增至 48.6ZB，占全球的 27.8%。换一个视角，可以表征数据流量的全球互联网协议（IP）流量已经从 1992 年的约 100GB/天增长到 2017 年的 45000GB/秒。移动通信领域更是如此。随着 3G、4G、5G 的大规模普及，移动通信流量连年快速上升。2014 年一季度全球移动数据消费量仅有 23 亿 GB，到 2019 年第四季度全球移动数据消费量已达 396 亿 GB，增长了 16 倍以上。

2. 数据产业收入连年上升

　　据国际权威数据统计机构 Statista 在 2019 年 8 月发布的数据显示，到 2020 年全球大数据市场的收入规模将达到 560 亿美元，较 2016 年的市场收入规模翻一倍。另据国家工业信息安全发展研究中心发布的《2019 中国大数据产业发展报告》，截至 2019 年，我国大数据产业规模超过 8000 亿元，到 2020 年底将超过 1 万亿元。

（二）数据应用价值进一步显现

　　数据在多个领域、行业和企业的应用不断深化，其价值近年来也有了突

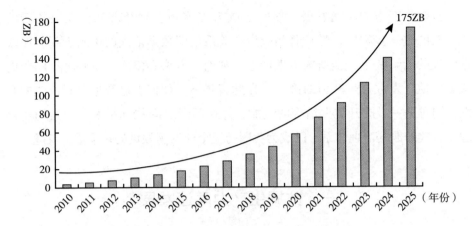

图1 全球数据总量的年度测算

资料来源：IDC《数据时代2025》，2018年11月。

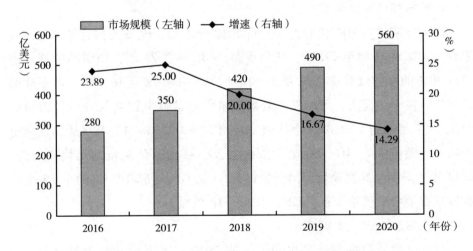

图2 2016～2020年全球大数据市场收入规模预测

注：2020年为预测值。

资料来源：中国信通院《大数据白皮书（2019年)》。

出显现。

1. 数据应用不断深入

从行业应用看，2018年按行业划分的全球企业数据规模，制造业拥有的数据要素规模最大，为3584EB，占比为20.87%；零售批发和金融服务的规模分别为 2212EB 和 2074EB，占比为 12.88% 和 12.08%；其后基础设施建设、医疗保健、媒体与娱乐的规模分别为 1555EB、1296EB 和 1218EB，占比为 9.05%、7.54% 和 7.09%。

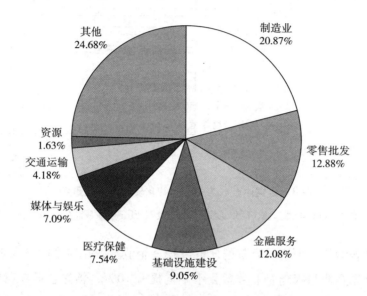

图3 2018年全球主要行业数据拥有量

资料来源：阿里研究院《数据生产力崛起》，2020。

从企业的数据应用看，通过对 157 家全面推进数字化转型的龙头企业和领军企业的调研发现，以数据中台的建设热潮为标志，数据驱动下企业的新品研发、精准营销、零售等环节都有了较大的进展。其中，数据中台更是成为企业数字化转型的焦点，调研发现，23% 的企业开始搭建数据中台，54.9% 的企业计划建设数据中台和业务中台。

2. 数据价值日益凸显

在社会治理领域，比如我国在防控新冠肺炎疫情期间，将大数据分析和人工智能等科技手段广泛应用于疫情监测、病毒溯源、防控救治、资源调配等多个环节，效果显著，体现了大数据在公共卫生事件及社会治理中的重要性。

在企业应用领域，在当前复杂经济环境下，能够高效利用数据的企业均

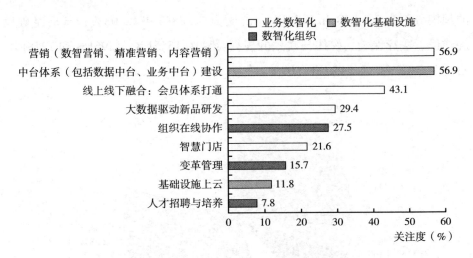

图4　数据中台成为企业数智化转型的关注重点

资料来源：阿里研究院《重构增长力量：2019 企业数智化转型发展报告》，2019 年 12 月。

实现了显著增长。阿里研究院的研究发现，企业数智化转型的马太效应日益凸显，领先企业与跟随企业数智化水平均提升 10%，领先企业在营收增速、净利润率、库存周转天数方面的绩效加速提升，分别是跟随企业的 1.58 倍、2 倍和 2.17 倍。其中，快消行业企业数智化水平提升 10%，营收增速、净利润率分别提高 4 个和 5.9 个百分点，库存周转天数减少 8.7%。[①]

（三）数据生产力的形态与机制快速发育

数据不只是生产要素，而是在演进中上升为一种全新的生产力。数据生产力是在"数据＋算力＋算法"定义的世界中，知识创造者借助于智能化工具，基于数据等新的生产要素，所构建和发展起来的一种认识自然、改造自然的新能力。

1. 新技术基础：数据 + 算力 + 算法

"大数据 + 云计算 + 算法"技术的共同进步，构成了数据生产力的技术

基础。以数据为例，在互联网之前，数据就已经存在，但互联网使得数据的沉淀和利用变得更为容易，数据的"在线"特性远比"大"的特性更能反映其本质。过往杂乱、静态的数据因为在线而变得鲜活，数据由此可以更便捷地应用于支持决策。

2. 新劳动主体：从体力劳动者、脑力劳动力到知识创造者

电子商务、工业互联网、分享经济平台、移动 OS 开发平台等极大地降低了创业创新的门槛，人工智能、大数据、云计算、机器人不断取代人类的重复性劳动，人类可以更加专注于创新性工作。正如《世界是平的》作者弗里德曼所指出的那样，传统上人们把国家分为发达国家和发展中国家的认识已经过时了，未来世界上只有两类国家：高想象力国家和低想象力国家。

3. 新生产工具：从手工工具、能量转换工具到智能工具

智能工具是指对数据进行采集、传输、处理的工具，包括有形的智能装备和无形的软件工具。有形的智能装备，如工业设备上增加传感、计算、通信和控制系统。无形的软件工具，如工业设计的计算辅助设计（CAD）、计算机辅助仿真（CAE）、集成电路设计的电子设计自动化工具（EDA）等。

4. 新生产要素：从土地、能源、资源到数据

数据生产力创造价值的基本逻辑是面向赛博空间以（Cyber Space）算法、算力推进隐性数据和知识的显性化，将数据转变为信息、信息转变为知识、知识转变为决策，才能在数据的自动流动中化解复杂系统的不确定性。数据要素价值不在于数据本身，而在于数据要素与其他要素融合创造的价值。数据和算法、模型结合起来创造价值有三种模式：一是价值倍增，数据要素能够提高劳动、资本等单一要素的生产效率；二是资源优化，数据要素可以提高技术、土地等传统要素之间的资源配置效率；三是激发创新，提高产品、商业的创新能力，激活个体及组织的创新活力。

（四）数据生产力呼唤数据治理创新变革

党和政府高度重视大数据，从政策环境上予以大力鼓励和支持。2014

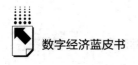

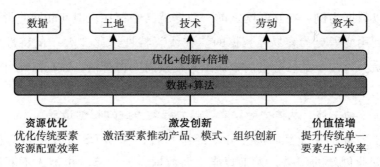

图5 数据创造价值的三种方式

资料来源：阿里研究院《数据生产力崛起》，2020。

年"大数据"一词首次写入政府工作报告，2015年国务院印发《促进大数据发展行动纲要》，系统性部署大数据发展工作，各地随后也陆续发布了大数据产业发展规划等。2017年习近平总书记指出，"在互联网经济时代，数据是新的生产要素，是基础性资源和战略性资源，也是重要生产力"。2019年党的十九届四中全会首次将数据与劳动、资本、土地、知识、技术、管理等生产要素并列，2020年中共中央、国务院在《关于构建更加完善的要素市场化配置体制机制的意见》中进一步提出，要"加快培育数据要素市场"。随着数据生产力成为支撑和引领经济社会发展的新动能，如何才能进一步释放数据要素的价值？亟待围绕数据治理的理念、理论、方法和模式进一步进行梳理和创新。

二　对数据治理的思考

（一）整体：数据治理成为全球议题

从各国数据立法和政策现状看，尽管出现了欧盟《通用数据保护条例》（GDPR）这一代表性的立法，我国目前也正在抓紧制定个人信息保护法和数据安全法，但从全球来看整体上都还处于探索状态。从研究看，诸如数据权属等难题在全球仍然处于众说纷纭的学术讨论阶段。从政策看，GDPR对产业创新带来的负面影响引发了各界对数据政策之复杂影响的广泛反思。从国家看，不同国家从各自的数据产业竞争力和价值主张出发，纷纷就数据治理提出各自的诉求。因此，一致化、共识化的全球数据治理规范体系仍处于动态化的构建进程之中，有待进一步明朗化。

鉴于数据议题的复杂性，各方普遍认为，多方参与的协同治理，应是推进数据治理议题、议程的基本框架和方式。为此，阿里研究院联合毕马威，共同提出了"数据大治理生态体系"的概念[①]。这一概念，将企业端狭义的数据治理上升到了社会层面，强调从顶层设计上明确相关主体的权利和义务，在保护个人隐私和数据安全、促进数字经济发展的多重目标之间达到平衡，从而实现社会效益的最大化和可持续发展。这一体系具有多物种、多角色、流动性三大特征：多物种是指参与者众多，如政府、企业、个人、协会、媒体、国际组织等；多角色是指各主体既是数据的生产者也是使用者，相互关联和支撑；流动性是指数据倾向于流向适应数据发展需求的国家或地区。

（二）思维：如何平衡当前热点与未来发展？

时代巨变之际，技术、商业仍处于快速演进之中，远未成熟。此时的立法，应按照包容审慎的原则，面对当前与未来的取舍时能够为未来发展留出充足空间，存在诸多难题的数据领域就更是如此。

工业时代汽车刚刚出现之际，英国的"红旗法案"早早出台，其以维护交通安全作为出发点，最终带来的结果却是极大地限制了英国汽车工业的发展。19世纪时马粪污染一度曾是西方大城市里的难题，但汽车出现后所谓的马粪难题很快就自动消失了。因此，在数据技术、数据商业快速发展的今天，在立法和规制时，应对未来的新技术、新业态、新模式、新治理保持足够的开放与敬畏。

从更大范围来看，数字化是当前全球范围内最为根本、最为主流、最为

---

① 毕马威、阿里研究院：《数据大治理》，2020年7月。

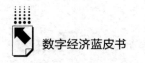

核心的发展脉络，数据的价值才刚刚显现，数据生产力的发展也才刚刚开始，因此数据治理在整体上必须要具备未来观，既要积极处理当前的热点，更要秉持着长远的关切，如何平衡这两大问题，则考验着立法者的视野和思维。

（三）框架：如何确立数据治理的理念、原则、目标？

面对层出不穷的热点和难点问题，数据治理应不断探索和明确治理的理念、原则与目标，否则在纷纷扰扰的"技术—商业—治理"的变化中很容易就会失去位置感和方向感。

第一，对数据生产力和数据治理的关系，应有一种整体的、全局的认知框架。数据生产力的发展，关乎我国数字经济发展的全局。数据生产力的发展，呼唤数据治理的变革。而数据治理的创新，也将更好地支持和激发数据生产力的进一步演进。因此，为支持数据生产力的发展，不断探索创造一个条理清晰、规则统一、权责明确的治理环境，应是题中应有之义。

第二，对数据治理的推进，应秉持一种全球视野。流动共享是数据的天然属性，数据最终会流动到制度环境最佳和数据开发效率最高之处。为保护本国数据产业、维护本国经济利益、应对全球数据安全、参与全球数据治理的讨论，我国数据治理框架应具备一种自觉的全球视野，主动设计、主动推进。

第三，对数据治理的目标和价值主张，应有清晰的方向感。数据的价值在于开发和应用，数据治理的最终目标，应是通过创造包容开放的数据治理的制度环境，促进数据更加自由、安全的采集和流动，进而实现数据生产力发展成果的共建共享共治。

（四）原则：如何避免零和游戏、追求多方共赢？

个人信息保护、产业创新发展、国家数据安全是数据治理的三大领域，三者有各自的利益、主张、关切，其中既有相同和相通之处，也有需要磨合和协调之处，如何才能避免顾此失彼？

一段时间以来，个人信息保护和国家数据安全，都是全球数据治理领域的主流和热点议题，而对于如何更好地保护和激励企业对数据的开发，则缺乏足够的关注和推动。事实上，从过往的历史经验看，一种被过度保护的要素，很难被称为生产要素，如果企业缺乏足够动力去推进数据开发，数据要素的价值也将难以释放。因此，对三大主体的关切点，应注重追求多方共赢、平衡并重，避免顾此失彼、零和游戏。否则，就可能出现 GDPR 所带来的意外结果：注重严格保护个人信息安全，却使得"知情—同意"机制走向疲劳化和形式主义，使得用户更加信赖大企业的保护能力，也使得诸多中小企业难以承担合规成本而退出市场，投融资和就业机会也相应缩减。

（五）监管：如何从单向管理走向协同治理？

2019 年党中央提出要"建设人人有责、人人尽责、人人享有的社会治理共同体"。鉴于数据议题的新兴性、复杂性、全球性，仅政府一方的单向管理是难以应对的，这一领域需要转变为行业协会、产业联盟、企业主体、消费者等市场化、社会化力量共同参与的协同治理体系。在这一体系下，通过"发现新兴问题—定义问题性质—协同讨论问题—协力解决问题—治理效果评估"等治理流程的有效运转，能够更好地推动数据治理效能的提升。但从管理到治理，并非只是各方理念转变就可以实现的，掌握公权力和公共资源的政府部门，有着更多资源和能力去组织调动各方参与数据治理。

（六）认知：如何平衡"保护论"与"价值论"？

近年来，一方面是全社会都认识到了数据的巨大潜力和价值，另一方面则是随着一些数据泄露、数据滥用等事件被曝光，数据的风险也被夸大化，大数据甚至面临着被污名化的风险。如何才能让全社会更准确地认知这两者的关系？

行业协会、数字科技企业、媒体等应采用各种传播方式，帮助提高个人的数据保护意识和保护能力，同时也应重点传播"数据生产要素、数据生产力、数据的价值创造"等观点，以便于社会各界准确、全面、深入地理解和拥抱数据时代。

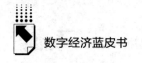

三 数据治理热点问题分析

（一）个人信息保护

从法规体系看，我国个人数据专门立法正在制定之中，新的法律如何与《网络安全法》《民法总则》《刑法》《消费者权益保护法》以及诸多部门规章中的个人信息保护规则相互协调，避免相关条款不一致或是因此出现多头管理，尚有待进一步观察。

从规范模式看，我国现行个人数据法律规范，选择了以"知情—同意"为基础，通过赋予数据主体控制权来保护个人数据安全的基本模式。但个人数据不仅具有个人属性，在很多场景下还具有公共属性，如抗击疫情、科学研究等，因此不能一味地强调对个人数据的控制权，应增加合理豁免的规定，否则可能引发导致资源闲置的"反公地悲剧"，并使个人失去获得更多优质服务的福利。

从推进数据要素的开发利用角度看，中共中央、国务院连续发文要求加快培育发展数据要素市场，并把数据定义为土地、资本、劳动力及技术之外的第五大基本市场要素。数据要素市场最主要的机制是数据共享和交易。但在实践中，数据共享和交易并未大规模开展，主要存在技术及法律等障碍。技术障碍包括缺乏互操作性、数据安全顾虑和其他网络安全要求，法律障碍则主要是"数据所有权"的不确定性、对数据合法利用的边界等。

（二）数据垄断

数据垄断的判定和治理在借鉴传统经济活动反垄断经验的同时，也应当重视数据产业的现状和规律，制定适应于数据产业发展和创新的规则。

第一，从数据特性看，数据具有可替代性、非竞争性等特点。首先，数据并不稀缺，其来源有非唯一性、可替代性，如手机导航软件、道路传感器、交通摄像头等都可以收集交通数据；其次，数据的使用有非竞争性，一家企业对数据的使用不影响他人使用；最后，很多数据的价值都会随时间的推移而快速下降。

第二，从产业现状看，正如产油大国往往不是经济强国，很多时候"拥有数据"其实远远没有"开发数据"的能力更为重要。这主要是因为大数据的价值密度非常低，企业需要投入大量资源，才可能如"沙里淘金"般从中提炼出有价值的信息。

第三，从未来发展角度看，目前全社会的数据规模其实还非常小。过去20年互联网平台所沉淀的所谓大数据主要是与消费者相关的数据。随着工业互联网、物联网、5G、企业数字化等的快速发展，届时超大规模、更高数量级的数据将会被各类社会主体记录和存储下来。

（三）政务数据开放

尽管我国各地政府部门近年来纷纷出台文件，积极推进政务数据开放，但为加速释放数据红利，仍存在进一步提速的空间。

第一，有些部门仍存在"不愿开放、不敢开放"的问题。第二，信用、卫生、行政许可、交通、社保等高价值数据的开放比例不高。第三，需进一步开放数据的内容完整性、更新及时性、可机读性等。第四，全国统一的数据开放平台有待建立。

（四）数据共享

由于现行法缺乏明确规定，一些政府部门向市场主体提出数据报送要求时，存在一定的模糊性和随意性，如多头索要数据、无明确法律依据的数据报送要求等，这增加了企业的经营成本和法律风险。鉴于不同层级和地区政府部门的数据安全保障能力存在较大差异，政企之间的数据协作，有待纳入法制化轨道。

（五）数据安全

虽然我国少数互联网企业建立了与国际接轨的数据安全管理能力，但我

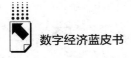

国大部分单位和组织的数据保护能力、管理体系、人才队伍还存在不足，存在缺乏数据安全意识、数据安全人才、数据安全能力甚至是滥用数据的情形等，这种全社会数据保护意识和数据安全能力的不均衡，影响了我国整体数据保护能力的提升。

四　对我国数据治理的建议

数据只有在流动、分享中，才能创造最大价值。在对数据问题进行立法时应当坚持包容审慎原则，规则制定须具有前瞻性、灵活性和包容性，从以下几个方面进行探索和改进。

（一）规范重心从数据收集转向数据使用

数据收集是数据生产力的基础。严格限制数据收集，将影响数据归集的丰富度，对进一步的数据挖掘和应用带来负面影响。大数据技术本身是中立的，建议应放宽对数据收集的前置型限制，而将重点放在数据使用方面，尤其是惩罚侵犯用户利益的数据滥用行为，并鼓励和推广数据安全使用的最佳实践。

（二）从用户权利全面保护转向用户整体福利提升

强调个人信息保护固然必要，但过度强调则可能导致个人误解自身权益被侵犯现象的普遍性，甚至对数据服务产生恐慌。建议可以借鉴新加坡数据治理实践，在完善数据保护和治理机制的同时，加强对用户的宣导，提升用户对各类大数据应用的认知度和包容度。应根据不同场景，对个人数据的收集和处理行为设置合理化的规范。

（三）推动政企数据协同的规范化和法治化

我国通过《反恐怖主义法》《网络安全法》确定的执法部门获取企业数据的规范，总体上较为原则，尚需完善相关的程序支撑。为发挥我国协助执法制度的实际效用，我国亟须推进数据协助执法配套制度的出台，明确各类协助执法要求的实体要求和程序性要求，提升协助执法的透明度和规则的可预期性；建立完整的监督闭环体系，强化相关权益保障。此外，建议在充分尊重企业自主意愿和合法权益的基础上，探索构建利益共享的数据协同机制，使政企双方在各取所需中平衡兼顾公私利益，还可鼓励通过政府采购或合作开发等方式，与企业共同开发数据资源。

（四）探索以技术创新和制度创新解决治理难题

用技术创新和制度创新，解决技术带来的问题，将是数字经济时代数据治理的重要方式。

比如，在技术方面，新兴的大数据和人工智能技术，会给数据保护带来挑战。但同时，新技术在隐私保护、风险控制等领域，也会带来全新的可能，如近年来快速发展的区块链、差分隐私、同态加密、安全多方计算、联邦学习等。

再如，在制度方面，为加快推进我国的数据共享和交易，应探索多种形式的制度创新。绝对的"匿名化"从技术角度来看难以实现，如果缺乏可操作性的"匿名化"标准，数据交易将难以真正落地。建议对"匿名化"做扩大化和宽松化的解释，以"去标识化"解释"不能识别特定个人且不能复原"等个人信息匿名化的规定。另外还可以探索"数据信托"制度。如个人数据可被保存在公共服务器中，由数据信托机构管理。第三方则可以通过信托关系来访问和处理这些数据。

数据生产力的变革，需要与之相适应的新生产关系，也即新型的数据治理。相信随着我国数据治理的创新探索和不断完善，必将推动数据生产力价值的进一步释放，进而带动我国数字经济全球竞争力的全面提升。

参考文献

阿里研究院：《数据生产力崛起》，2020。

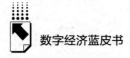

阿里研究院：《重构增长力量：2019 企业数智化转型发展报告》，2019 年 12 月。

丁晓东：《迈向合理预期的个人信息保护》，https：//www. sohu. com/a/342902310_257489，2019 年 9 月 23 日。

麦肯锡：《数字全球化时代的五个关键问题》，2016 年 11 月。

许可：《GDPR 一周年的回顾与反思》，"数字经济与社会"公众号，2019 年 6 月。

中国信息通信研究院：《大数据白皮书（2019 年）》，2019 年 12 月。

〔美〕布拉德·史密斯、〔美〕卡罗尔·安·布朗著《工具，还是武器?》，杨静娴、赵磊译，中信出版集团，2020。

数字安全

Digital Security

新形势下中美网络空间竞争态势的研究[*]

邬江兴　万相昱　安　达　蔡跃洲[**]

摘　要：　本报告从中美网络空间领域竞争博弈的历史沿革和当前新情
况出发，对新形势下全球网络空间竞争博弈的理论界定、基
础类型、核心动因、相关规制、重点案例及其主要影响进行
了分析和梳理，在此基础上重点研究了中美网络空间领域竞
争博弈可能出现的新情况、新趋势和新问题，分析双边和多
边关系对网络空间竞争博弈的影响，预判博弈演进的关键时
间节点和焦点问题。同时，对中美网络空间领域竞争博弈的
主要风险做出研判，并对前瞻性战略部署与应急性措施策略

＊　本研究为国家社会科学基金重点项目"综合集成模拟实验平台的设计与构建研究
（18AJL006）"的阶段性成果，同时得到中国电子科学研究院"信息智能时代风险治理理论研
究（WB－2020－0629）"的支持。
＊＊　邬江兴，中国人民解放军信息工程大学教授，中国工程院院士；万相昱，中国社会科学院数
量经济与技术经济研究所研究员；安达，中国电子科技集团电子科学研究院高级工程师；蔡
跃洲，中国社会科学院数量经济与技术经济研究所研究员。

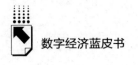

提供借鉴参考。

关键词： 网络空间　信息安全　信息技术　数字安全

一　前言与背景

"网络空间"——翻译自英文单词"Cyberspace"，又被译为赛博空间、信息空间、网络世界、数字世界等。这一概念最早在文化作品中被提出，是指作家们对于科学的一个幻想。20世纪80年代，作家威廉·吉布森（William Ford Gibson）在其短篇科幻小说 *Burning Chrome*（1982年）中首次提出网络空间，后在短篇 *Neuromancer*（1984年）中再次使用："成千上万合法接入网络的人每天所体验到的交感幻想（Consensual hallucination）……是人类社会系统中每台电脑数据库中的数据绘图似的再现。不可思议的复杂"。[1] 网络空间是一个由计算机信息系统与生物神经系统所连接的虚拟空间，并不具有客观实体性。后随着计算机信息技术的发展，"网络空间"一词从科幻小说开始进入文化领域、人类生活领域，由幻想逐步演进为现实，现已经成为一个专有术语以及被政府、社会学家、安全部门以及企业等各方关注的新领域，现多被用于描述互联网信息技术科学以及相关的衍生。

目前，无论是学术界还是实务界，对网络空间的界定都尚未存在一个统一的标准，不同的主体对其有不同的定义。下面对一些较具有代表性的定义进行列举。

牛津词典（Oxford English Dictionary）将网络空间定义为"虚拟现实空间，通过计算机网络进行通信的概念性环境"（The notional environment in which communication over computer networks occurs）。[2]

---

[1]　Gibson, W. Neuromancer, New York, Basic Books, 1984.

[2]　https：//www. lexico. com/en/definition/cyberspace.

美国是最先开始使用并不断修正和完善"网络空间"相关概念的国家，2001 年，美国国防部出版的《军事及其相关术语词辞典》首次对网络空间进行初步的定义："数字化信息在经过计算机信息网络进行通讯时产生的一种抽象性的想象中的环境"①；2008 年，美国颁布的"第 54 号国家安全总统令"对网络空间做了更加具体的界定："相互依存的信息技术基础设施，包含互联网、电信网络、计算机系统以及重要行业中的嵌入式处理器和控制器。该术语通常被用于指信息与人之间交互的虚拟环境"。② 2011 年，美国国防部发布首份《网络空间行动战略》，将网络空间列为与陆地、海洋、天空、太空这些自然领域并列的"行动领域"，加强美军及重要基础设施的网络安全保护，俗称"第五空间"。③

国际电信联盟（ITU）（2010 年）对网络空间的界定是由计算机及其计算机系统、网络及其支持软件、计算机数据、内容数据、流量数据以及用户等要素所组成的物理或非物理的交互区域。

《德国网络安全战略》（2011 年）对网络空间的界定是"网络空间是在全球范围内，在互联网这一普遍的具有公开性的可接入与传输的网络的基础上，其他数据网络对其进行补充和扩大，即所有连接的 IT 系统所组成的虚拟空间。孤立的 IT 系统不属于网络空间的组成部分"。④

《英国网络安全战略》（2011 年）对网络空间界定为由数字网络组成的交互领域，可以用于存储、修改以及交流信息，包含互联网以及支撑基础设施、服务等的其他信息系统。⑤

《法国信息系统防卫和安全战略》（2011 年）对网络空间的界定为"网

---

① 惠志斌：《全球网络空间信息安全战略研究》，上海世界图书出版公司，2015。

② United States：National Security Presidential Directive 54，2008.

③ 高荣伟：《美国网络空间安全战略建设》，《军事文摘》2018 年第 5 期。

④ German Government：Cyber Security Strategy for Germany，https：//www. bsi. bund. de/SharedDocs/Downloads/EN/BSI/Publications/CyberSecurity/Cyber_ Security_ Strategy_ for_ Germany. pdf，2011.

⑤ The UK Cyber Security Strategy ：Protecting and Promoting the UK in a Digital World，https：//www. gov. uk/government/news/protecting – and – promoting – the – uk – in – a – digital – world – – 2，2011.

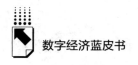
络空间是全球范围内，所有相互连接的自动数字数据处理设备所组成的通信空间"。①

国际电信联盟（ITU）（2010 年）对网络空间的界定为由计算机及其系统、网络及其支持软件、计算机数据、内容数据、流量数据以及用户等要素所组成的物理或非物理的交互区域。②

上海社会科学院信息研究所所长王世伟、信息安全研究中心主任惠志斌在《中国网络空间安全发展报告（2015）》中，对网络空间的界定为："网络空间是一个由用户、信息、计算机通信线路和设备、软件等部分或全部基本要素进行交互所形成的人造式的空间，是现代信息革命所衍生的产物。该空间可以使物体、生物和传统自然空间建立起相关联系，是人类社会活动和财富创造的全新领域"。

中国工程院院士方滨兴在《定义网络空间安全》一文中指出，"网络空间指的是构建在通信基础设施上的人造空间，可以被用来支撑人们在该空间内进行信息技术交互的各类活动"。在其观点中，"载体"和"信息"反映的是网络空间的技术层面的"Cyber"属性，"用户"和"操作"反映出网络空间是社会层面的"Space"属性。③

综合而言，相较于"网络"，网络空间的界定增加了"交流互动区域""虚拟现实空间"等因素，可被现实人类认可的用于交流的空间。因此，我们可以简单地界定网络空间是通信技术发展的衍生产物，其包含硬件、软件、主体用户、信息等基本要素，按照一定的规则与制度所组成的虚拟空间，可被用来储存、修改和交流，同时兼有现实性、虚拟性、社会性三大特点，并具有主权与公域的双重属性，"通信资源""计算资源""应用算法""互联共享"是网络空间的核心要素，而更为重要的是，"虚拟化涌现""高效实时""高渗透性""自组织性""去中心化"

"快速衍生""全球化""外部性和公共性"成为网络空间区别于一般空间领域的本质特征。

1994年4月20日，中国国家计算机与网络设施（NCFC）工程通过美国sprint公司连入Internet的64k国际专线开通，实现了与国际互联网的全功能连接。中国互联网快速发展，对中国的政治、经济、文化、教育、生活和科技等各方面都产生了极大影响，中国已经成为互联网用户最多的国家。在互联网领域，美国极力运用各种对策维护其网络霸权。美国出于对自身网络空间利益的维护而采用污蔑性言论攻击中国互联网的方式，更是极大地伤害了中国的合作诚意，使得中美在网络空间合作方面一直没有太多的进展。中美两国最大的分歧在于网络治理战略思想的极大差异。美国的网络战略本意是想通过"互联网自由"的方式来输出本国的价值观，干涉他国的内政，使得各国的发展方式符合美国自身的利益，进而维护美国在网络空间的绝对霸权地位。中国倡导的网络空间具有国家主权的理念，这对于科技水平相对落后的发展中国家来说可以有效地通过对本国互联网的监督和管理来巩固国家政权，集中力量发展本国互联网，维护网络空间的安全。

新形势下，中美两国提出了各自的网络空间法律法规，做出了针对本国网络空间治理与发展的顶层设计，两国主要还是以在博弈中合作、在合作中博弈的形式存在。中国必须针对新形势做出新研判和新对策，最终达到改善中国网络空间的治理话语权，推动世界网络空间治理趋向合理化，构建网络空间的命运共同体。新形势下，习近平针对国内外的网络空间发展和治理情况，提出了关于国家安全方面的举措。习近平提出要增强忧患意识，做到居安思危，当前我国国家安全内涵和外延比历史上任何时候都要丰富，时空领域比历史上任何时候都要宽广，内外因素比历史上任何时候都要复杂，必须坚持总体国家安全观。在网络治理领域立足"四个全面"大布局进行网络治理，聚焦"网络强国"大战略，将网络安全治理与构建人类命运共同体相结合，既重视自身安全，又重视共同安全，推动各方朝着互利互惠、共同安全的目标相向而行。

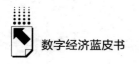

二　中美网络空间领域竞争博弈的新形势

从当前全球经济形势看，自 2008 年美国次贷危机蔓延为全球性金融风暴以来，全球经济陷入危机困局已经超过十个年头。十余年中，整个全球经济复苏进程异常艰难而曲折，全球经济增长潜力下滑、危机次生危害不断发酵、不确定性风险加剧、全球治理失衡凸显、全球贸易出现萎缩态势、包括地缘政治在内的非经济干扰因素此消彼长等，各类风险因素反复交织、不断衍生，致使世界各国难以有效摆脱危机困扰，更令人担忧的是，世界各国似乎正在逐渐尝试适应当前危机状态下的低增长路径，而全球各主要经济体开始从自身经济复苏状态和发展目标出发，独立选择经济干预和国家治理手段，这进一步加剧了全球治理的失衡和滞后，也极大地增加了全球经济风险和局部冲突的可能性。2018 年 5 月，美国政府针对中国挑起贸易争端，成为全球经济危机延续进程中最为重大的阶段性事件。

此次中美贸易摩擦，美方公开诉求是削减双方在贸易上的不平衡，扭转美方在中美贸易中长期存在的贸易逆差，同时斥责中方没有遵守 WTO 协议，要求中国按协议放开市场。而事实上，美国表面借口是完全站不住脚的：其一，美国对中国的贸易逆差，主要由统计口径（包括非增加值计算模式和忽略直接投资收益）和国际产业分工结构造成，美国是当前贸易格局的最终受益者，也是构建该格局的最初设计者；其二，援引 2018 年 6 月中国官方发布的《中国与世界贸易组织》白皮书，截至 2010 年中国已经完全履行入世承诺，不断开放市场，而总关税水平已经由 2001 年的 15.3% 下降到 9.8%。可以知道，中美贸易是处于一个相对平衡的状态，在双方贸易关系中，美国完全没有处于劣势地位，所以其不会也没有必要为了表面上存在的巨额逆差对中国挑起贸易争端，而美方列出的加征关税清单直指我国平板电视、医疗器械、航空零部件、新能源汽车等高新制造产品，其核心也并非谋求贸易平衡。

可以说，当前中美双方正处于国家战略博弈的框架下，贸易摩擦仅仅是博弈的具体表现形式和单方面划定的冲突点，研判中美博弈问题不能脱离当前的环境背景，否则无法明确对方可能的战略布局及可以偿付的博弈成本；当然也不能仅仅限于贸易摩擦谈判可能衍生的支付矩阵，否则可能错失全局性优化的空间。

从两个最新的战略规划出发，2017 年美国发布的新版《国家安全战略》的核心仍然是确保美式生活与文化的安全，该报告将网络时代引发的挑战与机遇列为美国未来繁荣与安全的决定性因素。结合当前社会经济发展形势、全面深化改革的进程以及进入新时代的发展诉求和新动力，中国也在做出战略性调整，党的十八届五中全会明确提出"网络强国战略"，强调"通过网络强国战略的有效实施助推经济社会发展转型"。中美当前在网络空间领域的博弈建立在这样的大背景下，因此，也呈现出若干新的、突出的特征。

1. 中美网络空间竞争关系确立，且分化趋势加剧，但仍然存在不确定性

首先，题为"确保美国在网络时代的安全"的美国网络空间安全战略体系被纳入新版《国家安全战略》，事实上，2011 年 7 月美国国防部发布首部《网络空间行动战略》，2015 年 4 月再次发布新版《网络空间战略》，2018 年 9 月特朗普政府首次发布《国家网络安全战略》，同期国防部再次发布《网络战略报告》，战略更新速度之快，远超过其在核与太空领域更新防务战略的速度，甚至不逊于《国家安全战略》和《国家军事战略》的更新速度，这不仅标志着美国对网络空间关注的持续升温，也表明了美国态度和立场，美国将完善基础设施，确保其在互联网领域的主导地位，并进一步扩大了国际影响，而中国也将网络强国上升为国家战略，同时将互联网、大数据、云计算、人工智能和区块链等信息技术上升为国家战略技术，保持基础设施和应用层面的领先水平，同时对国际互联网治理规则拥有一定的话语权，也就是说，中美网络空间出现竞争性态势，这是不争的事实。其次，美国国防部提出的所谓"防御推进（防御前置）"（defend forward）的网络空间安全策略以及当前美方采取的一系列针对性的行动和举措，结合中国网络空间"自主可控、安全可信"等系列战略目标和行动计划，中美在网络空间领域的分化正在加剧。再次，中美两国国家制度与意识形态的矛盾，并没

有因互联网而虚弱，反而因不断的突发性事件被分类强化，网络文化领域分歧开始凸显。最后，尽管如此，目前中美两国的摩擦仍没有脱离经济竞争的框架，也就是说，从目前的形势看，中美竞争关系虽然确立，但仍停留在资源与市场分配领域的角逐，中美并未出现实质性分裂和脱钩，也没有出现全面性对抗的态势，具体要素和路径仍然存在高度不确定性，这是一个重要判断。而支持这一判断内容的重要依据是，"你又有我，我中有你"的中美网络空间共生局面没有被打破，美国尚不具备单方面脱钩基础条件。

2. 中美网络空间竞争博弈的核心是国际规则与标准的制定，即国际话语权的争夺

基于第一个重要判断，我们可以将当前中美网络空间博弈策略更多地集中在经济贸易领域，而后考虑更高层级或间接性的竞争，由此，结合中美双方的战略目标，可以判断，当前中美网络空间竞争博弈的正面主战场在国际经贸领域，核心是通过经贸规则和技术标准的制度，确立各自的引领地位。从目前来看，美国在国际网络空间治理方法具有既定优势，同时在数字贸易规则层面美国相对成熟，其对应数字贸易相关概念界定、服务规则、数据权限、税收体系、网络和技术原则等都有系统的规范，同时，美国趋向于国际网络治理规则的双边化和周边区域化，TPP 协议是国际网络空间治理"美式模板"的典范，新版《美墨加三国协议》（USMCA）是其最新升级，美国主张国际网络空间主动权的目标不会变，趋势只会加强。而中国主张在联合国框架下（国际电信联盟，ITU），基于并努力推动 WTO 多边经贸规则体系，兼顾各方利益诉求，促成国际网络治理规则的实质性进展。习近平主席在第二届世界互联网大会主旨演讲中强调，互联网是人类的共同家园，各国应该共同构建网络空间命运共同体，推动网络空间互联互通、共享共治，为开创人类发展更加美好的未来助力。"构建网络空间命运共同体"是全球互联网治理的中国声音、中国主张、中国态度和中国方案。另外，从行动部署来看，美方并未完全否定 WTO 多边框架体系，而同时必须正视且着重审视的是，美国网络空间治理规则并非将中国完全排除在外，存在多路径的合作与竞争的空间。

3. 中美网络空间博弈的焦点领域是信息技术、数字贸易以及部分非经济领域

近年来，美国通过不断加强控网实力，谋求国家发展安全，特朗普政府发布的《国家网络安全战略》明确提出主动性风险防御、保障基础设施建设、发展数字经济、震慑网络空间对手、强化国际网络空间建设能力和影响力等措施，其内容与美国新版《国家安全战略》相呼应，具有很强的针对性和专业性，主张超前风险识别、防范和遏制竞争对手，进攻态势凸显。而美国国防部 2018 年新版《网络战略报告》更是放弃了之前主动性防御（active defense）的说法，进而提出"防御性推进"的策略，将美国网络空间进攻性态势渲染到空前高度。目前，中美网络空间竞争博弈的重点领域包括信息采集与存储、通信与信息传播、技术与产品研发、基础设施建设与装备制造、产品与技术集成、军事应用领域、市场化应用与平台开发、银行与金融市场、社交与文化网络等。而美方重点防范与遏制对象包括具有集成能力的相关主体单位、掌握核心技术或者具有专利优势的主体单位、具有跨境信息采集和异地存储能力的主体单位、革新性前沿技术研发的主体单位、联通军事领域应用的主体单位。其中需要格外重点关注的是，数据资源作为新兴的国家战略型资源，是新经济的核心动能，党的十九届四中全会前瞻性地将数据资源纳入生产投入要素，标志着数字经济模式的全新战略定位，未来围绕数据资源权属问题的网络主权竞争将不断加剧。

4. 美方优势在于技术与规则，中国优势在于市场与集成

美国是互联网的技术发明国和应用发起国，长期的积累和专项性研究形成了绝对优势的技术禀赋，在软硬件核心技术、系统开发、前沿探索和替代解决方案等方面具有显著优势，在民用与军事领域有较大程度的"控网权"。同时，美国在网络安全应对策略的实践进程中，经历了从政策到立法再到国际规则制定的相对完善的过程，实现了从被动应对到主动防御再到国际威慑的阶段性升级，其在网络空间博弈的策略完善、规则体系成熟、战略意图清晰。而中国在网络空间的优势主要集中在市场与应用环节，网络基础设施建设、端点间通信效率、应用涉及领域和平台覆盖范围、新一代通信与

加密技术实践等方面都具有明显优势，处于国际领先水平，而国际市场分工和中国产业特征同时决定了中国在网络产品集成和信息技术集成方面具有独特优势和难以替代的地位，中国具有一定的"制网权"。同时我们要注意到，美国目前力主的双边经贸协定机制具有技术性优势，而且存在复制和拓展的便利，但双边贸易谈判与互联网和数字经济的全球化属性严重背离，且阻碍网络空间引领的技术创新，从这个意义上讲，美国方案更趋向于对网络领域的划分，而中国战略则更趋向于对网络空间的治理。

5. 从中美网络空间博弈的外延看，全球网络空间的拓展具有非平衡性和异质化特征

习近平主席在2017年世界经济论坛（达沃斯）开幕式的主旨发言中提出，"全球经济增长动能不足、全球治理滞后和全球发展失衡"是全球经济领域仍未解决的三大突出矛盾，而在全球网络空间三大矛盾仍然适用。首先发展是核心问题，中美是网络空间发展的领跑者，更多的国家在跟随步伐，脱离了发展的框架，是与时代相背离的。从全球治理看，网络空间治理的滞后性更加突出，而发展的失衡程度也较为严重。全球网络空间博弈的拓展也因此不会是单一而平稳的。从美国的视角看，美欧之间博弈的重点集中在跨境数据流动问题、数据本地化存储问题和个人隐私保护问题，双方短期内很难有实质性进展。美国与日本之间，日方通常表现为跟随者，也是美日欧三方协议的努力推动者，但自美国退出TPP以来，日方表现出更多的扩展合作倾向。美国与其他国家之间，美国处于领导地位，TPP协议是美方主导国际网络空间治理的集大成者，而目前美国更多地转向国内和周边地区，《美墨加三国协议》是美国数据贸易规则的新升级。而从中国视角看，无论是欧、日等发达国家，还是广大的新兴经济体和发展中国家，都不可能短期内成为美式框架的附庸，现实状态和发展诉求的多元性决定了中美双方都没有成为全球网络空间博弈的主导者。

6. 网络空间博弈以技术为出发点，但正向认知、决策、行动等多维领域拓展，是多重话语体系的角逐

当前网络空间博弈起源与技术领域的争夺，甚至主要集中在核心技术掌

握、革命性技术研发和替代性技术储备等，然而，"棱镜门""剑桥分析"等事件后，全球普遍认识到，网络空间不仅仅是信息传递渠道和知识存储领域，也不仅仅提供了承载新经济业态发展的平台和算力，它在真真切切地影响人们的认识能力、认识水平、认知结果，并在此基础上影响人们的决策制定和行为习惯，也就是说，网络空间已经成为人类思维、意识形态和文化体系的一部分，网络空间博弈也是一种制度、意识与文化的对抗与融合，因此，绝不能用单一的视角和片面的得失去审视网络空间的博弈，也不存在稳定不变和普遍适用博弈策略。

三 中美网络空间领域竞争博弈的发展趋势

分析中美网络空间竞争博弈可能出现的新趋势必须立足当前的新形势，同时重点审视中美双方基于各自国家战略考量下的网络空间博弈的核心诉求和可能的演化策略。2017 年特朗普政府发布的美国新版《国家安全战略》，提出四大关键性支柱，包括"保证美国民众、国土以及美国人的生活方式安全""促进美国繁荣""以实力谋求和平""提升美国影响力"，同时提出"确保美国在网络时代的安全"的目标，明确指出美国如何应对网络时代挑战和机遇将决定美国未来的繁荣与安全，网络空间将是传统的陆地、空中、太空和海域以外的新的战场，事实上承认了网络空间作为第五疆域的立场。甚至毫不隐藏地直言："互联网是美国的发明，它应该反映我们的价值观，继续改变世界各国和后代的未来。"基于此，"应用技术手段识别风险""更新基础设施保障安全""利用规则遏制对手""制造摩擦打击竞争""国际联合扩大影响""绑定金融工具渗透实体经济"等将是美国主要采取的博弈手段和策略。

相对而言，中方网络空间发展战略更多地集中在经济诉求方面，力求有效推动经济转型，保障社会发展安全，实现高质量发展，战略重点目标包括："与互联网相关的信息化基础设施处于世界领先水平""在国际互联网治理规则制定中拥有一定话语权""在互联网应用方面处于世界领先水平"

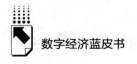
"与互联网相关的关键技术自主可控"。

基于此，我们可以从中美双方网络空间动态博弈的视角，对未来的发展趋势做出研判。

从经验看，国家间战略博弈的结果不仅仅取决于双方的技术优势，在很大程度上也取决于双方的综合国力和战略承受能力。中美摩擦可能反复升级，但很难超出经济技术领域博弈的范畴，未来中美两国网络空间趋向于相互的战略威慑，"和而不同，斗而不破"。

从目前或者未来较长一段时间看，美国仍然占据网络空间的整体技术优势，在部分领域仍然会突发技术封锁的卡脖子事件。然而，中国在市场应用和技术集成领域同样具有明显优势，甚至在国际分工中具有不可替代的作用，在国际市场上占有不可替代的份额，因此在博弈进程中并非完全受制于人。而从美国战略看，其核心是维系美式生活方式和美国既定的全球发展格局，无论是前期的"货币正常化"进程，还是目前的"再工业化"进程，抑或是美国向全世界不断挑起的贸易摩擦，其本质是巩固美国技术地位，引导美式生活方式，绑定美元霸主地位，向外输出风险而向内回馈利益，美国最终还是要努力回归长期以来的发展模式，而作为全球第二大经济体和最大国际市场的中国，美国更多地会采取遏制和固化的态度，而不会轻易将其排除在自己构建的世界发展格局之外。当然，即便中美演化成较为严重的脱钩状态，中美两国通过第三方而构建的经济往来也很难中断。这样的趋势判断，有助于中方延长战略选择时间，用全局的、动态的和增量的意识去考察己方的博弈支付成本。

美国将由实质性、战略性进攻逐步转向信息领域的战略防守，着眼于单一技术路线、单一系统构建、单一治理模式的传统网络空间发展模式的交互替代；中国将努力从"自保自助"的信息领域专守防卫转向"互利共赢"的多元化基础的网络空间共同体。

如前所述，从博弈的发展趋势看，美国策略更趋向于对网络领域的划分，通过制定网络空间发展战略的安全底线，划定网络空间的负面清单，确保美国的利益安全，同时在全球领域，通过以双边谈判为主的贸易协定的方式，分块治理、分层防御，将网络空间的发展份额逐步纳入自己完全可控的体系，本质上是对现有存量空间的争夺，而美国主张和主导的大一统网络技术和管理格局，与全球多样化趋势和多元化诉求正在加速背离，美国未来在着力技术换代的同时必然进一步强化国家战略的维护。中国战略则更趋向于突破当前的被动型防御格局，争取独立自主的制网权，积极构建威慑性战略平衡，同时，着力于网络空间的治理，尝试引导全球各个经济体在兼顾各方利益的基础上，以互利共赢、共享共治的方式拓展网络空间应用，构建新发展模式和新经济业态。从这个意义讲，假定当前博弈态势稳健，美国将会在更大的信息领域内开展防御，而中国则是在相对较小的网络空间中实施进攻。当然，我们也不能排除，美国在双边格局完善、周边态势稳定的条件下，再次转向引导更大范围的多边合作的可能性，这也符合美方的利益诉求。

信息技术外溢存在复杂适应性，因此网络空间的拓展速度将加快，而拓展方向具有突发性和自适应性，未来网络空间将极大地超越现互联网模式，单一的大一统格局将备受诟病。

无论是芯片基础的摩尔定律，还是网络价值的迈特卡夫定律，抑或是信息增速的类摩尔效应，都从侧面反映出信息技术和数字经济的指数化增长态势，而爆炸性增长的技术提供了更多数量的应用开发路径，使得关键性和革命性技术具有程序复杂性特征，而人类主动性行为也使得技术突破具有明显的自适应性，因此，网络空间的发展在速度持续加快的同时，其具体的产品和应用方向更加具有典型不确定性和高频突发性。"网络不是设计出来的"，全球各国未来更倾向于基于自身的政治、经济和文化诉求，寻找适合自己的信息技术网络。可以预见，未来的发展将使得网络空间与传统观念的"信息技术"领域被显著区分开来。中美网络空间博弈存在演变拓展的趋势，而传统意义竞争的空间则可能被逐渐析出，未来在多元化网络空间的争夺将异常激烈。

网络空间治理与国家治理存在双向交互影响，网络空间战略在国家战略中的地位将进一步提升。

从当前形势和发展趋势看，网络空间治理的内容必然被现代化的国家治理体系所涵盖，前者成为后者的必要组成部分，而网络空间治理在国家治理系统的地位也将进一步提升。网络空间治理手段将向国家治理的各个层面渗透，从而推动和引导新型的国家治理模式，前者成为后者的前提条件。可以预见，未来网络空间治理将更加倾向于在国家治理体系和治理能力领域的革新性应用，由此，中美网络空间博弈将向全球治理领域拓展。

企业将成为中美网络空间博弈的主体单元，代表国家意志的与代表市场经济的两类企业行为将相互交织。

美国在使用政府力量重点打击具有相当技术集成和专利持有优势的企业的同时，将更大范围地引导企业成为中美网络空间竞争博弈的常态化主力。通过研发引导、政府购买、协会自组织等形式，推动美国企业以盈利为目的进入网络空间研发与应用领域的竞争，间接注入国家意志。在此基础上，互联网产品将更多地搭载文化与生活方式的内涵，从而推动美国影响力的不断扩大，同时，以数据产权和个人隐私为由最大程度地限制中国产品和应用所可能传导的意识形态功能。

在中美博弈的背景下，全球网络空间治理演化的方向存在不确定性，多元化技术发展趋势影响网络空间治理的内涵和外延。

全球网络空间治理将在很大程度上受到中美两国自身发展和相互博弈的限定，而诸如欧、日等具有博弈实例的主要发达经济体，也会根据实际情况适时适度地调整战略决策和行动部署。而如前所述，美国未来一段时间仍然趋向于使用双边经贸谈判的手段推进国际网络治理，谈判的对象必须符合美国自身利益和现实情况，这使得全球网络空间治理的推进再次呈现更加严重的非平衡性和滞后性。而中国主张的在联合国和 WTO 框架下的多边合作机制也面临重重阻碍和发展困境，同时中国的"一带一路"倡议尽管能够快速对接数字经济与数字贸易，但同样具有明显的路径和区域特征。全球网络空间治理演化的方向存在不确定性，存在进一步加剧数字鸿沟的严重失衡态势。而全球网络空间的多元化诉求必将驱动全球网络治理的多元化，未来全球网络空间竞争博弈的内涵、外延存在颠覆性演化和突变的可能。

四 中美网络空间领域竞争博弈的风险研判

基于上述对中美网络空间竞争博弈态势的研判，我们进一步重点具体提出中国未来在网络空间发展领域可能面临的重大风险或可能忽视的潜在风险，并尝试对事件发生做出概率论性判断。

（一）中美在网络空间全面开战，或中美冲突上升为全领域对抗：发生概率极低

中美网络空间博弈进程中后果相对严重的情况是，中美之间博弈突破经济领域竞争的框架，中美经济完全脱钩，表现在网络空间博弈则是民用与军事领域的全面开战。但考虑到双方的核心诉求和当前的实际情况，此类事态更容易被双方主动化解，其发生的可能性极低。

（二）美国对中国开展全面监控，采取一切常规手段遏制中国：可能性小

在中美贸易摩擦不断升级的背景下，美国单方面将中国列为网络空间安全风险对象或网络恐怖主义关联对象，进而对中国进行全方位网络监控，采取各类控制性手段遏制中国网络空间相关领域的发展。如双方不能较好地处理当前冲突，此类风险发生的可能性就存在，即便发生，其蔓延开来的可能性也相对较低，但在特殊背景和特定局部领域下可能相对高概率地发生。

（三）美国将中国排除在全球网络空间治理和数字贸易规则之外：可能性较大

美国可能通过国家贸易协定的更新与升级，将中国原则性或实质性排除在新版数字贸易体系之外，从而遏制中国在全球网络空间治理中的发展态势。此类风险发生的可能性较大，至少可以大概率限制中国在部分区域与局部市场中拓展数字经济。

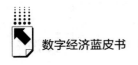

（四）在贸易摩擦背景下，利用相关国内外法规和贸易诉讼手段：对中国重点企业进行打击；可能性极大，风险持续时间长

此类风险发生可能性极大，甚至成为未来常态化的双边事件，而美国未来重点防范和打击的中国企业将由当前的设备供应企业和产品集成企业，向跨国平台企业和专利持有企业转变。

（五）美国对中国信息技术进行智力资源封锁：可能性较大

美国以国家安全名义为借口，限制中国公民在美国从事互联网相关领域的学习、科研和工作，同时对中国核心技术人才和科研单位进行技术布控。另外，智力资源封锁也不能仅仅局限于纯技术领域，要考虑更广义的范畴，美国未来制造中美网络技术脱钩，可能出现模式的质变，包括更换技术路径、退出领跑状态、消除技术外溢，从而使中国丧失技术靶向。

（六）以贸易保护、产品质量或个人隐私为由，对中国网络空间产品和应用进行限制和封锁：可能性极大，且波及范围广，持续时间长

以保持贸易平衡为借口对中国企业发起调查、诉讼或直接制裁，编造、夸大中国信息技术产品质量问题而损害中国市场地位，更主要的是，攻击中国信息技术产品和应用存在严重侵犯个人隐私和威胁其他国家安全的风险隐患，进而对中国在网络空间领域的发展进行针对性限制和封锁，这些都是美国在既往博弈中惯用的手段，未来极有可能在更大范围内持续高发。

（七）基于网络空间技术引发银行与金融领域冲突的风险快速增长：在特定时间节点存在爆发可能性

"虚拟化""实时化""高渗透性""去中心化""全球化"等特征，将可能给中国金融与汇率市场造成重大隐患，特别是在中美贸易谈判取得进展，以及人民币持续国际化的背景下，辅以技术攻击手段的国际空头力量可能积聚。

综合而言，中国未来在网络空间竞争博弈中面临的主要风险的形式、强度和时间节点，很大程度上取决于美国具体的行动方案。基于当前的战略目标，美国未来在中美网络空间博弈中大概率采取两步走战略：第一步，逐步实现"去中国化"，在经贸领域逐步减少与中国的往来，并通过一轮轮贸易谈判牵制中国发展方向；重构国家经济贸易格局，将中国排除在协定之外；对中国信息技术企业和个人进行商业限制和智力封锁；隐匿自身的技术航标，使得中国网络空间发展失去靶向。第二步，建立在第一步有效实现的基础上或基于特殊重大国际事件，完成"中美脱钩"，中美网络空间博弈将走出两条完全不同、互不联通的道路，甚至出现更大范围的对抗。当然，中美网络空间竞争博弈最终去向何方，也取决于中国的博弈策略和具体行动方案，中国必须基于自身的发展目标提前应对、系统规划、主动作为。

B.13

数字经济风险与控制

——基于零信任理念的技术与实践

郭晓鹏*

摘　要：　数字经济的核心是信息化，具有数字化、网络化、智能化等特征。网络安全和信息化具有同等重要地位，必须统一谋划、统一部署、统一推进、统一实施。做好网络安全工作需要处理好安全和发展的关系，协调一致、齐头并进。零信任安全是在网络发展的历程中逐步产生的安全机制，通过重构以身份为信任的安全防护机制，对数字时代的核心"人"进行全方位的安全防护，通过安全机制的广泛建立促进产业及经济社会发展。未来我国网络安全工作应聚焦强化关键信息基础设施保护、加快网络安全核心技术创新突破、加大数据安全管理和个人信息保护力度、壮大网络安全技术产业规模和网络安全人才队伍、加强国内外网络安全合作等方面。

关键词：　数字经济　信息安全　风险控制　零信任机制

近年来，人工智能、互联网、大数据等现代信息技术快速发展，在金融、互联网、通信、教育、交通、医疗、工业等行业快速渗透，成为推动经济发展的驱动力，推动我国数字经济进入快车道，全面且持续地改变着人们

---

* 郭晓鹏，北京芯盾时代科技有限公司。

的工作和生活。网络空间已经成为"第六疆土",数字经济特别是涉及电力、水利、金融等国计民生的关键领域和重要行业若出现风险,不仅国民经济命脉会遭到传导渗透,还将严重威胁经济、社会安全乃至国家安全。因此,发展数字经济须高度重视安全问题。

国家互联网应急中心(CNCERT)发布的《2019 年我国互联网网络安全态势综述》中,从拒绝服务攻击、APT 攻击、安全漏洞、数据安全、移动互联网安全、互联网黑灰产、工业控制系统安全等方面总结了我国互联网网络安全状况,认为国家关键信息基础设施安全、重要数据和个人信息保护、国家级网络对抗、精准网络勒索、远程协同安全风险、5G 等新技术安全将成为未来网络安全领域的关注热点。数字经济具有数字化、网络化、智能化等显著特征,其核心是信息化。习近平总书记强调,网络安全和信息化是一体之两翼、驱动之双轮,必须统一谋划、统一部署、统一推进、统一实施。做好网络安全和信息化工作,要处理好安全和发展的关系,做到协调一致、齐头并进,以安全保发展、以发展促安全,努力建久安之势、成长治之业。

一 安全防护从物理边界向零信任安全转变

随着 5G、云计算、大数据、人工智能等技术的发展,关键业务越来越多地依托于互联网开展,移动成为设备、业务和人员的基本属性,网络"内部"和"外部"边界逐渐模糊,企业 IT 架构进入无边界时代。任意人员在任意时间,可以通过任意设备,在任意位置对企业内部任意应用进行访问。

国际数据公司 IDC[①] 认为,业务的稳定运行不仅是企业营收的重要保障,更是企业信誉和生存发展的决定因素。业务安全是指防范企业业务流程中出现风险问题,避免业务遭遇各类威胁或遭受经济损失,保障企业整体业务逻辑的顺畅,帮助企业降低成本,提升收益,进一步增强企业竞争力。账

---

① 国际数据公司(International Data Corporation,IDC)成立于 1964 年,全球著名的信息技术、电信行业和消费科技咨询、顾问和活动服务专业提供商之一。

号安全（账号泄露、撞库扫号、虚假注册、爬虫）、内容安全（数据泄露、敏感信息、垃圾内容）、支付安全、营销活动安全（批量关注、羊毛党、黄牛刷单、活动作弊）是业务安全的几大主要场景。

图1 互联网连接的新兴模式

正在数字化转型的企业机构最容易受到网络攻击的影响。企业在新形势下面临的新风险主要来自针对企业数字化业务进行攻击的团伙，业内称为"黑灰产"。黑灰产业指的是黑产与灰产的产业链，以互联网为媒介，以网络技术为主要手段，利用互联网信息管理不完善的漏洞，达到骗取钱财的目的，主要有盗转盗刷、盗买盗卖、批量注册、虚假交易、刷单、"薅羊毛"、信贷欺诈、舆论操作、内外部用户的身份欺诈等。

2019年，国家互联网应急中心监测分析来自境外的DDoS攻击流量发现，境外攻击流量超过10Gbps的大流量攻击事件日均120余起①。近几年，各行业企业机构业务风险问题频繁出现，金融机构因黑灰产带来的损失触目惊心，另据可统计的超万起盗刷案件损失数10亿元，通过现金、优惠回馈用户的行为被"薅羊毛"损失超过百亿元，信用卡逾期约900亿元，信贷损失超2000亿元，二、三类账号潜在金融风险超2000亿元；各大运营商互

---

① 国家互联网应急中心（CNCERT）：《2019年我国互联网网络安全态势综述》，http://www.cac.cn/cms。

联网业务均被发现存在业务安全风险，潜在风险超 1000 亿元；互联网企业更是深受黑灰产之毒害，2019 年初，某知名购物网站一夜之间因一张优惠券被"薅羊毛"事件，引发超千万元损失。中国企业数量近 3000 万家，随着企业数字化转型的快速推动，大数据分析平台的应用普及，企业面临云安全管控、数据暴露、网络攻击预防等诸多挑战。

由公安部第三研究所网络安全法律研究中心等机构联合发布的《2019 年网络犯罪防范治理研究报告》①中提到，职业化的网络黑产呈现产业链组织严密、反侦察意识强烈、跨平台实施犯罪、内外部相互勾结等特征，主要类型包括电信诈骗、恶意程序、流量劫持、DDoS 攻击、侵犯公民个人信息等。根据黑灰产的产业链分工，我们可以将其分为四种类型。

①技术类黑灰产，主要为中下游技术性不强的黑灰产从业人员制作并提供各类软、硬件设备和服务。木马植入、钓鱼网站、各类恶意软件等都是常见的技术黑灰产可以提供的服务。

②源头类黑灰产，包括虚假账号注册等在内，多以恶意注册、虚假认证、盗号等形式实现，继而被非法利用。

③平台类黑灰产，主要为从事非法交易、交流的恶意平台，分为恶意网站、恶意论坛和恶意群组等类别。

④实施类黑灰产，基于中上游链路，实施各类违法犯罪行为，常常表现为恶意行为、诈骗等形式。

传统网络安全方案面对黑灰产，往往束手无策，分析原因主要有以下四个方面。

首先，从技术角度看，以前网络安全方案是基于物理边界防御安全模型，将网络分为内网和外网，服务器和办公设备主要运行在被默认为安全的内网区域中，且攻击侧技术往往领先于防护侧技术。随着移动互联网、云计算应用的逐渐下沉，企业的网络边界逐渐消失，安全威胁的攻击面不断扩

---

① 公安部第三研究所网络安全法律研究中心等：《2019 年网络犯罪防范治理研究报告》，https：//jing. baidu. com/h5/cybersecurityresearch. html。

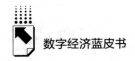

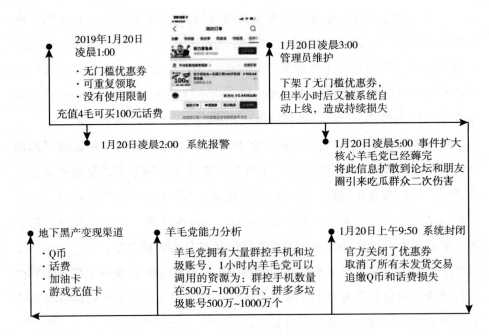

2019年1月20日 凌晨1:00
· 无门槛优惠券
· 可重复领取
· 没有使用限制

充值4毛可买100元话费

1月20日凌晨3:00 管理员维护

下架了无门槛优惠券，但半小时后又被系统自动上线，造成持续损失

1月20日凌晨2:00　系统报警

1月20日凌晨5:00　事件扩大
核心羊毛党已经薅完
将此信息扩散到论坛和朋友圈引来吃瓜群众二次伤害

地下黑产变现渠道
· Q币
· 话费
· 加油卡
· 游戏充值卡

羊毛党能力分析

羊毛党拥有大量群控手机和垃圾账号，1小时内羊毛党可以调用的资源为：群控手机数量在500万~1000万台、拼多多垃圾账号500万~1000万个

1月20日上午9:50　系统封闭

官方关闭了优惠券
取消了所有未发货交易
追缴Q币和话费损失

图2　2019年某知名购物网站黑灰产攻击事件还原

大，而薄弱的内网防护机制不能进行有效的监控和防御，传统安全方案对不再区分内外网的新型攻击缺乏有效防护能力，较难应对业务安全问题。

其次，很多企业对网络安全和数据信息保护不够重视，存在很大的安全隐患。一些企业对用户信息和关键信息进行了收集和存储，但对数据相关的安全却没有投入，造成数据的采集、储存、分析、计算、调用等过程缺乏安全保护，从而导致信息泄露，引发进一步的业务风险。

再次，数据交易泛滥是导致网络犯罪频发的重要原因之一。数字化业务中所涉及的账号、数据、资金、营销等资源可以通过多样化的途径变现，具有极大的诱惑力。在一些非法网站或暗网中，不法分子通过攻击企业服务器盗取账号、数据信息，然后通过暗网贩卖数据牟利，或利用隐私数据对用户进行敲诈勒索等犯罪活动。

最后，相对而言，金融、互联网、政府、运营商等行业机构已经具有成熟的安全防护技术和体系，但依旧被因账号密码泄露、特权账号共享、内部员工违规操作、设备风险等引发的各类安全问题所困扰，且造成高额的经济损失。可见，传统基于网络边界的防护模型在新网络态势中不再适用。不断变革的 IT 技术架构驱动安全架构随之而变，企业亟须新的网络安全模型为数字业务提供有效的防护，与黑灰产持续对抗。零信任安全是安全思维和安全架构进化的必然结果。

二 在不可信的网络中重建信任，业务安全防护的最优选择

2010 年，研究机构 Forrester[①] 的首席分析师约翰·金德维格（John Kindervag）正式提出了零信任安全理念。零信任的核心思想就是：Never Trust，Always Verify！（永不信任，始终验证！）

默认情况下不信任网络内部和外部的任何人/设备/系统，需要基于认证和授权重构访问控制的信任基础。

随着云计算、大数据、微服务、移动网络等技术的发展，移动成为设备、业务和人员的基本属性，原访问控制模式已不再适用，基于零信任模式的需求逐步深化。2014 年，零信任安全理念首例实践在 Google[②] 的 BeyondCorp 项目中落地。项目背景：随着云技术越来越普及，大量员工在外网办公，大量手机、PAD 等新设备出现，外协、临时员工的加入，使得边界变得没有意义。谷歌认为传统防火墙的保护效果变得不明显，不如破除内外网实行统一，将所有应用部署在公网上，用户不再需要通过 VPN 连接到内网，而是通过与设备为中心的认证、授权工作流，实现员工任何地点对资源的访问。

在项目中，Google 平等对待位于外部公共网络和本地网络的设备，默认均不会授予任何特权，准确识别设备、用户，移除对网络的信任，实现基于已知设备和用户的访问控制，并动态更新设备和用户信息，从而保证用户获

---

① Forrester Research 公司成立于 1983 年，是全球最具影响力的技术和市场调研咨询公司之一。

② 谷歌 Google 公司成立于 1988 年，是全球最为知名的跨国科技企业之一。

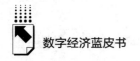

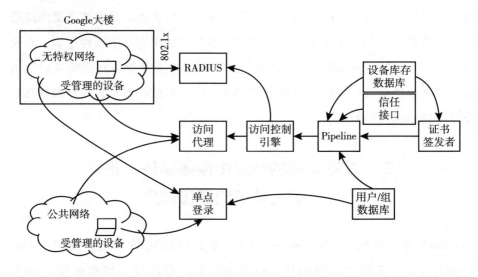

图 3　Google BeyondCorp 项目

得流畅的资源访问体验。

从单点防护到零信任的发展，人类用科技保护着每个互联网单元的安全，信息安全也不再仅限于应用层或网络层，随着公共和私人网络的边界的逐步消除，网络功能和上层应用也将机动组合，用户、设备、服务、应用和数据标识细粒度映射到网络会话，可以灵活地应用底层设备以应对更为丰富的防护策略。

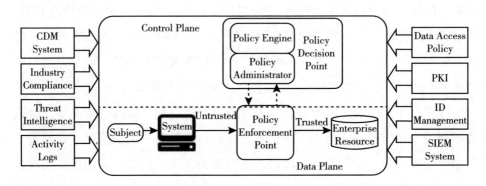

图 4　NIST 发布的零信任安全架构逻辑组件

2020 年 8 月 12 日，美国国家标准与技术研究院 NIST① 发布的《零信任架构》正式版中，认为零信任架构的设计和部署需遵循以下基本原则。

所有数据和计算服务均被视为资源。网络可以由多种不同类别的设备组成，可能还具有占用空间小的设备，这些设备将数据发送到聚合器/存储，还有将指令发送到执行器的系统等。此外，如果允许个人拥有的设备访问企业资源，则可将其归类为资源。

无论网络位置如何，所有通信必须是安全的。网络位置并不意味着信任。来自位于企业自有网络基础设施上的系统的访问请求，必须与来自其他非企业自有网络的访问请求和通信的安全要求相同。换言之，不应对位于企业自有网络基础设施上的设备自动授予任何信任。所有通信应以安全的方式进行（即加密和认证），并提供身份认证。

对企业资源的访问授权是基于每个连接的。在授予访问权限之前，对请求者进行信任基本评估。这可能意味着此次授权仅在"最近某个时间"发生，并且在启动与资源的连接之前可能不会直接发生。但是，对某次访问的身份认证和授权并不适用于其他连接。

对资源的访问由动态策略（包括客户端身份、应用和被请求资源等的可观测状态）决定，并可能包括其他行为属性。通过定义其拥有的资源、其成员是谁、成员访问资源访问权等来进行资源保护：用户身份包括使用的网络账户和企业分配给该账户的任何相关属性；请求设备状态包括设备特征，如已安装的软件版本、网络位置、请求的时间、之前观察到的行为、已安装的凭证等；行为属性不限于自动化的用户分析、设备分析、测量到的与已观察到的使用模式的偏差；策略是组织分配给用户、数据资产或应用属性的访问规则；环境属性可能包括请求者网络位置、时间、报告的活跃攻击等因素。这些属性基于业务流程的需要和可接受的风险水平而定。资源访问策略可以根据资源/数据的敏感性而变化。最小特权原则被应用以限制可视性

---

① 美国国家标准与技术研究院（National Institute of Standards and Technology，NIST）直属美国商务部，从事物理、生物和工程方面的基础和应用研究，提供相关标准参考数据及有关服务。

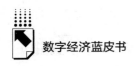

和可访问性。

企业确保其掌握和关联的所有设备都处于尽可能的最安全状态，并监控资产以确保它们保持在尽可能的最安全状态。实施零信任战略的企业应建立持续诊断和缓解（CDM）系统，以监测设备和应用状态，并根据需要应用补丁/修复程序。被发现为已失陷、易受攻击和/或非企业所有的资产，可能会被区别对待（包括拒绝与企业资源的所有连接）。

在访问被允许之前，所有资源访问的身份验证和授权是动态的和严格强制实施的。这是一个包括访问、扫描和评估威胁、调整、持续验证等环节的循环。实施零信任策略的企业具有身份、凭证和访问管理的资产管理系统，包括使用多因素身份认证（MFA）访问某些（或所有）企业资源。根据策略（如基于时间、请求的新资源、资源修改、异常用户活动等）的定义和实施，在用户交互过程中进行持续监视和重新验证、授权，努力实现安全性、可用性、使用性和成本效率之间的平衡。

企业收集尽可能多的关于网络基础设施当前状态的信息，并用于改善其安全态势。企业应该收集有关资产安全态势、网络流量和访问请求的数据，处理这些数据，然后使用获得的任何洞察力来改进策略的创建和实施。数据可用于为来自主体的访问请求提供上下文。

同时，网络规划和部署中使用零信任的组织都有一些关于网络连通性的基本假设，主要有：整个企业专网不被视为隐式信任区、网络上的设备可能不归企业所有或不可配置、没有资源是天生可信的、并非所有的企业资源都在企业拥有的基础设施上、远程企业用户不能信任本地网络连接①。

Cybersecurity Insiders 社区联合 Zscaler 公司发布的《2019 零信任安全市场普及行业报告》指出，零信任作为一种基于上下文控制（用户、设备、应用程序等）提供对私有应用程序最低权限访问的新安全模型正迅速流行

---

① 零信任架构：SP 800 - 207, Zero Trust Architecture，CSRC：https：//csrc. nist. gov/publications/detail/sp/800 - 207/final。

起来①。目前78%的IT安全团队希望在未来实现零信任网络访问；19%的受访者正在积极实施零信任，15%的受访者已经实施了零信任。当被问及零信任的益处时，2/3的IT安全专业人员表示，他们最为兴奋的是零信任安全访问能够提供最低权限的访问来保护私有应用程序，应用程序不再暴露给未经授权的用户或互联网（55%），访问私有应用程序不再需要网络访问（44%）②。

Gartner公司的《零信任网络访问市场指南报告》③对零信任市场的预测为：到2022年，60%的企业将淘汰大部分远程访问虚拟专用网络（VPN），转而使用零信任。

三 零信任理念：以数字世界中的"人"为基本出发点

最新的NIST零信任架构白皮书表示，完整的零信任解决方案将包括增强身份治理、逻辑微隔离、基于网络的隔离等三部分。埃森哲推出的《2019年网络犯罪成本研究报告》④显示，通过对上百家企业采访统计得出，排首位的安全威胁是来源于粗心和不知情的雇员，其次是过期的安全访问控制策略、未经授权的访问。

可以看出，安全风险较大的场景都与数字世界中的"人"相关，安全体系架构从"网络中心化"走向"身份中心化"成为必然，本质诉求是围绕数字世界中的"人"为中心进行访问控制，在不可信的网络环境中，基于认证和授权的访问控制管理重构可信的、安全的网络框架，满足当下网络的安全需求，解决因网络环境开放、用户角色复杂引发的各种身份安全风险、设备安全风险和行为安全风险。

---

① Cybersecurity Insiders社区是一个信息安全的在线社区，成立于2015年，聚集了超过40万名安全专业人才。Zscaler是一家提供云安全服务的美国网络安全公司，成立于2008年，以云平台的形式提供安全服务。

② "Zero Trust Adoption Report – Cybersecurity Insiders," cybersecurity-insiders.com, https：//www.cybersecurity – insiders.com/portfolio/2019 – zero – trust – adoption – report/.

③ Gartner，Report：Market Guide for Zero – Trust Network Access.

④ Ninth Annual Cost of Cybercrime Study.

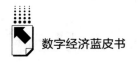

零信任安全的理念，以保护企业资源安全为目标，通过保护数字世界中"人"的安全，实现保护企业核心信息资产和金融资产的安全目标，解决当今企业IT环境下的业务风险问题。零信任业务安全理念的核心内容如下。

①不以边界作为信任条件，对企业内外部所有访问重新进行信任评估和动态访问控制。

②针对所有访问企业资源的请求，进行认证、授权和加密。

③认证包括对用户和使用设备的全面验证。

④对每次访问请求进行实时的风险评估，评估因素不限于终端环境、用户操作行为、账号信息、网络风险、外部威胁等。

实施零信任安全战略并非对基础设施或流程的大规模替换，而是一个过程，企业机构应逐步实施零信任原则、变更流程、对最高价值数据资产采取保护。大多数企业将会在很长一段时间内出现零信任和现有模式并存的现象。

四　以"人"为核心的零信任业务安全框架建立步骤

基于零信任业务管理实践应从边界侧开始，逐步深入业务运营，最终构建完整体系。随着内外网边界的逐渐模糊，网络东西向的验证手段缺乏问题逐渐暴露，内网防护需求日益增强。在当前的安全环境中，业务端身份认证需要业务的改造以及平台侧的配合，实现难度和改造成本较高，而在国内业务上云、5G等趋势推动下，业务模式转换和迁移将为零信任理念提供实践的平台，从而充分利用内部业务、数据、设备等信息，形成持续、动态和细粒度的零信任防护方案。随着零信任理念与传统技术的深度融合，解决业务风险需求的推动，以"人"为核心的零信任业务安全解决方案有望加速实践落地。

国内零信任业务安全厂商芯盾时代[①]的技术创新能力和深入黑灰产行业的对抗经验，是零信任业务安全解决方案高效的保证。从设备、应用和

---

① 芯盾时代是国内业务安全产品和服务提供商，创立于2015年。公司基于信息安全、人工智能、身份认证等技术驱动，依托自主知识产权的多因素认证、统一身份管理、人工智能反欺诈、零信任安全等产品系列提高企业服务能力。

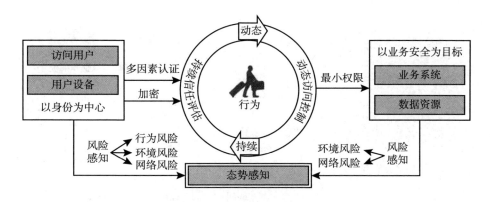

图5　零信任安全架构

行为等子集提供全面的业务安全防护，从设备风险、真实身份、数字身份、历史行为、当前行为等五个维度出发，通过动态访问控制，对业务系统和数据资源的访问授予最小权限；从行为风险、环境风险、网络风险等角度出发，持续对"人"的账号、行为和设备进行信任评估，最终提升用户风险决策能力。

　　如果根据用户"访问网络—登录应用—使用及操作—退出应用"的过程，可以将网络架构由下到上分为网络通信、设备认证、身份认证和行为管控四个微层次。①网络通信层：解决网络连通性问题，以及网络层安全。②设备认证层：解决设备层安全威胁，包括移动设备、PC机、服务器、物联网设备等，分为识别和控制两个层面。③身份认证层：解决用户身份识别问题，通过对用户进行所知、所持、所有的信息进行持续、自适应认证的方式确定用户身份。④行为管控层：解决威胁发现与应急处置问题，通过人工智能技术动态发现用户行为中的安全风险，并进行主动干预。每个微层次具有不同的作用。

　　从建设零信任安全网络的角度来看，在完成基础网络体系后，根据自身特点和业务情况逐步有序地进行建设。另外，在建设零信任安全网络的过程中，随着控制节点的增加，正常员工和外部用户的访问体验趋向于无感知，但对恶意用户而言是愈加严厉的认证策略。

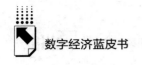

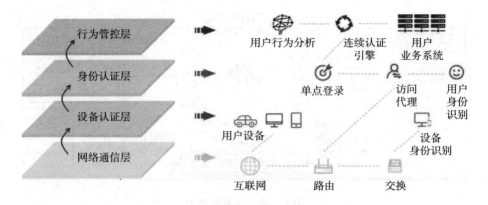

图6　基于零信任安全的网络架构微分层

五　零信任业务安全解决方案需覆盖内外部业务

数字化企业面临的风险来自外部和内部，若仅片面考虑单一维度的业务安全问题，木桶的"短板"会对业务发展造成极大阻碍，无法有效提升业务的抗风险能力。

零信任业务安全解决方案落实在企业业务端，需覆盖人与业务交互全流程，自登录开始直至登出全过程进行持续的判断和风险评估，还需具备对不同风险结果的及时处置能力，才可帮助企业解决来自外部业务风险和内部身份欺诈，进而构建智能、自适应的业务安全保障体系和基础设施，避免因黑灰产和恶意网络攻击造成的企业高额经济损失。

（一）对内业务安全解决方案

保障内部办公网络（即内网）的安全访问，一直是企业内部安全工作的重点。企业对内的业务主要包括身份统一认证登录、权限管理、离职信息删除、操作规范性审查、用户行为分析等，用于避免内部员工带来的企业经营数据丢失、用户数据被盗风险。以往，信息安全部门通过防火墙、IDS/IPS、VPN、行为审计等设备和技术手段，保证内部员工可以正常访问并进

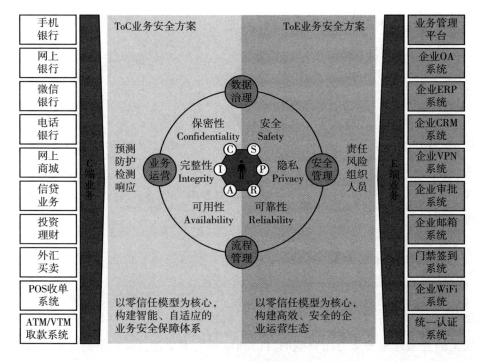

图7　对内对外业务安全解决方案

行合法的操作（兼具访问体验），且可识别和拦截恶意或非授权访问，为特定资产开辟 DMZ 区进行重点防护。

但是，随着业务应用和人员架构快速发展和变化，内网边界日趋复杂与模糊，让基于边界的作用慢慢失效，露出破绽，"超大型"数据泄露事件层出不穷，为应对数据泄露的后果，企业需要在系统建设和防护、网络安全服务等方面投入大量的人力和财力，以保护更多的设备、系统和数据。芯盾时代零信任对内（ToE）业务安全解决方案，综合运用人工智能、持续自适应认证、关联分析等技术动态调整安全策略，有效应对来自外部身份欺诈和内部信息泄露的风险，基于人工智能技术，对用户操作行为进行分析，辅以基于日志的关联分析，精准定位内部恶意用户异常行为；当出现有风险的操作时，根据当前用户的应用场景推送适合的认证能力，解决身份、数据、设备、访问等多场景业务安全问题，防范外部用户的拖库撞库、密码入侵等安

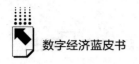

全风险，对内提供移动、免密、统一、高安全的认证和权限管理新体验。

统一身份管理产品IDaaS：将金融级安全技术运用于企业，提供安全、免密、便捷的一站式身份管理服务，消灭密码，提升用户内网访问用户体验，提高企业业务访问安全性，是企业入口级的业务安全产品。

零信任安全产品ZTS：实现认证能力的里程碑式突破，保障应用场景复杂、组织结构庞大、业务高并发等极端应用场景下的安全认证和服务；通过对用户行为进行分析，发现内部用户的潜在安全风险，有效防止企业核心数据泄露、员工违规操作、账号盗用等内部安全问题，为安全事件调查提供依据。

（二）对外业务安全解决方案

新基建的开展，从根本上改变了我国数字经济的情况，推动交通、能源、教育、电力等行业的数字化转型。相较于企业对内的安全工作，用户端安全的复杂性主要来自用户侧的身份和设备的不受控，风险主要集中在线上化的资产和数据，涉及范围包含国计民生的大部分内容。随着智慧城市和工业互联网的推进，整个世界都将基于网络，安全问题愈发重要。

零信任有助于企业用户对来自移动互联网业务资源的访问和操作，持续对用户身份、设备、访问权限进行判断，结合反欺诈领域多种机器学习模型如用户画像、欺诈标注与关联图谱、欺诈/异常行为监测等联合应用，可以为企业场景化的业务风控需求提供更综合的能力支撑。芯盾时代零信任对外（ToC）业务安全解决方案将用户的数字身份与设备身份、操作行为、历史信誉相结合，快速发现并处置盗转盗刷、交易欺诈、信贷欺诈、批量注册、"薅羊毛"等外部业务安全风险，消除客户端环境的不安全因素，避免造成用户和企业财产损失。

多因素认证产品MFA：将交易转账等场景下的身份认证维度扩大，从原来的密码＋短信验证码，扩充至"设备、SIM卡、生物、账户、App、时间、数据"等多个维度，覆盖"所知、所持、所有"等多因素，极大地提高了客户账号及交易安全性。

人工智能产品 IPA：综合运用大数据、云计算和人工智能等先进技术手段，结合第三方有效数据，共同为客户构建"数据＋决策引擎＋模型＋咨询服务"的一站式智能实时风控服务体系，对已发生过或未来可能发生的风险行为进行及时有效的识别、预警和处置。

六　零信任业务安全模型的落地实践

零信任业务安全解决方案在多个行业企业的不同应用场景具有不同的侧重点。目前零信任解决方案已经在金融、互联网、运营商、教育等行业落地，并取得了很好的实践效果。零信任对内业务安全解决方案落地案例，如芯盾时代零信任对内安全解决方案已得到较大范围应用，在此以某股份制银行为例。该银行内部数万人协调分工合作，全国范围分支网点，每一个岗位或多或少都能接触到行内的敏感数据，背后的风险主要为数据/凭证泄露、员工违规操作、身份以及设备的异常等带来的风险和经济损失。零信任架构的业务安全方案可以结合身份鉴别、设备归属和行为判断，帮助客户完善对员工的管理，从而防止风险向威胁转变，以及后续带来的经济和声誉损失。

在身份认证层面，以多因素认证能力、多种认证手段结合的形式，利用短信、动态码、手势和基于生物特征的指纹、人脸、声纹等几十种手段，进行真实身份和数字身份匹配关系的判断。

在设备认证层面，通过设备指纹来确保设备的唯一性，结合沙箱、白盒密钥、密钥拆分等能力的终端安全防护控件，作为独立系统的进程，对 App 以及终端环境以可视化的形式进行实时监测，也为终端安全存储密钥等敏感数据提供了基础保障。

在行为管控层面，银行需求可大致分为移动端行为管控和业务操作行为管控两类。移动端行为特征包括用户的行走速度、摆动幅度、使用角度、按压力度等；业务操作行为特征包括点击顺序、页面停留时间、日均下载次数、日均浏览次数等。通过异常行为判断是否为本人操作，并基于既定合规、安全管理以及风控规则进行违规操作判断。

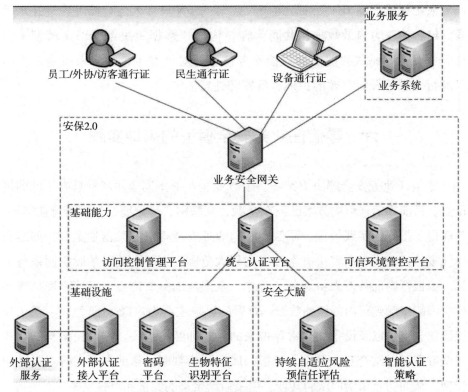

图8 对内业务安全解决方案落地实践

此外，为了在不改造、不迁移现有业务系统的基础上实现持续且自适应的风险与信任的平衡，该银行在业务系统前端部署了符合等级保护要求的业务网关集群，从身份、设备、行为三个方面进行持续评估，同时通过该集群进行访问控制，以最小权限为基础，对提权操作或可疑身份/行为要求多次认证，对高风险用户以及确定的违规行为进行降权或者阻断，并后台告警。

在面对手机银行等业务风控（交易、信贷等欺诈行为）需求，基于终端环境、威胁情报、用户行为等数据，利用机器学习（囊括多种主流机器学习算法模块以及六类机器学习模型）进行画像，实现持续的业务操作风险评估所提供的反欺诈能力也发挥了重要的作用。对外业务安全方案落地案例，芯盾时代对客业务安全解决方案在某互联网企业取得了优异效果，为客户避免了上亿元的营销费用损失。该企业为推广其移动端 App，推出一系列营销活动，但后台用户数据显示，首期营销活动奖励绝大部分被黑灰产获取，造成拉新活动效果不好、营销活动基本失效。在做业务推广吸引新客户时，常用的营销手段有新用户注册送礼品、开户送积分、积分换礼品、转轮盘抽奖等，但由于黑灰产行业日趋专业化，专用的"薅羊毛"软件和硬件设备方案已经非常成熟，往往造成营销活动85%以上的经费被羊毛党轻松拿走，使得营销效果大打折扣。

零信任对外业务安全方案在不影响客户体验的前提下，无缝接入多因素认证、持续自适应认证、智能行为分析等组件，判断并锁定黑灰产，以百万量级的安全方案为客户节省营销费用，真正让营销费用发挥价值，让用户受益。

在身份认证层面，实现持续自适应认证的功能，将生物特征识别等数十种身份认证方式以 SDK 形式与 Web 端、App 端集成，将数字身份与真实身份进行映射绑定，区别对待不同分类用户，对正常用户达到无感知认证，对高风险用户则推送强认证手段，精准判断是否为有效真实用户。

在设备认证层面，通过设备指纹来确保设备的唯一性，快速准确识别模拟器，有效标注硬件设备主体，再经过数据分析，找出猫池中所有卡，定位出手机农场中所有手机，后期可将这些关联设备加入黑名单，此后自动屏蔽此类设备和手机卡。

在行为管控层面，对接以人工智能为核心技术的 UEBA 系统，一方面，用于静态数据分析，训练机器学习模型，生成新规则和产生新阈值；另一方面，对该数据进行规则匹配，如当前用户存在特定行为习惯时，增加此类规则的匹配，并以积累的历史数据确定规则权重。

在完成系统建设后，最终实现从数据采集到风险分析再到认证决策的闭环周期系统，基于用户行为及客户端环境数据，对比原定静态规则，命中后计算风险分，触发风险阈值后，弹出对应的认证方式，从用户所处地点、行为事件、认证方式及结果、历史风险、认证方式分布等多个维度对风险进行综合分析。并随时间推移和用户操作持续对当前环境和行为进行评估，必要时再次要求用户认证。

方案在客观上阻断了很多现有黑产的盗转盗刷手段，减少了用户的直接账

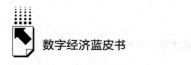

户损失，快速发现业务系统风险，完善现有安全机制，在推广活动中减少因黑灰产造成的经济损失，极大地抬高技术犯罪门槛，强烈挤压黑产犯罪链条，让资金发挥应有的作用，构建健康、安全、方便、和谐的数字经济秩序。

七　零信任安全带来的实际社会价值

通过零信任安全体系架构的建设，以人工智能、大数据等技术与业务高度融合，能够为企业提供多方面的实际社会价值。

第一，能发现并解决身份信息泄露、冒用、盗用、特权账号、账号共享等身份欺诈风险。

第二，能发现并解决各类移动终端的安全风险，能解决网络设备、服务器、WiFi、VPN 等设备的二次认证，从而避免了各类型设备的欺诈风险。

第三，基于人工智能技术，通过连续认证实现动态行为监控，通过规则引擎来实现动态授权，通过机器学习引擎来发现新的风险，从而能够实时地发现并解决用户的行为风险。

第四，兼容移动互联网、物联网、5G 等新兴应用场景，为企业的新时期信息化建设或信息化数字转型提供有效的安全保障。

网络空间安全已纳入国家安全体系，进入全面发展阶段。中国在某些重要数字产业已成为全球领导者，尤其是在一些重要领域的新兴行业，依托于庞大的互联网用户群、完善的在线生态系统、不断改进的数字基础设施以及信息和通信技术，中国的快速数字化进程仍将持续，数字化进程有望继续保持快速发展势头。5G 的商用和人工智能等技术的不断成熟，将为产业发展注入更多活力，人们社会生活模式将发生革命性的变革，数字化互联未来已近在眼前。零信任安全是在网络发展的历程中由需求逐步产生的，它的出现重构了以身份为信任的安全防护机制，对数字时代的发展浪潮中网络核心价值点——"人"进行全方位的安全防护。以芯盾时代为代表的国内网络安全企业继续坚持"以人为核心、以业务安全为基础的业务智能"理念，为构建安全、智能、可信的互联未来而努力。

数字经济全球化

Globalization of Digital Economy

B.14
数字经济时代中国在全球经济治理机制变革中的角色定位

马述忠　胡增玺*

摘　要： 本报告从数字技术、数字贸易、数字金融、数字文化、数字政务和数字安全六个方面出发，剖析了数字经济时代中国参与全球经济治理的博弈能力，同时，归纳总结了中国参与全球经济治理的四项基本原则。基于此，通过数字经济时代全球发展、贸易、投资、金融和能源治理机制的变革五方面，展望了中国在全球经济治理机制变革中的角色定位，分析其必要性以及可能性。此外，还比较了数字经济时代与传统经济时代中国参与全球经济治理的角色定位。

---

* 马述忠，浙江大学求是特聘教授，浙江大学中国数字贸易研究院院长，主要研究方向为全球数字贸易、国际贸易与跨国投资；胡增玺，浙江大学中国数字贸易研究院博士生，主要研究方向为全球数字贸易。

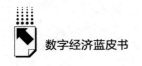

关键词： 数字经济 全球经济治理机制 中国 数字贸易

一 引言

2008 年金融危机后，全球经济发展疲软，经济格局亟须变革，全球经济治理机制已经不适应于当前全球发展形势。在过去一段时间中，尽管全球经济治理机制的变革取得了阶段性的成绩，但同时也面临着一些突出问题，如区域一体化解体、反全球化浪潮、地缘冲突、贸易保护主义和非传统安全问题等。同时，一种新的数字技术和全球经济体系相融合的经济形态（被定义为数字经济）正在深刻影响全球的经济发展，对全球经济治理机制的变革产生深远的影响。

数字经济的发展重构了全球经济发展格局。从历史的视角来看，每一次技术的革命往往伴随着全球经济体制的深度调整，当前的数字经济技术的革命正是推动全球经济治理机制变革的核心力量。中国作为世界第二大经济体和数字经济第二大国有着最广阔的发展潜力，在数字经济时代下朝着更加合理、公正、有效的目标推动全球经济治理机制变革，不仅是中国创新发展形势的需要，也是其自身所应承担的国际义务和责任。在数字经济的时代背景下，中国以什么样的角色参与全球经济治理机制变革，不仅是全球高度瞩目的问题，也是中国当前深刻参与和引领全球经济治理机制变革的基础。

本报告将深度解析数字经济时代中国在全球经济治理机制变革中的角色定位。首先，将分析数字经济时代中国参与全球经济治理的基础——博弈能力；其次，将结合党和国家各项重要报告和习近平总书记的重要讲话深刻分析和阐述数字经济时代中国参与全球经济治理的基本原则；再次，将对数字经济时代中国在全球经济治理机制变革中的具体定位进行深入剖析；最后，将比较数字经济时代与传统经济时代中国在全球经济治理中的角色定位。

二 数字经济时代中国参与全球经济治理的博弈能力

（一）基于数字技术视角的研判

数字经济涵盖经济、政治、文化、社会、生态等领域，而其中数字技术是推动各行业数字化转型、发展数字经济的关键，同时也是推动全球经济治理科学化的工具，丰富了全球经济治理的内容，有利于提升全球经济治理的效率。数字经济时代，面对错综复杂的国际形势，我国开启了信息化发展新征程，5G、云计算和大数据以及工业互联网等数字技术的不断发展，为中国参与全球经济治理提供了坚实的博弈基础。

在5G方面，我国5G技术不断发展，市场规模不断扩大，中国互联网络信息中心的数据显示，截至2018年底我国手机用户规模达8.17亿。2019年我国正式进入5G元年，中国企业在5G标准、技术以及全球产业发展等方面取得了相当的成就，在全球5G标准声明中，以华为为代表的我国企业所注册的专利已经占据了1/3的内容。5G的发展，有利于通过线上沟通的形式，为全球经济治理相关磋商谈判创造便利条件，疫情期间G20领导人应对新冠肺炎疫情特别峰会以视频方式召开，是数字技术全球化协作的一次重要体现。在大数据和云计算方面，国家和地方政府相继出台了一大批大数据相关政策，如《促进大数据发展行动纲要》《云计算发展三年行动计划》等，推动了相关产业的发展，同时我国涌现了一批优秀的大数据云计算企业，如阿里巴巴和腾讯等，其中阿里云的国际市场份额位列第三，体现了我国大数据和云计算广阔的发展前景。随着大数据和云计算的发展，我国可以借助大数据和云计算分析，清晰地掌握全球经济治理的焦点问题。在工业互联网方面，相较于美国主导的国际工业互联网联盟（IIC）和德国工业4.0等，我国后来居上，成立了工业互联网产业联盟，并颁布《中国制造2025》。《工业互联网产业经济发展报告（2020年）》显示，我国2019年工业互联网总产值达到2.13万亿元，展现出了

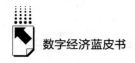

极大的发展潜力和活力，工业互联网的发展有利于促进新业态的产生，为全球经济治理提供新思路。

（二）基于数字贸易视角的研判

数字经济拓展了国际贸易的内涵，作为国际贸易新模式，数字贸易已经逐渐成为全球各国积极发展的重点领域。我国是数字贸易发展的前沿国家，数字贸易自然也是数字经济时代下我国参与全球经济治理机制变革的博弈能力的体现。我国数字贸易潜力巨大，数字贸易政策不断出台，数字贸易环境不断完善。

在数字贸易潜力方面，我国跨境电子商务产业迅速发展，现如今已经跃居世界第一[①]，2017年我国的跨境虚拟货物和服务贸易总额达到1.6万亿元，预计数字贸易出口于2030年达到5万亿元的规模[②]，巨大的数字贸易潜力为我国推动全球经济治理机制变革提供了底气。在数字贸易政策方面，我国数字贸易的快速增长与相关战略规划与政策措施密不可分，从顶层设计来看，2016年以来我国出台了《"十三五"国家信息化规划》《国家信息化发展战略纲要》等相关数字贸易发展的重要文件，给出了我国数字经济发展的路径指导规划，从合作倡议来看，由我国提倡和发起的《"一带一路"数字经济国际合作倡议》《二十国集团数字经济发展与合作倡议》发挥着重要作用，为中国参与数字贸易规则重构提供了经验。在数字贸易环境方面，2017年国务院发布《关于同意在天津等12个城市设立跨境电子商务综合试验区的批复》，2020年4月国务院新设46个跨境电商综合试验区，使得我国跨境电商综试区达115个，在数字贸易的技术、税收以及监管制度等层面营造了良好的环境，为数字贸易博弈能力的提高提供了优质的土壤，也为我国开展数字贸易治理提供了坚实的基础。

---

① 吴伟华：《我国参与制定全球数字贸易规则的形势与对策》，《国际贸易》2019年第6期。

② 全球化智库（CCG）与韩礼士基金会：《数字革命：中国如何在国内外吸引数字贸易机会》，https：//www.useit.com.cn/forum.php？mod＝viewthread&tid＝22789&from＝album，2019。

（三）基于数字金融视角的研判

金融是现代经济发展的血脉和资源优化配置的关键环节，支撑着经济高质量的发展。随着数字经济时代的来临，金融业也经历着数字化的深刻变革，衍生出数字支付、数字信用、数字借贷、数字理财等新形式。中国在数字金融领域具有先发优势。金融科技和数字普惠金融的发展，为我国开展数字金融领域的全球经济治理实践提供支撑。

在金融科技方面，我国高度重视金融科技领域的发展。从政策来看，2017 年中国人民银行成立金融科技委员会并发布《中国金融业信息技术"十三五"发展规划》。从规模和产业上来看，中国信通院《中国金融科技生态白皮书（2019）》显示，我国 2018 年金融科技投融资达 205 亿美元，金融科技产业发展迅速，2018 年毕马威发布的《全球金融科技 100 强》中，蚂蚁金服、京东金融和百度分别位列第一、第二和第四名。我国金融科技的发展能更好地发挥金融在经济运行中合理配置资本要素的作用，为全球经济治理提供转换动力。在数字普惠金融方面，我国 2015 年颁布的《推进普惠金融发展规划（2016—2020 年）》明确了数字普惠金融发展的基础路线，2016 年在杭州召开的 20 国集团峰会上，我国与其他各国一起发布《G20 数字普惠金融高级原则》。我国在数字普惠金融发展方面的种种措施，助力我国不断参与全球经济治理，推动全球数字鸿沟弥合，为解决全球贫困问题提供新思路。

（四）基于数字文化视角的研判

数字经济的迅速发展，推动文化产业进入转型发展阶段，数字文化产业不断发展壮大。数字文化产业是文化产业发展中最具活力的部分，根据中国社会科学院新闻与传播研究所的《数字文化产业发展趋势报告》，2020 年我国的数字文化相关产业规模将超过 8 万亿元，成为经济发展的不竭动力源泉，并将推动我国全面迈向数字经济时代，积极参与全球经济治理机制的变革。

数字文化产业是数字经济时代的新兴产业，有助于促进传统产业结构的优化升级，成为经济增长的新动力。中国新闻出版研究院发布的《2018—

2019 中国数字出版产业年度报告》显示，2018 年我国数字出版产业规模达到 8330.78 亿元，同比增长 17.8%，在线教育和网络动漫等新兴领域不断发力，出版单位转型创新能力显著提升，推动探索新的内容呈现方式和变现方式，有利于为全球经济提供新的增长点。此外，数字文化政策不断出台，2017 年文化部出台首个针对数字文化产业发展的宏观性、指导性政策文件《关于推动数字文化产业创新发展的指导意见》，布局数字内容、数字化业态等领域的国际竞争，深化了我国数字文化产业的数字化改革，推动了国内数字文化产业多领域的发展。此外，IMT－2020 峰会的《5G 新媒体行业白皮书》指出，2017 年新媒体在文化相关产业所占比重升至 66%。我国数字文化产业不断挖掘数字文化资源，依靠数字新媒体促进了不同文化之间的交流、互通与融合，有利于提升世界文化体系的多样性，奠定了数字经济时代我国参与全球经济治理机制的数字文化和媒体基础。

（五）基于数字政务视角的研判

数字技术的飞速发展和广泛渗透对政府职能的转变也产生了深刻影响，推进政府治理的数字化成为各国政府改革的主流趋势，数字政务应运而生。"互联网＋政务服务"的高速发展促使我国数字政务快速发展，有利于我国与世界其他国家进行跨国合作、拓展数据分析利用和降低治理成本，从而实现协同、智慧和集约的治理，为数字经济时代下我国参与全球经济治理提供了重要的数字政务博弈能力支撑。

中国 2016 年发布《关于加快推进"互联网＋政务服务"工作的指导意见》，第一次对政府如何借助互联网技术进行政务服务的数字化改革给出了总体框架描述和指导意见，也激发了地方政府数字化改革、提升服务水平的步伐。中国互联网络信息中心统计数据显示，截至 2020 年 3 月，我国在线政务服务用户规模达到 6.94 亿，较 2018 年底增长 76.3%，占网民整体的 76.8%。从国际比较的视角来看，东京早稻田大学数字政府研究所与国际 CIO 学会（IAC）联合发布的《第 14 届（2018）国际数字政府排名评价报告》显示，在数字政务方面，中国排名第 32 位，相较于上年上升 12 个位次。同时，数字政务与营商环境质量、地方经济发展呈现强关联特征①，推动着我国经济高质量发展，并为我国参与全球经济治理机制变革提供重要动力。

（六）基于数字安全视角的研判

在数字经济时代，随着数字技术的发展，数字安全风险融合叠加并快速演变，数字安全问题也越来越得到各国政府的重视，亦成为全球经济治理中亟须关注的新议题。在 2018 年全国网络安全和信息化工作会议上习近平总书记指出，要推动网络安全产业发展，防患于未然。我国在数字安全产业等领域的发展和创新，为数字经济时代我国参与全球经济治理提供了重要的数字安全保障。

当前世界数字安全产业规模不断扩大，各国和相关组织不断出台措施。我国在其中扮演了重要的引领角色，颁布了《数据安全法》和《电信法》等法规，在数字安全尤其是网络安全及其产业领域立法稳步推进；依据行业特征分类发布了《加强工业互联网安全工作的指导意见》等，逐渐细化相关行业的规则与法律；同时产业呈现高度发展态势，中国信通院网络安全产业开放平台的数据显示，我国相关产业规模在 2018 年已经超过 500 亿元，相关企业总数达到了 2898 家。我国数字安全相关领域的迅速发展，有利于与其他国家协同共建网络安全空间，也有利于借助安全合作推动与其他国家联系的深入，为数字经济时代下我国参与全球经济治理提供重要的数字安全博弈能力保障。

三　数字经济时代中国参与全球经济治理的基本原则

2018 年 7 月 25 日，习近平主席出席金砖国家工商论坛并发表重要讲话，提出全球经济治理应坚持合作共赢、创新引领、包容普惠和多边主义四个基点，阐述了中国坚定建设开放型世界经济，坚决反对单边主义和保护主义，并致力

---

① 汪玉凯：《数字政府的到来与智慧政务发展新趋势——5G 时代政务信息化前瞻》，《人民论坛》2019 年第 11 期。

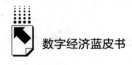
于促进贸易和投资自由化、便利化，消除一切不利于创新的体制机制障碍的大国主张，本部分将基于这四个基本点来阐释我国参与全球经济治理的基本原则。

（一）合作共赢

数字经济时代，全球各国都想要推动经济发展，提高发展质量，尤其是我国作为世界经济大国而言，必须进一步扩大对外开放和合作，以合作共赢的胸襟拥抱世界数字经济发展的潮流。2017 年在达沃斯世界经济论坛上，习近平主席表示"中国的大门对世界始终是打开的，不会关上。开着门，世界能够进入中国，中国也才能走向世界"。与此同时，我国通过推进"一带一路"建设，不断践行和引领合作共赢基本原则。商务部统计数据显示，"一带一路"倡议提出 6 年来，中国同沿线国家的贸易总额超过 6 万亿美元，与沿线国家巴基斯坦、哈萨克斯坦、俄罗斯等开展了一大批合作项目，吸引了众多投资，同时还催生了中欧班列的建成，有效地落实了我国合作共赢的基本原则。

（二）创新引领

党的十九大报告提出"加快建设创新型国家"，创新作为引领发展的第一动力，决定我国发展思路、发展方向和发展面貌。创新既对我国形成国际竞争新优势、增强发展的长期动力具有战略意义，又对我国提高经济增长的质量和效益、加快转变经济发展方式具有重大的现实意义。尤其在数字经济时代，创新已成为数字经济发展的内在动力，驱动了全球经济治理机制的变革。我国通过 G20 组织不断践行创新引领原则，2016 年 G20 杭州峰会的重点议题的第一项便是"创新增长方式"，习近平主席在峰会中表示，在新的起点上，中国将坚定不移地实施创新驱动发展战略，释放更强增长动力。同时我国基于 G20 平台不断创新全球经济治理机制，在 G20 的议题创新、运行机制创新等方面提出相关倡议并制定相关指导计划和原则。

（三）包容普惠

坚持包容普惠、推动共同发展首先要争取公平的发展，让各国的发展机会更加均等，每个国家都应成为全球发展的参与者、贡献者和受益者，并谋求建立和平、稳定、公正、合理的国际政治经济新秩序；要使得发展模式多样化，促进国际关系民主化；要高举和平、发展、合作的旗帜，全面把握发展机遇，积极创造有利条件，妥善处理各种关系，努力化解矛盾、摩擦。2017 年"一带一路"国际合作高峰论坛中习总书记提出了包括提供给"一带一路"相关国际组织和发展中国家援助、推动"丝路基金"和亚洲基础设施投资银行向发展中国家提供贷款、弥合数字鸿沟等在内的措施，大大推动了世界的普惠和包容发展，体现了我国包容普惠的基本原则。

（四）多边主义

习近平总书记于 2019 年 6 月 15 日在亚洲相互协作与信任措施会议第五次峰会上言简意赅地指出："我们将坚定践行多边主义，维护以国际法为基础的国际秩序。中方愿同各国一道，秉持共商共建共享的全球治理观，坚定维护以联合国为核心的国际体系，坚定维护以世界贸易组织为核心的多边贸易体制。"该段话，明确有力，表达了中国坚定捍卫多边主义、积极参与全球治理的决心。中国是当今世界多边主义的积极倡导者和坚定支持者。加强联合国体系和多边主义，符合数字经济时代全球的最佳利益。我国提出并推动高质量共建"一带一路"，在联合国、世界贸易组织、二十国集团、金砖国家等平台、框架内加强协调，与世界各国携手构筑全球伙伴关系网络，积极推动构建人类命运共同体，体现了数字经济时代我国落实和推动多边主义的重要实践。

四　数字经济时代中国在全球经济治理机制变革中的角色一：全球发展治理机制变革的推动者

（一）定位

1. 数字经济发展的驱动者

2020 年是"十四五"规划启动的节点，也是"十三五"规划收官的节

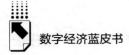

点，更是我国全面建成小康社会的关键时刻。当前，世界经济面临着"百年未有之大变局"，数字经济方兴未艾，正在成为全球经济结构和分工格局深化调整、实现全球价值链协调发展的重要突破口。我国应当以数字经济发展的驱动者身份融入全球数字经济发展，以本身数字经济发展的经验，驱动全球数字经济发展，从而变革全球经济治理机制。

2. 南北数字鸿沟的弥合者

数字技术是人类共有的文明成果，发展成果应由全人类共享。中国与世界各国深化合作，推动数字经济更加普惠、更加包容、更加均衡地发展。我国要以数字鸿沟的弥合者的身份变革全球经济治理机制，依托"一带一路"等平台推动数字技术互利合作特别是基础设施的互联互通，消除数字"硬鸿沟"；促进人才交流培养，填平互联网欠发达地区"数字素养"上的"软鸿沟"，防止南北差距在新一轮技术变革中再度扩大，共享"数字红利"。

3. 数字经济共同体的建设者

党的十九大报告中明确提出，"坚持和平发展道路，推动构建人类命运共同体"。数字经济时代，秉承人类命运共同体理念，我国应担当数字经济共同体的建设者。不断从顶层设定政策，建立数字经济政策共同体，建立数字经济产业和技术标准和规则，提供数字人才交流环境以及协同合作攻关机制；协调全球数字经济发展，建设数字经济协调发展共同体，建立数字鸿沟弥合机制，为数字基础设施建设提供帮助。

（二）必要性

1. 数字鸿沟客观存在且不断扩大

数字经济在驱动各国经济转型升级的同时，也带来了新的挑战，"数字鸿沟"问题成为拉大世界贫富差距、造成两极分化的重要因素。2019年全球近一半人群还没有接触互联网，且大多数位于不发达的国家和地区。亚非等地区的发展中国家数字技术发展水平低，加之发达国家对前沿技术的垄断，两者的技术差距不断扩大。发达地区和欠发达地区之间的经济发展差距会因数字鸿沟的逐步扩大而进一步拉大。

2. 新兴经济体的重要性不断提高

相比传统经济时代，数字经济时代，新兴市场国家和发展中国家在全球中的经济地位不断提升，据 IMF 统计，新兴市场国家和发展中国家的国内生产总值总和于 2008 年首次超过发达国家。全球生产力和财富的再分配，必然带来权力结构以及意识形态领域格局的变化。西方发达国家为了维护数字经济的主导地位，利用技术的垄断制定霸王条款和标准，破坏数字经济时代的发展轨迹。新兴国家已经认识到，美国等西方大国在数字技术领域的绝对优势对主权国家数字技术发展来说是一颗定时炸弹，并试图改变以西方发达国家为主导的标准，推动全球经济治理更具包容性。

（三）可能性

1. 数字丝绸之路的良性驱动

作为数字经济发展和"一带一路"倡议的结合，"数字丝绸之路"以跨境电商为基础，依托我国的数字通信技术，正在不断促进物流体系、支付体系及数字基础设施等的发展，成为数字经济时代国际合作的新引擎。当前，"数字丝绸之路"已经在数字基础设施、跨境电子商务和数字人才交流方面建立了数字生态体系，为我国数字经济时代下推动全球发展治理机制的变革提供了良性驱动。

2. G20合作提供历史的契机

G20 杭州峰会首次把发展问题作为议题的核心，支持非洲国家和最不发达国家工业化开展合作，为落实 2030 年可持续发展议程制订行动计划，为全球发展治理树立了新的旗帜。《二十国集团领导人杭州峰会公报》也提到，要最大限度地释放发展中国家和低收入国家的增长潜力，确保经济增长的益处惠及所有人。在我国的努力推动下，G20 杭州峰会取得了包括《G20落实 2030 年可持续发展议程行动计划》等在内的三十多项成就，积极推动了全球发展治理机制的变革。G20 的平台为我国变革全球发展治理机制提供了历史契机。

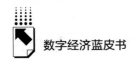
五　数字经济时代中国在全球经济治理机制变革中的
角色二：全球贸易治理机制变革的引领者

（一）定位

1. 多边贸易体系的拥护者

多边贸易体制在促进贸易发展、制定贸易规则等方面发挥了重大作用。世界贸易组织（WTO）作为多边贸易体制的核心，其重要作用不言而喻。WTO 也不断更新其内容，自 20 世纪 90 年代开始，WTO 便开始研制数字贸易相关规则，作为迄今全球最具效率的多边贸易治理机构，WTO 在数字贸易治理上无疑也将发挥不容替代的主导作用[1]。数字经济时代，我国应扮演多边贸易体系的拥护者的角色，参与多边贸易治理机制尤其是数字贸易治理机制的谈判和协商，构建多边新框架，建设有利数字贸易发展的多边环境。

2. 数字贸易规则的建设者

数字贸易规则制定和电子商务谈判进程举步维艰，一方面由数字贸易本身虚拟化和平台化的特征导致的货物和服务贸易泾渭分明的边界不复存在，另一方面也是因为成员各方利益诉求和贸易主张不一，存在立场分歧，美国有 "美式模板"，[2] 而欧洲有 "欧式模板"[3]，各方分歧难以弥合。我国作为数字贸易规则的建设者，应当形成数字贸易国际规则与国内立法的良性互动，协调多边数字贸易规则与区域立法，积极完善全球数字贸易规则。

---

① 周念利、李玉昊：《多边数字贸易治理现状、进展和中国的角色定位》，《国家治理》2018 年第 29 期。

② 李杨、陈寰琦、周念利：《数字贸易规则 "美式模板" 对中国的挑战及应对》，《社会科学文摘》2016 年第 12 期。

③ 周念利、陈寰琦：《数字贸易规则 "欧式模板" 的典型特征及发展趋向》，《国际经贸探索》2018 年第 34 期。

3. 数字贸易新业态的引领者

随着数字技术在传统经济领域的广泛应用，我国数字贸易蓬勃发展，并在世界范围内居领先地位，在未来，可以预见数字贸易将在贸易领域扮演越来越重要的角色。我国应该加大政策创新力度，及时调整和更新数字贸易制度，简化运作流程，积极建设跨境电商试验区，加强数字贸易监管机制，以引领者的姿态驱动数字贸易新发展。

（二）必要性

1. 贸易机制的缺陷对全球贸易治理机制带来不利

从多边贸易机制的视角来看，第一，当前多边机制是发达国家凭借贸易优势和核心地位建立起来的，缺乏公平属性；第二，多边贸易机制的谈判协商体系缺乏公正，经济实力弱的成员的诉求往往被忽略；第三，争端解决机制存在缺陷，程序负担、耗时长也容易受政治影响。从区域或双边贸易机制的视角来看，区域性贸易协定与全球性贸易协定冲突；区域贸易协定中出现大量WTO 原规则之外的新规定，导致不同的规则交叉辨识出现问题，严重影响了统一规则的完整性。

2. 逆全球化的兴起对全球贸易治理机制迎来挑战

近年来，世界经济复苏无力，许多发达国家出现了非常强烈的民粹主义情绪，一些国家的贸易保护主义抬头、极端政治倾向加重。这些逆全球化思潮，不断破坏经济全球化的累累硕果，阻碍经济全球化的发展，已经被认为是影响全球贸易治理机制最重要的因素之一①。

3. 数字贸易的发展对全球贸易治理机制带来变革

数字贸易为全球经济带来了重大发展机遇，同时对传统贸易方式与法律规则、规章制度和监管执法等带来巨大冲击和严峻挑战，全球贸易治理体制的变革成为国际新一轮贸易谈判和规则竞争的焦点。与贸易相关的电子商务

---

① 卢静：《全球经济治理体系变革与中国的角色》，《当代世界》2019 年第 4 期；盛斌、王璐瑶：《全球经济治理中的中国角色与贡献》，《江海学刊》2017 年第 1 期。

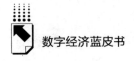

相关机制受到 WTO、APEC、OECD、G20 等多边及区域经济组织的广泛关注，跨太平洋伙伴关系协议（TPP）等超大型自由贸易协定也对数字经济时代下全球贸易治理机制展开多次讨论，但始终未能形成规范有效的全球贸易治理模板。

（三）可能性

1. 数字技术发展提供基础保障

随着信息通信技术的创新发展，贸易经历着"数字化"的深刻变革，以跨境电子商务为代表的数字贸易蓬勃发展。在技术与需求变革共同驱动下，数字化将成为中国经济转型升级、提质增效的新动能，为我国数字贸易发展和转型升级奠定了基础，也对相关产业产生了关键性的驱动作用。尤其是自 2019 年末新冠肺炎疫情暴发以来，数字技术为我国全球性贸易的磋商和达成提供了重要的基础保障。

2. 数字贸易发展提供重要基础

中国数字贸易交易规模高速增长，《中国电子商务报告 2018》显示，2018 年中国海关验放的跨境电商进出口总额为 1347 亿元，同比增长 49.3%；数字贸易国际合作日益密切，中国已成为全球数字经济革命的中心地带，数字贸易交易占世界的 40% 以上；数字贸易产业融合加速推动，数字技术逐渐渗透到上游行业，大数据等数字技术也被更加广泛地应用于研发、生产等环节，数字贸易与实体产业实现进一步融合。数字贸易的发展为我国引领全球贸易治理机制变革提供了基础。

3. "一带一路"提供实践依托

中国"一带一路"网的数据显示，2013～2018 年，中国与"一带一路"沿线国家的货物贸易体量达到 42 万亿元，占中国货物贸易总量的 27.4%，年均贸易增长率相较于中国对外贸易总增长率更快；截至 2019 年年中，与我国签订"一带一路"相关文件的国家达到了 136 个，同时我国还与 30 个国际组织签署了 195 份政府间的合作文件。由此可见，在数字经济的时代，"一带一路"建设必将为我国担当全球贸易治理机制变革的引领者提供实践依托。

六　数字经济时代中国在全球经济治理机制变革中的角色三：全球投资治理机制变革的践行者

（一）定位

1. 投资治理机制的变革者

一方面，我国不断变革全球投资治理中以发达国家为主的投资机制，提高我国在全球投资治理机制中的地位和话语权。同时我国代表着广大发展中国家和新兴经济体的共同利益，应积极促进全球投资治理机制的变革，使其能够代表发展中国家的利益。另一方面，我国不断推进全球投资治理机制的完善，我国作为全球投资与被投资大国，基于投资经验，不断推动全球投资指导原则的建立，建设良好开放的全球投资环境，通过建设"一带一路"、亚洲基础设施投资银行和设立丝路基金等方式使我国成为数字经济时代下全球投资治理机制的变革者。

2. 全球投资活力的拉动者

当前，全球外商直接投资大幅下降，投资保护主义不断兴起，我国对外直接投资稳步增长，不断拉动全球投资活力。商务部数据显示，中国境内投资者 2019 年 1 ~ 7 月已经向 4088 家境外企业进行了累计 4329.2 亿元的非金融类直接投资。数字经济的兴起为世界经济注入了活力，面对全球经济发展疲软的现状，中国积极推动全球投资发展，激活全球投资活力。

（二）必要性

1. 逆全球化与全球化并存

全球经济充满不确定性，全球化与逆全球化潮流并存，大国间的贸易争端，尤其是中美贸易争端不断冲击着全球经济，全球投资规则不断被冲击。一方面，逆全球化来势汹汹，浪潮此起彼伏，全球经济仍显疲态，全球投资

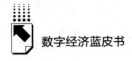

的跨境流动不断减少。另一方面，通过跨大西洋贸易与投资伙伴协议（TTIP）和跨太平洋伙伴关系协定（TPP），美国与以欧盟和日本为代表的发达经济体加强区域经济合作，互相签订双边投资规则，以期主导全球投资规则安排，不断尝试掌握经济全球化进程中的投资主导权，全球投资自由化趋势明显。逆全球化与全球化交叠的矛盾，割裂了全球投资的发展愿景，为世界投资格局的变动蒙上了阴霾[1]。

2. 数字经济变革投资模式

数字经济不断变革投资模式。一方面，数字技术重塑全球价值链，推动生产活动的多元化发展，可以促进外包也可以促进产业回流。另一方面，信息和通信技术产业在国际生产中的重要性不断提升，信息和通信技术跨国公司资产和数量迅速增长，在国际投资领域的重要性不断提高。此外，数字化跨国企业多为"轻资产"类型，相比于传统的跨国公司，数字化跨国公司海外资产比例大大降低。由此可见，数字经济将影响跨国公司的海外业务模式、全球供应链的治理模式等，进而影响公司的海外扩张和跨国投资的规模和方向，从而变革全球投资模式。

（三）可能性

1. 我国数字经济实力提供基础

《数字中国建设发展报告（2018年）》显示，2018年中国数字经济规模达到31.3万亿元，占GDP的34.8%。同时，我国不断加大数字基础设施领域的相关投资，以数字经济的发展促进投资的发展。中国作为G20成员中规模最大的新兴经济体，凭借着其经济规模尤其是数字经济的发展对全球投资治理格局产生了较为积极的影响，正在逐渐成为全球投资治理体制的引领者。数字经济的发展和实力的提升，为我国在数字经济时代中变革全球投资治理机制提供了重要的基础。

---

[1] 戴双兴、冀晓琦：《G20框架下全球投资治理变革与中国的应对方略》，《经济研究参考》2019年第22期。

2. G20提供国际投资实践平台

中国作为 2016 年 G20 的轮值主席国，推动"全球投资政策指导原则"的通过，为全球投资治理机制的变革起到了重大作用。此外，中国还领导成立 G20 贸易投资工作组，积极协商投资相关工作。2020 年 G20 第二次贸易部长特别会议专门就加强国际投资提出了七条具体举措。中国将与 G20 各成员一道，切实落实好 G20 集体行动文件，继续加强国际投资，G20 为我国变革全球投资治理机制提供了重要国际投资实践平台。

3. "一带一路"提供重要助力

共建"一带一路"成果丰硕，双向投资深入发展。商务部数据显示，中国在 2013～2018 年对沿线国家的直接投资达 900 亿美元，在非金融类直接投资上，仅 2018 年，我国就投入 156 亿美元，实现了 8.9% 的增长。IBRD 的研究也表明，"一带一路"倡议将增加沿线国家 4.97% 的外国直接投资。由此可见，"一带一路"倡议为我国变革全球投资治理机制提供重要助力。

七 数字经济时代中国在全球经济治理机制变革中的角色四：全球金融治理机制变革的探索者

（一）定位

1. 包容普惠金融体系的建设者

数字普惠金融可以拓展全球金融欠发达地区的覆盖广度和深度，为人群提供金融支持，降低成本。我国在数字金融领域具有先发优势，在当前契机下，我国应该把握机遇，借助金融科技和数字普惠金融良好的发展势头，从政策上加大力度，自上而下形成发展的国际高地，积极制定相关产业规划和发展政策，提高我国数字普惠金融的国际影响力，打造包容普惠的全球金融治理体系。

2. 全球金融风险治理的合作者

全球经济放缓、各国财政债台高筑和负利率出现等因素的叠加导致全球

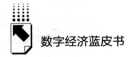

金融风险不确定性大大提高，全球金融风险的治理任重道远。数字经济时代，面对如此复杂的金融体系的挑战，我国更应该顺应时代的潮流，以合作者的姿态治理全球金融风险，不断加强国际合作，结合我国数字金融发展的经验，推广金融风险治理措施，提高宏观经济的协调性，在跨境风险处置机制、重要性金融机构监管方面发挥更大的作用，维护金融体系的稳定。

3. 全球数字金融发展的推动者

我国凭借在数字金融领域的先行经验，将推动全球数字金融的发展和繁荣。2019 年 10 月，由中国互金协会和世界银行共同支持建设的全球数字金融中心成立，致力于增进数字金融发展国际共识，促进数字金融良好实践、标准和经验的传播运用，为发展中国家和新兴市场数字金融发展提供技术援助支持，推动数字金融更好、更安全地造福世界各国人民。

（二）必要性

1. 金融危机的余波冲击治理体系

2008 年金融危机极大地冲击了现有的金融治理机制，数字经济时代，世界经济逐步回到复苏轨道，但风险和不确定性依然存在。巨大金融资产规模在危机后大幅缩水，金融结构调整和变化，银行国际业务下降，金融交易需求下降。最重要的是，金融监管框架和商业模式受到金融危机的冲击，金融行业治理的框架将重建。

2. 数字金融的发展提供变革动力

数字金融的快速发展有助于更好地发挥金融在经济运行中合理配置资本要素的作用，有助于促进各国转变经济动力、调整经济结构。一方面，数字金融有助于促进全球金融业的转型升级；另一方面，数字金融的发展也会对其他领域产生一定的外溢效应，与其他产业实现协同发展，有助于进一步激发经济活力、转变经济动力[①]，从而为全球金融治理提供变革动力。

---

① 黄益平、黄卓：《中国的数字金融发展：现在与未来》，《经济学》（季刊）2018 年第 17 期。

（三）可能性

1. 金砖银行和亚投行提供保障

金砖银行和亚投行的出现打破了过去 IBRD、IMF、亚开行等由发达国家主导的国际制度下的全球经济治理体系，反映了发展中国家在国际金融和货币体系中的诉求。金砖银行和亚投行的商业运作十分规范、透明和高效，有效为"一带一路"沿线国家和其他亚太地区欠发达经济体提供基础设施建设的投融资，为数字经济时代我国变革全球金融治理机制提供保障。

2. 数字金融高速发展提供引领

《中国金融科技与数字普惠金融发展报告（2019）》显示，我国金融科技行业发展势头良好，金融科技企业数量、融资规模和交易量都有所提升。2019 年毕马威的《全球金融科技 100 强》显示，中国金融科技公司占据了前十名中的四席，包括蚂蚁金服等。不论从宏观层面还是微观层面，我国的数字金融发展都将为数字经济时代中变革全球金融治理机制提供引领。

3. 金融体系不断开放提供动力

由于历史遗留问题的存在，我国当前金融体系市场化程度有限。但是我国仍不断推进金融体系的开放，人民币汇率机制改革深入推进，双边汇率弹性不断增强；金融市场对外开放步伐加快，债券等金融市场进一步与国际接轨；利率市场化改革取得突破，中央银行利率调控体系逐步完善。以上我国金融领域的种种开放，在数字经济时代下将为我国变革全球金融治理机制提供源源不断的动力支持。

八　数字经济时代中国在全球经济治理机制变革中的角色五：全球能源治理机制变革的倡议者

（一）定位

1. 能源供需变革的倡导者

2015 年在中央财经领导小组第六次会议上习近平总书记指出，"面对能源供需格局新变化、国际能源发展新趋势，保障国家能源安全，必须推动能源生产和消费革命"。数字经济时代，我国应该担当能源供需变革的倡导者。在生产方面不断推动能源互联网建设，推动国有企业和民营企业为能源互联网形成提供"混合动力"支撑，同时开展城市能源互联网、跨地域多能协同综合性示范性项目等试点，推动供给变革；在需求方面，应在能源消费上进行数字化，运用人工智能、大数据等新技术来降低能源消耗，推动能源消费革命。

2. 能源体制变革的引领者

2016 年，习近平总书记出访伊朗、埃及和沙特三国时，首次提出了构建"稳定的能源共同体"。在此基础上，我国应该展现引领者的担当，深化与各国之间的能源政策沟通，和平协商制定相关方案；促进能源贸易的高效开展，提高能源资源贸易便利化程度和能源供需抗风险韧性；建设全球能源互联网，落实 2030 年可持续发展议程；优化全球能源治理结构，整合各种碎片化能源组织，发挥 G20、国际能源署和能源宪章组织作用，共同构建数字经济时代的"能源命运共同体"，引领全球能源体制变革。

3. 能源技术革命的驱动者

我国不断坚持以科技创新为第一动力，在数字经济时代驱动能源领域的技术革命。在数字经济时代，我国长期以来的粗放发展方式亟待转变，以数字技术为代表的科技创新促进能源发展的基本引擎效应还未展现，能源市场体系深层次问题和结构性矛盾仍较为明显。我国要坚定实施创新驱动发展战略，推进能源领域科技创新，坚决破除不合时宜的思想观念和体制机制弊端，加快转换动力引擎，以科技创新驱动能源事业高质量发展，担当能源技术革命的驱动者。

（二）必要性

1. 全球现有能源治理机制失效

第一，当前能源治理机制无法很好地协调能源生产和消费变化，不能代表全体生产国和消费国的共同利益，缺乏对话协调机制，2020 年疫情暴发以来，沙特和俄罗斯的石油价格战，对石油供求造成巨大冲击。第二，全球目前尚未有专门的全球能源治理机制，以联合国为例，联合国框架下有世界贸易组织（WTO）等全球组织，但是没有专门的全球能源治理组织架构。第三，现有全球能源治理机制不能适应可持续发展以及数字经济时代下能源互联网的兴起的新格局。

2. 数字技术推动能源内涵变化

一方面，以互联网为主的数字技术在传统能源领域的应用，推动能源产业与数字技术不断融合，驱动能源产业的数字化转型催生了智慧能源和能源互联网等新形式。另一方面，数据的开发和应用能够大幅优化传统要素配置效率，不断提高全要素生产率，推动人们价值创造能力发生新的飞跃，成为数字经济的"新能源"，能源内涵不断丰富。

（三）可能性

1. "一带一路"建设为全球能源治理提供重要机遇

能源合作是"一带一路"建设取得成果最为显著的领域，油气合作上中下游全产业链呈现同步发展的良好态势，清洁能源和新能源开发方兴未艾，初步形成"一带一路"沿线地区能源产业布局。我国和"一带一路"沿线国家相继发布《推动"一带一路"能源合作愿景与行动》和《共建"一带一路"能源合作伙伴关系部长联合宣言》，为我国数字经济时代下变革全球能源治理机制提供了机遇。

2. 中国能源话语权的提高提供了基础和条件

我国积极构建多边能源合作机制，变革能源消费和生产等领域的格局，不断提升能源技术，提高了我国在全球能源领域的话语权。我国已经成功举办了包括 G20 能源部长会、金砖国家能源部长会等多个部长级会议和论坛在内的全球能源治理会议，同时我国依靠"一带一路"建设也不断倡导建立能源合作伙伴关系，体现了我国国际能源影响力的提升，为我国在数字经济时代变革全球能源治理机制提供了基础条件。

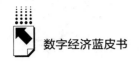
九 数字经济时代与传统经济时代中国参与全球经济治理角色定位的比较

（一）从全球经济治理机制的参与者到变革者

传统经济时代，中国在联合国、国际货币基金组织等国际机构的重要会议中积极踊跃地发表自己的观点，并代表发展中国家和不发达国家发声；加入 WTO 后，积极履行先前入世谈判中的承诺，利用争端解决机制切实维护自身利益，是全球经济治理机制的参与者。数字经济时代，我国的崛起和国际地位的提升催生了我国"负责任大国"身份，肩负起全球经济尤其是数字经济发展的重任，同时作为最大的发展中国家，我国也有义务和责任促进欠发达国家和地区的发展。复杂的义务和责任使得我国转变为全球经济治理机制的变革者。这一转变也因此赋予了独特的要求，要求我国引领经济开放与全球化，切实帮助发展中国家保持经济尤其是数字经济的增长，保持和增加对发展中国家的援助，维护本国以及发展中国家利益，建设公平国际体制，推动崭新的公平合理的经济治理机制的建立。

（二）从全球经济治理理念的融入者到引领者

传统经济时代，我国作为融入者加入的由西方发达国家主导的 G20、IBRD、IMF 等组织，在进行全球经济治理的过程中，大多以发达国家的利益为基本理念，有利于发达国家的利益攫取，忽视发展中国家的利益诉求，导致了发展的不均等。数字经济时代，我国不断传递平等互利和开放包容的理念，在这样的理念下，发展中国家和发达国家都有平等的参与机会，我国逐渐转变为治理理念的引领者。我国参与数字经济时代的全球经济治理的指导思想就是构建人类命运共同体，致力于构建共商共建共享的全球经济治理格局。不同于传统角色，在引领者的新角色下，我国不断践行全球经济治理的新理念，强化世界经济增长的内生动力；立足于数字经济时代，以我国数字经济发展和治理为经验，不断提出和丰富我国全球经济治理的理念。

（三）从全球经济治理体系的学习者到贡献者

党的十一届三中全会后，我国顺应时代潮流，实行改革开放，逐渐开始学习西方发达国家在全球经济治理体系的国际规则和制度经验，是全球经济治理体系的学习者。有效的全球治理体系需要切实可行的方案和推动力，数字经济时代，在参与全球经济治理改革进程中，我国担负起贡献者的角色，不断为国际社会贡献中国方案和力量，展现中国的大国担当，获得国际社会的一致认可和好评。我国推进金砖机制合作模式的制度创新，通过金砖机制不断贡献中国活力和方案；推动亚投行与各国和国际组织在各个领域的深度合作，贡献中国力量；我国利用"一带一路"平台，参与全球开放合作，改善全球经济治理体系，促进全球共同发展繁荣，为推动构建人类命运共同体贡献中国力量和方案。

十　结语

基于中国参与全球经济治理的数字技术、数字贸易、数字金融、数字文化、数字政务和数字安全六个方面的博弈能力，以及合作共赢、创新引领、包容普惠和多边主义四项基本原则，本报告对数字经济时代基于全球经济治理机制的发展、贸易、投资、金融和能源治理机制变革中的中国角色进行了深入的剖析。在发展治理机制方面，我国应当担任全球发展治理机制变革的推动者，驱动数字经济发展，弥合南北数字鸿沟，建设数字经济共同体；在贸易治理机制方面，我国应争当全球贸易治理机制变革的引领者，拥护多边贸易体系，建设数字贸易规则，引领数字贸易新业态；在投资治理机制方面，我国应担当全球投资治理机制变革的践行者，变革投资治理机制，拉动全球投资活力；在金融治理机制方面，我国应当担任全球金融治理机制变革的探索者，建设包容普惠金融体系，合作治理全球金融风险，推动全球数字

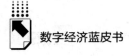
金融发展；在能源治理机制方面，我国应争当全球能源治理机制变革的倡议者，倡导能源供需变革，引领能源体制变革，驱动能源技术革命。

参考文献

戴双兴、冀晓琦：《G20 框架下全球投资治理变革与中国的应对方略》，《经济研究参考》2019 年第 22 期。

黄益平、黄卓：《中国的数字金融发展：现在与未来》，《经济学》（季刊）2018 年第 17 期。

李杨、陈寰琦、周念利：《数字贸易规则"美式模板"对中国的挑战及应对》，《社会科学文摘》2016 年第 12 期。

卢静：《全球经济治理体系变革与中国的角色》，《当代世界》2019 年第 4 期。

盛斌、王璐瑶：《全球经济治理中的中国角色与贡献》，《江海学刊》2017 年第 1 期。

汪玉凯：《数字政府的到来与智慧政务发展新趋势——5G 时代政务信息化前瞻》，《人民论坛》2019 年第 11 期。

吴伟华：《我国参与制定全球数字贸易规则的形势与对策》，《国际贸易》2019 年第 6 期。

周念利、李玉昊：《多边数字贸易治理现状、进展和中国的角色定位》，《国家治理》2018 年第 29 期。

周念利、陈寰琦：《数字贸易规则"欧式模板"的典型特征及发展趋向》，《国际经贸探索》2018 年第 34 期。

B.15
全球数字贸易规则发展与趋势展望*

隆云滔　刘海波**

摘　要：　全球经济增长缓慢、需求疲软，贸易保护与争端频发给全球贸易造成负面影响。新冠肺炎疫情全球蔓延，各国加快数字技术的研发与应用，极大地促进了数字贸易的发展。随着全球数字贸易时代的加速到来，以美国、欧盟与日本等为首的发达经济体在数字贸易规则方面纷纷推出代表各自国家立场与经济利益的规则体系，以提升其在国际数字市场上的战略地位。而中国作为数字经济大国，在数字贸易规则制定与国际影响力方面尚处于初步阶段，为了争取国际数字贸易话语权，有必要在纷繁复杂的数字世界中建立符合中国立场的数字贸易规则体系。

关键词：　数字贸易规则　数字经济　国际数字市场

数字经济已成为各国经济增长与发展的重要引擎，数字经济对传统经济社会的渗透促进了全球数字贸易的快速发展，信息化、数字化与智能化发展极大

---

* 国家社科重大项目"国家重大科技产业项目知识产权安全风险监测预警与防控体系"（19ZDA102），国家社科基金重点项目"数字经济对中国经济发展的影响研究"（18AZD006），国家自然科学基金面上项目"新一代信息技术影响增长动力及产业结构的理论与经验研究"（71873144），国家自然科学基金重大项目"宏观大数据建模和预测研究"（71991475）。

** 隆云滔，博士，中国科学院科技战略咨询研究院助理研究员，主要研究方向：数字经济、人工智能技术创新与管理；刘海波，博士，中国科学院科技战略咨询研究院研究员，主要研究方向：知识产权战略、技术转移战略、区域创新战略。

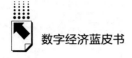
地加速了全球经济贸易的格局重塑。2020 年全球新冠肺炎疫情的暴发与大流行，客观上为数字经济的发展壮大创造了条件。数字经济在给人类经济社会生活带来显著变化的同时，也促进了传统贸易方式与贸易对象的全面升级，推动了全球数字贸易的快速兴起，世界正在进入由数字贸易主导的全球化发展新阶段。

数字贸易是随着信息通信技术的进步以及在相关基础设施不断完善的基础上所衍生出来的新型贸易方式。随着云计算、大数据、移动互联网、社交媒体等现代信息技术在全球范围内的普及应用与推广，数字贸易将渗透到更为广阔的空间与地区。根据中国信息通信研究院的《中国数字经济发展与就业白皮书（2019）》[①]，全球已有超过 12% 的跨境货物贸易通过数字化平台实现，服务贸易中更有高达 50% 以上已经实现数字化。预计今后 10~15年，全球货物贸易呈 2% 左右的增长、服务贸易量呈 15% 左右的增长，而数字贸易则是 25% 左右的高速增长，20 年后世界贸易格局将形成 1/3 货物贸易、1/3 服务贸易、1/3 数字贸易的格局。根据联合国贸易与发展会议的《2019 年数字经济报告》[②]，作为数字贸易的重要组成部分，2008~2018 年，全球数字服务出口规模从 18379.9 亿美元增长到 29314.0 亿美元，年均增长率约为 5.8%。数字贸易时代的到来，加速了各界对国际数字贸易体系的深度思考，数字技术、数字产品与数字服务的快速发展给数字贸易带来了新的发展契机，研究数字贸易与规则体系及其未来发展趋势，对当下全球及我国数字经济与数字贸易的发展具有重要价值。

一　数字贸易规则的由来

（一）数字贸易的概念

数字贸易的兴起源于数字经济，是全球经济数字化发展到一定程度后产

---

①　中国信息通信研究院：《中国数字经济发展与就业白皮书（2019）》，2019 年 4 月。
②　United Nations Conference on Trade and Development，"Digital Economy Report 2019，" 2019.

生的新型贸易模式。在 2016 年 G20 杭州峰会①，"数字经济"作为创新增长的重要议题被首次提出。G20 杭州峰会对数字经济的概念与内涵进行了界定，认为"数字经济是指以使用数字化的知识和信息作为关键生产要素、以现代信息网络作为重要载体、以信息通信技术的有效使用作为效率提升和经济结构优化的重要推动力的一系列经济活动"。自此以后，随着数字经济的发展，各国政府日益重视数字贸易，加快了对数字经济与数字贸易的战略布局与政策推动，加速了数字化进程。

由于数字贸易的发展历时较短，远未成熟，发展方式呈现多样化趋势，目前全世界不同国家或地区的研究机构与国际组织尚未对数字贸易形成统一的定义。美国国际贸易委员会在 2013 年发布的《美国和全球经济中的数字贸易》报告中提到"数字贸易"；随后在 2014 年的报告中又对"数字贸易"的内涵进行了完善和扩充，同时也指出数字贸易是一个极具挑战性的新议题，其内涵与外延仍在演变之中。在 2017 年 8 月美国国际贸易委员会发布的《全球数字贸易——市场机遇及主要外国贸易限制》中，把数字贸易定义为"不同行业部门通过互联网及相关设备，如智能手机、网络连接传感器等的交付而实现的产品和服务"，但不包括在线订购的实物商品的销售价值，也不包括具有数字内容的实物商品。照此定义的数字贸易涉及的内容限定在互联网基础设施及网络、云计算服务、数字内容、电子商务、工业应用及通信服务。

除了美国政府对数字贸易的概念有界定外，国内外诸多学者也对数字贸易的相关概念及内涵进行了系列研究。如 Weber② 在其研究数字经济时代国际贸易规则的文章中提出，一般意义上，数字贸易是指通过互联网等电子化手段传输有价值产品或服务的商业活动，数字产品或服务的内容是数字贸易

---

① G20 杭州峰会：《二十国集团数字经济发展与合作倡议》，2016 年 9 月 4~5 日。
② Weber R. H. , "Digital Trade in WTO‑law‑taking Stock and Looking Ahead," *Asian Journal of WTO and International Health Law and Policy*, 2010（51）

的核心。我国学者吴伟华[①]、蓝庆新与窦凯[②]认为"数字经济的不断发展在很大程度上对产业产品进行了创新,对全球贸易体系产生了影响,从而形成了数字贸易"。徐金海、夏杰长[③]认为数字贸易作为一种新型的贸易形式将对国际贸易格局产生深远影响,推动数字产品嵌入全球价值链,改变全球价值创造模式与收入分配格局,促进全球价值链的转型与重构。徐金海、周蓉蓉[④]指出,数字贸易中的数字产品是一种在国际贸易中占有很大比重的中间产品,因而数字产品的不断更新所引起的数字贸易的发展,会对全球价值链中各国产业的生产与利益产生很重要的影响。数字贸易是全球经济数字化发展到一定程度后产生的新型贸易模式。数字贸易的初级阶段通常被理解为电子商务。现阶段不少学者认为电子商务是数字贸易的一部分,数字贸易不仅包括通过电子商务进行的货物贸易,也包括与货物交付相关的服务贸易[⑤]。有学者更进一步地认为[⑥],跨境电子商务是数字贸易中最具代表的形式,认为数字贸易是电子商务发展到一定程度后的更高级形式。综合而言,国内学者普遍认为,数字贸易是以现代信息网络为载体,利用信息通信技术作为手段,实现传统实体货物、数字化产品与服务、数字化知识和信息的高效交换的新型贸易活动,是传统贸易在数字经济时代的拓展和延伸[⑦]。本报告采用中国信息通信研究院在《数字贸易发展与影响白皮书》中[⑧]给出的定义:数字贸易是指信息通信技术发挥重要作用的贸易形式,不仅包括基于信息通信

① 吴伟华:《我国参与制定全球数字贸易规则的形势与对策》,《国际贸易》2019年第6期。

② 蓝庆新、窦凯:《美欧日数字贸易的内涵演变、发展趋势及中国策略》,《国际贸易》2019年第6期。

③ 徐金海、夏杰长:《全球价值链视角的数字贸易发展:战略定位与中国路径》,《改革》2020年第5期。

④ 徐金海、周蓉蓉:《数字贸易规则制定:发展趋势、国际经验与政策建议》,《国际贸易》2019年第6期。

⑤ 王惠敏、张黎:《电子商务国际规则新发展及中国的应对策略》,《国际贸易》2017年第4期。

⑥ 刘航、伏霖、李涛等:《基于中国实践的互联网与数字经济研究——首届互联网与数字经济论坛综述》,《经济研究》2019年第3期。

⑦ 马述忠、房超、梁银锋:《数字贸易及其时代价值与研究展望》,《国际贸易问题》2018年第10期。

⑧ 中国信息通信研究院:《数字贸易发展与影响白皮书》,2019年12月。

技术开展的线上宣传、交易、结算等促成的实物商品贸易，还包括通过信息通信网络（语音和数据网络等）传输的数字服务贸易，如数据、数字产品、数字化服务等贸易。

（二）数字贸易规则的界定

数字贸易是从数字经济中衍生出的新型贸易形式。目前的数字贸易还是以服务传统贸易为主，不会颠覆传统的贸易与经济活动，而是从效率上促进贸易。各国基于各自的数字经济发展水平与国家利益立场，对数字经济与数字贸易制定了新规则。数字贸易规则是各国数字经济往来发展的核心关键点。通常认为数字贸易规则包括"对跨境数据流动实施分级分类管理，完善法律法规和配套措施，加强全球跨境数据流动的国际政策协调，制定全球跨境电子商务规则、法律和标准，构建面向未来的全球数字贸易规则新框架"[①] 等。因此，从规则制定上促进数字经济的协同发展，有必要对各发达经济体的数字贸易规则的立场及成因进行系统分析。

当前，全球范围内已形成了以美国、欧盟与中国为代表的三类数字贸易规则立场。美国在数字贸易中以确保互联网的自由与开放为出发点，旨在预防并消除数字贸易壁垒，主张数据与信息的自由化，强调数字流动对经济增长的重要性。欧盟则看重个人数据隐私，强调数据有效保护与数字服务提供商有效监管的数字贸易自由化，同时注重对数字内容的适当保护。欧盟对数据保护与个人隐私的重视，符合欧盟发展"数字主权"的需求[②]，也体现了欧盟发展主权的数字经济的新理念。而中国则以产业政策与国家安全为首要目标，对数据加以限制，要求数据本地化，同时要求及时转让和源代码披露以及其他保护主义措施。

---

① 张茉楠：《积极推动构建全球数字贸易规则》，http：//www.ce.cn/macro/more/201810/11/t20181011_30489，2018 年 10 月 11 日。

② "Digital Sovereignty for Europe," https：//www.europarl.europa.eu/RegData/etudes/BRIE/2020/651992/EPRS_BRI（2020）651992_EN.pdf，2020-7-14.

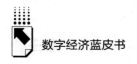
（三）数字贸易规则的战略意义

随着人工智能（AI）、物联网（IoT）、云计算与区块链等新一代数字技术的高速发展，现代社会的生产方式、劳资关系与商品形态等都已发生了巨大变化。全球化的合作模式对传统的产业分工、财富分配以及货币体系带来了调整。当前，国际贸易已进入数字贸易时代，国际数字贸易体系已初步形成：传输渠道上，主要国家网络基础设施已完善，网络覆盖率显著提升、网络传输速度持续加快、网络资费明显降低；市场环境上，移动电商、跨境电商发展迅速，电子支付手段操作便捷；贸易供给上，数字产品和新兴数字技术服务逐步成熟，全球数字经济进程明显加快；贸易需求上，传统产业的数字化转型，需要大量的数字产品和数字化服务。在以跨境信息传输和跨境数字传输为基本要素的国际贸易逐步成为世界贸易主流的时候，原有的国际贸易规则体系就需要重新构建。未来世界的国际贸易规则就是数字贸易规则。

数字贸易规则的核心要素是基于互联网条件下的跨境信息流动和跨境数据流动，这些要素会涉及跨境信息和数字传输中的国家安全问题、个人数据保护问题、数据本地化规则以及源代码的保护等问题，如何进行平衡以及采取相应的措施显得尤为重要。

二　全球数字贸易规则分歧与主张

WTO 改革背景下，国际贸易规则的谈判是核心议题。美国、欧盟、日本等发达经济体对数字贸易规则的核心主张主要集中在数据跨境自由流动和本地化存储要求、隐私保护和数据安全、知识产权保护与技术转移、数字税等四个方面。此外，美国、欧盟、日本与中国在数字贸易规则的国家立场与主张上各有侧重，背后的原因也各有差异。

（一）数字贸易规则的核心议题

不同经济体由于利益诉求、数字经济发展阶段及价值取向的不同，其政策主张存在较大差别。因此在数字贸易规则方面关切的核心点也差异较大。

1. 数据跨境流动和本地化存储要求

美国在信息通信产业和数字技术上具有全球领先优势，因此，在贸易谈判中主张将"数据跨境自由流动"和"数据存储非强制本地化"纳入协议条款，以破除许多国家利用数据跨境流动设置的市场准入壁垒。欧盟出于综合平衡成员国利益的考虑，主张在数据保护水平一致前提下的自由流动（即保护充分性认定原则）。2018年5月25日，欧盟通过《通用数据保护条例》（GDPR），对内实施数字化单一市场战略，推动域内数据自由流动，对外通过"充分性认定"原则，制定数据跨境自由流动白名单国家（地区），目前已有美国、加拿大、日本等13个国家列入白名单。与美、欧不同，"一带一路"沿线国家和数字经济落后国家大多出台了数据本地化政策，如俄罗斯、印度、韩国、澳大利亚、加拿大、希腊、土耳其、马来西亚、委内瑞拉、尼日利亚等，都不同程度上要求数据本地化。我国也对数据存储本地化作了明确要求，但还缺乏清晰的数据跨境流动管理制度，与国际规则缺乏有效对接。

2. 数据隐私保护和数据安全

当前围绕这一议题的立法实践与规则谈判主要分为欧盟和美国两大阵营，核心问题是如何在数据自由流动、数据保护和数据安全之间寻求平衡。欧盟《通用数据保护条例》（GDPR）直接影响了欧盟乃至全球范围内个人数据保护立法态势，除希腊、斯洛文尼亚之外，欧盟28个成员国均以不同形式将GDPR纳入现有法律体系。该条例赋予和保障个人数据基本权利，对数据主体、数据控制者、监管机构的权利和责任以及域外适用等做了严格规定，一方面尽量兼顾个人数据保护优先与促进跨境数据流动，另一方面无形中为非欧盟国家及企业筑起了新壁垒。美国方面，在国内以2018年出台的《加州消费者隐私法案》为代表，开始加快其数据保护立法进程，在制度内核上更加注重消费者隐私保护与促进企业发展、技术创新之间的平衡；在国际上主要基于APEC框架下的跨境隐私规则体系，推动建立个人数据保护与贸易的非强制性多边规则体系，为个人数据保护建立底线标准。据不完全统

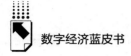
计，全球已有超过 120 个国家和 40 多个"一带一路"沿线国家就个人数据和隐私保护进行了相关立法。

3. 知识产权与技术转移

作为知识产权在数字经济时代的拓展和延伸，与传统的实体产权对象相比，数字知识产权保护的重要性和复杂性越来越凸显。制定数字知识产权规则已成为各国保护本国市场、抢占国际市场的重要手段。围绕数字知识产权，美国与欧盟均在区域贸易协定中大力推广自身的规则，提升国际话语权。美国的做法是将与国内法一致的知识产权保护标准与各种国际条约对接，2018 年 10 月，美国与加拿大、墨西哥签署了《美加墨贸易协定》，规定"互联网平台对第三方知识产权侵权责任的豁免"，直接与美国《数字千年版权法》对接，关于"禁止开发源代码、不得强制性公开算法"等条款也与美国知识产权保护标准一致。欧盟则致力于形成区域数字统一市场，2019 年 4 月通过的《数字化单一市场版权指令》正是服务于这一宗旨。与美、欧不同，"一带一路"沿线国家由于知识产权制度、经济发展水平的差异，知识产权保护力度参差不齐，普遍较弱，数字知识产权规则制定和推广非常缺乏。发达国家容易利用其优势地位，形成非关税壁垒，对发展中国家实施高科技产品出口管制和技术转移限制，例如，美国频繁地发起针对知识产权产品的"特别 301 调查""337 调查"，每年推出"实体管制清单""恶名市场清单"等。归纳起来，美国的核心利益诉求主要集中于三点：一是数字内容产品版权、著作权等的保护；二是数字技术的非强制转让；三是减少知识产权侵权行为的经济损失。尤其需要注意的是，美国政府在数字知识产权上更具雄心，中美在数字侵权、网络中介责任、知识产权执法、开放源代码等方面的分歧恐怕短时间内难以得到有效解决。

4. 数字税收规则和关税壁垒

数字经济可能会加剧税基侵蚀与利润转移（BEPS）风险，已经为国际税收规则带来一系列新挑战。当前博弈的焦点集中在是否以及如何对数字企业课税、对数字贸易征收关税、如何弥合价值创造与税收规则的错配、调和税收管辖与利益分配的矛盾。2017 年 9 月，欧盟《建设欧盟单一数字市场公平高效的税收体制》指出，当前各国数字经济企业有效税率只有 8.5%，远远低于传统企业税率（约 23%）。得益于很高的无形资产比重和各种税收激励，数字企业甚至不必缴纳任何税收，制造了不公平。由 G20 发起并委托 OECD 发布的"税基侵蚀与利润转移行动"计划，把应对数字经济挑战作为第一项内容，明确了短期课税方案的原则与长期改革方案的路线图和时间表。欧盟于 2018 年公布了数字经济公平课税方案，包括改革数字经济企业税收规则的长期提案和对数字活动特定收入临时征收数字服务税的短期提案，旨在避免数字市场避税狂潮，保证欧盟企业公平纳税。目前，英国、法国、意大利、西班牙、葡萄牙、匈牙利、波兰、捷克等国家已明确表示将推出数字化企业征税计划。英国已先行宣布将在 2020 年开征税率为 2% 的数字服务税，法国、意大利都自 2019 年 1 月起征收税率为 3% 的数字服务税（网络税），美国的网络（数字）巨头将成为主要课税对象。因此，美国政府认为英、法等国单方面征收数字服务税是对美国企业的歧视性待遇，会给美国带来税基安全风险和经济、就业损失。美国一方面通过发起"301 调查"、使用关税大棒或其他贸易限制予以应对，另一方面积极推动关税壁垒和数字贸易的双边谈判。从电子商务议题被纳入 WTO 议程以来，各国对数字贸易中的关税问题始终未达成一致意见。以美国为首的"免税派"坚持永久免征关税，以欧盟为代表的"中间派"较为审慎且不同意永久免征，发展中国家大多属于"征税派"，目前全球仍然保持"暂时性"免关税的状况。在数字贸易和数据跨境流动中处于相对弱势的国家，倾向于通过开征数字税或数字贸易关税壁垒来保护本国市场、维护自身利益。

（二）全球数字贸易规则国家立场及原因分析

各国在数字贸易规则的主张，与其国家立场关系密切。本部分就全球数字经济大国或地区如美国、欧洲、日本与中国等的数字贸易规则主张及原因进行系统分析。

1. 美国数字贸易规则主张及原因分析

在过去 20 多年，在美国所主导的区域贸易协定中，数字贸易规则"美

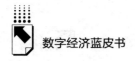

式模板"已经成型并不断演进升级，目前能够凸显美国意志的数字贸易规则已在《美墨加三国协定》《美日数字贸易协定》等由美国所主导的一系列国际贸易协定中陆续得以体现。其中《美墨加三国协定》堪称"美式模板"最高版本，美国政府希望将最高版本的美式数字贸易规则在 WTO 框架下进行多边扩展适用。

美国在 2019 年签署的《美墨加三国协议》、2020 年签署的《美日数字贸易协议》、2020 年更新的《美墨加三国协议》等协定中提出的数字贸易规则基本体现了美国当前在数字贸易领域的核心主张，对隐私、跨境数据流与安全性规则提出了新要求，并在知识产权保护与数据本地化方面有更多新限制，主要体现在以下五个方面：①保持网络开放：互联网应向商业活动保持自由开放，商业目的的数据跨境自由流动不受诸如内容审查的阻碍。②豁免数字关税：数字产品（包括载体）及数字传输永久免关税。③推行非本地化：数据存储设备非强制本地化。④保护知识产权：禁止强制性技术转让和源代码开放，保护商业秘密。支持针对数据以及技术服务的互操作性、保护知识产权、对接信息通信技术研究和标准。⑤开放市场准入：开放竞争性电信市场。通过消费者保护来支持在因合法商业或社会用途使用网络的过程中建立起消费者信任，包括制定具有强制力的隐私规则。确认合格评定程序，推行合格评定的国民待遇原则，即在一个合格评定机构的检验和认证结果应当被其他成员方接受，这是提高数字经济相关产品的贸易便利化的重要途径。

综合分析影响美国立场的主要因素有：①从内部看，作为全球互联网和数字技术最发达的国家，美国已占据数据经济发展制高点，正处在由信息化向数字化转型的高级阶段，在技术水平、数字服务贸易方面具有比较优势，因此强调数字流动对经济增长的重要性，推动贸易伙伴对美国产品、服务和投资开放市场，并且在很大程度上忽视了货物贸易问题。而且，美国对用户隐私数据的保护立法也并不积极，至今未出台全国性的互联网用户数据保护法律，这在客观上为脸书公司和剑桥分析公司滥用用户数据影响美国 2016 年总统大选留下了隐患。②从外部看，数字经济国际竞争日趋激烈，美国以数字贸易规则作为制约其他国家数字贸易发展的主要手段。美国国际贸易委员会曾归纳了限制数字贸易发展的主要贸易监管和政策措施，其中就包括数据保护、网络安全、知识产权、内容审查、市场准入及投资限制等。为此美国着力推动"跨境数据自由流动""数据存储设备以及数字技术非强制本地化""保证网络自由接入"等有助于促进数字服务输出的相关规则，同时强调对核心技术、关键源代码等知识产权的保护，主要目标是确保互联网的自由和开放，并旨在预防和消除数字贸易壁垒，从而保持美国在全球经济中的领导地位。

2. 欧洲数字贸易规则主张及原因分析

由于欧盟不是单一国家，欧盟数字化具有不同于单个国家的特征，主要体现在两个方面：一是努力破除成员国之间的壁垒；二是把规范摆到更突出的位置。欧盟关于数字贸易规则的基本主张有：①统一境内数字市场。为了打破欧盟境内的数字市场壁垒，欧盟于2015年公布了"单一数字市场"战略规划，旨在创造有利于数字网络和服务繁荣发展的有利环境，为个人和企业提供更好的数字产品和服务，最大化数字经济的增长潜力。②境内数据自由流动。欧盟提出"欧洲数据自由流动计划"推动欧盟范围的数据资源自由流动、禁止强制性要求数据本地化，通过《非个人数据自由流动条例》在欧盟市场内消除非个人数据在储存和处理方面的地域限制。③严格个人数据保护。欧盟在用户隐私和竞争政策方面进行严格的规制。2018年5月实施的《通用数据保护条例》被视为隐私保护领域最为权威和细致的立法。其法律效力不仅局限在欧洲，还辐射到欧盟之外，适用于任何向欧盟消费者推销或销售产品的企业。截至2020年3月底，欧盟各成员国已对超过260个违反《通用数据保护条例》的机构或个人实施处罚。

值得注意的是，在数据流动方面欧盟与美国的主张有所区别：欧盟要求在境内经营的任何企业或与欧盟客户打交道的外国企业在欧洲境内存储和处理所有个人数据（除非数据主体明确许可将其数据保留在欧盟境外）。从这个角度看，欧盟其实是有数据本地化要求的，它反对的是境内成员国的数据本地化。

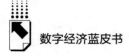

从欧盟的角度来看，其数字贸易规则制定的出发点主要包括：①从内部看，欧盟致力于打破境内的数字市场壁垒，建立统一的数字市场，发挥数据对优化经济社会发展的深层价值，在一定程度上认可贸易自由化，主张欧盟境内的数据自由流动，但呼吁加大政府干预力度，以保护个人隐私。欧盟就个人数据和个人隐私设置了非常高的保护标准，这在很大程度上与欧盟基本权利宪章中与自由相关规定即个人隐私受尊重权和个人数据受保护权有关。为平衡个人数据保护和数据自由流动，欧盟通过《非个人数据自由流动条例》，废除欧盟各成员国的数据本地化要求，同时确保监管机构的数据访问、获取权限。②从外部看，欧盟坚守作为统一市场在国际数字竞争中的主动权。欧盟对于数字贸易欧盟的战略始终围绕打造统一内部数字市场、提升欧盟竞争力展开，这在其数据流动管理中体现得非常明显：它主张的是欧盟境内的数据自由流动，如果将欧盟看成单一的"国家"，则其主张和中国的本地化要求并无区别。

3. 日本数字贸易规则主张及原因分析

日本在国际贸易和数字经济方面都有较强的竞争力。早在 2009 年日本就提出《I－Japan 战略 2015》以促进电子商务发展与产业升级，2018 年发布的《通商白皮书（2018）》更是认为数字贸易时代已经来临。与数字经济发展大势相适应，日本政府积极推进数字贸易规则的制定。在双边贸易协定上，日本与欧盟签订《经济合作协议》《数据共享协议》，与美国签订《数字贸易协议》，积极推动数字贸易发展。在多边贸易规则协商上，G20 大阪峰会之后，日本联合澳大利亚、新加坡等国家创设了 WTO 电子商务谈判的大阪轨道（Osaka Truck），自 2019 年 7 月创设到 2020 年 2 月，大阪轨道已经举行了四次会议。在与美国、欧洲保持基本一致的前提下，日本积极斡旋各方意见，试图在多边数字贸易规则谈判上也发挥更大的作用。

日本数字贸易规则立场可以总结归纳为三点：①高度关注个人隐私保护，②积极推动商用数据跨境流动，③完善数据跨境流动监管体系。2019年，由日本主导发表的《G20 集团关于贸易和数字经济的部长声明》提出带信任的数据自由流动（Data Free Flow with Trust），可视为日本数字贸易规则立场的总原则。

影响日本采取以上立场的因素主要有：①日本社会隐私感极强；②日本企业出口以高端电子机械产品、大众文化娱乐产品为代表的数字产品的积极性很高；③以第三方为主的数据监管体系容易获得国民的信任；④灵活行动，提高国际影响力。

4. 中国数字贸易规则主张及原因分析

改革开放以来，中国政府"对新事物先观察看看"的治理哲学在数字贸易领域也得到了一定程度的体现。在跨境贸易规则方面，中国仍倾向于针对传统的货物贸易，在数字贸易方面的考虑并不多。在 2016 年提交 WTO 的一份数字贸易提案中，中国主张数字贸易讨论的范围应"侧重于促进和便利互联网使货物跨境贸易，以及直接支持货物贸易的服务，如支付和物流服务"，以"澄清和改进现有多边贸易规则的应用"，而且认为现阶段的讨论"不应该导致包括降低关税以及新的市场准入承诺"。这些内容已几乎涵盖了中国关于数字贸易规则的基本主张：①用数字化支持货物贸易。如采取电子认证和电子签名互认等手段促进跨境电子商务便利化和无纸化贸易。②在现有 WTO 服务贸易框架内改进规则。③反对豁免数字关税。中国同意暂停电子传输的关税，承诺对低价值货物免关税，但反对豁免所有数字产品关税。④有限制的市场准入。包括饱受美国非议的数据本地化要求、强制技术转让和源代码开放等要求。

中国在与其他国家签署的双边贸易协定，如《中韩自由贸易协定》《中澳自由贸易协定》中有关数字贸易的规定大多冠以"电子商务"的标题，且内容也没有超出上述主张和建议的范畴。总体而言，中国主要关注如何支持货物贸易，以持续支撑国内庞大的制造业出口，并致力于降低传统关税壁垒、改善基础设施和技术条件、分享相关政策措施等。除了数据安全、电子传输零关税、个人隐私保护等少数议题外，几乎没有涉及数字贸易领域的主要关切，如数据审查、存储设备和数据本地化、源代码开放等。

从自身出发，中国的重点仍然集中在发展数字贸易（电子商务）、促进

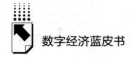
经济增长上，认为在解决现有的数字贸易治理的问题之前，若对关税等问题进行讨论，可能并不符合各国发展数字贸易、促进国内经济的初衷。

综合分析不难发现，影响中国数字贸易规则立场的主要因素有：①优先考虑的是国家安全。每个国家的信息领域主权利益都应当受到保护，出于对国家经济社会关键数据的安全性考虑，我国《网络安全法》第 37 条规定，对于在我国境内运营中收集和产生的个人信息和重要数据，关键信息基础设施的运营者应当将其在境内存储，在确需向境外提供时则应当进行安全评估。这是我国参与国际数字贸易规则制定的首要原则。②中国当前在国际贸易中的比较优势一定程度上决定了我国数字贸易规则制定的出发点。中国正处于实体数字化、工业化与信息化还未深度融合的发展阶段，强调的是基于互联网的货物贸易，对纯数字服务相关规则的讨论比较保守。从而，中国并不急于在如信息流、数据本地化等所谓的新规则上展开讨论，而是希望从基础的多边贸易规则出发，追求数字贸易规则的稳定性。

三　全球数字贸易规则新特点与趋势分析

数字贸易国际规则将是 21 世纪的国际贸易规则的核心内容。"数字贸易规则之争"将成为各国抢占数字经济发展制高点、谋求国际竞争优势的重点。全球数字贸易规则呈现了新特点，以下对新特点、未来发展趋势进行分析研判。

（一）全球数字贸易规则新特点

1. 全球数字贸易规则持续碎片化

随着国家之间利益竞争日趋激烈，在多边国际谈判中很难达成有效协定。如 WTO 经过多轮谈判，对全球跨境电子商务规则的制定依然停步不前。世界各国在自身双边或区域贸易协定中正不断加入新的具有约束力的电子商务章节，如美国—约旦贸易协定、美国—新加坡优惠贸易协定、美国—

澳大利亚贸易协定、中美洲贸易协定、新加坡—澳大利亚贸易协定等，全球数字贸易规则碎片化显著。全球范围内不同数字贸易条款的泛滥将对世界数字贸易发展带来不确定性和冲突，成为各国开展国际数字贸易的障碍和壁垒。根据 WTO 有关统计，在当前生效并向 WTO 通报的 286 个区域贸易协定中，截至 2018 年 8 月，共有 217 份协定包括与数字技术有关的条款①。

2. 贸易规则体现主导国竞争优势

不论美国的数字贸易自由化，还是欧盟的境内数据自由流动，这些主张的落脚点都是繁荣本地经济，最大化国家/区域自身利益。这在双边自由贸易协定谈判中，表现为根据双方比较优势的强弱来改变"出价"。对其他经济体数字贸易规则的指责，本质上也取决于各实体在数字贸易产业上的比较优势——比较优势的充分发挥有助于最大化自身利益。这在欧盟的数据流动管理政策上表现得非常明显：一方面，强调所谓的自由流动，通过立法加强境内的数据自由流动，反对域内国家的数据本地化规则；另一方面，在反对数据本地化政策的同时，强调个人数据必须保存在欧盟境内——实质上等同于数据本地化要求。美国也不例外，它虽然一贯坚持保护个人隐私，不过在跨境数据流动与隐私权保护之间更倾向于利用数字贸易促进经济发展，以保持美国在相关领域的领先地位。可以想见，全球主要数字经济体之间的规则博弈，都离不开"竞争优势"范式。

3. 热点议题争议难以达成共识

随着数字经济在全球范围内的迅速发展，在数据自由流动、个人数据保护、数据本地化、知识产权保护等核心议题上，各国分歧严重。比如美欧在"数据自由流动""个人数据保护"方面的分歧，是《跨大西洋贸易与投资伙伴关系协定》仍未签署的重要影响因素。在"数据跨境流动"方面，欧盟相对美国更为谨慎，强调个人数据和隐私保护，而中国则倾向于数据差异化对待。在"数据本地化"方面，俄罗斯、印度尼西亚、越南、土耳其等

---

① 张茉楠、周念利：《数字贸易对全球多边贸易规则体系的挑战、趋势及中国对策》，《全球化》2019 年第 6 期。

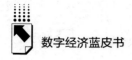
国纷纷力推设施本地化或数据本地化要求。这些分歧使得在多边规则框架下难以达成一致意见。

（二）国际数字贸易规则变革的趋势

1. 美国在数字贸易规则制定中的影响力正逐渐拓展

根据美国商务部经济分析局 2020 年 8 月发布的一份报告①，2006～2018年，美国 GDP 的年均增长率只有 1.7%，但数字经济年均增长率却高达6.8%，2018 年美国数字经济占 GDP 的比重达到 9%。美国不仅是全球最大的数字经济体，而且具备惊人的增长速度。基于自身在数字贸易规模上的优势，美国逐步拓展对外贸易谈判向双边、区域和多边谈判演化，通过相对容易达成的诸边贸易协定，影响全球数字贸易规则走向。

2020 年 1 月 29 日，特朗普签署的《美墨加三国协议》是数字贸易规则"美式模板"的最新版本，加上在此三个月前签署的《美日数字贸易协议》，目前能够凸显美国意志的数字贸易规则已在美国所主导的一系列双边或诸边国际贸易协定中陆续得以体现，使美国成功绕开了 WTO 的多边贸易谈判机制而在全球范围内推行本国数字贸易规则的影响力。

2. 以中国为代表的新兴经济体在国际数字贸易规则的话语权逐渐提升

自加入 WTO 以来，中国积极地参与多边规则谈判，并通过签署特惠贸易协定，推动符合中国利益诉求的数字贸易规则制定。比如在《中韩自由贸易协定》《中澳自由贸易协定》等约束性贸易协定中以单独章节模式使用了电子商务条款，涉及数字贸易的电信和金融领域也采用了单独章节模式。中国已签署十余个自贸协定，促成金砖国家电子商务工作组成立并达成《金砖国家电子商务合作倡议》，目前，正积极参与世界贸易组织、上合组织、澜湄合作等多边贸易机制和区域贸易安排框架下电子商务议题磋商，以中国为代表的新兴经济体在国际数字贸易规则的重要作用正在凸显。

---

① "New Digital Economy Estimates," https：//www. bea. gov/system/files/2020 – 08/New – Digital – Economy – Estimates – August – 2020. pdf，2020 – 08.

3. 国际数字贸易规则之争中对知识产权的保护日益重要

当前，不论是美、欧等发达经济体，还是整体实力处在上升阶段的中国，都充分认同知识产权等核心竞争力对促进经济增长的作用。即使是知识产权保护相对落后的中国，也在致力于加强这方面的立法工作，加强对商业机密信息的保护，如禁止要求企业强制技术转让以及禁止歧视性技术要求等。

以知识产权保护为核心的科技创新力量较量和博弈将成为国际数字贸易各方争端的核心竞争力和制高点。随着数字经济在各国的深入发展，社会经济数据持续呈现爆发式增长趋势，在大数据、云计算中的数据普及的过程中，跨境数据流动以及背后支撑的算法、算力成为科技力量的较量，而由此带来的商业价值又是各国抢夺的热点，知识产权保护将成为未来国际贸易战的重要战场之一。

四 对中国参与数字贸易规则制定的启示

中国应抓住 WTO 改革的机遇，积极将参与数字经济规则制定作为推动全球经济治理体系变革的重要切入点和关键突破口，适时谋划并推出数字经济治理的"中国方案"，在竞争合作、求同存异的过程中，推动甚至主导经济全球化和经济数字化的历史进程。

一是制定数据跨境流动制度体系，用合理规则提升话语权。我国可借鉴国外数据分类经验，根据个人数据和重要敏感数据涉及风险和应用场景的不同，建立数据分级分类监管制度。对于个人数据出境，兼顾个人隐私保护与促进企业发展、技术创新之间的平衡，建立数据泄露、数据滥用等行为的监管规则和处罚规定；建立个人数据分类和出境风险分级制度，评估数据入境国数据保护风险等级。对于产业和企业数据出境，由政府组织评估对方的法律环境、数据保护能力和安全等级，借鉴欧盟标准合同范本，为企业制定指引性的数据跨境流动协议范本，并优先在电子商务、金融、航空、云服务等行业推出数据跨境流动标准，以此带动整个行业的数据流动和监管。对于涉及国家安全和社会公共安全的重要数据，如跨境执法、信息通信、金融、交

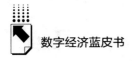
通等数据,由相关行业主管部门探索制定数据重要性等级、识别标准和传播范围,确立完全限制出境、审批后限制出境、出境后备案等不同监管方式。

二是进一步完善国内数字经济基础设施治理制度。国内数字经济基础是国际数字贸易规则博弈的资本。我国数字经济的优势是主体多、发展快、体量大、创新强,短板是治理没能同步跟上。这种情况在数字平台型企业尤为突出。在传统社会里面,基础设施主要包括供水、供电、供气、供暖、道路、交通等。在互联网时代,商业互联网平台确实已经成为数字时代的主要基础设施,广泛服务乃至构成社会发展的方方面面。特别是以百度、阿里巴巴、腾讯和京东等为代表的电商和社交平台、共享经济平台,本质上就是我们这个时代的新型基础设施,可以称为数字基础设施。数字基础设施企业就是以互联网作为平台提供数字服务并具有基础性、垄断性、社会性的企业。近年来,数字基础设施越来越具有公共产品属性,企业也越来越拥有社会企业或市政公用企业的共性特征,但因政府相关监管没有及时跟进,导致数字基础设施的违法行为也不断涌现,这给反垄断界定和监管执法带来不小的挑战。

三是构建数据安全治理体系,用制度创新建立安全底线。数据安全治理能力与数据跨境流动目标相辅相成,缺一不可。政府层面,建议加快推进《数据安全法》和《个人信息保护法》立法,明确责任主体和监管内容,注重数据安全与促进企业发展、推动技术创新之间的平衡,建立数据保护的底线标准。行业层面,推动出台各行业数据安全指南、标准和监管规定,推动行业数据安全测评、监测预警、教育培训,提升企业的数据安全保障能力,将我国打造成全球数据安全高地。

参考文献

中国信息通信研究院:《中国数字经济发展与就业白皮书(2019)》,2019 年 4 月。

United Nations Conference on Trade and Developmen,"Digital Economy Report 2019," 2019.

G20 杭州峰会:《二十国集团数字经济发展与合作倡议》,2016 年 9 月 4~5 日。

Weber R. H., "Digital Trade in WTO-law-taking Stock and Looking Ahead," *Asian Journal of WTO and International Health Law and Policy*, 2010（51）.

吴伟华:《我国参与制定全球数字贸易规则的形势与对策》,《国际贸易》2019 年第 6 期。

蓝庆新、窦凯:《美欧日数字贸易的内涵演变、发展趋势及中国策略》,《国际贸易》2019 年第 6 期。

徐金海、夏杰长:《全球价值链视角的数字贸易发展:战略定位与中国路径》,《改革》2020 年第 5 期。

徐金海、周蓉蓉:《数字贸易规则制定:发展趋势、国际经验与政策建议》,《国际贸易》2019 年第 6 期。

王惠敏、张黎:《电子商务国际规则新发展及中国的应对策略》,《国际贸易》2017 年第 4 期。

刘航、伏霖、李涛等:《基于中国实践的互联网与数字经济研究——首届互联网与数字经济论坛综述》,《经济研究》2019 年第 3 期。

马述忠、房超、梁银锋:《数字贸易及其时代价值与研究展望》,《国际贸易问题》2018 年第 10 期。

中国信息通信研究院:《数字贸易发展与影响白皮书》,2019 年 12 月。

张茉楠:《积极推动构建全球数字贸易规则》,http://www.ce.cn/macro/more/201810/11/t20181011_ 30489,2018 年 10 月 11 日。

"Digital Sovereignty for Europe," https://www.europarl.europa.eu/RegData/etudes/BRIE/2020/651992/EPRS_ BRI（2020）651992_ EN.pdf,2020 – 7 – 14.

张茉楠、周念利:《数字贸易对全球多边贸易规则体系的挑战、趋势及中国对策》,《全球化》2019 年第 6 期。

"New Digital Economy Estimates," https://www.bea.gov/system/files/2020 – 08/New – Digital – Economy – Estimates – August – 2020.pdf,2020 – 08.

B.16
我国数字经济领域企业"走出去"的现状、问题和建议

　　——针对东盟地区的具体分析

张振翼　张立艺　武玙璠*

摘　要：　本报告在梳理当前我国数字经济领域企业"走出去"现状的基础上，剖析数字经济企业"走出去"的主要问题，识别我国数字经济领域企业"走出去"的风险，并提出推动我国数字经济领域企业"走出去"的基本策略，并对与我国贸易往来体量较大、数字经济发展特色突出、现有资料相对匮乏的区域——东盟开展进一步分析，为面向东盟的数字经济企业提供更有针对性的战略建议。

关键词：　数字经济　企业"走出去"　东盟地区

　　当前，以大数据、人工智能为代表的新一代信息技术产业蓬勃发展，数字经济已成为全球经济增长的新引擎。习近平主席在首届"一带一路"国际合作高峰论坛上提出："我们要坚持创新驱动发展，加强在数字经济、人工智能、纳米技术、量子计算机等前沿领域的合作，推动大数据、云计算、智慧城市建设，连接成21世纪的数字丝绸之路"。数字丝绸之路是数字经

---

　　* 张振翼，国家信息中心信息化与产业发展部新兴产业处副处长，主要研究方向为战略性新兴产业；张立艺，国家信息中心信息化与产业发展部高级项目分析师；武玙璠，国家信息中心信息化与产业发展部分析师。

济发展和"一带一路"倡议的结合，是数字技术对"一带一路"倡议的支撑，数字丝绸之路正成为数字时代推动人类共同发展的全球化新方案。当下发挥我国数字经济的独特优势，依托数字丝绸之路的建设推动沿线国家和地区在信息基础设施、贸易、金融、产业、科教文卫等各领域的全方位合作具有很强的时代意义。

一 中国数字经济领域企业"走出去"的基本情况

2019年，我国数字经济增加值规模达到35.8万亿元，占GDP比重达到36.2%，数字经济在国民经济中的地位进一步凸显。当前，我国数字经济企业在强大国内市场的支撑下，正在从内循环走向外循环，已形成了较为稳定的"走出去"模式，在国际竞争中也已具备了一些突出优势。

（一）数字经济企业"走出去"主要方式

我国数字经济企业以各种姿态向全球市场进击，涌现出了不少出海成功的企业代表：联想、华为、小米、猎豹、茄子快传等，涉及领域涵盖汽车、金融、医疗保险、文化体育、智慧物流、生活服务、B2B电商等各个行业，成绩斐然。当前，我国数字经济企业"走出去"主要有以下三种方式。

第一种方式是产品与项目"走出去"。这种方式是中国企业把在国内相对成熟的产品与技术以贸易的方式向海外销售，或者以项目的形式在海外实施，是我国数字经济企业"走出去"最主要采用的方式，这一类型的"走出去"中成本是相对最重要的影响因素。如联想向全世界160多个国家和地区销售产品，中兴通讯为全球180多个国家和地区提供产品。在早期我国很多企业都走的是贴牌生产的路线，主要赚取生产环节的利润，此时即为比较纯粹的产品项目"走出去"。

第二种方式是技术品牌"走出去"。这类"走出去"尽管同样是向海外提供产品与服务，但是此类的主要竞争力不再是成本而是中国企业的技术实力或者品牌影响力。如华为目前在全球5G市场的竞争力并不主要来自低廉的价格。

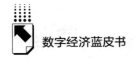

此外，如蚂蚁金服入股韩国互联网银行 K Bank，主要提供的是诈骗侦察系统等核心技术；字节跳动向印度最大的本土语言内容聚合平台 Dailyhunt 进行投资的同时向其提供先进的机器学习技术、个性化定制方案等方面的支持。

第三种方式是资本"走出去"。这类"走出去"主要依托资本的力量，通过海外投资、收购、并购等方式，中国资本和知名企业合作，以获取其当地渠道或者较为领先的技术。例如，阿里巴巴通过收购拥有 5.5 亿用户的领先电商平台 Lazada，成为东南亚电商市场的重要一极；京东投资俄罗斯物流运营商 SPSRExpress，并成为全球时尚购物平台 Farfetch 的最大股东之一；滴滴利用股权投资打通中国快的、美国 Lyft、东南亚 GrabTaxi 和印度 Ola 四个平台，为旅客群体提供无缝出行服务等。

（二）我国数字经济参与国际竞争的突出优势

我国数字经济企业在前期经历了开拓和探索阶段之后，国内市场规模和企业资本实力的优势逐步形成，企业已经具备了较强的创新能力，有实力在海外直面竞争。当前，我国数字经济企业参与国际竞争主要有以下三点突出优势。

第一，成本控制能力好。由成本控制能力带来的价格优势长期以来都是我国数字经济企业参与国际竞争的重要优势，尤其是在数字经济产品制造领域显现得最为明显。早期我国凭借着劳动力、土地等多方面的低要素成本实现了数字产品制造的价格优势，先是在国内逐渐取代了海外品牌产品，之后又在部分领域诞生了全球最有竞争力的数字经济产品制造企业。近年来尽管我国各项要素成本都有了较大幅度的上升，但是总体来看，我国数字经济领域的产品制造竞争力并未下降，仍旧在众多领域保持着全球领先，说明我国数字经济企业的生产效率有了大幅提升，继续保持着较高水平的成本控制能力。

第二，国内市场空间大。我国具有庞大体量的网民规模和与之对应的市场空间。截至 2019 年 6 月，我国网民规模达 8.54 亿，其中手机网民为 8.47 亿，互联网普及率为 61.2%，网民使用手机上网的比例达 99.1%[①]。2019

---

① 中国互联网络信息中心：第 45 次《中国互联网络发展状况统计报告》，2020。

年"双十一"全网总销售额 4101 亿元，产生包裹 28 亿个，其中，天猫成交总额仅用 1 小时 3 分 59 秒即冲破千亿元。庞大的用户规模、使用强度以及随之而来的市场规模助力我国成为孕育前沿数字经济形态的实验场。庞大的市场规模带来了足够的市场深度，足以包容创新各个领域的大量创新，正是在这样的背景下，我国才能诞生阿里巴巴、腾讯这样的世界级互联网巨头，也让国内企业在激烈竞争中积累了充足的发展经验，形成了丰富的数字经济产业业态，形成了完整的数字化生态圈。

第三，资本丰富。我国拥有活跃的数字化投资与创业生态系统，加上我国自身巨大的市场规模和优秀的数字经济体系共同吸引了巨额资本进入我国的数字经济体系。目前我国的创业投资资本量进入世界顶级行列，我国数字经济领域独角兽数量位居世界前列。同时，阿里巴巴、腾讯等我国数字经济巨头企业自身实力雄厚，规模增长速度较快，又持续保持着较高的盈利水平，因此企业估值长期位居世界前列。总体来看，我国各类数字经济企业都保有较为雄厚的资本实力，且具备很强的融资能力，具备进行大幅对外投资的能力。

二 中国数字经济领域企业"走出去"的突出问题

我国数字经济核心的创新能力同国际先进水平相比仍存在较大差距，世界数字经济的国际竞争存在较大不确定性，我国企业"走出去"也面临一些长期问题，通过分析总结我国数字经济领域企业在开展"走出去"业务时面对的突出问题，有利于更准确地把握发展现状，摸清障碍，为下一步提出推动企业"走出去"的政策建议奠定基础。

（一）企业自主创新能力尚有欠缺

数字经济的竞争优势主要依靠创新。当前，我国数字经济仍然存在基础核心领域受制于人，具有引领性的自主创新相对匮乏等问题。

一方面是核心技术尚未实现自主可控。当前，我国数字经济领域关键核心技术创新能力同国际先进水平相比仍存在较大差距，关键核心技术受制于人的局面没有得到根本性改变。另一方面是引领性自主创新相对匮乏，目前我国数字经济领域的创新还是以应用领域和消费侧的模式创新为主，像人工智能基础算法研发、芯片等核心产品研发等硬科技方面的引领式创新相对匮乏，我国对于数字经济整体的创新链、产业链的掌控能力明显低于我国在整体数字经济规模中的占比。

（二）国际统一治理标准尚未形成

当前，世界各国对数字企业的垄断认定、税收、隐私数据保护等方面均未达成统一标准，国内外标准差异严重制约数字经济"走出去"。[①]

一是垄断认定标准不统一。在数字经济时代，数据垄断会更加容易产生。由于互联网的"赢者通吃，一家独大"特点，规模较大的数字平台很容易实现某种程度上的"自然垄断"，但传统的反垄断法规很难对其实施有效监管。各种垄断行为的规定、相关市场的界定、市场支配地位的认定等均难以适应互联网与数字经济的发展趋势。

二是税收政策标准不统一。目前，各国与各地区关于数字经济纳税主体认定、纳税方式及规模标准差异较大。例如，法国、英国等国家试图以单边行动对互联网企业开征数字税[②]，而美国作为拥有全球最多互联网企业的国家一直坚决反对。国际税收政策从严可能会加剧数字经济企业"走出去"带来的风险，降低企业利润，影响我国数字经济企业海外发展。

三是个人隐私保护标准不统一。数据产生、收集、存储、加工、使用于不同的主体，既有个人、企业，也有政府。目前，数据权属的规范尚不明确，数据的流转存在困难。国内的内容、社交类产品常常通过收集用户数据以驱动算法向用户推送信息，这极容易触犯用户信息等隐私权的界限，遭受监管与罚款风险。2018 年欧盟《通用数据保护条例》（GDPR）出台后，涉

---

① 张炯：《经济学视角下我国数字出版"走出去"的策略研究》，《新闻知识》2014 年第 11 期。
② 杨杨、杨晓倩：《法国数字经济税收相关问题探析——基于全球 BEPS 行动计划》，《税收经济研究》2015 年第 4 期。

及收集、存储或使用有关欧洲居民个人信息的企业受到较大影响，不少计划"走出去"的企业也望而却步。

四是国际竞争态势不断激化。当前数字经济已经成为世界所有主要国家竞争的焦点，这一领域既是各个国家加强实现自主发展的重点领域，又是关系各个国家安全的重点领域。因此这一领域的国际化发展越来越容易引发地缘政治风险。近年来，随着地缘政治事件的频频发生，我国数字经济领域企业在海外利益受损事件不断增多，地缘政治风险对我国数字经济领域企业"走出去"的影响日益突出。

（三）"走出去"长期问题依然存在

我国传统企业在"走出去"时长期面临的一些问题，也是掣肘数字经济企业实现国际化的重要因素。

一是法律合规性隐忧大。国内外法律法规在产品标准、环保标准、会计标准、税务标准等多方面存在明显差异，企业法律服务应用意识不强，且缺乏审慎的前期尽职调查，致使企业在海外开展经营活动时发生不符合当地法律规定或外部法律事件，部分企业甚至受到重罚。

二是金融支持保障不足。企业"走出去"过程中融资成本普遍较高，融资渠道狭窄。一方面，国内金融机构支持力度欠缺，我国在资本跨境流动方面仍旧存在较多制度限制。另一方面，金融机构海外布局覆盖不足，综合化金融服务难以满足企业需求，中企境外融资困难重重。

三是社会团体协调欠佳。随着"走出去"程度的不断加深，中企与工会、社会团体打交道愈发频繁。我国企业"走出去"一般多重视与东道国政府沟通，但缺乏与工会组织、国际非政府组织（INGO）、社会团体等机构的良好沟通。部分企业对东道国工会重视程度不足，对其组织运作模式缺乏认知，并由于缺乏中方NGO参与民间外交，企业很有可能陷入无法解决问题的困境。

四是国际化人才缺失严重。目前全国都很匮乏具备国际事务沟通和谈判能力的复合型人才，直接导致我国企业在项目出现问题时，缺乏能与对方有效沟通的人才，进而影响企业海外发展甚至造成业务停滞。2019 年，在制约中央企业海外履责的因素中，75%的中央企业认为是缺乏专业组织和人才服务，67%的中央企业认为是缺少海外履责理论指导和实践支持，43%的中央企业认同针对海外业务负责人在环境和社会问题上的考核机制不健全（见图1）。

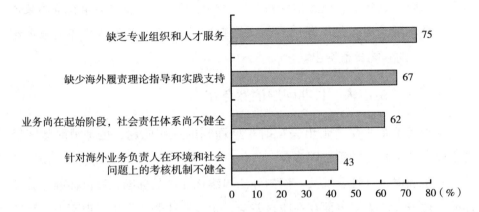

图 1　制约中央企业海外分支机构履责因素

资料来源：《中央企业海外社会责任蓝皮书（2019）》。

五是经营缺乏品牌意识。我国数字经济企业品牌文化意识不强，自我保护意识薄弱。部分企业品牌定位缺乏特定文化定义，且较少考虑消费者体验，导致品牌价值流于空泛，在海外市场形象定位模糊，品牌战略和营销策略缺失。我国企业在"走出去"时往往忽视从产品生产、销售渠道管理到售后服务的整体系统的建设，易在品牌营造中形成短板。

三　支持我国数字经济 "走出去"的基本策略

当前，全球相当多的国家尚处于数字化发展进程之中，数字经济市场格局也尚未成形，数字经济时代下新技术、新产品、新业态、新模式层出不穷，市场变化速度快，为我国数字经济企业提供了千载难逢的机遇，中企有望在数字经济赛道中占据一席之地。为此，本报告针对我国数字经济企业在

"走出去"中面临的普遍问题，建议从以下五个方面着力施策，改善发展环境。

（一）参与数字贸易治理

面对世界各方在数字经济治理方面的争议，我国作为数字经济规模最大的国家之一，要抓住历史发展新机遇，积极参与并主动影响数字贸易国际规则的构建，全力做好数字贸易治理工作。一方面，处理好开放与安全的关系。立足我国国情，在提高数字贸易发展自由度的基础上，重视数字贸易带来的数字隐私保护、数据跨境流动等安全问题，做到既促进数字贸易发展，又维护国内网络安全与核心利益。另一方面，探索制定在国际上可行的数字贸易治理标准与规则。从我国优势出发，从存在潜在拓展空间的国家的发展现实出发，尽快在外资准入、数字税收、数据本地化、数据使用便利化等方面提出有利于发展中国家共同发展的新方案，联合有共同诉求的国家加快推动标准普及，尽快在国际治理体系尚未成型前为中国数字经济全球化发展争取发展空间。[①]

（二）完善国内营商环境

做好金融支持、人才培养以及海外事务处理能力提升等方面的后备保障工作，为推动数字经济领域企业"走出去"营造良好的国内营商环境。

一是构建风险投资、银行信贷、债券融资、股权融资等全方位、多层次的"走出去"金融支持服务体系。鼓励商业银行充分利用人民币国际化方面的机会，搭建跨时区、跨地域、多币种的全方位金融服务网络，扩充保障企业海外融资的有关产品。优化监管审批流程，营造鼓励创新担当、干事成事的良好氛围，完善金融"走出去"防错容错纠错机制，让更多具备条件、基础良好的金融机构"走出去"，重点满足与中国战略伙伴关系紧密、经济金融往来密切国家和地区的需求。以开放促改革，提升金融服务水平，将"引进来"和"走出去"紧密结合，促进形成更强大更开放的国内市场，积

---

① 张茉楠：《全球数字贸易战略：新规则与新挑战》，《区域经济评论》2018 年第 5 期。

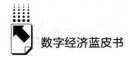

极和有效地防御外部风险。

二是加大"走出去"国际化复合型人才培育力度,提高企业国际化人才的数量与水平。政府方面,建议适当放宽绿卡的申请范围,并在全国多地设立绿卡办理机构,方便在华外国人士办理;在海外使领馆设立绿卡申请窗口部门;建立完善的外国人出入境、就业等方面的政策体系;充分发挥前外交官和商务参赞的作用,从东道国政策法律环境、经济文化水平、产业政策以及优惠措施等多方面予以"走出去"企业智囊咨询;建立可持续的国际化人才培养机制,培养出一批会与国际组织打交道、会管理、善运作且外语能力强的国际复合型人才。企业方面,企业海外收购兼并之后,积极推动企业"本土化"进程,整合企业文化;设立"管理学院"或"培训中心"来加快人才培养,加强本国人员工本土化,同时也为投资目的地的合作伙伴、供应商、分销商、客户以及当地官员提供培训,以引导和培养企业内外部的文化认同。此外,鼓励我国人才中介机构以及猎头公司积极跟随中国企业"走出去",在海外为"走出去"企业提供人才寻聘等服务,深耕细分市场、规范人才寻访经营。

三是增强与工会、国际组织、当地社会团体等机构的沟通意识,加强交流,建立相应的对话机制。企业应加强与媒体的交流,学会和海外媒体打交道,善于通过国内外媒体向当地和世界各国宣传我国企业互利合作的理念。政府应引导企业增强社会责任意识,通过提出明确的倡议与要求、发布指导性文件、加强企业社会责任培训等方式帮助企业熟悉国际规则,提高海外社会责任意识,并逐渐与国际接轨;积极培养中国本土 NGO,支持 NGO"走出去",与 INGO 做好沟通和对话,为我国企业与 INGO 的协调沟通发挥作用。

(三)持续做好扩大开放

持续扩大开放,积极促进国际合作,拓展开放领域,重点在文化、医疗及法律咨询等高端服务业上加快国际合作步伐。

一方面,在政府层面鼓励竞争,在一定程度内开放市场。适当放宽试点城市与自由贸易区的外资准入标准,国内外产业园区可实现联动发展,引进国外优秀的数字化企业。在试点区域，在不触及数据安全的前提下可考虑灵活审查，给予国外数字企业、网络服务供应商与中国数字企业同等的优惠条件，动态观察并追踪其实施效果。以试点的形式允许外商以独资方式设立医院、影视动漫制作公司、电影院、演出艺术团体等服务机构，对于港澳台的服务业投资视同内资对待。探索建立与发达国家、港澳台地区的医师、律师、建筑师等职业资格互认制度。

另一方面，建议统计部门与数据平台企业合作搭建统一的数据分析平台。建设交通、科技创新、就业、高端装备制造业、医疗、金融业、生物医疗、教育、交通物流、社保等重点行业信息数据库，一定程度上实现国内外的数据共享，通过大数据信息平台公开相关信息。探索跨境数据流动特殊区域政策。建议在上海、北京、深圳三地外资研发机构集聚的区域选择试点，允许开放国外相关网络、数据库、网站等，以满足外资研发机构的科研需要，更多地吸引国际知名企业来中国设立研发中心。

（四）积极搭建各类平台

充分发挥政府以及行业协会、中介机构等第三方机构的作用，通过提供专业服务的方式为"走出去"企业搭建平台。一方面，建立和完善对国际形势、国际关系和投资国政局，以及国外市场的宏观研究和评估机制，建立大数据信息化平台，为企业提供有针对性的投资咨询、风险评估、风险控制等境外投资保障服务，引导企业信息共享，相互合作，避免恶性竞争。积极搭建如中国—中东欧区块链中心平台、产业互联网平台等，指导我国企业"走出去"。另一方面，加大对"走出去"派出人员的培训力度，尽量使其充分了解东道国的政治、法律和历史文化，提高派出人员的素质和守法经营理念。

（五）推进标准体系制定

整合多方力量，从企业、政府和标准化机构三个方面合力提高我国在数字经济领域国际标准制定的参与度，变被动为主动，进一步助推中企在海外

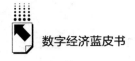

的经营与发展。

一是政府要更加注重国际标准制定，以国际交流的方式多推广中国标准。完善标准翻译机制，通过国家对标准的翻译出版以及发布，使中国标准尽快"走出去"被国际认可，成为国际标准。利用"一带一路"契机，全面深化与沿线国家和地区在标准化方面的双边、多边务实合作和互联互通，在援外项目以及数字新基建等对外投资中推广和运用中国标准，带动中国标准"走出去"。① 二是鼓励和支持企业在夯实内功的基础上，积极参与国际标准制定工作，主持起草国际标准的活动。建立有效的标准体系，并把标准化向纵深推进，运用多种标准化形式支持标准开发。三是鼓励标准化相关机构进一步优化标准结构，开展标准学术研讨和推广实验。充分发挥国家标准化管理委员会、中国标准化协会和中国标准化研究院等专业机构的力量，建立高效权威的标准化统筹协调机制，组织国内外标准化专家交流，开展标准化、质量、认证等领域的学术理论研讨，开展标准科学实验、测试等研发及科研成果的推广与应用工作。

四　面向东盟的中期数字经济"走出去"

近年来，中国与东盟的贸易额激增，东盟已稳居我国第一大贸易伙伴地位。在当前经济发展背景下，中国与东盟贸易逆势增长，不仅推动了中国与东盟经济的进一步融合，更助推我国经济"双循环"新格局形成。为此，本部分选择东盟地区进行重点分析，在研究东盟地区数字经济发展情况的同时，为中国数字经济企业出海东盟提出适宜的政策建议。

（一）区域发展形势

东盟由文莱、柬埔寨、印度尼西亚、老挝、马来西亚、缅甸、菲律宾、

---

① 詹晓宁：《数字经济下全球投资的新趋势与中国利用外资的新战略》，《管理世界》2018 年第 3 期。

新加坡、泰国和越南十国组成。东盟总面积为 449 万平方公里，人口近 6.61 亿，约占全球总人口的 8.6%。2019 年，东盟十国 GDP 达 3.17 万亿美元，占全球总量的 3.6%，是世界第七大经济体。总体来看，东盟国家的发展呈现以下三个方面的基本特征。

表1　东盟十国基本情况

国家	2019 年 GDP（亿美元）	2017～2019 年平均增速（2010 美元不变价，%）	人口（万人）	人均 GDP（美元）	面积（万平方公里）
菲律宾	3768.0	6.4	10811.7	3485.1	30.0
柬埔寨	270.9	7.1	1648.7	1643.1	18.1
老挝	181.7	5.9	716.9	2534.9	23.7
马来西亚	3647.0	4.9	3195.0	11414.8	33.0
缅甸	760.9	5.3	5404.5	1407.8	67.7
泰国	5436.5	3.5	6962.6	7808.2	51.3
文莱	134.7	1.7	43.3	31086.8	0.6
新加坡	3720.6	2.8	570.4	65233.3	0.1
印度尼西亚	11191.9	5.1	27062.6	4135.6	191.4
越南	2619.2	7.0	9646.2	2715.3	33.1

资料来源：世界银行。

第一，东盟经济发展水平差异较大，按照人均 GDP 可划分为三个梯队。第一梯队是人均 GDP 均超过 30000 美元的高收入国家，分别是新加坡（65233.3 美元）和文莱（31086.8 美元）；第二梯队是中等偏上收入国家，人均 GDP 超过 5000 美元，分别是马来西亚（11414.8 美元）和泰国（7808.2 美元）；第三梯队为印度尼西亚（4135.6 美元）、菲律宾（3485.1 美元）、越南（2715.3 美元）、老挝（2534.9 美元）、柬埔寨（1643.1 美元）和缅甸（1407.8 美元），属于中等偏下收入国家。

第二，东盟基本具备移动基础设施。数据显示，除缅甸无统计数据外，东盟其余九国在移动基础设施配备和使用方面均有较好基础。2018 年，东盟十国除菲律宾和老挝外，其他国家移动蜂窝电话订阅情况优于我国（115），新加坡、马来西亚、泰国以及文莱四国的移动宽带订阅情况好于我国

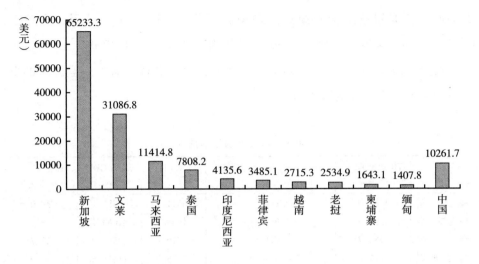

图 2　2019 年东盟十国人均 GDP

资料来源：世界银行。

（95.4）。但也应看到，东盟在固定宽带和光纤互联网的配备与使用方面远低于我国，这些国家很可能跨越固定网，直接进入移动互联网时代（见图 3、图 4）。

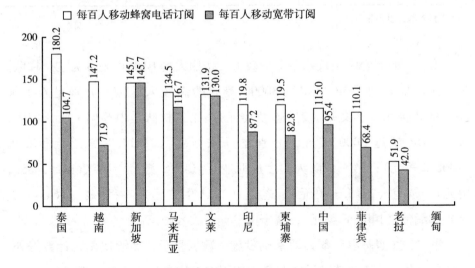

图 3　2018 年每百人移动蜂窝电话、移动宽带订阅

注：因缅甸数据缺失，未在图中体现。
资料来源：世界经济论坛。

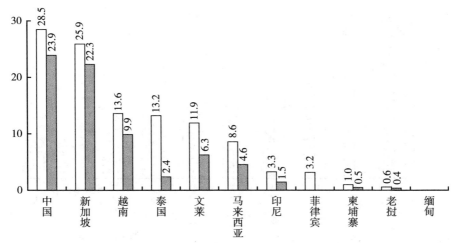

图4 2018年每百人固定宽带互联网、光纤互联网订阅

注：因缅甸数据缺失，未在图中体现。
资料来源：世界经济论坛。

第三，东盟大部分国家进出口占GDP比例相对较高，属于外向型经济体。2019年，东盟共有5个国家进出口占GDP比例超过或接近50%，经济发展对贸易依赖程度较高。出口方面，新加坡、泰国、马来西亚、菲律宾、越南等国家以制造业商品为主要出口产品，其中ICT商品出口占比较高，表明上述国家制造业和商品贸易与全球信息产业发展关联度较高。进口方面，制造业商品是东盟各国主要的进口商品，新加坡、泰国、马来西亚、菲律宾、越南等国家ICT商品进口占比较高。

（二）数字经济发展现状

截至2019年，由东盟十国和东帝汶组成的东南亚地区数字经济整体规模已突破千亿美元，远高于2015年320亿美元的水平，预计2025年东南亚地区数字经济有望达到3000亿美元规模（见图6）。2019年，东南亚11国新增互联网用户超过1000万，连接互联网总人数达到3.6亿，较2015年增加1亿。其中，泰国、菲律宾、印尼和马来西亚四国的移动互联网用户在线时长位居全球TOP10。

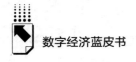
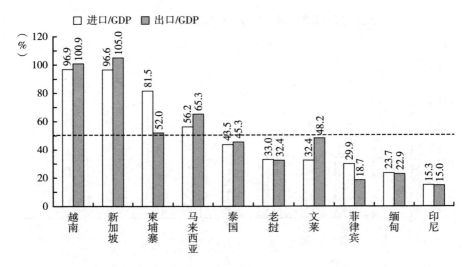

图5　2019 年东盟十国外贸开放水平

资料来源：世界银行。

东南亚11国数字经济整体规模

320亿美元　2015年

1000亿美元　2019年

3000亿美元　2025年预计

图6　东南亚 11 国数字经济规模

资料来源：谷歌、淡马锡《2019 东南亚数字经济报告》。

　　第一，用户端处于市场爆发前期。2015～2019 年，东盟地区数字经济消费端保持高速增长，处于应用爆发前期。一是电子商务成为东盟数字经济最大和增长最快的细分领域。2015～2019 年，电子商务年均增速超过 60%，2019 年市场规模突破 380 亿美元，超过 1.5 亿人开始线上购物。二是在游戏与广告的助力下，数字媒体行业快速发展。2015 年以来，数字媒体行业年均增速近 40%，2019 年市场规模达到 140 亿美元。三是网约车和送餐等服务迅猛扩张。2015～2019 年，共享出行年均增速高达 45%，2019 年约有 4000 万人次选择按需订购交通、食品和其他服务，远高于 2015 年 800 万人次的水平。

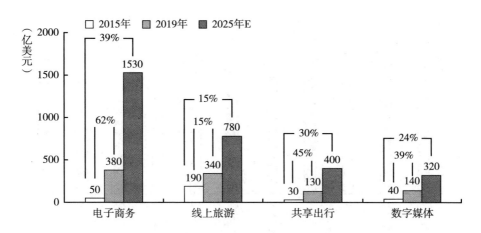

图7 东南亚11国数字经济细分领域发展情况

资料来源：谷歌、淡马锡《2019东南亚数字经济报告》。

第二，企业端处于早期开发阶段。东盟地区数字经济企业应用处于初始阶段，基本停留在研发和试运行期。各国技术水平不同，差异较大，除新加坡外，大部分国家在企业上云方面仍有较长的路要走。一是互联网接入尚不完整。部分地区移动连接速度慢，价格昂贵且分布不均，偏远地区与农村尚未实现互联网接入。二是移动支付尚未普及，数字金融技术与服务处于新生阶段。大部分东盟国家信用卡渗透率较低，群众尚未形成移动支付习惯，陌生和不信任感进一步阻碍了移动支付工具的普及。三是法律法规限制与行业标准缺失阻碍企业上云进程。由于缺乏ICT和数据交换以及数据处理标准，菲律宾在企业上云方面尚未成熟；泰国现行法律法规与企业云计算发展掣肘，为云服务提供商带来更多挑战，对视频领域有较大的负面影响。

第三，政府端处于先行示范时期。东盟各国多以试点示范的形式引领电子政务整体发展。2020年联合国电子政务调查报告数据显示，新加坡电子政务发展指数高达0.92，位列亚洲第二、世界第十一，电子政务处于领先阶段；马来西亚、文莱、泰国、菲律宾、越南和印尼六国电子政务发展如火如荼；柬埔寨、缅甸和老挝三国发展处于中档水平。

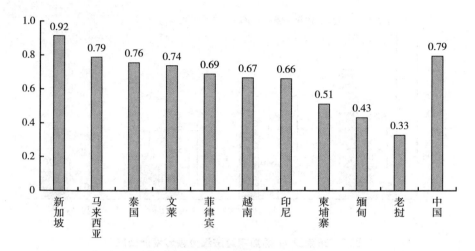

图8　2020年东盟各国电子政务发展指数（EGDI）

资料来源：2020年联合国电子政务调查报告。

（三）中企进入东盟的主要特点

第一，内容型产品是快速进入东盟的首选赛道。一方面，由于东盟人口结构普遍年轻，华裔群体规模庞大，以新闻资讯、社交游戏、直播视频、网络文学为代表的内容型产品和服务一经落地，具备快速传播的土壤和基因。另一方面，考虑到东盟国家与我国文化差异较小，大部分内容型产品企业可以直接将国内的成功模式复制至东盟市场，成本低、周期短、见效快、效益高的特点使内容型产品成为我国企业进入东盟市场的首选赛道。

第二，积极与政府合作推出定制化产品与服务。多数国内龙头企业通过为当地政府提供服务，不断积累产品市场知名度，为快速打开东盟市场奠定基础。同时，企业在为政府服务的过程中，有很多近距离与当地政府接触交流的机会，有利于进一步了解本地营商环境、消费习惯、地方风俗等，在最短时间内实现产品和服务本土化。

第三，技术出海绕开"走出去"的潜在外部阻力。网络信息、金融、新闻传媒等敏感行业的市场准入壁垒较高，技术出海能既满足当地发展需求，又避免深入敏感行业的政策挑战。除新加坡外，东盟其他国家金融业发展均处于中低水平，移动支付等新技术的出现助推东盟国家跨越银行卡时代，直接进入移动支付时代，实现金融业弯道超车，受到多个国家欢迎。同时，中企只提供技术、当地本土企业实际操作的模式较好地满足了东盟国家的安全考虑，也最小化了企业"走出去"的合规风险。

第四，渠道企业是资本进军东盟首选投资对象。"走出去"企业将资本投入渠道企业有利于开展有效的行业资源整合，收获稳定且有保障的合作伙伴，依托合作伙伴在本土市场的渠道基础与优势力量将产品和服务高效精准投放到消费者手中。

表2 部分数字经济领域头部企业在东盟国家的主要投资

企业	投资国家	投资企业	交易方式	投资企业在本国的地位	投资企业所处行业领域
阿里巴巴	新加坡	Lazada	战略投资	新马泰第一大电商	电商
	新加坡	SingPost	战略投资	亚太地区领先的全链条电商物流	物流
	新加坡	SingSaver	战略投资	人工智能个金服务提供商	Fintech
	印尼	Tokopedia	战略投资	印尼第一大电商	电商
	印尼	Emtek	成立合资公司	印尼第二大传媒集团	Fintech
腾讯	新加坡	Sea（原名 Garena）	战略投资	东南亚小腾讯	游戏＋电商
	印尼	Go–Jek	战略投资	印尼领先摩托叫车企业	出行
	泰国	Ookbee	战略投资	东盟最大电子书城	文娱
	泰国	Sanook	并购	娱乐新闻报道门户网站	文娱
百度	新加坡	新加坡科学技术研究局旗下的资讯通信研究院	成立联合实验室	—	搜索
京东	印尼	Traveloka	战略投资	印尼版携程	旅游票务平台
	泰国	Central Group	成立合资公司	亿万富翁家族企业	电商

资料来源：网络公开资料整理。

（四）企业进入东盟的战略建议

建议在东盟发挥好我国企业利用庞大国内市场锻炼出来的用户端创新能

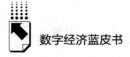
力，积极抓住当地数字经济市场高速成长的机遇，同时谨防地缘政治等方面的风险，具体提出以下三方面的建议。

第一，打造差异化产品服务。东盟辐射的地域、国家、民族众多，区域内国家历史文化、民族风情、宗教信仰、语言沟通各具特色，情况不一。因此，我国企业进入东盟市场时，需要充分考虑不同国家或区域的特点，尊重当地文化习俗，在产品和服务上积极创新，避免推出同质化单一产品。结合各国实际情况，以特色鲜明的本土化产品与服务满足市场需求，赢得当地消费者信任。

第二，抱团出海形成协同效应。东盟地区数字经济发展处于萌芽状态，且区域内人口众多，数字经济发展生态尚不完善。基于此，建议我国企业在"走出去"过程中，将数字经济应用推广与数字经济生态优化同步进行，以"齐步走"的形式形成协同效应；建议中资电信企业、通信设备提供商、跨境电商平台和卖家、第三方跨境支付机构、快递物流企业等数字经济企业加快进入东盟市场。

第三，强化风险防范意识。我国企业"走出去"应持续加强对东道国的风险防范意识，提高自身应对能力。企业方面，建立健全境外安全管理制度、境外安全突发事件应急处置机制，落实安全风险评估，筹划海外安保方案。投保海外投资保险，善于借助安保服务保护自身利益。政府方面，建立健全针对企业海外政治风险的保险机制，鼓励我国不同种类的保险公司拓展对外投资的保险业务；与东道国签订双边投资保证协定，重点聚焦政局动荡国家，推动东道国政府为中企对外投资提供保护；尽快筹建海外投资亏损准备金制度，以弥补中企"走出去"后因海外政治风险而遭受的损失。

参考文献

李璐：《数字经济条件下的经济运行及其规律》，《中国电子科学研究院学报》2018年第2期。

张炯:《经济学视角下我国数字出版"走出去"的策略研究》,《新闻知识》2014 年第 11 期。

杨杨、杨晓倩:《法国数字经济税收相关问题探析——基于全球 BEPS 行动计划》,《税收经济研究》2015 年第 4 期。

张茉楠:《全球数字贸易战略:新规则与新挑战》,《区域经济评论》2018 年第 5 期。

詹晓宁:《数字经济下全球投资的新趋势与中国利用外资的新战略》,《管理世界》2018 年第 3 期。

疫情影响与数字经济应用

The Impact of COVID – 19 Epidemic and Application of Digital Economy

B.17
数字金融助力经济复苏：现状与机理

李苍舒　沈 艳*

摘　要： 2019年末暴发的新冠肺炎疫情，给全球经济带来了前所未有的挑战。疫情严重影响了中国经济，让企业和家庭从供求两端都受到严重冲击，给经济带来了巨大的不确定性。全球主要经济体经济加剧衰退。疫情背景下，数字金融在助力保企业资金链、保家庭收入、增强家庭风险平滑能力、缓解数字鸿沟等方面发挥了较大作用。总体来看，数字金融创新不仅有利于改善民生，增加居民的获得感，也有助于推动金融业变革，从而更好地为高质量经济增长提供金融保障。

关键词： 数字金融　资金链　金融纾困

---

* 李苍舒，北京大学数字金融研究中心；沈艳，北京大学数字金融研究中心副主任，教授。

一 引言

自 2013 年起，数字金融（又称互联网金融、金融科技）的发展迅速，给我国金融业带来了意义深远的变革。作为将数字技术和金融服务业态相结合的新一代金融服务模式，中国数字金融中的数字支付和网络贷款等新业态不仅迅速形成了规模，也受到了国际社会的广泛关注。学者对数字金融在促进我国经济高质量成长的贡献，从创新创业、家庭收入和促进消费等角度，进行了较为深入的研究。但 2020 年暴发的新冠肺炎疫情，给全球经济带来了前所未有的挑战。

一方面，疫情严重影响了中国经济，让企业和家庭从供求两端都受到严重冲击，给经济带来了巨大的不确定性。从需求端来看，疫情暴发期间线上购物和线上娱乐产业有较好增长，但是，线上业务对线下业务形成一定替代，线下产业仍然受到很大影响。从供给端来看，疫情暴发后，2 月城市调查失业率就上升到 6.2%，第一季度失业率高达 5.9%。相比之下，在 2008 年全球金融经济危机时，失业率上升到 4.3%。农村地区同样遭遇困难。由于农产品外运和农民工外出困难，农村就业不足的情形加剧，导致农村家庭和低收入人群的生活受到影响。

另一方面，全球发达国家原本经济衰退的大趋势因疫情加剧，造成外需萎缩。从 2019 年下半年起，国际货币基金组织、世界银行等国际发展机构已经多次下调世界各国经济增长预期；而疫情带来的隔离或封城措施加剧了经济的进一步下滑。按照国际货币基金组织 4 月 16 日发布的预测，2020 年美国经济可能下滑 5.9%，较 1 月的预测值下调 7.9 个百分点；欧元区 2020 年经济下滑 7.5%，较 1 月的预测值下调 8.8 个百分点；全球经济下滑 3.0%，较 1 月的预测值下调 6.3 个百分点。为了应对疫情期间的失业剧增、维持社会稳定，美、欧、日等发达国家开始采用零利率甚至负利率政策，有些国家不得不出台超常规财政援助措施。得益于这些救助措施，2020 年 10 月 13 日世界经济展望预测 2020 年全球经济萎缩 4.4%，与 2020 年 6 月的预

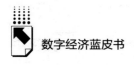

测值相比上调了 0.8 个百分点。虽然经济有复苏迹象，但该组织认为这将是一个艰难的过程，漫长且充满不确定性。

这次新冠肺炎疫情暴发突然、对实体经济冲击较大，对我国金融系统提出了迅速调整、帮助实体经济尽早复苏的要求。与 2003 年非典暴发时相比，我国经济最大的不同是大数据、人工智能、5G 等新技术支持的数字经济和数字金融的兴起和快速发展。数字技术为金融支持实体经济提供了新的途径，这主要是因为数字技术为控制信用风险提供了新的解决方案。具体来说，信息不对称下，信用风险可以分为事前的逆选择风险（越没有还款能力的个人和企业越愿意借款）和事后的道德风险（借到款之后不想还）。面对事前的逆选择风险，传统的方法主要是通过人工调查和人工审批来控制；对于事后的道德风险，则主要通过抵押、担保、风险保证金和司法途径等来控制。数字技术的发展为降低事前的逆选择风险和事后的道德风险都提供了新的手段。不同于传统风控依靠抵押物、收入流水证明等风控模式，大数据风控往往依赖平台累计的业务数据，通过系统调阅电子化交易历史信息，完成信贷调查、用户信用评级、风险定价、审批决策及放款审查等一系列信贷流程，从而大幅降低中小微企业的融资成本。例如，对于事前风险，以大数据为基础的智能风控模型，可以为传统模式下无法获得借贷的人群和企业提供信贷；对于事后风险，则可以通过加强征信系统建设和互联网法院的建设等途径，减少信息不对称，降低运营成本。因此，数字技术驱动的金融服务，在助力实体经济高质量发展方面，有广阔的发展前景。

但是，对于数字金融在保企业、保家庭、助力经济复苏等方面有哪些独特优势，又有哪些需要注意的问题，目前缺乏系统的梳理和总结。本报告旨在阐释数字金融在助力经济复苏方面可以发挥的作用和需要注意的问题。

本报告从数字金融如何助力保企业、保家庭、助力政府发放消费券和防止数字鸿沟等角度，评估数字金融在促进我国经济发展中的作用。具体来说，本报告第二部分讨论数字金融在保企业方面的作用，第三部分讨论数字金融在保家庭中的作用。第四部分从财政政策执行角度评估数字金融对发放消费券政策的作用，而第五部分则从促进社会公平角度探讨数字技术对防止数字鸿沟的意义，最后给出本报告的结论与建议。

二　数字金融助力保企业

2020 年的政府工作报告强调，要加大"六保"工作力度，即保居民就业、保基本民生、保市场主体、保粮食能源安全、保产业链供应链稳定、保基层运转。企业，尤其是中小微企业在"六保"工作中处于核心地位。截至 2018 年末，我国中小企业数量超过 3000 万家，个体工商户超过 7000 万户，贡献了全国 50% 以上的税收、60% 以上的 GDP、70% 以上的技术创新成果和 80% 以上的劳动力就业。中小企业对于稳定就业和促进经济发展具有重要作用。中小微企业自身抗风险能力较弱，受疫情影响，普遍面临订单减少、开工延后、流动资金不足等问题。资金链紧张成为复工复产后首先要解决的问题。

缓解中小企业资金链紧张，防止其现金流断裂，主要思路如下：一是增加业务收入，二是减少经营成本，三是获得外部融资。在新冠肺炎疫情冲击下，短期内要避免企业破产，那么获得外部融资的迫切性要强于减少经营成本和增加业务收入。与传统银行相比，数字金融在为中小企业提供融资方面有突出的优势。比如网络银行放贷，既不需要直接见面，也可以利用大数据技术在没有抵押资产的情况下做好风控。因此，在有效帮助小微企业和个体商户方面，金融科技和数字金融能够发挥不可替代的重要作用。在过去的十年中，数字金融的发展成为中国金融业最重要的创新。蚂蚁金服、腾讯、京东数科等金融科技企业依托自身的技术优势和平台规模为数千万家小微企业提供了移动支付、消费金融和网络贷款等金融服务，促进了中国经济的发展。在重大突发公共卫生事件下，数字金融也正在发挥突出作用，帮助中小微企业渡过难关。

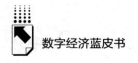
（一）数字金融补位传统金融，助力维护企业资金链

在中国，银行一直以来在资金供给中处于主导和垄断地位。许多企业和个人缺乏有效的融资替代渠道，在资金获取方面主要依赖银行提供的信贷。银行的目标客户群体往往服从于鲜明的二八定律，即主要服务于20%的高净值客户而忽略了80%的长尾市场需求，从而直接导致很多小微企业和低收入人群的资金需求得不到满足。疫情暴发后，受影响最为严重的往往是小微企业和低收入人群等长尾客户。受风控模型的约束，银行可能无法精准地为所有企业提供所需的资金支持。另外，银行信贷的申请流程复杂、审批周期长，存在时间和空间上的束缚，可能无法及时满足疫后迅速恢复生产生活秩序的金融需求。

1. 网络信贷可助力灾后重建

近十多年来，网络信贷依托金融科技，经历了从无到有、从小到大的飞速发展历程。网络信贷的出现和发展为疫后重建提供了一个不同于银行信贷的全新选择。利用云计算、大数据、机器学习等新兴信息技术，网络信贷可以充分发挥长尾效应的优势，连接数以亿计的企业与个人，以社交网络和行为特征等数据替代抵押资产，进行信用风险评估，从而显著降低金融交易成本、信息处理成本、风险控制成本等银行必须面对的问题。另外，借助于金融科技的发展，网络信贷可以有效地突破信贷发放中的时空束缚，不需要投入大量的人力和财力开设营业网点，顾客不用在网点排队等候，避免浪费大量的时间与精力，使用户体验更加人性化，业务处理也更加快捷。

有文献运用美国的地震数据，研究了自然灾害后的金融需求，发现在自然灾害发生之后，传统银行和网络信贷的功能很不相同。受地震影响的居民和小微企业主会迅速从银行提取存款，以满足其意外的消费和生产需求，但银行对于受灾影响方，特别是对缺乏抵押物的小微企业的信贷供给能力是有限的。相比之下，网络信贷机构利用大数据风控能力，能够快速反应，在不降低信贷审核标准的情况下，更有能力地满足借款人的额外信贷需求。从这个意义上讲，二者在灾后金融服务中的功能是互补的。

2. 发挥网络信贷维护企业资金链的独特优势

此次疫情具有和自然灾害非常相似的强突发性、不可预期性以及明显的地域聚集性，因此自然灾害后的相关研究对疫后经济重建也有一定的参考意义。疫情发生后，遭受经济损失的居民和小微企业主将强烈需要资金，以维持其正常生活水平和恢复经营。网络信贷快速简便的申请和审批流程为借款人提供了更便捷的选择。经过数据分析发现，灾后对网络信贷的需求显著增加，而受灾最严重地区的需求激增明显。相关研究还进一步发现，如果一个地区拥有强大的银行体系，人们可能会首先使用他们的储蓄来应对冲击，网络信贷需求只是较为温和地增长。相反，如果一个地区的银行体系薄弱，人们将更多地依赖网络信贷来满足其信贷需求。经验证发现，同为灾区，在拥有更密集的银行网络和更活跃的银行业务的地区，网络信贷的需求较低。而在传统银行较少覆盖的区域，网络信贷显著增加了中小企业获得信贷的机会。

更为重要的是，从网络信贷的数据来看，其在灾害前后对于贷款申请的通过率并没有发生显著变化，每份申请的具体金额和贷款的利率均保持稳定，只是通过申请的贷款数量和拒绝的申请数量都大幅增加。此外还可以发现，灾难前后借款人的特征没有明显变化。这些结果表明，网络信贷机构并非毫无原则地放款，只是对那些符合贷款条件的借款人激增的需求做出了迅速反应。

当前，小微企业受创可能是影响经济的第一步，如处理得不好，就业等民生将直接受到冲击。稳小微，就是稳就业，就是在稳定中国经济。正因为如此，2020年2月1日，中国人民银行、财政部、银保监会、证监会、外汇局联合出台《关于进一步强化金融支持防控新型冠状病毒感染肺炎疫情的通知》，有针对性地引导金融机构保持流动性合理充裕，加大受疫情影响较大地区企业的信贷支持力度，并明确指出，对受疫情影响较大的行业，以及有发展前景但受疫情影响暂遇困难的企业，特别是小微企业，不得盲目抽贷、断贷、压贷。

面对此次疫情冲击，传统银行通过接受存款可以为小微企业的信贷需

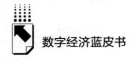
求冲击提供一层缓冲。部分小微企业的资金需求可以通过从银行提取存款来快速满足。但就海量、高频、小额且缺乏抵押的小微信贷需求而言，传统银行可能会力不从心。与传统银行不同，贷款处理和承销程序的自动化使网络信贷能够通过为借款人提供更多信贷供应的同时，保持一致的信贷标准，从而在疫情后迅速响应激增的信贷需求。正是基于这样的技术优势，微众银行、网商银行和新网银行，每年都可以发放1000万笔左右的个人或小微企业贷款，同时它们的平均不良率也保持在1%上下。显然，在支持灾后经济复苏的过程中，特别是在支持小微企业方面，数字金融可以发挥十分关键的作用。例如，根据新网银行的数据，在疫情发生后，消费信贷的申请量有所下降，但是小微类信贷的申请量却和疫情前基本持平，并未出现明显波动。这种状况下互联网银行及时放款，对于保证企业资金链不断裂，具有重要作用。可以看到，疫情冲击下，传统金融与数字金融服务并肩发展、互相补位，有助于更好地帮助小微企业渡过难关，恢复经营。

（二）数字金融助力个体经济

除了中小企业，此次疫情带来的持续性闭门休市还给广大个体经营者造成了严重影响。在我国经济发展中，个体工商户总量庞大，是就业的底线、民生的基石，是各种正规就业失效之后兜底的灵活就业。遍布城乡各地的沿街商铺和流动商贩等个体经营户，不仅是很多家庭赖以维生的重要经济来源，也是市场经济运行的微观基础和国民经济发展的毛细血管，对宏观经济的健康发展和稳定运行具有非常重要的意义。在2019年12月30日、2020年2月18日的国务院常务会议上，李克强总理都肯定了个体工商户、"小店经济"对经济可持续发展和实现包容性就业的重要价值。

当前，防控工作取得阶段性成效，全国大多数地区在加强疫情防控的同时，也在有序推动复工复产。疫情暴发以来，中央高层一再强调"解决个体工商户尽快恢复营业的问题""要想尽一切办法让中小微企业和个体户生存下来"。2020年2月23日召开的从中央到省、地市和县各地政府主要负责人均参加的"统筹推进新冠肺炎疫情防控和经济社会发展工作部署"会议上，习近平总书记专门强调要"解决个体工商户尽快恢复营业的问题"。

但是，与积极推动规模以上大企业和大型商超复工复产相比，各地方政府对推动个体经营户恢复营业的力度仍显不足。这种状况有多种原因，而难以对个体经营户的总量、营收和就业人口等变量做出较为实时的测算是困难之一。例如，个体经营户的本质特征在于使用个人账户收支，经营人与经营实体"公私不分"。个体户的登记注册制度与注销政策不如企业严格，特殊的纳税机制导致流水无从计算。长期历史遗留问题与"个转企"执行困难都给商户数量和营业额的统计工作带来了困难。

值得注意的是，个体工商户也是数字生活的活跃参与者、是数字经济的潜在爆发点，因而数字金融的发展为解决针对个体户的统计难题带来了契机，数字金融助力个体经济复苏成为研究前沿。例如，支付宝旗下支付工具"码商"在个体经营户中应用广泛，这是因为数字支付使得"流水核算"充分下沉，用户有充分的意愿与足够低的门槛使用数字支付。王靖一等利用支付宝旗下的数亿级的"码商"数据和机器学习分析方法，估算了中国个体经营户的实有规模，在此基础上定量评估了疫情对个体经营户产生的冲击，并特别考察了数字金融起到的缓解疫情冲击的作用。

1. 个体经营户的总量测算

王靖一等通过选取 3500 万高德兴趣点数据，500 米精度夜晚灯光、人口、海拔数据，1 小时精度的天气、空气质量数据，使用泰森多边形的动态调节方法，以银行网点（含 ATM）为中心，将全国分为 266793 块。而后以杭州为例构建经济变量与个体经营户的关系，并用机器学习的方法推广估算全国的数据。根据他们的估计，全国 2018 年个体经营户总数量约为 9776.5 万户；虽然 99% 的商户通过支付宝的年营收不足 40 万元，但 2018 年个体经营户全年营收总额仍达 13.1 万亿元。这一评估为采用数字技术测算个体经济的总量做出了有益的尝试。

2. 疫情的短期冲击评估

在估算出全国和各地区的个体经营户规模之后，王靖一等进一步定量评

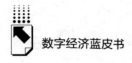

估本次疫情对个体经营户产生的冲击。他们的研究策略是，如果可以假定在一个小环境、短跨度、强周期内，码商内在增长趋势保持一致，那么就可以根据 2019 年同期以及 2020 年 1 月 20 日前两周的码商数据，在控制年前数据、宏观变量（灯光、人口）、营商环境（POI）、阳历因素（天气数据）等诸多信息的基础上，用机器学习算法来推算如果没有疫情暴发，那么在 2020 年 1 月 31 日（正月初七）至 2 月 14 日（正月廿一日）两周时间内，应有的码商总量和交易额。将推算出的总量和交易额与 2020 年这两周时间内实际发生的商户量、交易额等做比较，两者相差就是疫情这个突发外生冲击的影响。

王靖一等对疫情的影响推算有以下发现。第一，疫情期间全国个体商户数量减少约 40.4%，约为 3949.7 万户，涉及 0.92 亿人。交易额减少 52.4%，约为 2640 亿元人民币。第二，进一步将所有省份分为五个等级来评估，发现差异主要在湖北内外。湖北省作为受疫情影响最严重的地区，窗口期内湖北省活跃个体经营户下降 59.3%、营业额下降 69.7%，其他地区窗口期内活跃商户下降约 40%、营业额下降约 50%，但不同等级间差异不大，没有出现疫情越严重冲击越大的现象。这表明由于疫情形势存在较大的不确定性，各地均迅速启动一级响应，采取的疫情防控措施的严格程度与本地疫情严重程度关联变弱，不同疫情等级的省份在疫情后期推动复工复产的节奏类似。因此，疫情对湖北以外各地区个体经营户的冲击幅度大体相同。第三，从城乡分布角度看，采用夜晚灯光数据的研究发现疫情中城区、核心城区受到了最大程度的冲击，而乡村地区受冲击程度相对较小。第四，从总量和结构性冲击来看，个体户最集中区域受到了最严重冲击。第五，分人群特征来考虑，老年人（55 岁以上）、女性、外省人等"弱势群体"受到疫情冲击更大，这为定向为人群提供适当的帮扶措施提供了实证支撑。

3. 数字金融对于疫情冲击的缓解

王靖一等进一步研究了数字金融缓解疫情冲击的作用。在将北京大学数字普惠金融指数的底层指标中数字技术精准发放的贷款量与不同地区码商数据的匹配后，有如下发现。第一，一个地区数字金融越发达则缓解疫情对该地区个体经营户的冲击的能力越强。具体而言，基于数字技术精准发放的贷款量每增长1%，疫情带来的影响平均就减弱2.57%。在经济越发达、人口越稠密的地区这一效果越明显。第二，数字金融对疫情冲击的缓解作用和地区疫情等级即疫情严重程度没有明显的关系。这也表明疫情对经济的冲击程度主要由疫情引发的管制程度决定，跟疫情本身严重程度的关系不大。第三，从城乡差异看，精准信贷的缓解作用在城区和核心城区是最强的，而保险对于乡村地区有更强的保护作用。第四，分人群来看，精准信贷对于老年人有较强的缓解作用，而保险对于24岁以下群体和外省人有更强的保护作用。

上述研究表明，重视数字金融发展，对于完善金融机构与个体经营户之间的融资渠道，充分利用技术积累与数据沉淀进行风控、考虑专项贷款的政策倾斜等均具有重要意义。

三　数字金融助力保家庭

数字金融不仅在生产端可以发挥维护中小企业资金供应链的重要作用，在消费端也能够以不同形式助力家庭增强应对财务风险的能力。

（一）移动支付助力保家庭

1. 移动支付发展现状和优势

移动支付是指消费者使用移动终端支付所购买的商品或服务，是第三方支付中最主要的支付方式。移动支付降低了交易成本，改善了居民经济福利，也在重塑金融市场格局。在中国，移动支付的产生与发展可划分为三个阶段。第一阶段是从线上交易发展到担保交易，时间跨度从2003年到2004年。这一阶段主要解决的是淘宝网线上交易的信任问题。第二阶段是从快捷支付发展到移动支付，时间跨度从2004年到2013年。2010年12月，支付宝推出"快捷支付"，极大提升了支付成功率，有力促进了线上交易的发展。智能手机、移动网络和二维码的普及，以及2013年6月余额宝的

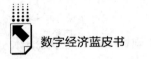

推出，都是这一阶段的重要标志。第三阶段是从移动支付发展到移动生态，时间跨度从2013年至今。这一阶段，支付宝不仅提供移动支付服务，还提供实时转账、财富管理、保险、融资和征信等综合性金融服务，构建全方位移动生态。

移动支付在中国迅速普及与快速发展。2019年，全国银行共处理移动支付业务超过1000亿笔，金额达340多万亿元，较2018年分别增长68%和25%。另外，支付宝和微信全球活跃用户数达10亿左右。2018年中国第三方移动支付金额年增长率58.4%，远高于美国PayPal支付交易的增长率。余额宝有超过6亿的账户在投资，其管理资产总额超过10万亿元人民币（1500亿美元）。当前，支付宝已覆盖55个国家和地区的线下商户，合作开发了9个本地电子钱包。香港与大陆、香港与日本之间使用当地电子钱包已实现跨境支付。利用区块链技术，香港到菲律宾、马来西亚到巴基斯坦已实现快速低成本的跨境转账。

移动支付在中国获得快速发展的主要原因如下。一是智能手机的普及和数字技术的发展。大数据、云计算、人工智能等数字技术快速发展，并与金融业务不断融合。二是相对宽松的监管环境。2015年之前，移动支付领域合规成本较低，准入门槛和监管限制较少。同时央行鼓励第三方支付企业发展移动支付以改善农村支付环境，促进小微企业尤其是个体工商业经营活动。三是传统金融在支付领域有效供给不足。传统金融体系更倾向于为企业部门提供金融服务，而面向居民家庭的支付、转账、财富管理等金融服务相对滞后。我国征信体系发展缓慢，社会信用体系建设滞后，消费者未形成信用卡消费习惯，这都给移动支付的快速发展留下了空间。

2. 移动支付助力提高家庭风险平滑能力

移动支付改变了居民消费的支付习惯，并大幅提升了居民经济福利。移动支付金额在2015年超过现金消费金额，在2016年超过银行卡支付消费金额。目前，移动支付已成为我国居民消费最主要的支付方式。移动支付可以促进创业和收入增长。黄益平等的研究显示，移动支付显著提高了农业家庭和从事个体经营家庭的收入。使用移动支付后，原来从事农业的家庭继续只从事农业生产的概率下降了 12.7%，转而从事个体经营活动的概率上升了 8.5%。

移动支付还可以提高家庭风险平滑能力。风险平滑是指面临风险和冲击时，采取措施降低风险带来的影响。移动支付带给居民的两个基本功能可以提升其风险平滑能力。一是低成本实时转账缩短了人际交往的空间距离，促进了居民间的风险分担能力。二是持有高流动性和相对高收益的产品，可提高自我保险能力。当前，居民在余额宝和财富通里的余额已几乎相当于 M1，且收益比银行活期存款平均高出 2 个百分点。这使得家庭在收入增长面临暂时性负面冲击时，可以方便地使用高流动性的数字金融产品，而不至于影响其正常的消费。因此，移动支付也提升了居民的自我保险能力。

除了增加家庭收入和提高家庭风险平滑能力，移动支付在疫情防控中还能够突破时间、空间限制，发挥独特作用。"少接触、少出门"是有效控制疫情蔓延的重要保障。加大疫情期间移动支付推广力度，推进移动支付便民工程，能够最大限度地降低在支付环节因人员聚集而感染病毒的潜在风险，助力全民抗疫。移动支付可利用网上银行、手机银行等渠道全天候为客户提供账户管理、转账汇款、金融投资、生活缴费、网上购物等多项综合金融服务，便于群众居家享受金融服务。发挥移动支付非接触、便利易得的独特优势，既能保障家庭的基础金融服务需求，也通过"少接触、少出门"有效保护了居民的人身安全，防止疫情蔓延。

（二）数字金融助力促进家庭收入和消费

目前，中国数字金融发展在全球处于相对领先的地位。H2 Ventures 和毕马威联合发布的"2019 年全球金融科技 100 强"名单中，中国的蚂蚁金服、京东数科、度小满金融和陆金所在前 12 强中占了 4 个席位。英国 Z/Yen 和中国深圳综合开发研究院发布的 2019 年报告中，北京、上海、广州、深圳和香港也占据了全球十大金融科技中心的半壁江山。中国的移动支付及其生态圈、互联网银行以及大科技公司全方位的金融服务成为具有全球影响力的数字金融业务。

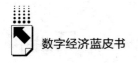

中国数字金融快速发展的重要原因之一是中国的市场规模很大，互联网和数字经济发展具有规模效益。中国数量众多且规模庞大的企业所形成的技术市场，可以降低技术研发成本进而带动产业创新，形成引致创新的强大驱动力。大国巨大的人口规模所形成的市场需求，将提高技术研发的预期盈利水平，激励企业从事技术研发活动。在传统金融方式不足以满足居民对金融服务的需求时，数字金融这一金融服务的创新产物将得到快速且广泛地使用。

1. 数字金融能够提升家庭风险平滑能力

黄益平等的研究发现，当家庭人均收入增长率下降1个百分点时，数字金融发展水平处于75%分位城市的居民，其家庭人均消费增长率比处于25%分位数字金融发展水平的城市居民平均高出4.84个百分点。因此，数字普惠金融的发展能够显著提升居民的风险平滑能力，而传统银行信贷并没有显著改善居民的平滑风险能力。且数字金融带来的风险平滑效果，对于低收入和农村地区居民更明显。这主要是因为即使没有数字金融，高收入家庭和城市家庭也有更多应对风险的手段，因而数字金融显示了明显的普惠性。

2. 数字金融能够促进家庭收入的包容性增长

目前，中国的金融体系并不完善，传统金融依赖征信，低收入群体尤其面临较大的资金约束。然而，数字金融的发展大幅提升了金融服务的可得性和便利性。微信、支付宝提供了数字征信信息，数字金融的发展使大量居民摆脱了资金约束，尤其是创业者可从中获益。北京大学数字金融研究中心张勋团队研究发现，数字金融的发展可以带来居民收入的包容性增长。

张勋等根据中国数字普惠金融发展指数（2011～2018）和中国家庭追踪调查（CFPS）的数据，研究发现数字金融的发展有助于提升家庭收入，具体来看，数字金融发展指数提升1个标准差，家庭收入提升11.9～15.4个百分点。且数字金融的发展仅对农村居民的家庭收入有显著的正向影响，数字金融发展指数提升1个标准差，农村居民家庭收入提升17.0～21.9个百分点。数字金融对中部地区居民收入和农村居民收入的提高有利于改善中国整体的收入分配状况。数字金融发展不仅能够缩小城乡差距，而且能帮助消除农村内部收入不均等现象，从而促进家庭收入的包容性增长。

数字金融通过促进创业实现包容性增长。金融资本是创业和创新最为重要的充分条件。以互联网经济带动的数字金融使得借贷更加便利，特别是对那些原来被传统金融排除在外的群体而言，大大降低了创新创业者的借贷约束。研究发现，数字金融的发展有利于改善农村居民的创业行为，促使创业机会均等化。基于数字金融的发展对不同人群的异质性影响，其特别有助于促进低物质资本或低社会资本的家庭的创业行为。

3. 数字金融能够提升家庭消费水平

数字金融的发展还能够促进居民消费增长。居民消费需求的持续稳定增长是经济高质量发展的重要因素。逆全球化浪潮和严峻的国际局势也使得中国必须高度重视内需。2019 年 3 月，李克强总理在第十三届全国人民代表大会第二次会议上所作的政府工作报告中强调了消费的基础性作用。数字金融的发展则可能通过以下机制对消费产生影响：一是通过缩短购物时间和降低现金持有成本提升支付的便利性；二是通过数字金融背景下的借贷便利来放松家庭的流动性约束；三是通过数字金融背景下的互联网保险来缓解预防性储蓄。

张勋等发现，数字金融的发展能够提升家庭的消费水平，这主要是通过提升支付便利性来提升家庭消费水平。数字金融的发展降低了人们对现金的需求，仅需要通过网上支付或者手机支付等方式便可获取商品，这便是数字金融发展所带来的支付便利性的实际体现。因此，应更多关注能够提升支付便利性的层面，这是数字金融和消费的核心机制。在疫情期间，数字支付的普及让人们不必去银行提取现金便可完成交易，减少了人群的流动与交叉感染。同时，移动支付支持了纯线上消费，让商品被直接送到家门前、解决最后一公里问题成为可能。这种便利性，在疫情期间对保障基本民生发挥了不可或缺的作用。长期来看，加快城市化进程，无条件消除城乡分割，不仅可以改善收入分配，而且是数字金融促进农村居民消费的前提条件。

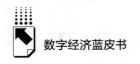

四 数字金融助力消费券发放

2020年3月13日，国家发改委等联合印发《关于促进消费扩容提质加快形成强大国内市场的实施意见》，鼓励各地方政府刺激国民消费，扩大内需。5月22日李克强总理在所作政府工作报告中指出，2020年将增加2万亿元资金（1万亿财政赤字加1万亿特别国债）给地方以建立特殊转移支付机制，使资金直达市县基层，主要用于保就业、保基本民生、保市场主体，措施包括支持减税降费、减租降息、扩大消费和投资等。这些直接惠企利民的举措一旦得到充分贯彻，将为我国经济复苏注入强大活力。

（一）消费券发放效果

为刺激消费和扩大内需，3月起不少地方政府陆续开始发放消费券。消费券对经济的激励作用不容忽视，1999年日本消费券的发放额外消费的拉动幅度约为32%。杭州在2009年也发放过10.5亿元纸质消费券。

根据商务部数据，截至5月8日，我国已有28个省区市的170多个地级市发放了消费券，累计金额达190多亿元。林毅夫等的研究显示，发放消费券活跃了市场、刺激了消费，产生了良好效果，是能同时实现保就业、保基本民生、保市场主体、扩大消费目标的重要举措。

第一，发放消费券行业比未发放消费券行业恢复快。3～4月，发放消费券行业支付笔数反弹幅度是未发放行业的3.11倍，发放消费券行业支付金额反弹幅度是未受发放行业的5.15倍。第二，发券地区消费券支持行业比未发券地区同行业业务恢复快。消费券总支付笔数比未发券地区高出4个百分点，根据消费券支持行业在全行业支付笔数的比重，可以推算出在发放消费券后一个月内，消费券地区受支持行业的支付笔数比未发放地区同行业约高25%。第三，发放消费券有助于保企业。第三产业占比高的地区，消费券发放显著增加了交易的活跃程度。第四，发放消费券有助于保家庭。消费券发放定向在低收入人群不仅有助于为其提供基本生活保障，还能够增加其消费。

（二）数字金融助力消费券发放的优势

林毅夫等的研究发现，在未发放消费券地区，消费券没有得到发放的主要原因是地方财力不足，新增2万亿元财政资金将大大改善这一约束。在资金约束得到缓解的背景下，进一步需要考虑的是在消费券设计、消费券发放渠道、定向人群等多个角度着力，确保新增用于消费券发放的资金发挥其应有的作用。

消费券为市场注入强心剂，数字金融则通过支付平台展现技术运营优势。3月以来，全国多地政府与第三方支付平台合作发放消费券，以此激活疫情期间被抑制的消费需求，从而促进经济发展。此举目前带来的积极效果正在显现，多地达成15倍杠杆率的消费刺激目标，这对于我国经济发展重回正轨有重要意义，同时也证明了移动支付正在成为经济发展中不可忽视的驱动力量。

在移动互联网支付时代，电子消费券在发放效率、覆盖范围、灵活调控等方面都有更多优势。各支付平台纷纷响应号召与地方政府合作，政府出资，企业提供技术和服务。其中，支付宝在杭州派发的第一笔消费券，仅用两天半的时间，就以2893万元消费券拉动了4.53亿元的消费；在辽宁、青岛、宁波等地，云闪付派发了近亿元消费券，并同步推出了线上优惠活动；而翼支付也与四川、湖南等地政府展开合作，其中绵阳市派发了7000万元消费券，在湖南，通过翼支付发放的消费券可在超过8万户商户使用，覆盖餐饮、购物、出行等多个方面。

互联网支付企业在本次全国范围内的消费券发放中均展现了各自优势，其中支付宝和微信支付凭借其母公司庞大的用户数据和多元化的产品服务，更多地利用小程序来发放优惠券，让惠民服务"轻装上阵"。银联云闪付也通过与互联网平台展开深度合作，打破服务壁垒，切实为百姓提供便利。而翼支付则依靠其运营商背景，充分发挥其本地化资源管理的独特优势，完成

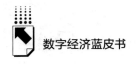
与政府协作、资源整合、服务市民的任务。

互联网支付平台能够完美匹配地方政府需求，也是我国移动支付领先世界的一个缩影。2020年3月30日，国信证券发布《互联网行业专题报告之一：移动支付——收获期已至》指出，移动支付行业是一条规模庞大的赛道，中国的移动支付世界领先，2019年行业流水超过200万亿元，在庞大流量的背后是企业实战能力的体现。在云计算建设方面，银联已建成云资源管理平台2.0，并逐渐成为国内金融领域核心生产系统云实践先行者；支付宝的实名认证、区块链、风控等技术，让消费券实现了"一城一策、按需定制""灵活可调整""公平可追溯"等；经历过"嗨5生活节"等活动节点流量暴增考验的翼支付，其云平台能够提供亚秒级千万级计算，能很好地满足高并发、低延时的需求，因此本次能与政府较好地合作发放消费券。

随着国内疫情防控形势的向好，消费券对经济的提振效果也将愈发明显，普通家庭得到实惠，企业商户得到政策帮助。我国高度发达的移动支付服务正发挥巨大力量，推动国民消费重回正轨。

（三）数字金融助力消费券发放的措施

数字金融助力消费券发放应当多措并举，利用数字金融相关基础设施和大数据技术精准定位需要扶持的行业与人群，确保消费券发放透明、公正、高效。

第一，利用数字金融相关技术定位需要扶持的企业，实现"保市场主体"的目标。一是精准定位需要保护的家庭。在有条件的地区，可以结合现有大数据精准扶贫云系统，解决低收入人群不易准确识别、难以触达等问题。二是精准定位需要保护的企业。关于消费券的相关研究显示，无论是发放还是核销，目前发放消费券的地区均采取线上模式，仅有极少部分地区采取线上线下相结合的模式。对于在智能手机使用已经比较广泛、数字支付基础设施较好的地区，要根据相关企业的经营和资金往来的数字足迹，精准定位需要扶持的企业。具体而言，地方政府可以和相关金融科技公司合作，在保护个人和企业数字隐私的前提下，利用数字技术实时掌握各地消费券定位行业和企业的经营状况，避免出现不需要扶持的企业套利而需要帮扶的企业得不到资金等问题。

第二，利用数字金融相关技术提高政府发放效率。研究显示，总体来看，多平台发放产生的刺激效果优于单平台发放。在有条件安排多平台发放的地区，可以通过分批次在多平台发放，根据核销率动态决定下一批次各平台投放金额等措施，提升消费券发放和使用效率。另外，也可以通过相关平台，提升消费券发放过程的透明度，确保发放过程的公正性。

第三，加强数字基础设施建设，降低低收入人群的数字设备和网络获得门槛。通过线上发放消费券有很多优势，如通过线上发放有利于将优惠精准投放到个体用户，并可以实时监测消费券的使用情况。但是，根据2020年4月28日中国互联网络信息中心（CNNIC）发布的第45次《中国互联网络发展状况统计报告》，截至2020年3月，我国非网民规模为4.96亿，其中城镇地区非网民占比为40.2%，农村地区非网民占比为59.8%，非网民仍以农村地区人群为主。由于现有消费券以电子券为主，需要摸清低收入人群的数字设备和移动网络的使用状况，降低低收入群体获得和使用消费券的技术和设备门槛。在互联网基础设施仍然较为薄弱的地区，甚至可以考虑帮助一些低收入人群免费获得智能手机，这也将是"保家庭"的重要举措。

五　数字金融助力缓解数字鸿沟

美国通信和信息管理局（NTIA）于1995年发布的《被互联网遗忘的角落：一项关于美国城乡信息穷人的调查报告》中提出了"数字鸿沟"的概念，即在全球数字化进程中，不同国家、地区、行业、企业、社区之间因对信息、网络技术的拥有程度、应用程度以及创新能力的差别而造成的信息落差及贫富进一步两极分化的趋势。一级数字鸿沟指信息的可接入性，通常用是否接触互联网来度量。二级数字鸿沟指对互联网信息的利用、欣赏和鉴别能力。

我国互联网发展迅速，但仍有40.4%的人口无法接触到互联网。网络

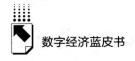
用户虽然持续增长，但其普及和应用主要发生在城市，尤其值得注意的是，我国不同地区使用数字技术的程度呈梯级分布，表现为东部沿海城市数字化程度相对较高，而中西部地区数字化程度较低。无论是实际上网人数，还是上网人数所占人口比例，东部省区都大大超过中西部地区。由此导致的数字鸿沟不仅会带来机会的不平等，还可能导致收入分配的恶化和贫困发生率的上升。

对于数字鸿沟，张勋等的研究显示，数字金融可以产生涓滴效应。涓滴效应是指在经济发展过程中并不给予贫困阶层、弱势群体或贫困地区特别的优待，而是由优先发展起来的群体或地区通过消费、就业等方面惠及贫困阶层或地区，带动其发展和富裕，或认为政府财政津贴可经过大企业再陆续流入小企业和消费者之手，从而更好地促进经济增长的理论。

互联网的诞生改变了信息的传递方式与信息成本，可以以极低的成本同步获得海量的信息，消除了距离所带来的种种不确定性，大大减轻了移民的情感负担和心理成本。张勋等采用 109 个非经合组织国家或地区 1960 ~ 2013 年的相关数据进行分析，发现互联网发展对城市化有显著的促进作用，反过来，这也意味着数字鸿沟的存在阻碍了城市化。

数字鸿沟的存在，不仅阻碍了城市化加速问题，也带来了严重的机会不均。要缓解数字鸿沟的负面影响，一是可以选择采用公共财政的手段，直接缩小数字鸿沟。这种方法直接，但耗资巨大，且存在因自选择问题而主动不接触互联网的群体。二是可利用市场力量来决定资源分配和经济活动，只需要保证这样的经济活动能够溢出到那些原来无法接触互联网的群体，就像扶贫中的涓滴效应一样，贫困能够通过经济发展来解决，而不一定完全靠再分配政策。数字金融的发展可以提供这种市场力量。

从城市化角度看，数字鸿沟降低了无法接触互联网家庭的城市化水平。但张勋团队的研究发现，数字金融发展能够缓解数字鸿沟的负面影响，提升那些无法接触互联网的家庭的城市化水平。数字金融创造了更多的就业机会，提升了非农部门的工资性收入，从而也能够促进无法接触互联网群体的非农就业。数字金融发展对促进经济增长、缓解数字鸿沟，进而提升城市化水平具有重要作用。

从居民消费的视角看，数字鸿沟降低了无法接触互联网家庭的消费水平。数字金融发展则能够缓解数字鸿沟的负面影响，提升那些无法接触互联网的家庭的消费水平。数字金融促进了从农业到非农业的就业结构转型，进而产生了工资性收入和农业经营性收入方面的溢出效应。因此，数字金融发展对缓解数字鸿沟，进而提升居民消费也具有重要作用，需要大力推进。

总体来看，我国的大国规模效应带来了数字金融的发展，也推动了普惠金融的发展。数字金融发展通过促进创业机会均等化，带动了居民收入的包容性增长，同时也通过提升支付便利性，带来了居民消费水平提升。数字金融发展还带来了涓滴效应，有助于缓解数字鸿沟的负面作用，使得无法接触互联网的家庭的城市化水平和消费水平均能有所提升。从经济增长的角度出发，必须促进数字金融的发展，推动创业和包容性增长。在经济复苏过程中，应更多关注能够提升支付便利性的层面，这是数字金融发展促进消费的核心机制。

六　结论和建议

通过本报告的梳理可知，随着大数据、人工智能、云计算和区块链等技术的发展，金融机构在信息采集、风险识别以及用户管理等方面可以更为精准，风险定价也更加科学化。同时，互联网技术的应用也打破了传统信贷行业的地域限制，使金融资源能够在全国乃至全球优化配置，有效缓解中小微企业的融资难、融资贵问题。因此疫情下，数字金融在助力保企业资金链、保家庭收入、提升家庭风险平滑能力、缓解数字鸿沟等方面均发挥较大作用。

但在强调数字金融发挥的助力经济复苏作用的同时，还要注意到发展过程中的局限和潜在风险。例如，对于无法接触互联网的深度贫困家庭，数字金融就难以发挥作用，这其中尤其要关注女性、老年人、低教育人群等群体。又如，在"数字鸿沟"之外，还存在"数字捕获"的问题，主

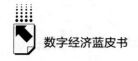

要是指一些数字金融业态发展过程中存在鱼龙混杂、庞氏骗局等现象，进而损害投资者利益。另外，由于创新往往滞后于金融创新，需要关注如何平衡创新与监管，有效防止数字金融新业态滋生出新的风险，为此提出如下建议。

第一，加快数字基础设施建设，为弥合数字鸿沟、做好大数据风控提供良好的环境。在新一代信息通信技术蓬勃发展的背景下，数字信息与水、电、公路一样，已成为生产生活必备要素。数字基础设施则包括信息基础设施和对物理基础设施的数字化改造。疫情防控中，家庭和企业均切身感受到了新型基础设施建设带来的便利。无接触外卖方便了居民生活，智能化工厂加快复工复产，云端零售在一定程度上化解了企业的销售危机，远程医疗、远程签约、线上办公都是通过5G等网络开展的。在疫后重建中，加快数字基础设施建设，是短期刺激有效需求和长期增加有效供给的理想结合点。短期来看，这是应对疫情冲击和缓解经济下行压力，发挥投资关键作用，实现"六稳"的有效举措。长期来看，推进征信系统建设，加快部署5G网络、数据中心、云计算平台，夯实基础软件，推进工业互联网，不断催生智能交通、智慧物流、远程办公、在线教育等新产业新模式新业态，激发数字经济潜能，提升国家治理能力，有效支撑经济社会数字化、网络化、智能化转型。

第二，通过金融科技创新试点，大力发展监管科技以实现穿透式监管。2019年末中国人民银行推出金融科技创新试点以来，已经在以北京为代表的9个地区开展了60多个金融科技创新应用试点，这对于中国金融科技的发展起到重要的引领作用。通过先行测试创新产品，准予通过测试的产品推向市场、未能通过试测的则在一定时期内不得再次申请，以使鼓励创新和防范金融风险获得必要的平衡。与此同时，也需要大力发展监管科技，以便帮助监管部门尽快了解业务模式的实质，实现对数字金融新业态的穿透式监管。另外，需要加强与社会公众和业界的沟通，让各界对金融新业态的准入门槛、相关业务的经营资质要求等有清晰的认知，尽可能实现监管与金融创新同步。

　　第三，努力平衡大数据效率与隐私保护之间的关系。高质量的大数据是保障数字金融健康发展的重要生命线，但个人隐私保护同样重要。现有"数字捕获"的案例中，往往都伴随特定人群的信息（如大学新生）被欺诈集团获取的状况。因此，需要逐渐建立起一套关于大数据的使用规则，包括数据的所有权归属权、转让权等问题。另外还需要建立一套有效的大数据信用体系，支持数字金融健康、良性的发展。传统金融机构不能很好地服务普惠金融的潜在客户，一个重要的原因就是银行的征信体系不能很好地覆盖这些潜在客户。合理利用税收、水电、社保等大数据，进一步提高征信系统的效率。

　　数字金融的发展，对创新创业、居民消费等有明显的促进作用，并且这些作用在落后地区和农村地区表现得更加突出。数字金融创新不仅有利于改善民生，增加居民的获得感，也有助于推动金融业全行业的变革，从而更好地为高质量经济增长提供金融保障。

B.18
企业数字化建设对新冠肺炎疫情
应对的影响与作用*

马晔风 蔡跃洲 陈 楠**

摘 要： 新冠肺炎疫情防控期间，数字化转型的价值和重要性获得广泛关注。本报告基于问卷调查数据，对企业数字化转型现状及数字化建设在疫情应对中发挥的作用进行了实证分析，研究发现：企业数字化转型存在明显的结构性差异；数字化建设对应对疫情有积极作用，但其收益存在"门限效应"；数字化建设的积极作用主要体现在对企业软实力的影响，运营管理和销售相关数字化措施的积极作用最为显著。为了更好地发挥数字化建设在应对突发外部冲击的作用，应当加强对传统产业数字化转型的政策支持力度，通过普惠性手段和新型基础设施建设降低企业数字化转型门槛，提高企业特别是中小企业数字化建设水平，把握疫情带来的数字经济发展机遇。

关键词： 数字化转型 数字化建设 数字经济

---

* 中国社会科学院创新工程项目"新一代ICT、数据要素与数字经济"，中国社会科学院青年科研启动项目"经济高质量发展背景下的制造业数字化转型及影响研究"，国家社科基金重点项目"数字经济对中国经济发展的影响研究"（18AZD006）。
** 马晔风，中国社会科学院数量经济与技术经济研究室助理研究员，研究方向：数字经济；蔡跃洲，中国社会科学院数量经济与技术经济研究室研究员、博士生导师，研究方向：数字经济、技术创新；陈楠，中国社会科学院大学博士研究生，研究方向：数字经济。

一 引言

习近平总书记在 G20 第十三次峰会的讲话中指出："世界经济数字化转型是大势所趋，新的工业革命将深刻重塑人类社会。"近年来，数字化转型成为经济社会各领域频繁被提及的一个关键词，并在产业发展和企业管理领域已成为重要的趋势。2015 年以来，中国从国家和区域层面都出台了一系列政策措施鼓励企业进行数字化转型，并起到良好的市场教育作用。在政策和市场的双重刺激下，企业对数字化转型的重视程度日益提升，但受限于资金、能力和人才等方面，不同行业、不同规模的企业在推进数字化转型过程中面临的困难、挑战及转型路径存在很大差别。[①] 长期以来，关于数字化转型的实际成效也存在较大争议，有研究表明推行数字化转型能够给企业带来成本降低、效率提升、组织管理优化、商业模式创新等诸多收益，但同时企业也会面临资金投入和运营维护等方面的挑战。[②] 总体来看，现有研究主要关注数字化转型对企业发展和经济效益的影响，很少有研究关注数字化转型对企业抵抗外部冲击的影响与作用。

2020 年新冠肺炎疫情暴发，疫情本身及相应的防控措施对经济社会运行造成了重大冲击。在线下接触式的传统经济活动普遍受到抑制的情况下，以线上远程互动为主要特点的数字经济在疫情防控和稳定经济社会运转中发挥了重要作用。[③] 物联网、大数据、5G、人工智能、机器人等前沿数字技术被应用于疫情防控的各个环节，在人口流动管理、资源配置、危机沟通中发挥了重要的决策支持作用。与此同时，数字技术也为各行各业应对疫情提供了新的思路和手段，

---

① 房建奇、沈颂东、亢秀秋：《大数据背景下制造业转型升级的思路与对策研究》，《福建师范大学学报》（哲学社会科学版）2019 年第 1 期；王树柏、张勇：《外贸企业数字化转型的机制、路径与政策建议》，《国际贸易》2019 年第 9 期。

② Jeschke S., Brecher C., Meisen T., et al., "Industrial Internet of Things and Cyber Manufacturing Systems," *Springer International Publishing*, 2017.

③ 明文彪、吕淼：《新冠肺炎疫情对浙江经济运行的影响分析》，《浙江经济》2020 年第 3 期；吴静、张凤、孙翊、朱永彬、刘昌新：《抗疫情助推我国数字化转型：机遇与挑战》，《中国科学院院刊》2020 年第 3 期。

以在线办公、在线教育、互联网医疗为代表的数字产业和数字服务迎来逆势增长，数字化转型的价值和重要性再次引起广泛关注和讨论。然而，人们对疫情期间数字化建设的积极作用的认识和讨论更多的是停留在数字技术的具体应用场景和典型事例上。数字化转型和数字化建设在支持企业应对新冠肺炎疫情这样的突发事件和外部冲击中究竟发挥了多大作用，还存在哪些不足和短板，现阶段推进数字化建设面临的主要障碍是什么？对此，国内无论是学界还是决策部门都缺少定量的实证分析。其中很重要的原因在于，数字经济作为新型经济形态，代表了新一轮科技革命和产业变革基本特征和发展方向，而现有的官方统计核算和国民经济行业分类体系则是两次工业革命的产物，不能反映数字经济特征，也无法为考察数字经济在疫情中的作用提供直接的数据支持。

当前，全球新冠肺炎疫情的影响呈现常态化迹象，加上中美博弈的复杂性，未来中国经济可能面临更多突发的外来冲击。能否以及如何发挥数字化建设作用加以对冲，对未来产业转型升级和经济高质量发展有着深远而现实的意义。为此有必要从定量实证角度，结合上述问题进行深入分析。2020年2月24日至3月4日，中国社会科学院数量经济与技术经济研究所数字经济研究室通过网络平台面向福建省泉州市和广东省佛山市两地的企业开展了一项问卷调查，就企业数字化建设情况、企业在疫情中受到的影响，以及企业在疫情防控初期数字化应对措施等获取了部分一手调查数据。基于收集到的企业问卷调查数据，本报告对企业数字化转型现状以及企业数字化建设在疫情应对中发挥的作用进行了相关定量实证分析，总结了企业数字化转型对于突发事件应对的积极作用，以及现阶段企业数字化转型存在的问题和短板，并提出了相应的政策建议。

二 文献综述

（一）数字化转型的内涵与价值

在探讨数字化转型及其价值之前，有必要对数字化转型的内涵进行界定。关于数字化转型的讨论最早集中在制造业企业生产流程的数字化，尤其是"智能制造""工业4.0"等概念的兴起引发了学术界和业界对数字化转型的广泛关注。Bogner 等认为数字化转型不应局限于单一领域，而应当包括企业的全部领域和职能，这一理念目前已经成为行业共识。[1] 新一代数字技术作为一种颠覆性创新力量，是推动企业数字化转型最重要的因素。[2] 随着新一代数字技术的发展渗透，数字化转型的概念和内涵也在不断拓展延伸。何帆和刘红霞从中国政策话语体系角度，将企业的数字化变革定义为移动互联网、物联网、大数据、云计算、人工智能等与实体企业的深度融合，代表了数据要素驱动的新经济形态和产业发展规律。[3]

国内外学者对企业推进数字化转型的动机、模式、经验以及面临的挑战等问题开展了大量研究，数字化转型为企业带来的价值和影响也受到越来越多的关注。Liere - Netheler 等通过对 16 家制造企业的深度调研访谈，识别出制造企业进行数字化转型的 12 项收益，包括流程改进、工作环境提升、纵向集成、管理支持、横向集成、成本降低、客户需求、供应链管理、创新驱动、市场竞争压力、法律/政府监管、员工支持。[4] Bogner 等建立了两个企业数字化指数来分别描述企业完整价值链的数字化水平和生产流程的自动化水平，并基于此考察了数字化转型对生产率和客户满意度的影响。[5] 何帆和刘红霞使用2012~2017 年沪深两市主板上市公司数据，考察了企业数字化变革的业绩提升效应，研究表明数字化变革通过降本、提效、创新等渠道，显著提升了变革企业的经济效益。[6]

---

[1] Bogner E., Voelklein T., Schroedel O., et al., "Study Based Analysis on the Current Digitalization Degree in the Manufacturing Industry in Germany," Procedia Cirp, 57, 2016.

[2] 肖静华：《企业跨体系数字化转型与管理适应性变革》，《改革》2020 年第 4 期。

[3] 何帆、刘红霞：《数字经济视角下实体企业数字化变革的业绩提升效应评估》，《改革》2019 年第 4 期。

[4] Liere-Netheler K., Vogelsang K., Packmohr S., "Drivers of Digital Transformation in Manufacturing," Proceedings of the 51st Hawaii International Conference on System Sciences, 2018.

[5] Bogner E., Voelklein T., Schroedel O., et al., "Study Based Analysis on the Current Digitalization Degree in the Manufacturing Industry in Germany," Procedia Cirp, 57, 2016.

[6] 何帆、刘红霞：《数字经济视角下实体企业数字化变革的业绩提升效应评估》，《改革》2019 年第 4 期。

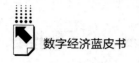

（二）新冠肺炎疫情冲击与数字化应对

2020 年 2 月下旬以来，新冠肺炎疫情在全球范围内蔓延，对世界经济造成巨大的冲击，有经济学家指出，此次疫情对世界经济造成的负面冲击超过以往任何一次流行性疾病，甚至可能造成"大萧条"以来最为严重的全球经济冲击[①]。Fairlie 通过分析 2020 年 4 月美国当前人口调查（Current Population Survey，CPS）统计数据发现，2~4 月，美国活跃小企业数量减少了 330 万家（或 22%），是有史以来企业数量减少最多的一次，几乎所有行业都受到了影响。[②] 对中国经济而言，疫情以及严格的防控措施带来了产出下降、消费减少、投资下降、外贸受阻、产业发展损失重大、金融机构风险增加等一系列严重损失。[③] 疫情冲击波及大多数行业和企业，餐饮、旅游、交通运输、影视文娱等服务行业因人口聚集特征而受到了最直接的冲击，民企、小微企业、弹性薪酬员工和农民工群体的受损程度更大。[④]

尽管疫情带来的经济影响以负面为主，但也有部分行业和企业借助线上销售、远程办公等数字化手段，尽可能缓解疫情期间的经济损失，有些甚至实现了逆势增长。Chang 和 Meyerhoefer 基于中国台湾最大的农副食品电子商务平台数据的实证检验发现，每增加一例 COVID - 19 确诊病例，该平台销售额增长 5.7%，客户数量增长 4.9%，其中谷物、新鲜水果、蔬菜和冷冻食品的需求增长最快。[⑤] 在中国大陆地区，大批量的教育和工作被迫转移

① Hassan T. A., Hollander S., van Lent L., et al., "Firm - level Exposure to Epidemic Diseases: COVID - 19, SARS, and H1N1," National Bureau of Economic Research, No. 26971, 2020.

② Fairlie R. W., "The Impact of COVID - 19 on Small Business Owners: Evidence of Early - Stage Losses from the April 2020 Current Population Survey," National Bureau of Economic Research, No. 27309, 2020.

③ 何诚颖、闻岳春、常雅丽、耿晓旭：《新冠病毒肺炎疫情对中国经济影响的测度分析》，《数量经济技术经济研究》2020 年第 5 期。

④ 罗志恒：《新冠疫情对经济、资本市场和国家治理的影响及应对》，《金融经济》2020 年第 2 期。

⑤ Chang H., Meyerhoefer C., "COVID - 19 and the Demand for Online Food Shopping Services: Empirical Evidence from Taiwan," *National Bureau of Economic Research*, No. 27427, 2020.

至线上进行，为远程教育、远程办公等相关行业带来了新的发展契机。此外，疫情期间民众的网购需求也促使企业优化线上销售模式，为物流行业的数字化转型提供了动力。① 人们普遍感受到疫情为数字经济发展带来的新机遇，包括线上服务的需求激增、公共卫生领域智能化加速、企业数字化转型加快、政府治理智慧化提速等。② 但与此同时，数字鸿沟的问题也进一步凸显，Brynjolfsson 等的研究显示，平均受教育水平较高、薪资水平较高的行业更容易实现远程办公，且数字化办公手段有助于缓解疫情带来的经营压力；然而，无法实现远程办公比例越高的部门，就业人数和预期收入降幅更大，股票市场表现更差，并更有可能发生违约。③

总体来看，新冠肺炎疫情引发的不只是短期内的经济冲击，也是一场经济社会全方位的深刻变革；而数字化转型既是适应新冠肺炎冲击、对冲负面影响的有效途径，更代表新一轮科技革命下经济社会组织模式的演进趋势。当前，无论是企业数字化转型的现状描述，还是疫情期间数字化应对的成效分析，国内相关研究都缺少实证数据支撑，因此本报告后续研究将从定量实证分析的角度提供有益补充。

三　数据来源与样本情况

（一）数据来源

本报告数据来源于"关于企业数字化建设与疫情应对情况的问卷调查"，该调查由中国社会科学院数量经济与技术经济研究所数字经济研究室设计并实施，旨在了解新型冠状病毒疫情防控期间企业运营受到的影响，以及企业数字化、智能化建设在应对疫情中发挥的作用。问卷调查于 2020 年

① 何诚颖、闻岳春、常雅丽、耿晓旭：《新冠病毒肺炎疫情对中国经济影响的测度分析》，《数量经济技术经济研究》2020 年第 5 期。

② 樊自甫、程姣姣：《新冠肺炎疫情下的数字经济发展机遇与对策研究》，《重庆邮电大学学报》（社会科学版）2020 年第 3 期。

③ Brynjolfsson E., Horton J. J., Ozimek A., et al., "COVID - 19 and Remote Work: An Early Look at US Data," *National Bureau of Economic Research*, No. 27344, 2020.

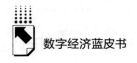

2月24日至3月4日通过网络调查平台实施，主要面向福建泉州和广东佛山两地发放，共收集到142份受访企业数据样本，经过数据清理后最终获得有效样本126份。需要特别说明的是，问卷数据并非来源于随机抽样调查，但考虑到疫情初期开展随机抽样的不可行性和时间滞后性，本研究的调查样本仍然具有重要的学术价值。

（二）样本构成情况

本次问卷调查获取的126份企业数据涵盖大、中、小、微各类型企业，其中大型企业占比为11.11%，中型企业占比为30.16%，小微企业占比为58.73%。企业以民营企业为主，占比为73.81%，国有企业占比为17.46%，外资企业占比为8.73%。调查企业涵盖农林牧渔、制造、建筑、批发零售、住宿餐饮、信息传输、软件和信息技术等诸多行业，具体行业分布如图1所示。

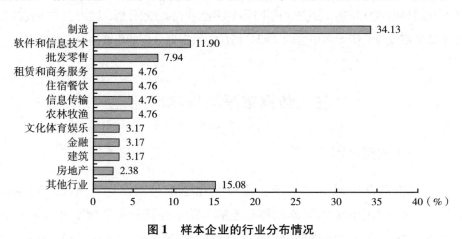

图1　样本企业的行业分布情况

四　疫情防控初期企业受到的影响与冲击

（一）疫情对企业营收的影响

2020年2月底至3月初，我国大部分地区处于重大公共卫生突发事件一级响应状态，因疫情防控造成经济活动的系统性停摆，企业面临巨大的经营压力。本次问卷调研结果显示，高达89%的企业反映第一季度的营收较上年同期减少，且企业对第二季度及2020年下半年的营收也持较为悲观的态度，46%的企业预计2020年全年营收都将低于上年同期（见图2）。

从行业来看（见表1），制造业中有67.44%的企业表示第一季度营收受到重度负面影响，农林牧渔业、建筑业、批发零售业、租赁和商务服务业等的这一比例均在60%以上，住宿餐饮业、文化体育娱乐业、房地产业的这一比例为100%，即所有受访企业均表示第一季度营收受到重度负面影响。与以上行业相比，信息传输业、软件和信息技术业受到的影响更小，分别约50%和47%的企业表示第一季度营收受到重度负面影响。金融业受到的冲击最小，受访企业表示第一季度营收受到轻度负面影响或没有影响。企业对第二季度营收的预期整体好于第一季度，大多数企业认为与上年同期相比第二季度营收将受到轻度负面影响，但不同行业的预期存在较大差异，住宿餐饮业、文化体育娱乐业、房地产业、批发零售业、建筑业对第二季度的营收预期仍然很不乐观。企业对2020年下半年的营收预期普遍转好，大多数行业认为到2020年下半年企业营收能恢复到上年同期水平，其中住宿餐饮业、文化体育娱乐业和建筑业等的预期较低，认为疫情对营收的负面影响将一直持续到年底。

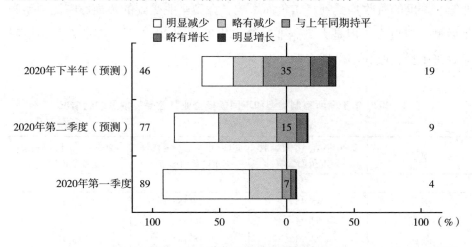

图2 企业营收受疫情的影响情况

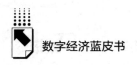

表1 2020年不同行业企业营收受疫情影响情况

单位：%

行业	2020年第一季度营收重度负面影响	2020年第二季度营收重度负面影响	2020年下半年营收重度负面影响
农林牧渔	66.67	50.00	16.67
建筑	75.00	50.00	50.00
制造	67.44	23.26	16.28
信息传输	50.00	33.33	0
软件和信息技术	46.67	26.67	33.33
批发零售	70.00	40.00	10.00
文化体育娱乐	100.00	50.00	50.00
住宿餐饮	100.00	83.33	66.67
金融	0	0	0
房地产	100.00	66.67	0
租赁和商务服务	66.67	33.33	0
其他行业	57.89	42.11	42.11

从企业规模和企业所有制类型来看（见表2），国有企业第一季度营收受到的负面影响小于民营企业和外资企业，三类企业中，民营企业对第二季度和2020年下半年的营收预期较低；从企业规模来看，大、中、小微型企业第一季度的营收均受到严重负面影响，大型企业受到的负面影响比中型和小微型企业更大，但是大型企业对第二季度和2020年下半年的营收预期明显好于中型企业和小微型企业。

表2 2020年不同所有制类型和不同规模企业营收受疫情影响的情况

单位：%

项目	2020年第一季度营收重度负面影响	2020年第二季度营收重度负面影响	2020年下半年营收重度负面影响
企业类型			
国有	45.45	18.18	18.18
民营	67.74	38.71	25.81
外资	72.73	18.18	18.18

项目	2020 年第一季度营收 重度负面影响	2020 年第二季度营收 重度负面影响	2020 年下半年营收 重度负面影响
企业规模			
大型	78.57	28.57	14.29
中型	65.79	31.58	27.03
小微型	60.81	35.14	21.05

（二）疫情对企业经营活动的影响

本研究从企业复工、订单履行、新增交易、客户回款、原材料采购、现金流周转等 17 个维度对企业经营活动受疫情影响的情况进行了调查。问卷结果显示（见表3），80% 以上的企业反映在企业复工、订单履行、商务交流、新增交易、市场拓展等方面受到疫情的负面影响，其中最为严重的负面影响主要表现在新增交易、企业复工、客户回款、产品运输、订单履行和原材料采购等方面。

本报告进一步运用因子分析法对企业经营活动受到的影响进行评价和解释，通过因子分析法在 17 个与经营活动相关的变量中找出隐藏的具有代表性的因子。首先，确定变量之间的相关性，对原始数据进行 KMO 检验和 Bartlett 球形检验。本研究中 KMO 取值为 0.915，高于 0.7，可以接受。Bartlett 球形检验统计量的 Sig < 0.001，各变量之间存在显著的相关性，可以采用因子分析法进行数据分析。其次，采用"主成分分析法"确定公因子个数，为了简化对因子的解释，采用最大方差法对因子进行旋转。通过因子分析提取了 2 个公因子，前两个公因子的累计方差贡献率达到 62.25%。由表4可知，第一主因子在现金流周转、客户回款、产品/服务创新、客户忠诚、员工稳定性、员工招聘、商务交流、广告宣传、市场拓展等维度上有较大载荷，这些维度反映了为企业运行提供支撑的软实力，可以解释为"软实力"因子；第二主因子在订单履行、产品运输、原材料采购、产品销售、产品出口、业务管理等维度上有较大载荷，这些维度是企业日常经营状

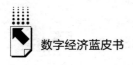

况和绩效的直接体现，可以解释为"硬实力"因子。从问卷调查结果来看，疫情对企业负面影响主要体现在对"硬实力"的冲击。

表3 疫情对企业经营活动的影响

单位：%

经营活动维度	重度负面影响	轻度负面影响	没有影响	轻度正面影响	重度正面影响
新增交易	37.50	42.97	10.94	5.47	3.13
企业复工	35.16	53.13	4.69	5.47	1.56
客户回款	33.59	44.53	14.84	5.47	1.56
产品运输	31.25	46.09	18.75	3.91	0.00
订单履行	28.91	55.47	10.16	3.13	2.34
原材料采购	28.13	47.66	17.19	5.47	1.56
市场拓展	26.56	53.91	10.16	6.25	3.13
产品销售	26.56	53.13	10.94	6.25	3.13
现金流周转	25.78	51.56	13.28	7.03	2.34
商务交流	20.31	60.94	14.06	3.13	1.56
员工招聘	18.75	53.91	18.75	7.81	0.78
产品/服务创新	17.19	42.97	27.34	9.38	3.13
产品出口	16.41	39.06	42.97	1.56	0.00
广告宣传	15.63	51.56	28.13	3.91	0.78
员工稳定性	13.28	46.09	31.25	7.81	1.56
业务管理	12.50	60.94	17.97	8.59	0.00
客户忠诚	6.25	50.78	32.03	10.94	0.00

表4 企业经营活动因子分析结果

经营活动维度	因子载荷		共同度
	第一主因子	第二主因子	
企业复工	0.566	0.579	0.656
订单履行	0.511	**0.611**	0.635
原材料采购	0.519	**0.607**	0.639
产品运输	0.147	**0.807**	0.673
产品出口	0.051	**0.789**	0.625
产品销售	0.569	**0.600**	0.684
业务管理	0.500	**0.624**	0.639

经营活动维度	因子载荷		
	第一主因子	第二主因子	共同度
现金流周转	**0.632**	0.454	0.606
新增交易	**0.681**	0.445	0.662
客户回款	**0.648**	0.556	0.728
产品/服务创新	**0.648**	0.241	0.478
客户忠诚	**0.636**	0.396	0.561
员工稳定性	**0.768**	0.210	0.634
员工招聘	**0.623**	0.287	0.471
商务交流	**0.679**	0.283	0.542
广告宣传	**0.767**	0.141	0.609
市场拓展	**0.854**	0.115	0.743
累积解释方差	37.15	62.25	
Cronbach's alpha	0.962		

注：因子载荷 >0.6 的维度加粗显示。

五 企业数字化建设现状及在疫情应对中的作用

（一）企业数字化建设情况

本次调查对企业价值链各环节（研发、采购、生产制造、运营管理、销售、物流运输、售后服务、广告宣传）的数字化建设程度进行了评估，受访企业基于五级李克特量表对其数字化建设程度进行评价：未开展数字化、30%业务数字化、50%业务数字化、70%业务数字化和100%业务数字化。问卷调查结果显示，整体来看企业在运营管理、售后服务和销售环节的数字化建设程度最高，在生产制造环节的数字化建设程度最低（见图3）。从企业规模来看，大型企业的数字化建设程度明显高于中型、小微型企业，中型和小微型企业数字化建设程度差距不大，但是小微企业之间的数字化建设程度表现出更大的差异（见图4）。从企业类型来看，国有、民营和外资企业的整体数字化建设程度没有表现出明显的差距，三类企业的数字化建程度均在40%左右，外资企业比国有企业和民营企业略高。民营企业的数字化建设程度表现出更大的差异，外资企业的差异最小。但是不同价值链环节的数字化建设程度存在较大差异，民营企业数字化程度较高的环节主要是运营管理、销售和售后服务，其生产制造环节的数字化程度低于国有企业和外资企业，外资企业在研发环节的数字化程度高于国有和民营企业（见图5）。

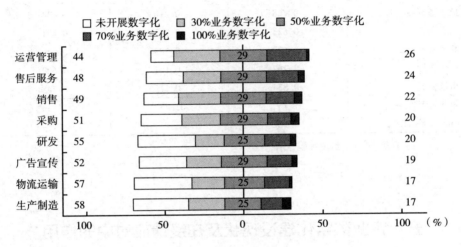

图3 数字化转型程度

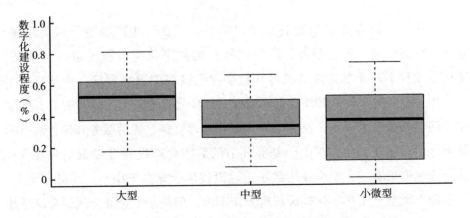

图4 大、中、小微型企业数字化建设程度

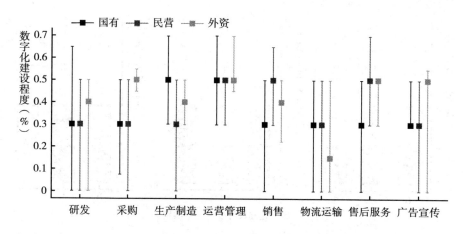

图5　不同所有制类型企业价值链各环节数字化建设程度

（二）企业数字化建设程度与疫情影响的描述性分析

数字化建设程度不同的企业在疫情中受到的影响是否存在差异？基于前文对企业数字化建设程度的分析，综合考虑企业在研发、采购、生产制造等环节的数字化程度评分，将企业的数字化建设程度分为三类："0"表示企业未在任何一个环节开展数字化建设；"1"表示各环节算术平均后的数字化程度评分在 0 ~ 50%，即较低程度的数字化建设；"2"表示各环节算术平均后的数字化程度评分在 50% ~ 100%（包含 50%），即较高程度的数字化建设。分析三类企业在疫情防控初期的营收表现及预期，具体如图 6 所示。从第一季度营收来看，三类企业并没有表现出显著差异。疫情初期由于经济系统性停滞的影响，企业第一季度营收普遍受到巨大冲击。从第二季度和下半年的营收预期来看，数字化建设程度较低的企业比未开展数字化建设和数字化建设程度较高的企业表现出更低的营收预期。

进一步考察三类企业经营活动所受影响的差异，基于前文的因子分析，对企业"硬实力"因子和"软实力"因子的李克特评分进行算数平均，得到企业在硬实力和软实力上所受影响的综合评分，并将该评分定义为"硬实力影响"和"软实力影响"。对比三类企业的硬实力影响和软实力影响，

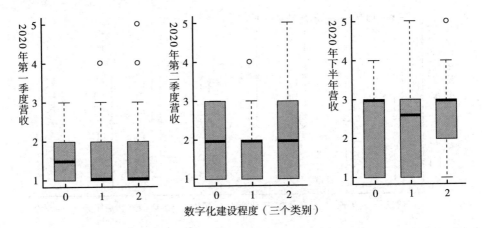

图6 不同数字化建设程度企业的营收评价与预期

具体如图7所示，不同数字化程度企业在硬实力影响上表现出与营收预期相似的趋势，即数字化建设程度较低的企业在硬实力方面受到的负面影响整体上比其他两类企业更高。三类企业在软实力影响上的差别不大，但表现出随着数字化程度的提高，软实力受到的影响越小的趋势。

就应对疫情冲击来看，企业数字化建设的收益并没有表现出完全的单调趋势，数字化建设水平和收益之间更像是一种分段函数的关系。具体来说，数字化程度在50%以上的企业比数字化程度低于50%的企业在疫情中受到的负面影响要小；而数字化程度低于50%的企业与未开展数字化的企业相比，数字化程度的提高并没有带来明显的改善。这说明数字化建设的收益可能存在"门限效应"，即只有当数字化建设达到一定水平时，企业才能获得可观的回报。

（三）疫情防控初期企业采用的数字化措施及效果

疫情防控初期，企业经营活动面临不同程度的抑制，停工停产和资金压力是多数企业面临的主要问题，一些企业借助远程办公、网络销售、自动化生产等措施缓解疫情带来的负面影响，取得一定效果。问卷调查结果显示，80%以上的受访企业对数字化、智能化建设在疫情应对中的作用整体上持积

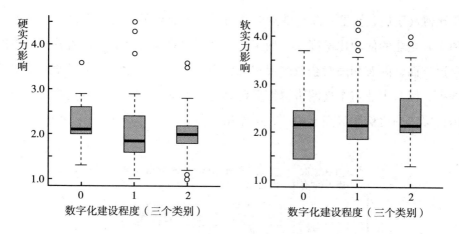

图7　不同数字化建设程度企业的硬实力影响和软实力影响

极态度，认为数字化建设在协调上下游产销计划和降低人工依赖方面发挥了积极作用。部分制造企业反映，生产环节的数字化建设有助于企业快速调整产线，转产抗疫物资。16%的企业认为数字化、智能化建设没有作用，而3.2%的企业认为起到负面作用。本次疫情一定程度上提高了企业对数字化建设的重视，对于疫情之后是否会提高数字化、智能化投入，68.25%的企业表示会，30.16%的企业表示不确定，只有1.59%的企业明确表示不会。

　　本研究进一步调查了企业对四项数字化措施（在线办公、网络销售、自动化生产线、机器替代）的采用情况和实际效果，如图8所示。在线办公和网络销售是企业采用最多的数字化措施，受访企业中分别有81%和75%的企业表示使用这两项措施。但是企业对两项措施实际效果的认可度较低，表示中度和非常有用的企业比例分别为35%和23%。从整体来看，企业对自动化生产线和机器替代两项数字化措施的使用比例均不高，且对这两项措施的效果评价也较低。后续也将就制造业企业这两项措施的使用情况作进一步分析。

　　我们首先考察了不同规模和不同所有制类型企业对在线办公和网络销售的采用情况，如表5所示，在线办公措施的采用方面，国有、外资企业的使

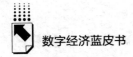

用比例高于民营企业；从企业规模来看，中型企业的使用比例最高，且中型和小微企业的使用比例高于大型企业，表现出更高的灵活性。拓展网络销售渠道方面，国有和民营企业的使用比例均高于外资企业，一定程度上反映了国有、民营企业与本地网络销售平台具有更好的融合性；大型企业拓展网络销售渠道的比例明显高于中型、小微型企业。

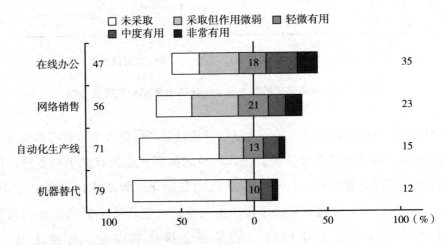

图8 四项数字化措施采用情况与效果评价

表5 不同类型和规模企业的数字化措施使用情况

单位：%

项目	在线办公	网络销售
企业类型		
国有	90.91	77.27
民营	78.49	76.34
外资	81.82	63.64
企业类型		
大型	78.57	85.71
中型	84.21	76.32
小微型	79.73	72.97

其次，我们考察了制造业企业对自动化生产线和机器替代措施的使用情况，企业对两种措施的使用比例分别为47.62%和40.48%。受访制造业企业中民营企业占比很高（约为80%），这可能源于民营企业对于控制人力成本较为敏感，更偏向于通过自动化改造和机器替代的方式应对近年来不断提升的劳动力成本。另外，我们还从企业规模考察企业在两种措施使用上的差异。如表6所示，不论是自动化生产线还是机器替代措施，大型企业的使用比例显著高于中、小微型企业，小微企业的使用比例远远低于平均值，一定程度上反映了小微企业普遍不具备自动生产线和机器替代的基础。

表6　制造业企业的数字化措施使用情况

单位：%

企业规模	自动化生产线	机器替代
大型	66.67	66.67
中型	55.56	44.44
小微型	33.33	27.78
所有企业	47.62	40.48

六　总结与建议

（一）企业数字化建设在应对疫情冲击中的作用

疫情对微观经济运行带来巨大负面冲击，企业第一季度营收普遍受到重创，经营活动也受到不同程度的影响。基于本报告的调查结果，虽然并未发现企业数字化建设对企业营收的显著促进作用，但是数字化建设对于减轻经营活动所受负面冲击具有一定效果。80%以上的受访企业对于采用数字化措施持有积极态度，总体来看，数字化建设在疫情应对中起到的作用主要有以下几个方面。

第一，就应对疫情冲击来看，企业数字化建设的收益不是一种单调趋

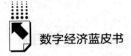

势。对于已开展数字化建设的企业来说，数字化程度高于50%的企业在营收和运营方面受到的疫情负面影响更小，即数字化建设程度高的企业在疫情应对中表现出更强的抗逆力。而数字化程度低于50%的企业与未开展数字化的企业相比，数字化程度的提高并没有带来明显的改善。这侧面反映了数字化建设的收益可能存在"门限效应"，即只有当数字化建设达到一定水平时，企业才能获得可观的回报。

第二，数字化建设在对抗疫情直接冲击上的作用有限（企业营收、经营活动），其积极作用主要体现在对企业软实力的影响上，软实力主要包括产品/服务创新、客户忠诚、员工稳定性、员工招聘等，企业的数字化建设程度越高，软实力受到的影响越小。

第三，数字化措施的关键性作用主要表现在两个方面：迅速协调上下游产销计划、降低损失；对人工依赖降低，加快实现复工复产。除此之外，部分制造企业还反映，生产环节的数字化建设有助于企业快速调整产线，转产抗疫物资。

第四，运营管理和销售相关数字化措施的积极作用最为显著。疫情在企业复工、订单履行、商务交流和产品销售等方面带来的负面影响最大。调研反映企业采取最多的措施是使用远程办公和拓展网络销售渠道，相关数字化平台的使用一定程度上减轻了疫情的负面影响。

另外，从行业层面来看，ICT行业整体受到负面冲击较小，甚至有的还逆势而上。虽然ICT企业短期也普遍面临着较大的下行压力，但数字化建设带来的对冲作用对企业渡过难关起到了一定积极作用，企业对未来预期整体呈现较为乐观态度。除ICT行业外，金融业也有着较为乐观的预期；农林牧渔、制造、批发零售、租赁和商务服务等绝大多数行业企业预期在2020年下半年恢复至上年同期营收水平；住宿餐饮、建筑和文化体育娱乐类企业预期较低，对2020年全年营收水平持悲观态度。

（二）企业数字化建设状况及疫情中暴露的短板

我们的调查问卷在相当程度上反映出当前企业数字化建设的基本状况，

特别是在疫情期间暴露出的数字化建设短板，大致有以下几点。

第一，微观层面的数字化转型存在明显的结构性差异。从企业数字化发展现状来看，民营企业数字化建设程度的差异性更大，未开展数字化建设的企业仍占有较大比重，疫情之后这种结构性差异有可能进一步提高，呈现"马太效应"。从价值链环节来看，企业数字化转型整体上处于初级阶段，以运营、销售环节的数字化建设为主，其他环节的数字化程度较低。

第二，资金是中小微民营企业数字化建设的重要约束。与国有企业相比，民营企业在生产环节的数字化建设水平较低，其根本原因可能是资金问题，生产环节的数字化建设所需投资较大。大型企业数字化水平明显高于中型企业和小微企业，也进一步印证资金是数字化建设的重要约束。

第三，企业普遍不具备机器替代的基础，工业互联网推进任重道远。疫情中制造业企业对机器替代措施的采用率不高，这在一定程度上反映了企业普遍不具备机器替代的基础。生产环节数字化水平较低，短期内工业互联网的推进和落地仍将面临较大阻力，其主要原因在于网络通信基础设施、平台软件、网络安全、数字人才等配套环境和条件尚不成熟。

（三）对策建议

此次疫情是对经济运行及社会治理的一次全方位考验，在中短期对经济增长和社会发展带来巨大挑战，但也给我国经济的数字化转型带来前所未有的机遇。疫情应对中数字化建设的积极作用表明，提升企业全价值链数字化水平、推动传统产业数字化转型对于抵抗非常规突发事件对经济运行的冲击具有重要意义。导致现阶段中小企业数字化水平不高、生产环节数字化改造不足等问题的核心原因在于数字化建设的成本和门槛过高。当前，国内疫情蔓延势头已经基本得到遏制。在恢复经济运行秩序中，各级政府应加强对传统产业数字化转型的政策支持力度，着力扶持中小企业数字化建设，把握疫情带来的数字经济发展机遇。

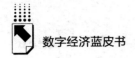

第一，提高对传统产业数字化转型的政策支持力度。整合财税、金融、科技等方面的政策力量，鼓励企业和相关机构在疫情之后继续推进数字化建设的投入和运营，防治疫情之后出现"数字化倒退"。财税方面，强化财政专项资金统筹，引导各级财政资金加大对数字化转型的投入，在不同领域加强对试点示范项目的支持；探索成立企业数字化转型发展基金，推广传统产业数字化转型相关技术、平台的商业化应用。

第二，在保持数字化建设水平不倒退的前提下，将数字化建设工作在经济社会各行业中全面推进，在条件允许的前提下，尽可能提高数字化建设水平，使各行业都能尽早跨越数字化建设约束门限，发挥出数字化建设在产业链协同、效率提升方面的积极作用，增强应对外部冲击的能力和韧性。为此，通过普惠性的数字化建设专项补贴、税收减免等手段，切实加大数字化建设支持力度、扩大支持范围，

第三，提高企业特别是中小企业数字化建设水平，切实缓解企业资金不足的矛盾。中小企业资金实力有限，而现行支持工业互联网发展的政策大多向大型企业倾斜，中小企业没有获得相应的资金或资源。可以借鉴当年美国"中小企业创新研究计划（SBIR）"模式，针对中小企业数字化转型，综合运用数字化建设专项信贷、数字化改造后补贴、数字化支出税前加计扣除等普惠性措施手段，降低中小企业数字化建设门槛。

第四，加大5G通信、窄带物联网（NB-IoT）、云平台等数字基础设施投入，既提振短期内投资需求，也为企业生产环节数字化转型提供配套的物质技术支撑。一是继续加快5G网络及窄带物联网的商用部署，由工业和信息化部统筹规划，协调网络运营商及各地政府创新投资运营模式，构造起超高速、低时延、万物互联的泛在网络环境，为企业生产环节和工业应用层面的联通接入提供便利；二是支持各类云平台、云存储数据中心建设，在建设用地、电价等方面给予倾斜，通过广泛可得的云计算、云存储服务，降低企业数字化转型后的数据处理存储成本；三是培育工业互联网平台及工业App龙头企业，综合运用用户补贴、政府采购等手段助力平台企业服务推广，并降低客户企业的接入成本。

参考文献

樊自甫、程姣姣：《新冠肺炎疫情下的数字经济发展机遇与对策研究》，《重庆邮电大学学报》（社会科学版）2020 年第 3 期。

房建奇、沈颂东、亢秀秋：《大数据背景下制造业转型升级的思路与对策研究》，《福建师范大学学报》（哲学社会科学版）2019 年第 1 期。

何诚颖、闻岳春、常雅丽、耿晓旭：《新冠病毒肺炎疫情对中国经济影响的测度分析》，《数量经济技术经济研究》2020 年第 5 期。

何帆、刘红霞：《数字经济视角下实体企业数字化变革的业绩提升效应评估》，《改革》2019 年第 4 期。

罗志恒：《新冠疫情对经济、资本市场和国家治理的影响及应对》，《金融经济》2020 年第 2 期。

明文彪、吕淼：《新冠肺炎疫情对浙江经济运行的影响分析》，《浙江经济》2020 年第 3 期。

王树柏、张勇：《外贸企业数字化转型的机制、路径与政策建议》，《国际贸易》2019 年第 9 期。

吴静、张凤、孙翊、朱永彬、刘昌新：《抗疫情助推我国数字化转型：机遇与挑战》，《中国科学院院刊》2020 年第 3 期。

肖静华：《企业跨体系数字化转型与管理适应性变革》，《改革》2020 年第 4 期。

Bogner E. , Voelklein T. , Schroedel O. , et al. , "Study Based Analysis on the Current Digitalization Degree in the Manufacturing Industry in Germany," Procedia Cirp, 57, 2016.

Brynjolfsson E. , Horton J. J. , Ozimek A. , et al. , "COVID – 19 and Remote Work：An Early Look at US Data," National Bureau of Economic Research, No. 27344, 2020.

Chang H. , Meyerhoefer C. , "COVID – 19 and the Demand for Online Food Shopping Services：Empirical Evidence from Taiwan," National Bureau of Economic Research, No. 27427, 2020.

Fairlie R. W. , "The Impact of COVID – 19 on Small Business Owners：Evidence of Early – Stage Losses from the April 2020 Current Population Survey," National Bureau of Economic Research, No. 27309, 2020.

Hassan T. A. , Hollander S. , van Lent L. , et al. , "Firm – level Exposure to Epidemic Diseases：COVID – 19, SARS, and H1N1," National Bureau of Economic Research, No. 26971, 2020.

Jeschke S. , Brecher C. , Meisen T. , et al. , "Industrial Internet of Things and Cyber

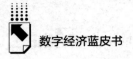

Manufacturing Systems," Springer International Publishing, 2017.

Liere – Netheler K. , Vogelsang K. , Pac*km*ohr S. , "Drivers of Digital Transformation in Manufacturing," Proceedings of the 51st Hawaii International Conference on System Sciences, 2018.

Abstract

The Internet of Information emerging in the mid-to-late 20th century has triggered a global upsurge, and led the human society ushering into a new industrial revolution. At the beginning of the 21st century, the Internet bubble burst in the United States, whereas the digital economy keeps making robust progress all over the world. Around 2010, the new generation of information technology represented by big data, cloud computing, blockchain, IoT and AI has achieved large-scale commercialization, and has promoted a new round of technological and industrial revolution. Since then, global digital economy has steered away from the information Internet towards the consumer Internet stage.

China attaches great importance to S&T innovation and digital economy development, and has issued a series of policy plans in the field. The Chinese economy, after entering a new normal, has been undergoing a transition from the traditional factor-driven growth model to an innovative TFP-driven one. Leveraging on the ultra-large-scale market advantage, China has seized the opportunity of booming e-commerce and consumer Internet, and its digital economy has been growing at an ultra-fast speed with various new economies, new businesses, and new models emerging. The 14th Five-Year Plan and Vision 2035 has put forward the requirements for accelerating digital development, emphasizing the deep integration of digital and real economy, activating the potential of data factor, and establishing a digital China.

In 2016, General Secretary Xi Jinping proposed at the Philosophy and Social Sciences Work Symposium to "accelerate the construction of the disciplinary system, academic system, and discourse system of philosophy and social sciences with Chinese characteristics", and research on the digital economy has gained great

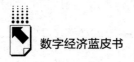
popularity. The Digital Economy Frontier team of the Chinese Academy of Social Sciences has developed fundamental theory and methodology for digital economy measurement, and has gathered authoritative experts to carry out extensive and in-depth research in many frontier topics related to the digital economy. By tracking the latest development in both academic research and innovative practice in digital economy at home and abroad, the status-quo of digital economy are displayed from multiple perspectives, and the theoretical and practical development related to the digital economy are reviewed.

Digital Economy Frontier strives to provide a comprehensive reference for academia, industry, and decision-making departments to grasp the pulse of digital economic development. The aim in to accelerate the development of China's digital industries, promote the digital transformation and upgrading of traditional industries, and provide decision-making reference for relevant departments to implement effective regulation and control. At the same time, it also provides a useful reference for the disciplinary, academic and discourse exploration related to digital economics.

Keywords: Digital Economy; Consumption Internet; Digital Industrialization; Industrial Digitalization; Data Elements

Contents

I General Report

Abstract: Based on the concept analysis of digital economy, this paper focuses on the fundamental supporting role of Information and Communication Technology (ICT) in the digital economy, starts from ICT's techno-economic characteristics of pervasiveness, substitution, and synergy, defines the digital economy as two integral parts as " digital industrialization " and " industrial digitalization ", and constructs a framework for calculating the added value of the digital economy based on growth accounting. Based on the above, the scale of China's digital economy from 1993 to 2019 is measured on a year-on-year basis, and an attempt is made to evaluate and forecast the scale of China's digital economy during the 14th Five − Year Plan period. Results show that: From 1993 to 2019, the average growth rate of China's digital economy was 16. 6% , which has become an important engine for China's economic growth; In 2019, China's digital economy has an added value of more than 17 trillion yuan, accounting for approximately 17. 2% of GDP; It is expected that during the 14th Five − Year Plan period, the average annual nominal growth rate of the digital economy will reach 11. 3% . By 2025, the scale of added value will exceed 32. 67 trillion yuan

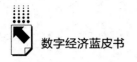

(nominal value), of which the added value from digital industrialization is about 15.52 trillion yuan, and about 17.15 trillion yuan from industrial digitalization. Existing measurement methods generally inherit from national economy statistics and accounting, ignoring the efficiency and utility improvement and the increase of consumer surplus derived from new business models and new models. Against this backdrop, it is necessary to go beyond value-added accounting and try new measurement methods to fully showcase the status quo of the development of digital economy.

Keywords: Digital Economy; Digital Industrialization; Industrial Digitalization; Growth Accounting

II Analytical Methods of Digital Economy

B.2 Theoretical Framework, Frontier Topics of Digital Economy

Xie Kang, Xiao Jinghua / 022

Abstract: This chapter proposes the theoretical framework of the digital economy from the perspective of the innovative logic of the digital economy, refines the frontier topics and key scientific issues of the digital economy, and discusses the reform of the education and teaching mode of the digital economy major. It is believed that theoretical research of digital economy can focus on five aspects and their interrelations, namely, product adaptive innovation, big data cooperation assets, data as production factor, grid system and bureaucratic integration, and technology-contract-based adaptive governance innovation, and an integrated theoretical framework for the digital economy could be constructed accordingly. On the basis of the theoretical framework of digital economy, the frontier topics as well as the education and teaching mode of digital economy major are discussed.

Keywords: Digital Economy; Education and Teaching; Teaching Reform

Contents

B . 3 Real-time and High – Frequency of Macroeconomic Indicators in the Era of Digital Economy

Liu Taoxiong, Zhou Xiaolei and Jiang Tingfeng / 038

Abstract: In the era of big data when large amount of economic activity data becomes available in real time, China shall, in the short run, establish a real-time and high-frequency macroeconomic indicator monitoring system based on big data, so as to better monitor and predict macroeconomic trends in real time, which is highly important for reducing policy time-lag, stabilizing market expectation and enhancing corporate confidence. To establish a real-time and high-frequency macroeconomic indicators, the comprehensive use of traditional statistical data and various emerging data sources, especially various real-time big data, becomes crucial. Regarding the technical route, it is possible to establish real-time and high-frequency macro indicators by way of the current prediction model. And three key issues, including mixed-frequency problem, high-dimension problem, and the coordination and utilization of structured and unstructured models, need to be well addressed in the process of model building. In China's context, it is the right time and there is an urgent need to establish a real-time and high-frequency macroeconomic indicator monitoring system based on big data. The Central Government is advised to: attach great importance to this endeavor and advance it in a swift manner; establish a data sharing platform to effectively solve the problem of "data" islands; construct a real-time and high-frequency macroeconomic indicator monitoring system and corresponding implementation system; take a unified leadership and encourage multiple parties' engagement.

Keywords: Macroeconomy; Digital Economy; Real-time Forecast

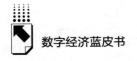

B . 4   Study on Data Value Chain and Value Creation Mechanism

Li Xiaohua, *Wang Yifan* / 063

Abstract: With the development and widespread application of the new generation of information technology, data is playing an ever increasingly important role in value creation and has become an important production factor in the era of digital economy. The flow of production factors along the production line is not only a process of value creation, but also a process of data flow. Therefore, the traditional value chain is extended to the data value chain. This paper argues that data value chain is a process of data flow and value creation along the production chain of an enterprise, which presents, in comparison with traditional value chain, a series of different characteristics. This paper reveals economic characteristics of data production factor, basic functions of data and value creation mechanism, and analyzes the value creation role of data in the main parts of the value chain such as research and development, manufacturing, marketing, and services. The value creation of the data value chain is affected by data granularity, freshness, connectivity, feedback, responsiveness, and processing. This paper finally proposes policy recommendations for the government regarding promotion of the development of data value chain as well as enhanced function of data value creation.

Keywords: Value Chain; Data Value Chain; Big Data; Economic Value

B . 5   Implication and Impact of Digital Currency on the
Current Monetary System

Huang Guoping, *Ding Yi and Li Wanrong* / 086

Abstract: Comparing with traditional monetary system, digitally encrypted currency improves payment efficiency, strengthens privacy and security, and optimizes resource allocation. Given that various unpredictable risks derived from the development of digital currencies have profound implication and huge impact on the current monetary and financial system, governments and international organizations need to enhance their regulatory coordination and further regulatory cooperation. The central bank's digital currency has natural endorsement from national credit, which can provide higher security and payment efficiency than bank deposits. Thus under special circumstances, there is a possible competition with bank deposits. Meanwhile, the central bank's digital currency is conducive to the development of inclusive financing for small and micro enterprises, and it can improve the efficiency of movable property financing. The introduction of the digital Renminbi will improve the existing financial payment infrastructure, make sure that the financial system can better serve the real economy, and will have a profound implication on China's currency structure, financial market, as well as social and economic development.

Keywords: Financial System; Digital Renminbi; Inclusive Financing; Unconventional Security

Ⅲ   The Development of Digital Economy

B.6   Create New Advantages in the Digital Economy and Support the New Pattern of "Dual Cycles" for Domestic and International Development   *Sun Ke* / 104

Abstract: As the human society fully enters into the era of digital economy, economic and social development demonstrates a new trend of coordinated development among data valuation, digital industrialization, industrial digitalization, and digital governance, and the overall development of digital economy in countries around the world has reached a new height. China's economic and social development adheres to the new development concept, grasps the requirement of high-quality development, and sticks to main line as promoting the supply-side structural reform. As a result, the overall digital industrialization has

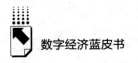
achieved steady growth, and there have been frequent highlight moments in the digital economy-related fields. It is closely focused on the construction of a modern economic system. And the overall construction of a manufacturing power and a cyberpower will continue to provide impetus for the accelerated digital economy strategic deployment.

Keywords: Digital Economy; Data Value; Digital Transformation; Digital Governance

B.7　The Status and Characteristics of Consumption－Oriented
　　　　Digital Economy in China: Based on Big Data Analysis
　　　　and Micro-data Investigation　　　　*Li Yiming* / 126

Abstract: In the era of digital economy, China's broad consumer market and good foundation for the development of digital economy jointly give birth to the vigorous development of digital consumption. Based on the "Five Level Analysis Framework" of digital economy and the traffic light chart of China's digital economy development, this paper puts forward the concept of Consumption－Oriented Digital Economy, and defines its eight scenarios. By cooperating with data intelligent company PERCENT Co., using big data analysis and micro questionnaire survey methods, starting from different attribute groups such as scenario level, city level and income level, this paper analyzes the consumption frequency and its scale of Consumption－Oriented Digital Economy, and draws the Digital Economy Map. On this basis, we propose several measures and suggestions, including grasping the core application scenarios, promoting the application technology innovation, guiding the orderly competition and cooperation of the market, and promoting the upgrading of regional consumption.

Keywords: Digital Economy; Digital Consumption; Consumption－Oriented Digital Economy; Consumption Scenarios

B.8   Human Capital Needs of the Digital Economy

Abstract: China's digital economy continues to enjoy accelerated development in the new era, demonstrating new patterns for employment. The rising employment scale of the digital economy and the diversification of job categories have led to the gradual increase in the share of ICT employment and economic benefits it brings forward, along with new requirement for human capital skills. At present and in the short run, the human capital structure is still faced with challenges such as shortage of high-end talents, shortage of professional skilled talents and polarization of demand. For the time being, China's basic skill level of the working population is still relatively low, which is lagging behind that of the developed economies. During the "14th Five-Year Plan" period, China's human capital improvement path and direction are mainly centered on improving the level of education and training, focusing on skill investigation and monitoring, and continuing to enhance the academic-corporate collaboration.

Keywords: Human Capital; Employment Scale; Talent Demand

Ⅳ   Governance of Digital Economy

B.9   Governance of Internet Platform Oligopoly: International Experience and Countermeasures

Abstract: With the rise of the global digital economy, Internet platforms have begun to play an increasing role in social and economic life, some of which have gained a dominant position in their respective market areas, forming an oligopoly. Looking at the root of causes, these monopolies are not only due to the subadditivity of the cost of Internet platforms, but also because of network effects,

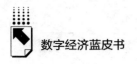
multilateral market effects, and specific behavior patterns. These oligopolies are embodied in data monopoly, netflow monopoly and algorithm monopoly, which bring about the implications as per anti-competition, digital distortion, and self-reinforcing monopoly on the market. Taking into account of international experience in the governance of Internet platform oligopoly, this paper proposes measures such as behavior dynamic supervision, institutional and legal integration, elimination of leverage effect, and platform neutrality pilots to regulate Internet platform oligopoly.

Keywords: Internet Platform; Oligopoly; Leverage Effect; Data Monopoly

B.10   Competition Policy in the Digital Economy Era

Li Sanxi / 180

Abstract: This article is of the view that, in the face of the platform-based, dynamic, and data-centric competition characteristics of the digital age, it would be difficult to apply traditional anti-monopoly analytical framework, define monopoly behavior, and the practice of anti-monopoly law enforcement is also facing challenges. Major international antitrust jurisdictions have already taken actions against various challenges. Although nation states differentiate in their regulatory objectives and the level of digital economy development, their advanced experiences in regulatory thinking and law enforcement practices could be a valid reference point for us. For the time being, China's anti-monopoly rules in the field of digital economy are constantly improving, anti-monopoly practices are constantly being strengthened, and whereas the overall anti-monopoly system is still applicable, it is necessary to adjust in time to new issues arising in the digital economy era. It is recommended that operational paths, law-enforcement tools, supervision principles, and capacity building should be enhanced.

Keywords: Digital Economy; Anti-monopoly; Competition Policy

Abstract：With the rising value of data factor and further development of data productivity, there is a call for innovative reform in data governance. Faced with rapid changes in data technology and data business, as well as many "dilemmas or even multiple-difficulties" choices in the field of data governance, we should uphold the "futuristic perspective, generalized perspective, and global perspective", follow the principles of "encouraging innovation, inclusiveness and prudence, protection and development go hand-in-hand", and attempt to promote a governance pattern of "multi-party participation, collaboration and win-win".

Keywords：Data Governance; Data Productivity; Protection of Private Information; Enterprise Data Interest; Data Openness

V　Digital Security

Abstract：Starting from the historical evolution and current new situation of the competition game in the field of cyberspace between China and the United States, this paper analyzes and sorts out the theoretical definition, basic types, core motivations, relevant regulations, key cases and main effects of the global cyberspace competition game under the new situation. Based on this, this paper focuses on the new situations, new trends and new problems that may arise from the competition in the field of cyberspace between China and the United States, analyzes the impact of bilateral and multilateral relations on the competition in

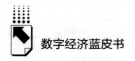
cyberspace, and predicts the key timings and crucial outstanding issues in the evolution of the competition game. Meanwhile, this paper investigates and analyzes major risks of the competition in the field of cyberspace between China and the United States, and provides reference for forward-looking strategic deployment and emergency response strategies.

Keywords: Cyberspace Security; Information Security; Information Technology; Digital Security

B. 13　Network Security Risk Control in the Era of Digital Economy:

　　Technology and Practice Based on the Concept of Zero Trust

Guo Xiaopeng / 234

Abstract: The core of the digital economy is informatization, which has the characteristics of digitization, networking, and intelligence. Network security and informatization are equally important and must be planned, deployed, promoted and implemented in a unified manner. To make right the network security work, it is necessary to handle well the relation between security and development, which has to be coordinated and advanced together. Zero trust security is a security mechanism that is gradually produced in the course of network development. Through the reconstruction of a security protection mechanism that takes identity as the basis for trust, it offers a comprehensive security protection for the "people" as the core in the digital age, as well as promotes industrial, economic and social development by means of extensive coverage of security mechanisms. Looking forward, to enhance China's cyber security, much work has to be done in strengthening the protection of critical information infrastructure, accelerating innovation and breakthroughs in core cybersecurity technologies, enhancing data security management and personal information protection, expanding the scale of the cybersecurity technology industry and cybersecurity talent team, and expanding domestic and international cybersecurity cooperation.

VI   Globalization of Digital Economy

Abstract: This paper analyzes China's ability to engage in global economic governance in the digital economy era from six aspects: digital technology, digital trade, digital financing, digital culture, digital government and digital security. Meanwhile, this paper summarizes four basic principles for China's participation in global economic governance. Based on this, by looking through five aspects of the institutional reform of global economic governance in the era of digital economy, namely, global development, trade, investment, financing and energy governance, this paper discusses China's role and position in reforming the global economic governance institution and analyzes relevant necessity and possibility. In addition, this paper compares China's role and position in global economic governance in the era of digital economy and traditional economy.

Keywords: Digital Economy; Insitutional of Global Economic Governance; China; Digital Trad and Position

Abstract: Slow global economic growth, weak demand, frequent trade protections and disputes have had a negative impact on the global trade. Along with the global COVID-19 pandemic, many nation states have enhanced the R&D and

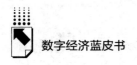
application of digital technologies, which greatly promoted the development of digital trade. With the accelerated introduction of the era of global digital trade, advanced economies, led by the United States, the European Union, and Japan, had introduced digital trading rule systems which represent their respective national positions and economic interests, aiming at enhancing their strategic stance in the international digital market. As a big digital economy, China is still at the preliminary stage in terms of formulation of digital trading rules and projection of its international influence. In order to get an upper hand in international digital trading, it is necessary to establish a digital trading rule system in the much-sophisticated digital world which could accommodate China's position and concerns.

Keywords: Digital Trading Rules; Digital Economy; International Digital Market

B.16 Chinese Digital Economy Enterprises "Going Global": Status Quo, Problems and Solutions: Specific Analysis Focusing on ASEAN

Zhang Zhenyi, Zhang Liyi and Wu Yufan / 296

Abstract: On the basis of sorting out the status quo of Chinese enterprises' "going global" in the field of digital economy, this paper analyzes main problems and identifies risks facing the digital economy enterprises in their "going global" initiative, and comes up with preliminary strategies for promoting Chinese enterprises' "going global". Given the fact that ASEAN boasts big trunk of bilateral trade volume with China, showcases robust development in digital economy, yet lacks relevant research materials, this paper takes a closer look at the region and provides more targeted strategic suggestions for ASEAN-oriented digital economy enterprises.

Keywords: Digital Economy; Enterprises "Going Global"; ASEAN

VII The Impact of COVID - 19 Epidemic and Application of Digital Economy

B . 17 The Role of Digital Financing in Boosting Economic Recovery

Li Cangshu, *Shen Yan* / 316

Abstract: The outbreak of COVID - 19 at the end of 2019 had brought unprecedented challenges to both China and the global economy. The pandemic has severely affected China's domestic economy, causing companies and households to suffer severe shocks from both supply and demand sides, and bringing huge uncertainties to the economy. Meanwhile, it has led to a trend of recession in the world's major economies due to the intensified pandemic. Against this backdrop, domestic digital financing has played a greater role in helping to ensure the cash flow of enterprises, ensure household income, promote household income smoothing, and alleviate the digital divide. Generally speaking, the innovation of digital financing is not only conducive to improving people's livelihood and increasing residents' sense of gain, but also helping promote the transformation of the entire financial sector, thereby better providing financial guarantee for high-quality economic growth.

Keywords: Digital Financing; Cash Flow; Financial Rescue

B . 18 The Impact of Enterprise Digital Transformation on COVID-19 Epidemic Response

Ma Yefeng, *Cai Yuezhou and Chen Nan* / 338

Abstract: The value and importance of digital transformation have received widespread attention during the prevention and control of COVID - 19 pandemic. Based on survey data, this paper performs an empirical analysis on the

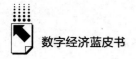
current status of enterprise digital transformation, and the role of digitalization in epidemic response. The results show that: 1) There are obvious structural differences in the digital transformation of enterprises; 2) Digital transformation has a positive impact on the epidemic response, but its effectiveness has a "threshold effect"; 3) The positive impact of digital transformation is mainly reflected in enterprises' soft power, and digital measures related to operation management and sales are the most effective. In order to improve the effectiveness of digital transformation in responding to external shocks, the government should strengthen policy support for the digital transformation of traditional industries, lower the barriers to digital transformation through inclusive financial measures and new infrastructure construction, encourage enterprises' digital transformation with a special focus on small and medium-sized ones, and seize the opportunities for digital economy development after the COVID −19 pandemic.

Keywords: Digital Transformation; Digital Construction; Digital Economy

权威报告·一手数据·特色资源

皮书数据库
ANNUAL REPORT(YEARBOOK) DATABASE

分析解读当下中国发展变迁的高端智库平台

所获荣誉

- 2019年，入围国家新闻出版署数字出版精品遴选推荐计划项目
- 2016年，入选"'十三五'国家重点电子出版物出版规划骨干工程"
- 2015年，荣获"搜索中国正能量 点赞2015""创新中国科技创新奖"
- 2013年，荣获"中国出版政府奖·网络出版物奖"提名奖
- 连续多年荣获中国数字出版博览会"数字出版·优秀品牌"奖

成为会员

　　通过网址www.pishu.com.cn访问皮书数据库网站或下载皮书数据库APP，进行手机号码验证或邮箱验证即可成为皮书数据库会员。

会员福利

- 已注册用户购书后可免费获赠100元皮书数据库充值卡。刮开充值卡涂层获取充值密码，登录并进入"会员中心"—"在线充值"—"充值卡充值"，充值成功即可购买和查看数据库内容。
- 会员福利最终解释权归社会科学文献出版社所有。

数据库服务热线：400-008-6695
数据库服务QQ：2475522410
数据库服务邮箱：database@ssap.cn
图书销售热线：010-59367070/7028
图书服务QQ：1265056568
图书服务邮箱：duzhe@ssap.cn

社会科学文献出版社　皮书系列
SOCIAL SCIENCES ACADEMIC PRESS (CHINA)

卡号：148797872987
密码：

S 基本子库
SUB DATABASE

中国社会发展数据库（下设 12 个子库）

整合国内外中国社会发展研究成果，汇聚独家统计数据、深度分析报告，涉及社会、人口、政治、教育、法律等 12 个领域，为了解中国社会发展动态、跟踪社会核心热点、分析社会发展趋势提供一站式资源搜索和数据服务。

中国经济发展数据库（下设 12 个子库）

围绕国内外中国经济发展主题研究报告、学术资讯、基础数据等资料构建，内容涵盖宏观经济、农业经济、工业经济、产业经济等 12 个重点经济领域，为实时掌控经济运行态势、把握经济发展规律、洞察经济形势、进行经济决策提供参考和依据。

中国行业发展数据库（下设 17 个子库）

以中国国民经济行业分类为依据，覆盖金融业、旅游、医疗卫生、交通运输、能源矿产等 100 多个行业，跟踪分析国民经济相关行业市场运行状况和政策导向，汇集行业发展前沿资讯，为投资、从业及各种经济决策提供理论基础和实践指导。

中国区域发展数据库（下设 6 个子库）

对中国特定区域内的经济、社会、文化等领域现状与发展情况进行深度分析和预测，研究层级至县及县以下行政区，涉及省份、区域经济体、城市、农村等不同维度，为地方经济社会宏观态势研究、发展经验研究、案例分析提供数据服务。

中国文化传媒数据库（下设 18 个子库）

汇聚文化传媒领域专家观点、热点资讯，梳理国内外中国文化发展相关学术研究成果、一手统计数据，涵盖文化产业、新闻传播、电影娱乐、文学艺术、群众文化等 18 个重点研究领域。为文化传媒研究提供相关数据、研究报告和综合分析服务。

世界经济与国际关系数据库（下设 6 个子库）

立足"皮书系列"世界经济、国际关系相关学术资源，整合世界经济、国际政治、世界文化与科技、全球性问题、国际组织与国际法、区域研究 6 大领域研究成果，为世界经济与国际关系研究提供全方位数据分析，为决策和形势研判提供参考。

法律声明

"皮书系列"（含蓝皮书、绿皮书、黄皮书）之品牌由社会科学文献出版社最早使用并持续至今，现已被中国图书市场所熟知。"皮书系列"的相关商标已在中华人民共和国国家工商行政管理总局商标局注册，如LOGO（ 🖐 ）、皮书、Pishu、经济蓝皮书、社会蓝皮书等。"皮书系列"图书的注册商标专用权及封面设计、版式设计的著作权均为社会科学文献出版社所有。未经社会科学文献出版社书面授权许可，任何使用与"皮书系列"图书注册商标、封面设计、版式设计相同或者近似的文字、图形或其组合的行为均系侵权行为。

经作者授权，本书的专有出版权及信息网络传播权等为社会科学文献出版社享有。未经社会科学文献出版社书面授权许可，任何就本书内容的复制、发行或以数字形式进行网络传播的行为均系侵权行为。

社会科学文献出版社将通过法律途径追究上述侵权行为的法律责任，维护自身合法权益。

欢迎社会各界人士对侵犯社会科学文献出版社上述权利的侵权行为进行举报。电话：010-59367121，电子邮箱：fawubu@ssap.cn。

社会科学文献出版社